Vorwort

Das *Informationshandbuch Einzelhandel* erscheint in drei Bänden. Der vorliegende erste Band enthält die Inhalte der Lernfelder 1–5 des Rahmenlehrplans für das 1. Ausbildungsjahr für die Ausbildungsberufe Verkäufer/Verkäuferin sowie Kaufmann/Kauffrau im Einzelhandel in systematischer Darstellung. Wir haben uns bemüht, die Lerninhalte möglichst anschaulich darzustellen und die Texte durch Übersichten und Abbildungen aufzulockern.

Dem Informationshandbuch ist außerdem das Warenwirtschaftssystem INTWASYS (Integriertes Warenwirtschaftssystem) auf einer CD-ROM beigefügt. Es handelt sich um ein pädagogisch ausgerichtetes Programm, das grundlegende Einblicke in die Warenwirtschaft eines Einzelhandelsunternehmens gibt. Es ist auf das Modellunternehmen des Informationsbandes abgestimmt.

Zum Informationshandbuch gehören *Lernsituationen*, die Prozesse aus der Praxis des Einzelhandels in pädagogisch aufbereiteter Form zur Verfügung stellen.

Ganzheitliche Sichtweise, überschaubare Arbeitsaufträge und selbstorganisiertes Lernen zur Förderung der beruflichen Handlungskompetenz waren die Leitlinien bei der Entwicklung der Lernsituationen.

Das Arbeitsmaterial der Lernsituationen (WORD-, EXCEL- und POWERPOINT-Dateien) für alle drei Ausbildungsjahre steht zusätzlich in digitaler Form auf der beiliegenden CD-ROM zur Verfügung.

Informationshandbuch, Lernsituationen und die CD-ROM bilden eine ideale Basis für modernen, mediengestützten Unterricht.

Autoren und Verlag hoffen, dass die Bände
- die berufspraktische Ausrichtung des Unterrichts in Einzelhandelsklassen fördern,
- das selbstständige Lernen der Auszubildenden unterstützen und – nicht zuletzt –
- die Freude am Lernen erhöhen.

Autoren und Verlag im Frühjahr 2007

Inhaltsverzeichnis

Lernfeld 1

Das Einzelhandelsunternehmen erkunden und präsentieren

1	**Modellunternehmen**	13
1.1	Äußere Merkmale	13
1.2	Unternehmensziele – Unternehmensleitbild	15
1.3	Nachhaltigkeit	17
1.4	Corporate Identity	18
1.5	Daten für Geschäftsprozesse	21
2	**Berufsausbildung im Einzelhandel**	21
2.1	Das Jugendarbeitsschutzgesetz	21
2.2	Das Berufsbildungsgesetz	25
2.2.1	Der Ausbildungsvertrag	26
2.2.2	Ein Ausbildungsverhältnis kündigen	27
2.2.3	Das Ausbildungszeugnis	28
2.2.4	Die Abschlussprüfung	30
2.3	Das Duale System der Berufsausbildung	30
2.3.1	Lernort Schule	30
2.3.2	Lernort Betrieb	31
2.3.3	Prüfungen	34
3	**Berufstätigkeit im Einzelhandel**	37
3.1	Mitarbeiter(innen) im Einzelhandel	37
3.1.1	Anforderungen an Mitarbeiter(innen) im Einzelhandel	37
3.1.2	Anforderungen an Verkaufsmitarbeiter(innen) (Kundenberater/-innen)	38
3.2	Aufbau von Einzelhandelsbetrieben	41
3.3	Aufgaben im Einzelhandelsgeschäft	45
3.4	Betriebswirtschaftliche Produktionsfaktoren	45
3.5	Kombination der betriebswirtschaftlichen Produktionsfaktoren	46
4	**Einzelhandelsunternehmen im Wirtschaftskreislauf**	46
4.1	Wirtschaftliche Grundbegriffe	46
4.2	Ökonomisches Prinzip	50
4.3	Gesamtwirtschaftlicher Leistungsprozess	50
4.4	Der einfache Wirtschaftskreislauf	51
4.5	Der erweiterte Wirtschaftskreislauf	52
4.6	Markt und Preisbildung	54
4.7	Aufgaben und Struktur des Einzelhandels	58
4.7.1	Stellung und Aufgaben des Einzelhandels	58
4.7.2	Betriebsformen	59
4.7.3	Verkaufsformen	63

4.7.4 Sortimentsgliederung 64
4.7.5 Sortimentsveränderungen 68
4.7.6 Sortimentspolitische Richtung 68
5 Gestaltung der Arbeitswelt 69
5.1 Tarifvertragsparteien (Sozialpartner) 69
5.2 Tarifrecht 71
5.3 Betriebsverfassungsrecht 75
5.3.1 Wahl des Betriebsrates 75
5.3.2 Aufgaben des Betriebsrates 76
5.4 Die Jugend- und Auszubildendenvertretung (JAV) 78
6 Soziale Sicherung – private Vorsorge 79
6.1 Sozialversicherung 79
6.1.1 Rentenversicherung 79
6.1.2 Krankenversicherung 80
6.1.3 Pflegeversicherung 80
6.1.4 Arbeitslosenversicherung 81
6.1.5 Unfallversicherung 82
6.2 Private Vorsorge 84
6.2.1 Lebensversicherung 84
6.2.2 Berufsunfähigkeitszusatzversicherung 85
6.2.3 Private Krankenversicherung 85
6.2.4 Private Unfallversicherung 86
6.2.5 Private Rentenversicherung („Riester-Rente“) 86
7 Lerntechniken 88
7.1 Grundhaltung zum Lernen 88
7.2 In Bildern denken 89
7.3 Texte in fünf Schritten erfassen 90
7.4 Aus Texten Übersichten erstellen 92
7.5 Mind-Map erzeugen 92
8 Präsentationstechniken 94
8.1 Fragen des Präsentators 94
8.2 Präsentations-Medien 94
8.3 Gestaltungselemente 96
8.3.1 Text 96
8.3.2 Grafik 98
8.3.3 Diagramme 98
8.4 Diagramme beschreiben 101
8.5 Tipps für die Präsentation 101

Verkaufsgespräche kundenorientiert führen

Lernfeld 2

1 Grundlegende Kommunikation mit Kunden 103
1.1 Kunden wahrnehmen 103
1.1.1 Der Kunde ist unser Gast 103
1.1.2 Blickkontakt 103

1.1.3 Sich dem Kunden zuwenden 104
1.1.4 Körpersprache 105
1.1.5 Begrüßung des Kunden 106
1.1.6 Eröffnungsfragen 107
1.1.7 Kundenfreundlichkeit an der Kasse 108
1.2 Sich Kundennamen merken 109
1.3 Kunden zum Kollegen führen 110
1.4 Telefongespräche kundenfreundlich annehmen 111
1.5 Ein Verkaufsgespräch unterbrechen 112
2 Kundenkontaktaufnahme in verschiedenen Verkaufsformen 113
2.1 Kontaktaufnahme in der Verkaufsform Bedienung 113
2.2 Kontaktaufnahme bei Vorwahl 113
2.3 Kontaktaufnahme bei Intensivvorwahl 114
2.4 Mit mehreren Kunden gleichzeitig Kontakt aufnehmen 115
2.5 Zuhören können 115
2.5.1 Aufmerksamkeit sichtbar machen 115
2.5.2 Umschreibendes Zuhören 116
3 Anspruchskunde 117
3.1 Motive – Ansprüche 117
3.2 Kundengruppen 117
3.2.1 Kundengruppen nach dem Geschlecht 118
3.2.2 Kundengruppen nach dem Alter 119
3.2.3 Kundengruppen nach der Geschäftstreue 121
3.2.4 Gruppenbildung nach der Lebenssituation des Kunden 121
3.2.5 Gruppenbildung nach den Ernährungsgewohnheiten 125
3.2.6 Gruppenbildung nach dem Preisbewusstsein 126
3.3 Ansprüche der Kunden 128
3.4 Anspruchsermittlung 129
3.4.1 Zielsetzung 129
3.4.2 Anspruchsermittlung im Dreischritt 129
3.4.3 Kunden persönlich ansprechen 132
3.5 Warenvorlage 134
4 Verkaufsargumentation 136
4.1 Argumentieren 136
4.2 Grundsätze der Verkaufsargumentation 137
4.2.1 Positiv argumentieren 137
4.2.1.1 Positive Wortwahl 137
4.2.1.2 Produktvergleich 139
4.2.1.3 Katalogsprache 140
4.2.2 Informativ argumentieren 141
4.2.3 Verständlich argumentieren 143
4.2.4 Kundenbezogen argumentieren 143
4.2.5 Verkaufsargumentation 144
5 Produktmerkmale für das Verkaufsgespräch nutzen 146
5.1 Produktmerkmale 146
5.2 Informationen sammeln 147

5.2.1 Informationsquellen 147
5.2.2 Informationen über das Internet beschaffen 148
5.3 Das Produktmerkmal „Material" 153
5.4 Das Produktmerkmal „Herstellung" 155
5.5 Produktinformationen für Kunden (Produkt-Info) 157
6 Der Preis im Verkaufsgespräch 158
6.1 Preisbewusstsein 158
6.2 Preisnennung nach der Sandwich-Methode 159
6.3 Preis-Einwandbehandlung 160
6.3.1 Kundeneinwände 160
6.3.2 Die Ja-aber-Methode zur Preis-Einwandbehandlung 162
6.3.3 Ausräumen und Ausgleichen von Kundeneinwänden 163
6.3.4 Serviceleistungen herausstellen 164
7 Ergänzungsangebote 165
8 Alternativangebote 167
9 Kaufbeschleunigung 169
10 Kaufbestätigung und Verabschiedung 170
11 Einen Artikel kundenorientiert umtauschen 172
12 Verkaufsgespräche im Rollenspiel darstellen 173

Kunden im Servicebereich Kasse betreuen

Lernfeld 3

1 Vertragswesen 176
1.1 Rechts- und Geschäftsfähigkeit 176
1.2 Nichtige und anfechtbare Rechtsgeschäfte 177
1.3 Die wichtigsten Vertragsarten 178
1.4 Kaufvertrag beim Warenverkauf 179
1.4.1 Zustandekommen von Kaufverträgen 179
1.4.2 Rechte und Pflichten aus dem Kaufvertrag 182
1.4.3 Eigentum und Besitz 182
1.4.4 Vertragsfreiheit 184
1.4.5 Allgemeine Geschäftsbedingungen (AGB) 185
1.4.6 Verbrauchsgüterkauf 186
1.4.7 Erfüllungsort und Gerichtsstand 187
1.4.8 Kaufvertragsarten nach dem Zeitpunkt der Zahlung 189
2 Handlungsfeld Kasse 190
2.1 Serviceleistungen 190
2.1.1 Service und Betriebsform 190
2.1.2 Service-Ziele 191
2.1.3 Kostenloser oder kostenpflichtiger Service? 191
2.1.4 Servicearten 192
2.1.5 Zeitpunkt des Serviceangebotes 192
2.1.6 Serviceberatung 192
2.2 Problemsituationen 193
2.2.1 Kundenfreundliches Telefonieren 193

2.2.2	Preisverhandlungen	194
2.2.3	Kundenbeschwerden	195
2.2.4	Umgangston mit Mitarbeitern	195
2.3	Zusatzangebote	196
3	**Bezahlung des Kaufpreises**	197
3.1	Barzahlung	197
3.2	Halbbare Zahlung	201
3.3	Zahlung mit Scheck	202
3.3.1	Der Barscheck	202
3.3.2	Der Verrechnungsscheck	203
3.3.3	Die Einlösung eines Schecks	204
3.4	Bargeldloser Zahlungsverkehr	205
3.4.1	Die Überweisung	205
3.4.2	Sonderformen der Überweisung	207
3.5	Elektronischer Zahlungsverkehr mithilfe der Bankkarte	211
3.5.1	Bankkarte (ec-Karte)	211
3.5.2	ec-Geldautomat	212
3.5.3	electronic cash (POS-Zahlungen)	212
3.5.4	Elektronisches Lastschriftverfahren (ELV)	215
3.5.5	Die Geldkarte	216
3.5.6	Kundenkarten	218
3.6	Kreditkarte	220
3.7	Gutscheine	222
4	**Verabschiedung des Kunden**	223
5	**Kassensysteme**	224
5.1	Anforderungen an Kassen	224
5.2	Bestandteile einer Kasse	225
5.3	Kassenarten	226
5.4	Kassenauswertungen und -leistungen	227
5.5	Datenkassen	233
6	**Belege**	236
6.1	Aufgaben von Belegen	236
6.2	Belegarten	236
6.2.1	Quittung	237
6.2.2	Lieferschein	238
6.2.3	Rechnung	238
6.2.4	Auswahlschein	240
6.3	Vom Lieferschein zur Rechnung	240
6.4	Umsatzsteuer	241
7	**Warenwirtschaftssystem**	244
7.1	Warenwirtschaft – Warenwirtschaftssystem	244
7.2	Aufgaben des Warenwirtschaftssystems	244
7.3	Technische und organisatorische Voraussetzungen	245
7.4	Grundzüge eines Warenwirtschaftssystems	245
7.4.1	Stammdaten eingeben	246
7.4.2	Bewegungsdaten	251

8 Kaufmännische Rechenverfahren 251
8.1 Runden von Nachkommastellen 251
8.2 Durchschnittsrechnen 253
8.2.1 Der einfache Durchschnitt 253
8.2.2 Der gewogene Durchschnitt 256
8.3 Dreisatzrechnen 258
8.3.1 Dreisatzrechnung mit geradem Verhältnis 258
8.3.2 Dreisatz mit ungeradem Verhältnis 261
8.3.3 Der zusammengesetzte Dreisatz 263
8.4 Prozentrechnen 266
8.4.1 Rechnen mit der Vergleichszahl 100 266
8.4.2 Prozentrechnen bei Vergleichen im Zeitablauf 269
8.4.3 Der vermehrte Grundwert 271
8.4.4 Der verminderte Grundwert 273

Lernfeld 4

Waren präsentieren

1 Kundenansprüche an die Warenplatzierung 276
2 Verteilung von Flächen- und Regalkapazitäten 278
3 Verkaufsraumgestaltung 279
3.1 Gestaltungsgrundsätze 279
3.2 Allgemeine Gestaltungsregeln 280
4 Verkaufsraumgestaltung bei Bedienung 285
5 Verkaufsraumgestaltung bei Vorwahl 285
5.1 Vorwahl – das Prinzip 285
5.2 Verkaufszonen 286
5.3 Besondere Sortimentsteile 287
6 Verkaufsraumgestaltung bei Selbstwahl 288
6.1 Kundenwegplanung 288
6.2 Arten von Warenplatzierungen 290
7 Flächenplanung im Lebensmitteleinzelhandel 291
8 Flächenplanung bei modisch orientierten Sortimenten 295
8.1 A-, B-, C-Zone 295
8.2 Kunden-Suchlogik 296
8.3 Arenaprinzip 298
9 Flächenkonzepte 299
9.1 Grundüberlegung 299
9.2 Shop-in-Shop 301
9.3 Corner 302
9.4 Concessions 302
9.5 Franchising 302
9.6 Category Management 303
10 Warenpräsentation 303
10.1 Grundsätze 303
10.2 Kundenansprüche an die Warenpräsentation 304

10.3	Ordnungsregeln	306
10.4	Gesetzliche Vorschrifen	307
11	**Warenpräsentation in Geschäften mit Bedienung**	307
12	**Warenpräsentation bei Vorwahl**	308
13	**Warenpräsentation bei Selbstwahl**	309
13.1	Regalzonen	310
13.1.1	Senkrechte (vertikale) Betrachtung	310
13.1.2	Waagerechte (horizontel) Betrachtung	311
13.2	Blockbildung	311
13.2.1	Herstellerblock	311
13.2.2	Produktblock	312
13.2.3	Kreuzblock	312
13.3	Regeln für die Regalbelegung	313
14	**Computergestützte Regaloptimierung (Space Management)**	317

Lernfeld 5

Werben und den Verkauf fördern

1	**Werbung**	320
1.1	Anforderungen an Werbung	321
1.2	Werbearten	322
1.3	Prozess der Werbung	323
1.3.1	Werbeziele	325
1.3.2	Werbeetat	326
1.3.3	Werbeobjekt und Werbesubjekt	326
1.3.4	Werbebotschaft	328
1.3.5	Werbemittel und Werbeträger	329
1.3.6	Werbedurchführung	337
1.3.7	Werbeerfolgskontrolle	342
2	**Schaufenstergestaltung**	345
3	**Direktwerbung**	348
3.1	Kundendatenerfassung	348
3.2	Gestaltungsgrundsätze für einen Werbebrief	349
4	**Verkaufsförderung**	351
5	**Gesetzliche Rahmenbedingungen**	354
5.1	Gesetz gegen den unlauteren Wettbewerb (UWG)	354
5.1.1	Unlautere Handlungen	354
5.1.2	Irreführende Werbung	355
5.1.3	Vergleichende Werbung	356
5.1.4	Unzumutbare Belästigung	357
5.2	Liberalisierung des Wettbewerbsrechts	358
5.3	Preisangabenverordnung	359
5.4	Maßnahmen gegen Wettbewerbsverstöße	360
6	**Bewertung von Werbemaßnahmen**	362
7	**Grenzen der Werbung**	364

8 Konditionen- und Dienstleistungspolitik 366
8.1 Konditionenpolitik 367
8.2 Kundendienstpolitik 367
9 Verpackung 370
9.1 Aufgaben von Verpackung 370
9.2 Verpackungsverordnung 371
9.3 Duales System Deutschland („Grüner Punkt“) 375
9.4 Umweltmanagement im Einzelhandel 378
9.5 Umweltzeichen 380
10 Warenzustellung 382
10.1 Firmeneigene Warenzustellung 382
10.2 Firmenfremde Warenzustellung 383

Anhang:
- Bedienungshinweise zum Warenwirtschaftssystem INTWASYS 390
- Schriftverkehr 396

Bildquellenverzeichnis 399

Sachwortverzeichnis 399

Das Einzelhandelsunternehmen erkunden und präsentieren

1 Modellunternehmen

1.1 Äußere Merkmale

Viele Aussagen in diesem Buch werden am Beispiel des **City-Warenhauses Bauer** erläutert. Es handelt sich um ein Modellunternehmen, das in dieser Form nicht wirklich existiert. Die Daten sind aber an ein reales Einzelhandelsunternehmen angelehnt worden.

■ Standort der Unternehmung

Das Unternehmen hat seinen Standort in der Innenstadt von Ratingen wie folgender Lageplan zeigt.

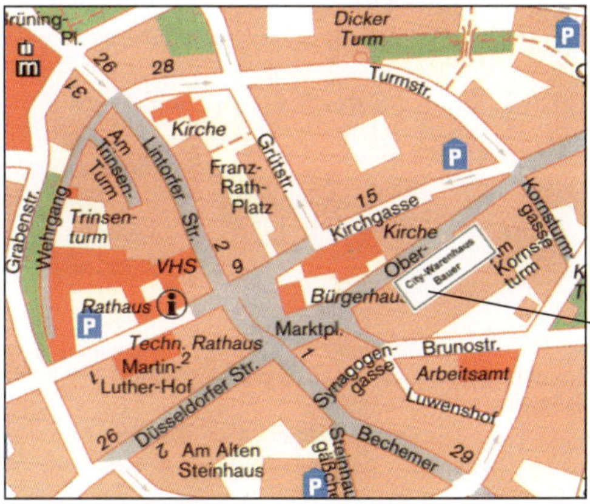

Geschäftsräume des City-Warenhauses Oberstraße 17 40878 Ratingen

■ Verkaufsfläche

Das Warenhaus hat eine Fläche von 3.500 m² mit folgenden Abteilungen:

1. Lebensmittel
2. Textilien
3. Uhren/Schmuck
4. Schuhe/Lederwaren
5. Drogerie/Parfümerie
6. Haushaltswaren/Eisenwaren/Werkzeug
7. Elektro/Tonträger/Computer
8. Tapeten/Bodenbeläge/Farben
9. Möbel
10. Sport/Zweiräder
11. Spielwaren
12. Papier/Schreibwaren

■ Betriebsform

Das City-Warenhaus Bauer wird – wie der Name bereits sagt – in der Betriebsform „Warenhaus" geführt. Darunter versteht man einen großflächigen Einzelhandelsbetrieb in zentraler Lage mit breit gefächertem Sortiment. Die Verkaufsfläche beträgt mindestens 3.000 m².

Die Betriebsformen sind auf der Seite 59 näher beschrieben.

Sortimentsgliederung siehe Seite 64

Sortimentsschwerpunkt

Den größten Anteil an der Verkaufsfläche hat die Abteilung Lebensmittel mit rund 1.000 m² Fläche. Es folgen die Textilien (ca. 500 m²). Möbel, Haushaltswaren/Eisenwaren/Werkzeuge, Drogerie-/Parfümerie-Artikel sowie Elektro/Tonträger/Computer werden jeweils auf einer Fläche von ca. 300 m² angeboten. Die übrigen Abteilungen sind kleiner und bieten den Kunden eine geringere Auswahl. Die Abteilung Uhren/Schmuck hat zwar nur eine Verkaufsfläche von rund 100 m², kann den Kunden aber aufgrund der geringen Größe der Artikel trotzdem ein breit gefächertes Abteilungssortiment präsentieren.

Zahl der Mitarbeiter

Das City-Warenhaus beschäftigt 45 Mitarbeiter. Das unten abgebildete Organigramm gibt den Aufbau des Unternehmens wieder und führt einige Personen mit ihren Namen auf, die in den Lernsituationen erwähnt werden.

Organigramm

Warenhausleiter
Herr Bauer

Bereich 0	**Bereich 1**	**Bereich 2**	**Bereich 3**	**Bereich 4**	**Bereich 5**
Warenannahme und Ausgangslager Leiter(in): Herr Schmitz	Leiter(in): Herr Berns	Leiter(in): Frau Yildrim	Leiter(in): Frau Bense	Leiter(in): Herr Blank	Verwaltung Leiter(in): Frau Dehn
Abteilung 0.1 Hausmeister Herr Boland	**Abteilung 1.1** Lebensmittel 1. Kraft: Frau Jevic Auszubildende Sabrina und Peter sowie weitere Mitarbeiter (…)	**Abteilung 2.1** Textilien 1. Kraft: Frau Melcher **Abteilung 2.2** Uhren/Schmuck 1. Kraft: Frau Ewald … **Abteilung 2.3** Schuhe/Lederwaren Frau Seifert … **Abteilung 2.4** Drogerie/Parfümerie 1. Kraft: Frau Esser Auszubildende Simone …	**Abteilung 3.1** Haushaltswaren/ Eisenwaren/Werkzeuge Frau Beyer Herr Thomas … **Abteilung 3.2** Elektro/Tonträger/Computer 1. Kraft: Frau Gerdes Auszubildender Klaus … **Abteilung 3.3** Tapeten/Bodenbeläge/Farben 1. Kraft: Herr Jansen …	**Abteilung 4.1** Möbel 1. Kraft: Herr Hoffmeister … **Abteilung 4.2** Sport Frau Abel Herr Heuser … **Abteilung 4.3** Spielwaren 1. Kraft: Frau Dünsing Auszubildende Andrea … **Abteilung 4.4** Papier/Schreibwaren 1. Kraft: Frau Möller Auszubildende Ayse …	**Abteilung 5.1** Personal Frau Bauer Auszubildende Petra … **Abteilung 5.2** Hauptkasse Frau Everding **Abteilung 5.3** Mieter: – Biker-Shop: Herr Adam, Frau Adam, Auszubildende Silke, Auszubildende Ann-Kathrin … – Foto – Bäcker – Bistro

1.2 Unternehmensziele – Unternehmensleitbild

Erfolgreiches Handeln muss zielgerichtet sein. Nur wer weiß, wo er hin will, hat eine Chance, seine Ziele zu erreichen. Man unterscheidet **kurzfristige Ziele**, die vergleichsweise schnell zu erreichen sind, z. B. eine bestimmte Umsatzhöhe in einem Geschäftsjahr oder die Reduzierung der Mitarbeiterzahl innerhalb der nächsten sechs Monate auf ein bestimmtes Niveau. Daneben setzen sich Unternehmen auch **langfristige Ziele**, z. B. innerhalb von fünf Jahren Marktführer am Standort zu werden oder in den nächsten zehn Jahren ein Filialnetz aufzubauen.

In einem Einzelhandelsunternehmen treffen unterschiedliche Menschen aufeinander (Mitarbeiter, Kunden, Lieferer, Dienstleister). Die Zusammenarbeit dieser Menschen ist erfolgreicher, wenn übereinstimmende Wertvorstellungen bestehen. In einem **Unternehmensleitbild** bemüht sich ein Unternehmen, diese **Wertvorstellungen** darzustellen und die Mitarbeiter darauf zu verpflichten. Ein solches Leitbild ist langfristig ausgerichtet und oft in einem gemeinsamen Abstimmungsprozess erstellt worden.

Für das City-Warenhaus Bauer gilt folgendes Unternehmensleitbild:

Unternehmensleitbild des City-Warenhauses Bauer

*Wir sind ein **kundenorientiertes Unternehmen!** Wir leben von unseren* 1
Kunden. Unsere Kunden haben ein Recht darauf, dass wir

- *ihnen freundlich und höflich gegenübertreten,*
- *sie fachkundig beraten,*
- *ihren Wünschen Gehör schenken,*
- *Reklamationen rasch und unbürokratisch erledigen.*

Wir sind das größte Einzelhandelsunternehmen am Standort. Durch ein 2 + 3
*beständig gepflegtes, aktuelles Sortiment erhalten wir uns das Vertrauen unserer Kunden und **sichern** unsere **Marktstellung**.*

*Das größte Kapital unseres Unternehmens sind unsere **Mitarbeiter**. Wir* 4
wollen zufriedene und motivierte Mitarbeiter, die auf ihre Leistungen und ihr Unternehmen stolz sind. Dies kann nur in einem Klima von Offenheit, Vertrauen, kollegialer Zusammenarbeit und größtmöglicher Kommunikation geschehen. Für jeden Einzelnen ist es wichtig, Kooperation, Initiative, Mitverantwortung zu sichern und seine Weiterentwicklung zu fördern mit dem Ziel, die Arbeitsplätze unserer Mitarbeiter zu erhalten. Veränderungen begreifen wir als Chance, nicht als Risiko.

*Wir bekennen uns zu **Fairness** im Wirtschaftsleben und zum partnerschaftlichen Verhalten gegenüber unseren Kunden, Mitarbeitern und Lieferanten.*

5 *Wir müssen einen Gewinn erwirtschaften, der es uns erlaubt, die Existenz und die langfristige Entwicklung unseres Unternehmens und damit unsere Arbeitsplätze zu sichern. Alle Mitarbeiter tragen durch ihren Einsatz dazu bei, dass das City-Warenhaus Bauer ein in Umsatz und Ertrag leistungsstarkes Unternehmen ist.*

Aus gemeinsamer Verantwortung gegenüber Mensch und Natur haben
6 *wir uns das Ziel gesetzt, unser Handeln dem Grundsatz der **Nachhaltigkeit** zu unterwerfen, indem wir wirtschaftliche, soziale und ökologische Interessen gleichermaßen berücksichtigen.*

Aus diesem Leitbild des Warenhauses Bauer lassen sich die Ziele von Einzelhandelsunternehmen beispielhaft ableiten

1. Kundenorientierung

Ein Sortiment, das in Breite, Tiefe und Preisniveau den Ansprüchen der Kunden gerecht wird, zahlreiche Serviceleistungen, die dem Kunden den Einkauf erleichtern, dazu ein Höchstmaß an Freundlichkeit aufseiten des Verkaufspersonals schaffen jene Kundenzufriedenheit, die heute als entscheidend für ein erfolgreiches Einzelhandelsgeschäft angesehen wird.

Kundenorientierung im Einzelhandel

Unter Kundenorientierung versteht man drei Dinge:
- Die Kundenansprüche (Wünsche) werden umfassend und dauerhaft ermittelt.
- Das Einzelhandelsgeschäft bietet alle Leistungen an, die diese Kundenansprüche erfüllen.
- Der Einzelhändler möchte damit eine langfristig stabile und wirtschaftlich vorteilhafte Kundenbeziehung erreichen.

„Bedarf" siehe Seite 47

2. Bedarfsdeckung

Wenn es einem Einzelhandelsunternehmen gelingt, jederzeit ein Sortiment vorrätig zu halten, das dem Bedarf der Kunden entspricht, schafft dies eine starke Kundenbindung. Sie ist eine wichtige Voraussetzung für den Geschäftserfolg.

3. Erhaltung des Betriebes

Langfristig ist es das Ziel eines Einzelhandelsgeschäftes, die erreichte Marktposition zu halten oder sogar zu verbessern. Eine solide Positionierung des Betriebes gegenüber Kunden und Mitbewerbern schafft die Basis für eine aktive Geschäftspolitik, die auch Rückschläge verkraften kann.

4. Arbeitsplatzsicherung

Hoch motivierte Mitarbeiter, die in einem harmonischen Umfeld kundenorientiert arbeiten, sind ein wichtiger Erfolgsfaktor. Ein erfolgreiches Unternehmen kann auch sichere Arbeitsplätze anbieten. Ein fairer Umgang miteinander vermindert Reibungsverluste.

5. Gewinnmaximierung
Ein ausreichender Gewinn sichert die Existenz eines Unternehmens und damit letztlich die im Unternehmen vorhandenen Arbeitsplätze.

6. Nachhaltigkeit
Das Unternehmen betrachtet nicht nur kurzfristig das eigene Wohlergehen und das seiner Mitarbeiter und Kunden, sondern fühlt sich den Interessen aller Menschen verpflichtet, die durch Handlungen des Einzelhandelsbetriebes betoffen sind.

Siehe Umweltmanagement Seite 378

1.3 Nachhaltigkeit

Auf der UNO-Konferenz „Umwelt und Entwicklung" in Rio de Janeiro im Jahre 1992 wurde die Weltgemeinschaft erstmals zu nachhaltigem Handeln aufgefordert, um „die menschlichen Grundbedürfnisse zu befriedigen, den Lebensstandard aller Menschen zu verbessern und die Ökosysteme wirkungsvoller zu schützen und zu verwalten." Vor allem sollte erreicht werden, dass die heutige Generation mit den vorhandenen Vorräten der Natur (Wasser, Energie, Rohstoffe usw.) verantwortungsbewusst umgeht, um die Lebensmöglichkeiten nachfolgender Generationen nicht zu beschränken.

Ökologie: Sie betrachtet die Beziehungen der Lebewesen zu ihrer Umwelt.

Mittlerweile unterstützen über 170 Länder dieses Leitbild zur nachhaltigen Entwicklung.

Nachhaltiges Handel zeigt sich in einem Einzelhandelsbetrieb auf verschiedenen Ebenen:

Ökologische Ebene
- Energie einsparen
- Abfälle für die Wiedergewinnung trennen
- umweltverträgliche Materialien/Verpackungen verwenden
- umweltverträgliche, biologische und regionale Produkte ins Sortiment aufnehmen (z. B. Eier aus Boden- und Freilandhaltung, Fisch und Meeresfrüchte, die durch schonende Fangmethoden gewonnen wurden)
- Mehrwegsysteme einsetzen
- Kunden für Nachhaltigkeit gewinnen
- Warenströme bündeln, um Leerfahrten oder Minderauslastung von Fahrzeugen zu verringern
- den Flächenverbrauch bei der Geschäftsplanung möglichst gering halten

Wirtschaftliche Ebene
- Erhaltung der Wettbewerbsfähigkeit durch schnelle Anpassung des Betriebes an veränderte wirtschaftliche Bedingungen
- regelmäßige Mitarbeiterschulung zur langfristigen Sicherung von Arbeitsplätzen

Ebene sozialer Verantwortung

- sozialverträgliche Arbeitszeitmodelle schaffen
- Unfallgefahren vermindern (durch sichere Werkzeuge und Schulung der Mitarbeiter)
- Lehrstellen anbieten
- Gleichstellung von Mann und Frau
- Verzicht auf Produkte, die durch Kinderarbeit oder Ausbeutung von Menschen hergestellt worden sind
- Produkte ins Sortiment aufnehmen, die den Produzenten (vor allem in Entwicklungsländern) einen fairen Preis gewähren und ihnen damit eine nachhaltige Wohlstandszunahme ermöglichen
- das offene Gespräch mit kritischen Umweltschutzgruppen und anderen suchen, um gegenseitiges Verständnis zu fördern
- Spenden für soziale Zwecke; überzählige Lebensmittel an Organisationen geben, die sie kostenlos an Bedürftige verteilen (z. B. „die Tafel")
- kulturelle Projekte fördern, z. B. örtliche Musikvereine, Museen

1.4 Corporate Identity

Die **Unternehmensidentität** des City-Warenhauses Bauer wird auch als Corporate Identity bezeichnet. Sie beschäftigt sich mit den Fragen: Wie sehen wir uns als City-Warenhaus, wie verhalte ich mich als Mitarbeiter gegenüber den Kunden, wie trete ich mit ihnen in Kontakt, wie zeigt sich das Erscheinungsbild des Unternehmens? Die Unternehmensidentität (das Wir-Bewusstsein) wirkt auf die motivierten Mitarbeiter und wird durch diese auch nach außen getragen.

Die Corporate Identity ergibt sich aus der Unternehmensphilosophie, die von der Geschäftsführung durch das Unternehmensleitbild vorgegeben wird, sie wird allerdings auch stark von der Mentalität der Mitarbeiter geprägt.

Corporate Communications

Wie zeigt sich die Corporate Identity des City-Warenhauses Bauer? Sie zeigt sich zum Beispiel durch die Gestaltung von Slogans, Mitarbeiter- und Kundenzeitschriften sowie Broschüren. Diese Kommunikationsmittel werden als **Corporate Communications** bezeichnet.

Wirkungsweise einer Unternehmenskultur

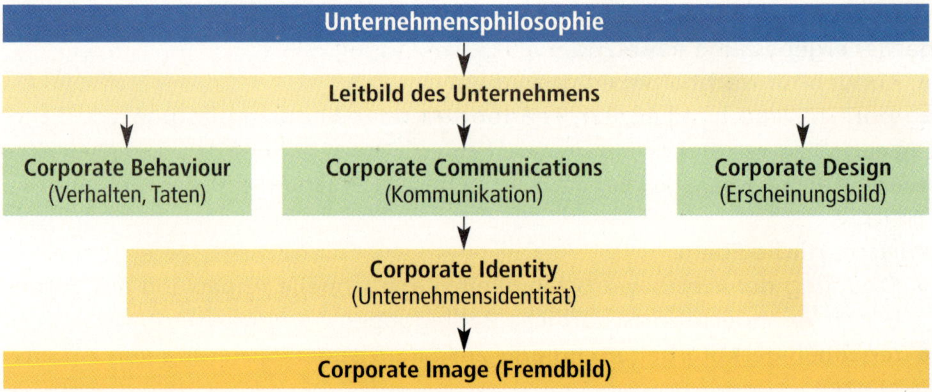

Corporate Design

Logo des City-Warenhauses Bauer

Corporate Design ist die Entwicklung der Unternehmensidentität durch Gestaltung von sichtbaren Gegenständen nach einem einheitlichem Stil wie z. B. Logo, Briefbögen, Anzeigengestaltung. Weitere Beispiele könnten die Architektur der Gebäude, die Ausgestaltung des Verkaufsraums, die Arbeitskleidung der Mitarbeiter, das Erscheinungsbild der Regale sein, ausgedrückt durch Farben, Formen und Zeichen in einheitlichem Stil.

Corporate Behaviour

Das Verhalten der Mitarbeiter, welches zur Unternehmensidentität beiträgt, wird durch **Corporate Behaviour** beschrieben. Hierzu gehört in erster Linie der der Unternehmenskultur entsprechende Umgangston der Mitarbeiter untereinander und gegenüber den Kunden, Lieferanten und Gläubigern. Der angemessen positive Umgang mit Kritik zum Beispiel bei Reklamationen fällt zudem unter den Begriff Corporate Behaviour. Weiterhin umfasst Corporate Behaviour u. a. einen bestimmten Führungsstil durch die Geschäftsleitung, Grundsätze der Personalentwicklung, Personalentlohnung und Personalbeurteilung.

Die Gründe für die intensivere Betrachtung des Corporate Identity-Gedankens sind die Probleme vieler Unternehmen, die sich wie folgt beschreiben lassen:

- Der weltweite Wettbewerb ist sehr stark, das Angebot an Waren in den Warenhäusern ist meistens höher als die Nachfrage durch die Kunden, dies drückt die Preise.
- Die Öffentlichkeit wird zunehmend kritischer gegenüber größeren und zum Teil weltweit tätigen Unternehmen hinsichtlich ihrer Marktmacht, der Einstellung gegenüber Wirtschaftsethik und Umweltfragen.
- Kritische Mitarbeiter beobachten die wachsende Anonymität der Unternehmen und erwarten Einsicht in den Zweck ihrer Arbeit.

Eine zeitgemäße Unternehmensphilosophie und Unternehmenskultur kann die dargestellten Probleme bewältigen helfen, zum Beispiel über die bessere Wahrnehmung des City-Warenhauses Bauer durch die Kunden und eine sich daraus ergebende stärkere Stammkundenbindung.

Corporate Identity aus konkreter Kundensicht

Die zunächst etwas abstrakten Begriffe zur Unternehmensphilosophie münden letztlich in sehr konkrete Fragen des Kunden an ein Einzelhandelsgeschäft:

1. **Beurteilung des Geschäftes von außen**
   - Wie gut findet man zum Geschäft, wie gut ist die Beschilderung, die Firmenaufschrift?
   - Ist die Hausfassade attraktiv gestaltet?
   - Lädt der Eingangsbereich zum Betreten des Geschäftes ein?
   - Ist das Schaufenster übersichtlich und optisch ansprechend eingerichtet?
2. **Verkaufsraumgestaltung und Warenpräsentation**
   - Welche Wirkung hat der Verkaufsraum auf den eintretenden Kunden?
   - Fühlt sich der Kunde durch eine angenehme Atmosphäre im Geschäft wohl?
   - Kann sich der Kunde leicht orientieren?
   - Sind die Warenträger übersichtlich angeordnet?
   - Wie ansprechend ist die Präsentation der Waren in den Warenträgern?
   - Sind die einzelnen Abteilungen deutlich voneinander getrennt?
   - Sind die Preise der Artikel leicht erkennbar?
   - Herrscht Ordnung und Sauberkeit im Geschäft?
3. **Sortiment**
   - Ist die Auswahl nach Breite und Tiefe ausreichend?
   - Genügen die Waren den Anforderungen nach Aktualität/Frische?
   - Werden saisongerechte Waren angeboten?
   - Wird der Einkauf des Kunden durch Bündelung zusammengehöriger Artikel erleichtert (Verbundplatzierung)?
4. **Verhalten der Mitarbeiter im Verkaufsraum**
   - Wie funktioniert der erste Kontakt Kundenberater – Kunde?
   - Wie lange muss man auf den Kundenberater warten, wenn man beraten werden will?
   - Wie reagieren die Verkaufsmitarbeiter bei Hochbetrieb?
   - Passt das äußere Erscheinungsbild der Kundenberater zum Geschäft?
   - Wie ist die Beratungskompetenz der Verkaufsmitarbeiter zu beurteilen?
   - Nimmt sich der Kundenberater ausreichend Zeit für seine Kunden?
   - Wie ist das Auftreten der Verkaufsmitarbeiter zu beurteilen (sicher, selbstbewusst, hilfsbereit, kompetent, freundlich, sympathisch, …)
5. **Service**
   - Wird dem Kunden der Zahlungsvorgang leicht gemacht?
   - Werden Reparaturservice/Hauszustellung/Werkzeugvermietung u. Ä. angeboten?
   - Stehen ausreichend Kundenparkplätze zur Verfügung?
   - Kann der Kunde Waren innerhalb einer bestimmten Frist umtauschen?
   - Werden Reklamationen großzügig und schnell abgewickelt?

Aus den Antworten auf diese Fragen wird für den Kunden deutlich, ob das Unternehmensleitbild auch tatsächlich von der Geschäftsleitung und den Mitarbeiter „gelebt“ wird. Im Idealzustand **identifizieren sich** alle Beteiligten mit dem Leitbild und übertragen es in ihr tägliches Verhalten gegenüber Kunden, den Kolleginnen und Kollegen, der Geschäftsleitung sowie Lieferanten und Dienstleistern.

1.5 Daten für Geschäftsprozesse

Für die Bearbeitung verschiedener Geschäftsprozesse (z. B. Waren einkaufen, Kommunikation mit Kunden und Lieferanten) sind grundlegende Daten erforderlich, die in der nachfolgenden Übersicht aufgeführt sind:

Firma:	City-Warenhaus Bauer
Anschrift:	Oberstraße 17, 40878 Ratingen
Rechtsform:	Einzelunternehmung
Inhaber:	Sven Bauer
Handelsregister:	Düsseldorf
Finanzamt:	Düsseldorf, Steuer-Nr.: 283/0976/6678
Telefon:	02102 56742-0
Fax:	02102 56733
persönliche Daten:	Herr Bauer wurde am 22.04.1955 in Neuss geboren. Er besitzt die deutsche Staatsangehörigkeit. Seine Privatwohnung befindet sich in der Kreuzstraße 28, 40882 Ratingen.
Bankverbindung:	Sparkasse Ratingen, BLZ 30151660, Konto-Nr. 4565 051 000

2 Berufsausbildung im Einzelhandel

2.1 Das Jugendarbeitsschutzgesetz

Das **Jugendarbeitsschutzgesetz** bietet allen Jugendlichen einen weitgehenden Schutz u. a. vor Überbeanspruchung, Überforderung und Gefährdung. Geschützt sind dadurch Jugendliche als Arbeitnehmer (z. B. in den Ferien) und als Auszubildende.

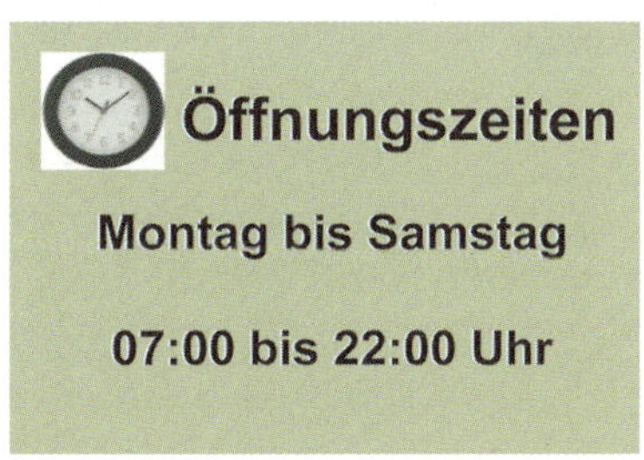

Beschäftigungsverbote

Es ist verboten, Jugendliche

- mehr als **8 Stunden** täglich (ausnahmsweise 8 $\frac{1}{2}$ Std.), mehr als **40 Stunden** wöchentlich, bei einer **Schichtzeit** von **mehr** als **10 Stunden** (Schichtzeit = Arbeitszeit plus Pausen), in der Zeit von **20:00 bis 06:00 Uhr**, an mehr als **fünf Tagen**,

- an **Samstagen**,
  Ausnahme: Im Einzelhandel darf der Jugendliche an Samstagen beschäftigt werden, wenn er an einem anderen berufsschulfreien Tag der Woche den entsprechenden Ausgleich erhält; zwei Samstage sollen aber frei bleiben.
- an **Sonntagen**,
- an **Feiertagen** (am 24. und 31. Dezember nach 14:00 Uhr),
- mit **gefährlichen Arbeiten** (z. B. körperliche und geistige Überforderung, erhöhte Unfallgefahren, außergewöhnliche Hitze, Kälte usw.)

zu beschäftigen.

Jugendliche dürfen an verkaufsoffenen **Sonntagen** nicht beschäftigt werden

An **Berufsschultagen** ist es nicht erlaubt, Jugendliche

- vor einem vor **09:00 Uhr** beginnenden Unterricht,
  (Dieser Punkt gilt auch für Auszubildende, die 18 Jahre alt sind, aber noch der Berufsschulpflicht unterliegen.)
- nach mehr als **5 Unterrichtsstunden** im Betrieb einzusetzen. Diese Regelung gilt aber nur für einen „langen" Berufsschultag pro Woche.[1]

Beschäftigungsverbote nach dem Jugendarbeitsschutzgesetz

Arbeitszeit	Tage	Berufsschule
Mehr als 8 Std. ($8\frac{1}{2}$) am Tag	Mehr als 5 Tage	Vor 09:00 Uhr
Mehr als 40 Std. in der Woche	An Samstagen (Ausnahmen)	Bei mehr als 5 Unterrichtsstunden
Zwischen 20:00 und 06:00 Uhr	An Sonn- und Feiertagen	Einmal in der Woche

Anrechnung der Berufsschulzeit

Beträgt der Unterricht in der Berufsschule **mehr als 5 Unterrichtsstunden** („langer" Berufsschultag), so ist dieser Tag mit 8 Stunden Arbeitszeit **(einmal pro Woche)** anzurechnen. Die übrigen Unterrichtsstunden sind einschließlich Pausen zu berücksichtigen. Die Wegezeiten von der Schule zur Arbeitsstätte zählen zur Beschäftigungszeit.

Beispiel Am ersten Unterrichtstag hat der Jugendliche 7 Unterrichtstunden. Diese werden mit 8 Zeitstunden angerechnet. Am zweiten Unterrichtstag hat er 5 Unterrichtstunden, von 08:00 Uhr bis 12:15 Uhr. Das entspricht $4\frac{1}{4}$ Zeitstunden. Also werden insgesamt in der Woche $12\frac{1}{4}$ Stunden auf die Beschäftigungszeit angerechnet, zuzüglich einer eventuellen Wegezeit.

---

[1] *Sonderfall Blockunterricht: Jugendliche dürfen im Blockunterricht, der mindestens 25 Unterrichtsstunden beträgt und an mindestens 5 Tagen erteilt wird, nicht mehr im Betrieb beschäftigt werden. Es sind aber bis zu 2 Stunden betrieblicher Ausbildung, z. B. betrieblicher Unterricht, zusätzlich möglich.*

Unterrichtsstunden – Beschäftigungszeiten

Urteil des Bundesarbeitsgerichtes (BAG) vom 26.03.2001

Das Gericht hat entschieden, dass die Verpflichtung des Ausbildenden, den Auszubildenden für den Berufsschulunterricht freizustellen, auch die Pausen in der Berufsschule und die Wegezeit von der Berufsschule zum Ausbildungsbetrieb beinhalten. Laut BAG umfasst nach dem Berufsbildungsgesetz die Freistellungspflicht auch die Zeiträume, in denen der Auszubildende zwar keinen Berufsschulunterricht hat, aber aus tatsächlichen Gründen gehindert ist, an der betrieblichen Ausbildung teilzunehmen. Denn der Berufsschulunterricht gehe der betrieblichen Ausbildung vor und ersetze diese zeitlich. Grundsätzlich dürften diese Zeiten der Freistellung nicht nachgeholt werden.
Allerdings sind anderslautende Regelungen in den entsprechenden **Tarifverträgen** zu berücksichtigen.
Ein Ausbildungsbetrieb kann demnach die oben erwähnten 12 $\frac{1}{4}$ Stunden für die Berufsschule zuzüglich einer möglichen Wegezeit von der vereinbarten Ausbildungszeit, z. B. 38 Stunden, abziehen, sodass der Jugendliche noch 25 $\frac{3}{4}$ Stunden (oder je nach Wegezeit auch weniger) im Betrieb beschäftigt werden kann. Dies gilt aber nur, wenn es im Ausbildungsvertrag oder Tarifvertrag nicht ausdrücklich anders geregelt ist.

Berufsschulpflicht

Berufsschulpflichtig ist in der Mehrzahl der Bundesländer jeder Auszubildende, der vor seinem 21. Geburtstag eine Ausbildung beginnt, bis zum Ende seiner Ausbildung. In einigen Bundesländern ist er nicht mehr berufsschulpflichtig, wenn er bei Antritt der Ausbildung bereits 18 Jahre alt ist.

Freistellungen

Der Jugendliche ist für die Teilnahme an Prüfungen (Zwischenprüfung, Abschlussprüfung), am Schulunterricht, an Schulveranstaltungen (z. B. Schulfahrten) und Veranstaltungen, die im Ausbildungsvertrag vereinbart sind (z. B. überbetriebliche Ausbildungsmaßnahmen), freizustellen.

Ruhepausen

Ohne Ruhepause dürfen Jugendliche **nicht länger** als **4 $\frac{1}{2}$ Stunden** hintereinander beschäftigt werden. Die einzelne Ruhepause muss **mindestens 15 Minuten** betragen und sie darf frühestens 1 Stunde nach Arbeitsbeginn genommen werden.
Bei einer Arbeitszeit von mehr als 4 $\frac{1}{2}$ bis zu 6 Stunden hat der Jugendliche Anspruch auf eine Pause von 30 Minuten. Beträgt die Arbeitszeit **mehr** als **6 Stunden**, so sind dem Jugendlichen mindestens **60 Minuten** Pause einzuräumen.

Beispiel

Arbeitszeit: 09:00 Uhr bis 10:30 Uhr, 10:30–10:45 Uhr Pause,
Arbeitszeit: 10:45–12:45 Uhr, 12:45–13:45 Uhr Pause,
Arbeitszeit: 13:45–18:30 Uhr.

Diese Regelung wäre nicht erlaubt, weil der Jugendliche am Nachmittag mehr als 4 $\frac{1}{2}$ Stunden ohne Ruhepause beschäftigt wird.

Tägliche Freizeit

Zwischen dem Ende der Beschäftigung eines Tages und dem Beginn der Arbeitzeit/Schulzeit am nächsten Tag müssen mindestens 12 Stunden Freizeit liegen.

Beispiel Hat ein Jugendlicher bis 20:00 Uhr gearbeitet, so darf er am nächsten Morgen frühestens um 08:00 Uhr wieder beginnen.

Ausnahmen in einigen Berufen, z. B. Bäcker

Nachtruhe

Jugendliche dürfen im Einzelhandel nur **zwischen 06:00 Uhr und 20:00 Uhr** beschäftigt werden.

Urlaub

Urlaubstage laut Tarifvertrag

Für jedes Kalenderjahr hat der Jugendliche ein Recht auf **bezahlten Urlaub**. Der Urlaub beträgt **30** Werktage für **15-Jährige**, **27** Werktage für **16-Jährige** und **25** Werktage für **17-Jährige**.
Allerdings erhalten die meisten Jugendlichen entsprechend den geltenden Tarifverträgen schon mehr Urlaubstage, als das Jugendarbeitsschutzgesetz es vorsieht.

Wenn kein volles Kalenderjahr erreicht wird, z. B. im 1. Ausbildungsjahr, ist für jeden Monat $^1/_{12}$ **des Jahresurlaubes** anzurechnen.

Beispiel Ausbildungsbeginn 1. August. Eine 17-Jährige hat somit Anspruch auf $^5/_{12}$ von 25 Werktagen, da sie 5 Monate des Jahres beschäftigt ist. Ihr stehen also (aufgerundet) 11 Werktage zu.

Dieser Urlaub soll den Jugendlichen **während der Berufsschulferien** gegeben werden, sofern nicht betriebliche Gründe dagegensprechen. Kann ein Jugendlicher den Urlaub nicht in den Ferien erhalten, so steht ihm für jeden Urlaubstag, an dem er die Berufsschule besucht, ein weiterer Urlaubstag zu.

Wenn eine Auszubildende 2 Wochen Urlaub während der Berufsschulzeit nehmen muss, stehen ihr 4 weitere Urlaubstage zu, wenn sie an 2 Tagen pro Urlaubswoche am Berufsschulunterricht teilnimmt. Das ist unabhängig davon, wie lang der Berufsschultag dauert.

Ärztliche Untersuchung

Jugendliche dürfen nur beschäftigt werden, wenn sie in den letzten 14 Monaten vor der Beschäftigung eine sogenannte **Erstbescheinigung** eines Arztes dem Arbeitgeber vorlegen.
Ein Jahr nach Beginn der Beschäftigung hat der Jugendliche eine Bescheinigung über die **Nachuntersuchung** beizubringen.

Weitere wichtige Bestimmungen des Jugendarbeitsschutzgesetzes

Pausen	Urlaub	Arbeitsverbote bzw. Einschränkungen
4,5–6 Std. = 30 Minuten	15 Jahre = 30 Werktage	Bei sittlichen Gefahren
6–8 Std. = 60 Minuten	16 Jahre = 27 Werktage	Bei gesundheitlichen Gefahren
Pause = mind. 15 Minuten	17 Jahre = 25 Werktage	Bei Leistungsprüberforderung

2.2 Das Berufsbildungsgesetz

Im Berufsbildungsgesetz hat der Gesetzgeber im Wesentlichen die Rechte und Pflichten von Ausbildenden und Auszubildenden festgelegt.
Wenn in **diesem Gesetz** bestimmte Themen **nicht ausdrücklich angesprochen** sind, dann gelten die Bestimmungen aus dem **Arbeitsrecht**. Der Urlaubsanspruch ist z. B. hier nicht geregelt. Also gilt dann für erwachsene Auszubildende das Bundesurlaubsgesetz wie bei den übrigen Beschäftigten des Unternehmens.

Bundesurlaubsgesetz § 3, Dauer des Urlaubs: Jährlich mindestens 24 Werktage.

Berufsbildungsrecht – Arbeitsrecht

Ausbildender ist derjenige, der mit dem Auszubildenden den Berufsausbildungsvertrag abschließt; er ist sozusagen der Arbeitgeber. **Ausbilder** ist derjenige, der vom Ausbildenden ausdrücklich mit der Planung und Durchführung der Ausbildung beauftragt ist. Der **Auszubildende** ist derjenige, der ausgebildet wird.

Ausbildungsvertrag:
Ausbildender
Ausbilder
Auszubildender

2.2.1 Der Ausbildungsvertrag

Ein Ausbildungsverhältnis kann z. B. mündlich vereinbart werden. Spätestens bei **Beginn** der Ausbildung ist der Ausbildungsvertrag aber in **schriftlicher** Form vorzulegen. Der Ausbildende, der Auszubildende und bei Minderjährigen die gesetzlichen Vertreter haben den Vertrag zu unterschreiben.

■ Pflichten aus dem Ausbildungsverhältnis

Pflichten des **Ausbildenden**:

- **Ausbildungspflicht**: Der Ausbildende muss dem Auszubildenden alle Fertigkeiten und Kenntnisse entsprechend der **Ausbildungsordnung** so vermitteln, dass der Auszubildende innerhalb der vereinbarten Ausbildungszeit die **Abschlussprüfung** besteht.
- **Ausbildungsmittel** kostenlos zur Verfügung stellen. Hierzu zählen nur die betrieblichen Ausbildungsmittel, also nicht die erforderlichen Schulbücher.
- Zum Besuch der **Berufsschule** anhalten.
- Zum Führen des **Ausbildungsnachweises** anhalten. Der Ausbildungsnachweis soll während der betrieblichen Ausbildungszeit ausgefüllt werden.
- **Erziehungspflicht (= Fürsorgepflicht)**, d. h. er hat dafür zu sorgen, dass der Auszubildende charakterlich gefördert sowie sittlich und körperlich nicht gefährdet wird.
- **Freistellungspflicht**: Der Ausbildende muss den Auszubildenden für Prüfungen, den Berufsschulunterricht und überbetriebliche Ausbildungsmaßnahmen freistellen.

■ Tarifliche Regelungen für die Freistellungen

Im Tarifvertrag für den Einzelhandel in NRW ist z. B. geregelt, dass „Auszubildende an dem Arbeitstag, der der **schriftlichen Abschlussprüfung** unmittelbar vorausgeht, von der Arbeit freizustellen sind. Gleiches gilt an Prüfungstagen für die **Zeit vor** der **Prüfung**". Diese Regelung gilt auch für erwachsene Auszubildende.

Zeugnis
siehe Seite 28 f.

- **Zeugnispflicht**: Nach der Beendigung des Ausbildungsverhältnisses muss der Ausbildende ein Ausbildungszeugnis ausstellen.
- **Vergütungspflicht**: Der Ausbildende hat spätestens am letzten Werktag des Monats die im Ausbildungsvertrag vereinbarte Vergütung zu zahlen. Bei **Krankheit** ist sie bis zu **6 Wochen** fortzuzahlen.

■ Pflichten des Auszubildenden

- **Aktive Lernpflicht**: Der Auszubildende muss sich bemühen, die Fertigkeiten und Kenntnisse zu erwerben, die für das Bestehen der Abschlussprüfung notwendig sind.
- **Sorgfaltspflicht**: Der Auszubildende hat die **Tätigkeiten**, die ihm im Rahmen der Ausbildungsordnung aufgetragen werden, **sorgfältig auszuführen** und die entsprechenden Einrichtungen, Werkzeuge, Waren usw. **pfleglich zu behandeln**.

- **Weisungsgebundenheit**: Der Auszubildende hat sich an alle Weisungen zu halten, die ihm Ausbildende, Ausbilder oder andere berechtigte Personen geben, sofern sie etwas mit der Ausbildung zu tun haben, z. B. Ausbildungsnachweis führen.
- **Betriebsordnung beachten**: Auch der Auszubildende hat z. B. Rauchverbote und andere Punkte der im jeweiligen Betrieb geltenden Ordnung zu beachten.
- **Schweigepflicht**: Der Auszubildende darf anderen, außerhalb des Betriebes stehenden Personen, nichts über Geschäftsdaten und andere wichtige Betriebsgeheimnisse erzählen.
- **Teilnahmepflicht**: Der Auszubildende hat am Berufsschulunterricht, an Prüfungen und anderen Maßnahmen teilzunehmen, für die er freigestellt wird.

Pflichten aus dem Ausbildungsverhältnis	
Ausbildende	**Auszubildende**
Ausbildungspflicht Ausbildungsmittel bereitstellen Zum Berufsschulbesuch anhalten Zum Führen des Ausbildungsnachweises anhalten Fürsorge- und Erziehungspflicht Freistellungspflicht Vergütungspflicht Zeugnispflicht	Aktive Lernpflicht Sorgfaltspflicht Weisungsgebundenheit Ausbildungsnachweis führen Betriebsordnung beachten Schweigepflicht Teilnahmepflicht (Berufsschule, Prüfungen)

2.2.2 Ein Ausbildungsverhältnis kündigen

Dem Auszubildenden steht während der Ausbildung ein **weitgehender Kündigungsschutz** zu. Dabei ist zu beachten, dass jede Kündigung schriftlich zu erfolgen hat.

Probezeit

Während der **Probezeit**, die **mindestens 1** Monat betragen muss, aber **höchstens 4** Monate dauern darf, können sowohl der Auszubildende als auch der Ausbildende **jederzeit fristlos kündigen, ohne** einen **Grund** angeben zu müssen.

Nach Ablauf der Probezeit ist zu unterscheiden:

- **Kündigung durch den Ausbildenden**

  Fristlose Kündigung nur durch den Ausbildenden

  Der **Ausbildende** kann **fristlos** nur noch aus einem **wichtigen Grund** kündigen. Von einem „wichtigen Grund", der eine fristlose Kündigung rechtfertigt, kann nur gesprochen werden, wenn ein Vorfall eingetreten ist, der **so schwerwiegend** ist, dass es den Beteiligten **nicht mehr zugemutet** werden kann, das Ausbildungsverhältnis fortzusetzen.

Dabei ist **jeder Fall einzeln** zu prüfen und die Interessen beider Vertragsparteien sind abzuwägen. Ein Beispiel für eine fristlose Kündigung aus wichtigem Grunde ist Diebstahl durch einen Auszubildenden. Bei leichten Pflichtverletzungen hat der Ausbildende erst mindestens eine Abmahnung zu schreiben.
Eine Kündigung aus wichtigem Grunde muss **innerhalb von 14 Tagen** nach dem **Bekanntwerden** des schwerwiegenden Vorfalls ausgesprochen werden bzw. beim Vertragspartner eintreffen. Es ist also nicht der Tag des Diebstahles entscheidend, sondern der Tag, an dem der Ausbildende davon erfahren hat.

Fristlose und fristgerechte Kündigung durch den Auszubildenden

- **Kündigung durch den Auszubildenden**
  Nach der Probezeit kann der **Auszubildende** ebenfalls nur noch aus einem **wichtigen Grund fristlos** kündigen, z. B. wegen sexueller Belästigung oder Züchtigung durch den Ausbildenden.
  Er kann aber auch mit einer **Kündigungsfrist von 4 Wochen** kündigen, wenn er
  - die Ausbildung **aufgeben** will, um z. B. eine weiterführende Schule zu besuchen oder einen Arbeitsplatz anzunehmen oder
  - eine **andere** Ausbildung beginnen möchte, z. B. in einem gewerblichen Beruf.
    Der Auszubildende muss einen dieser beiden Gründe in der schriftlichen Kündigung angeben.

2.2.3 Das Ausbildungszeugnis

Bei **jeder Beendigung** eines Ausbildungsverhältnisses, also nach einer Kündigung oder wenn der Auszubildende die Abschlussprüfung bestanden hat, muss der Ausbildende ein **Ausbildungszeugnis** ausstellen.

Einfaches Zeugnis: Pflichtmäßig hat dieses Zeugnis zum Inhalt
- Art der Ausbildung (z. B. Berufsausbildung oder Praktikum)
- Dauer der Ausbildung (also die tatsächliche Dauer, bei einer Verkürzung z. B. 2 $\frac{1}{2}$ -jährige Ausbildung)
- Ziel der Ausbildung (z. B. Ausbildung zur Kauffrau im Einzelhandel)
- Fertigkeiten und Kenntnisse (Hier kann man sich an die Inhalte der Ausbildungsordnung anlehnen.)

Qualifiziertes Zeugnis: Wenn ein **Auszubildender es wünscht**, hat der Ausbildende auch Angaben über
- Führung (z. B. ... hat sich den Kunden gegenüber immer höflich und freundlich gezeigt),
- Leistung (... übernahm auch freiwillig zusätzliche Aufgaben ...) und besondere fachliche Fähigkeiten (z. B. ... hat durch Weiterbildung außerordentliche Kenntnisse im Umgang mit dem Warenwirtschaftsprogramm ...). Haben Auszubildende Kassentätigkeiten ausgeführt, sollte auf jeden Fall

ein Vermerk über die korrekte Kassenführung im Zeugnis auftauchen. Fehlen Angaben zur Ehrlichkeit, gilt solch eine „Lücke" als versteckter Hinweis, dass der Auszubildende eventuell Geld unterschlagen oder die Kasse nicht einwandfrei geführt hat.

Grundsätzlich gilt, dass Zeugnisse „**wohlwollend**" formuliert sein müssen, d. h. sie dürfen den weiteren beruflichen Werdegang nicht negativ beeinflussen. Zeugnisse müssen aber der Wahrheit entsprechen. Damit negative Beurteilungen in ein Zeugnis einfließen können, haben sich in stillschweigendem Einvernehmen zwischen den Personalchefs bestimmte Formulierungen durchgesetzt:

Zeugnisformulierung	eigentliche Aussage
Er (sie) hat die ihm (ihr) übertragenen Arbeiten	
• stets zu unserer vollsten Zufriedenheit erledigt	sehr gute Leistung
• stets zu unserer vollen Zufriedenheit erledigt	gute Leistungen
• zu unserer vollen Zufriedenheit	befriedigende Leistungen
• zu unserer Zufriedenheit erledigt	ausreichende Leistungen
• im Großen und Ganzen zu unserer Zufriedenheit erledigt	mangelhafte Leistungen
Er (sie) hat sich bemüht, die ihm (ihr) übertragenen Arbeiten zu unserer Zufriedenheit zu erledigen	unzureichende Leistungen
Er (sie) bemühte sich, den Anforderungen gerecht zu werden.	Er (sie) hat versagt.
Er (sie) hat sich im Rahmen seiner (ihrer) Fähigkeiten eingesetzt.	Er (sie) hat getan, was er (sie) konnte, aber das war nicht viel.
Er (sie) zeigte für seine (ihre) Arbeit Verständnis.	Er (sie) war faul und hat nichts geleistet.
Wegen seiner (ihrer) Pünktlichkeit war er (sie) uns stets ein gutes Vorbild.	Er (sie) war völlig unfähig.
Wir lernten ihn (sie) als einen (eine) umgängliche(n) Kollegen(in) kennen.	Viele Mitarbeiter sahen ihn (sie) lieber von hinten als von vorne.
Mit seinen (ihren) Vorgesetzten ist er (sie) gut zurecht gekommen.	Er (sie) ist ein Mitläufer, der (die) sich gut angepasst hat.
Durch seine (ihre) Geselligkeit trug er (sie) zur Verbesserung des Betriebsklimas bei.	Er (sie) neigt zu übertriebenem Alkoholgenuss.
Wir haben uns im gegenseitigen Einvernehmen getrennt.	Wir haben ihm (ihr) gekündigt.

2.2.4 Die Abschlussprüfung

Einzelheiten zur Abschlussprüfung siehe unten Seite 34

Am **Ende der Ausbildung** muss der Auszubildende an einer **Abschlussprüfung** teilnehmen.
Bei **besonderen Leistungen** in der Berufsschule (in der Regel 2,5 als Durchschnittsnote oder besser) und im Betrieb kann der Auszubildende sich **vorzeitig zur Abschlussprüfung** anmelden und somit die Ausbildung normalerweise um ein halbes Jahr verkürzen.

Verkürzung – Vorzeitige Zulassung zur Abschlussprüfung

Wiederholung der Abschlussprüfung

Besteht der Auszubildende die Abschlussprüfung nicht, so kann er sie zweimal wiederholen. Für die zweite Wiederholung benötigt er aber die Zustimmung des Ausbildungsbetriebes, wenn er dort bleiben möchte.

Abschlusszeugnisse

Neben dem Abschlusszeugnis der **Berufsschule** und dem Zeugnis des **Ausbildungsbetriebes** erhält der Auszubildende noch ein Prüfungszeugnis von der **Industrie- und Handelskammer**, in dem die Prüfungsergebnisse aufgeführt sind.

2.3 Das Duale System der Berufsausbildung

Die Berufsausbildung erfolgt in der Bundesrepublik Deutschland im sogenannten **„dualen Ausbildungssystem"**. Das bedeutet, dass die Berufsausbildung an **zwei Lernorten** getrennt durchgeführt wird: Am Lernort **Berufsschule** und am Lernort **Ausbildungsbetrieb**.

2.3.1 Lernort Schule

Lernorte Berufsschule und Ausbildungsbetrieb

Die Berufsschule hat die Aufgabe, überwiegend **berufsbezogene** Lerninhalte (siehe Lernfelder unten) und **berufsübergreifende** Lerninhalte (z. B. Politik/Gesellschaftslehre, Deutsch/Kommunikation, Sport, Religion/Ethik) zu vermitteln.

In den 16 Bundesländern gelten für die Berufsschulen jeweils eigene **Lehrpläne** (Richtlinien). Es gibt jedoch einen Rahmenlehrplan, der Grundlage der Landeslehrpläne ist. In ihm sind unter anderem die **Lernfelder** für den Ausbildungsberuf Verkäufer/Verkäuferin und Kaufmann/Kauffrau im Einzelhandel aufgeführt.

Lernfelder für den Ausbildungsberuf Verkäufer/Verkäuferin und Kaufmann/Kauffrau im Einzelhandel				
Lernfelder		**Unterrichtsstunden**		
Nr.		1. Jahr	2. Jahr	3. Jahr
1	Das Einzelhandelsunternehmen präsentieren	2		
2	Verkaufsgespräche kundenorientiert führen	2		
3	Kunden im Servicebereich Kasse betreuen	2		
4	Waren präsentieren	1		
5	Werben und den Verkauf fördern	1		
6	Waren beschaffen		1,5	
7	Waren annehmen, lagern und pflegen		1,5	
8	Geschäftsprozesse erfassen und kontrollieren		1,5	
9	Preispolitische Maßnahmen vorbereiten und durchführen		1	
10	Besondere Verkaufssituationen bewältigen		1,5	
11	Geschäftsprozesse erfolgsorientiert steuern			2
12	Mit Marketingkonzepten Kunden gewinnen und binden			1,5
13	Personaleinsatz planen und Mitarbeiter führen			1,5
14	Ein Unternehmen leiten und entwickeln			2

In § 7 des Berufsbildungsgesetzes ist festgelegt, dass der Ausbildende den Auszubildenden für die Teilnahme am Berufsschulunterricht freizustellen hat.
Die **Berufsschulzeit** gehört also zur Beschäftigungszeit. Aus diesem Grund sind die Berufsschulen angehalten, die **Fehlzeiten** in der Berufsschule von den Ausbildungsbetrieben gegenzeichnen zu lassen, da sonst der ausbildende Betrieb keine Kontrolle hat, ob der Auszubildende auch am Berufsschulunterricht teilnimmt, für den er freigestellt wurde.

2.3.2 Lernort Betrieb

Der Ausbildungsbetrieb hat in erster Linie für die **berufspraktische** Ausbildung zu sorgen. Hierfür bindend ist im Einzelhandel die **Ausbildungsordnung** für die Einzelhandelsberufe „Verkäufer/Verkäuferin" und „Kaufmann/Kauffrau" im Einzelhandel. Darin sind **fünf Ausbildungsmittel** festgelegt:

① **Bezeichnung** des Ausbildungsberufes (Kauffrau/Kaufmann im Einzelhandel und Verkäufer/in)

② **Ausbildungsdauer**
- für den Beruf Verkäufer/Verkäuferin 2 Jahre
- für den Kaufmann/die Kauffrau im Einzelhandel 3 Jahre

Sind bestimmte Voraussetzungen erfüllt (Vorbildung, Notendurchschnitt), kann die Ausbildungsdauer auch verkürzt werden.

③ **Ausbildungsberufsbild** (Fertigkeiten und Kenntnisse, die Gegenstand der Berufsausbildung sind)

④ **Ausbildungsrahmenplan** (Anleitung zur sachlichen und zeitlichen Gliederung der Fertigkeiten und Kenntnisse)

⑤ **Prüfungsanforderungen**

Auszug aus dem Berufsbild für Verkäufer(in)

§ 8

Ausbildungsberufsbild

(1) Gegenstand der Berufsausbildung sind mindestens die folgenden Fertigkeiten und Kenntnisse:

1. Der Ausbildungsbetrieb:
1.1 Bedeutung und Struktur des Einzelhandels,
1.2 Stellung des Ausbildungsbetriebes am Markt,
1.3 Organisation des Ausbildungsbetriebes,
1.4 Berufsbildung, Personalwirtschaft, arbeits- und sozialrechtliche Vorschriften,
1.5 Sicherheit und Gesundheitsschutz bei der Arbeit,
1.6 Umweltschutz;
2. Information und Kommunikation:
2.1 Informations- und Kommunikationssysteme,
2.2 Teamarbeit und Kooperation, Arbeitsorganisation;
3. Warensortiment;
4. Grundlagen von Beratung und Verkauf:
4.1 kunden- und dienstleistungsorientiertes Verhalten,
4.2 Kommunikation mit Kunden,
4.3 Beschwerde und Reklamation;

usw.

Ausbildung in Bausteinen

Als Besonderheit ist festzustellen, dass die Ausbildungsinhalte der beiden Teilberufe in Bausteine gegliedert sind.

Pflichtbausteine: Sie sind für Verkäufer(innen) und Kaufleute im Einzelhandel verbindlich.

Wahlbausteine: Je nach Art des Ausbildungsbetriebes werden geeignete Bausteine zusammengestellt, in denen der Ausbildungsbetrieb auch ausbilden kann. Die Wahlbausteine werden im Ausbildungsvertrag festgehalten.

Die Abbildung auf Seite 33 stellt die Regelungen der Ausbildungsordnung in dieser Frage dar. Die Bausteine des 1. und 2. Ausbildungsjahres sind für Verkäufer(in) und Kaufleute im Einzelhandel identisch. 8 Bausteine (Nr. 1–8) stellen Pflichtbausteine dar. Aus den Wahlbausteinen 1 bis 4 ist einer auszuwählen.

Ausbildungsinhalte des Pflichtbausteins „Geschäftsprozesse im Einzelhandel" (3. Ausbildungsjahr)

- Darstellen von Aufgaben
- Organisation und Leistungen des Ausbildungsbetriebes entlang der Wertschöpfungskette
- Handlungsmöglichkeiten an Schnittstellen zu Lieferanten und Herstellern aus Sicht des Verkaufs darstellen
- Kernprozesse des Einzelhandels in die Wertschöpfungskette einordnen und Wechselwirkungen begründen
- unterstützende Prozesse im Arbeitsbereich nutzen
- qualitätssichernde Maßnahmen entwickeln und bearbeiten
- durch Schwachstellenanalyse und Beseitigung von Fehlerquellen an der Prozessoptimierung mitwirken
- Erläuterung von betrieblichen Planungs-, Steuerungs- und Kontrollinstrumenten

Im 3. Ausbildungsjahr ist der Baustein „Einzelhandelsprozesse" wieder ein Pflichtbaustein. Aus den folgenden 7 Wahlbausteinen sind 3 zu bestimmen, davon mindestens 1 Baustein von den Nummern 1–3.

Verkäufer/-in		Kaufmann/Kauffrau im Einzelhandel	
Ausbildungsjahr 3		1. Beratung, Ware, Verkauf 2. Beschaffungsorientierte Warenwirtschaft 3. Warenwirtschaftliche Analyse 4. Kaufmännische Steuerung und Kontrolle 5. Marketing 6. IT-Anwendungen 7. Personal	3 Wahlbausteine aus 7
1		1. Einzelhandelsprozesse	1 Pflichtbaustein
2	1. Warenannahme, Warenlagerung 2. Beratung und Verkauf	3. Kasse 4. Marketingmaßnahmen	1 Wahlbaustein aus 4
1	1. Der Ausbildungsbetrieb 2. Information und Kommunikation 3. Warensortiment 4. Grundlagen von Beratung und Verkauf	5. Servicebereich Kasse 6. Marketinggrundlagen 7. Warenwirtschaft 8. Grundlagen des Rechnungswesens	8 Pflichtbausteine

Für die Ausbildung von Kaufleuten im Einzelhandel wäre z. B. – in Abhängigkeit vom Ausbildungsbetrieb – die nachfolgende Zusammenstellung von Bausteinen denkbar:

Beratungsintensives Fachgeschäft	Warenhaus
Pflichtbausteine 1–8 (1. Jahr) + Wahlbaustein Beratung und Verkauf (2. Jahr) Pflichtbaustein Einzelhandelsprozesse (3. Jahr) + Wahlbausteine: • Beschaffungsorientierte Warenwirtschaft • Marketing • Beratung, Ware, Verkauf (Vertiefung)	Pflichtbausteine 1–8 (1. Jahr) + Wahlbaustein Marketingmaßnahmen (2. Jahr) Pflichtbaustein Einzelhandelsprozesse (3. Jahr) + Wahlbausteine • Beratung, Ware, Verkauf (Vertiefung) • Warenwirtschaftliche Analyse • Personal

Der Ausbildungsvertrag zwischen Ausbilder und Auszubildendem kann von vornherein auf 2 Jahre (Verkäuferin/Verkäufer) oder auf 3 Jahre (Kaufmann/Kauffrau im Einzelhandel) angelegt sein.

Wurde zunächst ein zweijähriger Vertrag geschlossen, können Ausbilder und Auszubildender vereinbaren, nach bestandener Abschlussprüfung zur Verkäuferin/zum Verkäufer eine Ausbildung als Kaufmann/Kauffrau im Einzelhandel fortzusetzen.

Die Ausbildungsordnung sollte dem Auszubildenden mit dem Ausbildungsvertrag ausgehändigt werden. Außerdem ist noch der betriebliche **Ausbildungsplan** (sachliche und zeitliche Gliederung der Ausbildung im jeweiligen Betrieb) beizufügen.

■ Berichtsheft

Der Auszubildende ist verpflichtet, einen Ausbildungsnachweis (als **Berichtsheft**) zu führen, der den Verlauf der Ausbildung dokumentiert. Der Ausbilder hat das Berichtsheft regelmäßig durchzusehen.

Siehe auch „Abschlussprüfung" unten.

Eine besondere Bedeutung erhält das Berichtsheft, weil in ihm der Warenbereich (z. B. Textil oder Lebensmittel oder Schuhe/Lederwaren) festzuhalten ist, der der Ausbildung zugrunde liegt. Dieser warenkundliche Schwerpunkt ist in der mündlichen Abschlussprüfung zu berücksichtigen.

2.3.3 Prüfungen

In den Einzelhandelsberufen muss jeder Auszubildende an zwei Prüfungen teilnehmen:

- **Zwischenprüfung:** Sie soll den Ausbildungsstand zu Beginn des 2. Ausbildungsjahres feststellen. Hier liegt der Schwerpunkt auf „Teilnahme", nicht auf „Bestehen".
- **Abschlussprüfung:** Nach bestandener Abschlussprüfung wird dem Auszubildenden bescheinigt, dass er durch seine Ausbildung zu einer qualifizierten beruflichen Tätigkeit in einem staatlich anerkannten Beruf (Verkäufer/in, Kaufmann/Kauffrau im Einzelhandel) befähigt worden ist.

Zwischenprüfung (für beide Ausbildungsberufe identisch)

Siehe Übersicht zu den Pflicht- und Wahlbausteinen auf Seite 33.

Fächer/Prüfungsinhalte	Zeit	Termin
1. Verkauf und Marketing 2. Kassieren und Rechnen 3. Wirtschafts- und Sozialkunde Fertigkeiten und Kenntnisse des 1. Ausbildungsjahres in Form praxisbezogener Aufgaben und Fälle • Schule: Lernfelder 1–5 • Betrieb: 8 Pflichtbausteine	bis zu 120 Minuten	zu Beginn des 2. Ausbildungsjahres

Abschlussprüfung Verkäuferin/Verkäufer

Fächer/Prüfungsinhalte	Zeit	Gewichtung	
1. Verkauf und Marketing a) Verkauf, Beratung, Kasse b) Warenpräsentation und Werbung	120 Min.		50 %
2. Warenwirtschaft und Rechnungswesen a) Warenannahme und Lagerung b) Bestandsführung und -kontrolle c) rechnerische Geschäftsvorgänge d) Kalkulation	90 Min.	50 %	30 %
3. Wirtschafts- und Sozialkunde	60 Min.		20 %
		50 %	← 100 %
4. Fallbezogenes Fachgespräch Wahlbaustein (einer von drei gewählten) + dokumentierter Warenbereich (Berichtsheft) (eine von zwei Aufgaben wählen)	20 Min.	50 % 100 %	

Mündliche Prüfung: 15 Minuten Vorbereitungszeit

Schriftliche und mündliche Prüfung haben das gleiche Gewicht. Innerhalb der schriftlichen Prüfung werden die drei Fächer unterschiedlich gewichtet (50:30:20).

In der mündlichen Prüfung (fallbezogenes Fachgespräch) erhält der Prüfling 2 Aufgaben zur Auswahl. Für die gewählte Aufgabe hat er bis zu 15 Minuten Vorbereitungszeit. Das eigentliche Fachgespräch soll 20 Minuten nicht überschreiten.

Mündliche Prüfung: 15 Minuten Vorbereitungszeit

Abschlussprüfung Kaufleute im Einzelhandel

Fächer/Prüfungsinhalte	Zeit	Gewichtung	
1. Kaufmännische Handelstätigkeit a) Verkauf, Beratung, Kasse b) Warenpräsentation und Werbung c) Warenannahme und Lagerung d) Bestandsführung- und -kontrolle e) rechnerische Geschäftsvorgänge f) Kalkulation	120 Min.	50 %	50 % 30 %
2. Warenwirtschaft und Rechnungswesen	90 Min.		
3. Wirtschafts- und Sozialkunde	90 Min.		20 %
		50 %	← 100 %
4. Fallbezogenes Fachgespräch Wahlbaustein (1 aus 4) + dokumentierter Warenbereich (Berichtsheft) (eine von zwei Aufgaben wählen)	20 Min.	50 % 100 %	

Bestehensregelung (für beide Ausbildungsberufe)

Folgende Mindestbedingungen müssen erfüllt sein, damit die Prüfung bestanden ist:

Leistungen	Note
Gesamtergebnis	4
in **zwei** schriftlichen Prüfungsbereichen	4
im Prüfungsbereich fallbezogenes Fachgespräch	4
in keinem Fach	6

Die Addition aller Teilpunkte geteilt durch die 4 Teilleistungen muss mindestens ein „Ausreichend" ergeben. Der Prüfling darf sich in den 3 schriftlichen Fächern höchstens eine Fünf „erlauben". Die mündliche Prüfung muss auf jeden Fall bestanden werden und eine Sechs ist in keinem Teilfach erlaubt. Für den Fall, dass in den schriftlichen Fächern zwei Fünfen festzustellen sind (das 3. Fach aber mindesten 4 ist), gibt es die Möglichkeit, eine Fünf durch eine **mündliche Ergänzungsprüfung** anlässlich des fallbezogenen Fachgesprächs auszugleichen.

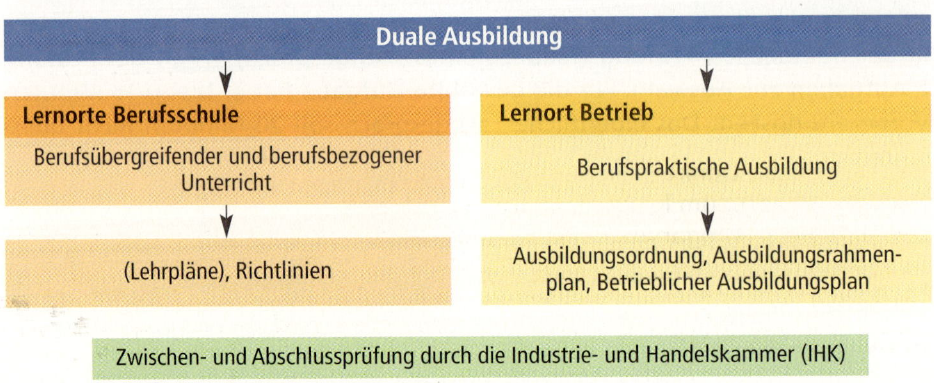

3 Berufstätigkeit im Einzelhandel

3.1 Mitarbeiter(innen) im Einzelhandel

3.1.1 Anforderungen an Mitarbeiter(innen) im Einzelhandel

Die **Mitarbeiter** im Einzelhandel sind in der Regel Angestellte, die **verschiedene Aufgabenbereiche** wahrzunehmen haben. Deshalb müssen sie unterschiedliche Qualifikationen erfüllen und wechselnden Anforderungen genügen.
In der modernen Arbeitswelt wird vor allem die **berufliche Handlungskompetenz** gefordert. Mitarbeiter sollen über **Schlüsselqualifikationen** verfügen. Diese sind im Einzelnen:

Qualifikationsanforderungen

- **Fachkompetenz**, z. B. Warenkenntnisse, betriebswirtschaftliche Kenntnisse, Verkaufstechniken beherrschen
- **Methodenkompetenz**, z. B. Probleme lösen, Entscheidungen treffen
- **Sozialkompetenz**, z. B. Kommunikationsfähigkeit, Teamfähigkeit, Verantwortungsfähigkeit

Unternehmen des Einzelhandels erwarten insbesondere folgende Qualifikationen von Mitarbeitern:

www.einzelhandel.de
Das Internet-Portal für den Einzelhandel

- Kontaktfreudigkeit, freundliches Auftreten, Offenheit für Neues
- gepflegtes und umgängliches Auftreten
- Spaß an Kundenberatung
- Serviceorientierung, Teamorientierung
- Grundkompetenzen wie Beherrschung der Grundrechenarten (inkl. Dreisatz und Prozentrechnen) und der deutschen Sprache, Zuverlässigkeit, Pünktlichkeit
- Mobilitätsbereitschaft
- Flexibilität, Denken in Zusammenhängen
- Bereitschaft zum lebensbegleitenden Lernen
- Freude am Umgang mit Waren (der verschiedensten Art, also z. B. auch Modeorientierung oder Technikorientierung)
- Leistungsorientierung

http://www.einzelhandel.de

Quelle: HDE (Hauptverband des deutschen Einzelhandels) 2004

Kundenberater/Kundenberaterin (Verkäufer/innen)

Angestellte, die eine zweijährige Ausbildung nach dem staatlich anerkannten Berufsbild „Verkäufer/Verkäuferin" oder eine dreijährige Ausbildung nach dem staatlich anerkannten Berufsbild „Kauffrau/Kaufmann im Einzelhandel" absolviert haben, gelten nach dem Tarifvertrag im Einzelhandel als Angestellte mit einfacher kaufmännischer Tätigkeit. Entsprechend den neuen Zielsetzungen bezeichnen viele Einzelhandelsunternehmen diese Tätigkeit als **Kundenberatung**.

1. Kraft

Als sogenannte 1. Verkäufer oder 1. Kraft gelten Kundenberater/Kundenberaterinnen mit einer Tätigkeit, die erweiterte Fachkenntnisse und eine größere Verantwortung erfordert.

Substitut(in)

Ein Substitut ist der Vertreter des Bereichs- oder Abteilungsleiters. Er gilt als Angestellter mit selbstständiger Tätigkeit im Rahmen allgemeiner Anweisung mit entsprechender Verantwortung für seinen Tätigkeitsbereich mit mehreren unterstellten Beschäftigten.

Bereichsleiter(in)

Als Bereichs- oder Abteilungsleiter gelten Angestellte in leitender Stellung mit Anweisungsbefugnissen und entsprechender Verantwortung in ihrem Tätigkeitsbereich und mehreren unterstellten Beschäftigten.

Filialleiter(in)

Sie sind zuständig für die Führung einer Filiale eines Unternehmens und nur dessen Leitung gegenüber verantwortlich.

3.1.2 Anforderungen an Verkaufsmitarbeiter(innen) (Kundenberater/-innen)

Verkaufen heißt, den Kunden von der Vorteilhaftigkeit eines Produktes zu überzeugen. Die Überzeugungsfähigkeit einer Kundenberaterin/eines Kundenberaters ist entscheidend abhängig von der **Glaubwürdigkeit**, mit der ein Verkaufsmitarbeiter auftritt. Was macht einen Kundenberater in den Augen des Kunden glaubwürdig?

Fachkenntnis

Kunden erwarten fachliche Kompetenz **(Beratungskompetenz)**, wenn sie ein Einzelhandelsgeschäft betreten. Kundenberaterinnen müssen daher in der Lage sein, Kunden fachkundig zu beraten. Gerade in einer Zeit, in der Kunden zahlreiche Alternativen für ihre Einkäufe haben (z. B. Kauf im Versandhandel, über das Internet oder über das Fernsehen), ist es für die Einzelhandelsmitarbeiter wichtig, dass sie ihr Sortiment kennen und dem Kunden bei der Lösung seines Einkaufsproblems behilflich sind. Solchen Mitarbeitern bringt der Kunde Vertrauen entgegen.

Selbstbewusstsein

Kundenberaterinnen müssen hinter den Produkten stehen, die sie dem Kunden anbieten. Nur wenn man von der Richtigkeit seiner Aussagen selber überzeugt ist, kann man Kunden die Vorteile einer Ware glaubwürdig nahebringen. Die innere Einstellung, das Selbstbewusstsein, mit dem man seine Aussagen formuliert und auch die selbstsichere Körperhaltung helfen, den Kunden zu überzeugen.
Aber ist der Kunde heute nicht **König**, dem man eher etwas ergeben gegenüber treten muss?
Für selbstbewusste Kundenberater ist der Kunde **Partner**, der das Geschäft mit einem Einkaufsproblem betritt und dem eine geeignete Problemlösung angeboten wird.
Angesichts der Schwierigkeiten, denen sich der Einzelhandel heute gegenüber sieht, mehren sich die Stimmen, die den Kunden als König sehen, dem man keinen Wunsch abgeschlagen kann und der sich auch königlich aufführen darf.
Dahinter verbirgt sich das Bestreben nach intensiver **Kundenorientierung**, das heißt alle Bemühungen des Einzelhändlers (und seines Personals) sind darauf ausgerichtet, den Kunden zufriedenzustellen.

Erscheinungsbild

Allerbeste Fachkenntnisse mit Überzeugung vorgetragen verfehlen ihre Wirkung, wenn das Erscheinungsbild des Kundenberaters nicht zu den Aussagen passt. Wie soll der Geschäftsmann im Herrenfachgeschäft dem Kundenberater Glauben schenken, der im durchgeschwitzten T-Shirt mit verwaschenen Jeans und Turnschuhen auftritt? Wie will eine Kundenberaterin in einem Kosmetikgeschäft eine Kundin von den Vorteilen einer Nagelpflege überzeugen, wenn den Fingernägeln der Kundenberaterin die notwendige Pflege fehlt?

Umgekehrt: Kann man in einem Baumarkt einem Kunden wertvolle praktische Tipps für die Anwendung einer Farbe glaubhaft vermitteln, wenn der Kundenberater im eleganten Anzug vor dem Kunden steht?
Ergebnis: Kundenberater(innen) müssen so gekleidet (frisiert, geschminkt) sein, dass ihr Äußeres zum **Charakter des Geschäftes** passt. Der salopp gekleidete junge Mann hat daher für ein Sportgeschäft das richtige Erscheinungsbild. Für die junge Dame im Trend-Modegeschäft sind aktuelle modische Besonderheiten eigentlich unumgänglich.
Das bedeutet aber nicht, dass ein junger Mensch in der Ausbildung in einem edlen Schmuckgeschäft die Spitzenprodukte aus dem Sortiment tragen muss. Kein Kunde erwartet das. Der (preisgünstige und zurückhaltende) Schmuck, den eine Auszubildende trägt, sollte aber in Farbe, Form und Oberflächengestaltung geschmackvoll ausgewählt werden.

■ Aufrichtigkeit

→ „Wer einmal lügt, dem glaubt man nicht, und wenn er auch die Wahrheit spricht."

Diese alte Lebensweisheit hat an Bedeutung nicht verloren. Es hat verheerende Auswirkungen beim Kunden, wenn dieser das Gefühl hat, nicht fair behandelt worden zu sein.

Im Verkauf gibt es immer wieder Situationen, in denen sich Kundenberater daran erinnern sollten, wie wichtig aufrichtiges Verhalten ist.

Beispiele

- Die kritische Nachfrage eines Kunden nach einer besonderen Produkteigenschaft wird vorschnell bejaht, obwohl man sich nicht sicher ist, ob die Aussage stimmt.
- Kunden werden Terminzusagen gegeben, die von vornherein unrealistisch sind.
- Die versprochene Preissenkung erweist sich als Täuschung (der Kunde hat vorsichtig drei übereinander geklebte Preisetiketten entfernt und festgestellt, der Preissenkung war eine kräftige Preiserhöhung vorausgegangen).

Sogenannte „zugesicherte Eigenschaften" haben auch rechtliche Folgen für den Einzelhändler. Der Kunde kann sich auf die Aussage des Kundenberaters berufen (Stichwort: Mangelhafte Lieferung/Schlechtleistung).

Kunden, die dauerhaft fair behandelt werden, verzeihen auch Fehler, die immer wieder vorkommen können. Entscheidend ist das vertrauensvolle Klima, das im Verhältnis zum Kunden herrschen sollte.

■ Sympathie

Freundlichkeit kostet nichts – im Verkauf ist sie aber von ganz besonderer Bedeutung. Sie schafft ein positives Verkaufsklima und es gelingt viel leichter, den Kunden von den Vorzügen eines Produktes zu überzeugen.

Freundliches, zuvorkommendes Verhalten schafft Sympathie. Es ist eine innere Einstellung, die nach außen wirkt – unabhängig vom Aussehen einer Person. Ein sympathisch wirkender Mensch tritt glaubwürdiger auf als jemand, der seine Aussagen mit Lustlosigkeit und Uninteressiertheit verbindet. Sympathie ist ein Erfolgsfaktor, nicht nur im Verkauf, sondern auch im privaten Leben.

Kundenbefragungen zeigen immer wieder, dass Freundlichkeit in den Erwartungen der Kunden als äußerst wichtig angesehen wird.

3.2 Aufbau von Einzelhandelsbetrieben

Mitarbeiterpositionen

Die Positionen in einem Einzelhandelsbetrieb werden gewöhnlich mit folgenden Fachbezeichnungen versehen. Aus der Über- und Unterordnung ergeben sich mehrere Mitarbeiterebenen, die Betriebshierarchie:

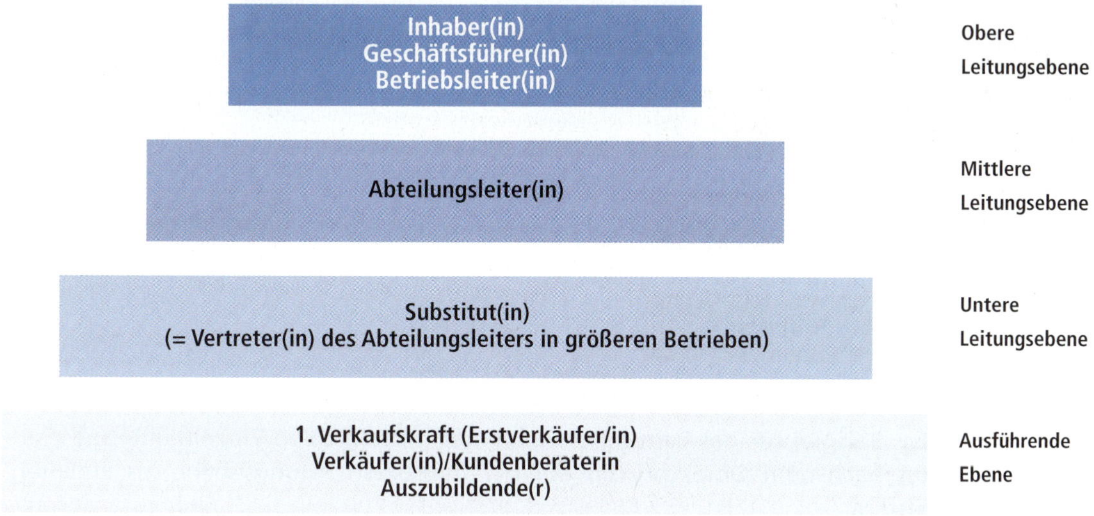

Aufbauprinzipien

Objektprinzip = die Abteilung wird produktbezogen organisiert

Diese Bezeichnungen der Leitungs- oder der ausführenden Stellen orientieren sich gewöhnlich an den Warengruppen oder Abteilungen eines Geschäftes, weil es z. B. für jede Warengruppe einen Abteilungsleiter mit einem ihm untergeordneten Substituten und mehreren Verkaufskräften gibt, z. B.:

Beispiele

- Textilien
- Schuhe/Lederwaren
- Parfümerie
- Uhren/Schmuck

Stelle

Eine Stelle ist eine organisatorische Einheit, in der die Aufgaben des Stelleninhabers festgelegt sind. Zudem geht aus einer Stellenbeschreibung hervor, welche Personen einem über- bzw. untergeordnet sind, welche Verantwortlichkeiten und Anforderungen bestehen.
Vielfach existieren in Einzelhandelsunternehmen aber auch Positionen mit spezialisierten Aufgaben, z. B.:

Beispiele

- Einkäufer
- Betriebsleiter
- Werbeleiter
- Ausbildungsleiter
- Leiter des Verkaufs
- Dekorationsleiter

Funktionsprinzip = die Abteilung wird verrichtungsbezogen organisiert

In den Betrieben können auch Abteilungen mit entsprechenden Bezeichnungen der zu verrichtenden Tätigkeiten gebildet werden, wie z. B. die Abteilungen Einkauf, Verkauf, Personal, Werbung, Technik, Lager, Transport, Finanzabteilung, Rechnungswesenabteilung, EDV-Abteilung, Werkstatt, Restaurant usw.

Leitungssystem
Das Leitungssystem eines Betriebes lässt sich als „Baum" darstellen. Je nach Größe des Betriebes fällt die Breite des Baumes unterschiedlich aus.

Ein **Beispiel** für das Leitungssystem eines kleineren Einzelhandelsgeschäftes nach dem Funktionsprinzip:

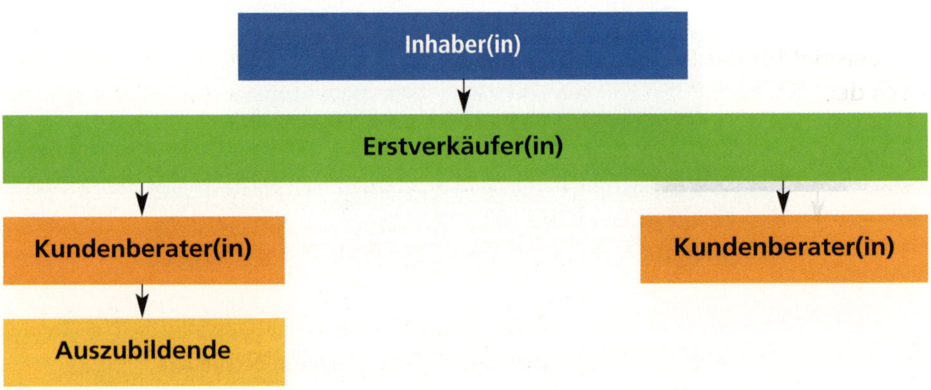

Leitungssystem als Einliniensystem

Ein **Beispiel** für das Leitungssystem eines mittelgroßen Einzelhandelsgeschäftes nach dem Objektprinzip auf der mittleren Leitungsebene als Einliniensystem:

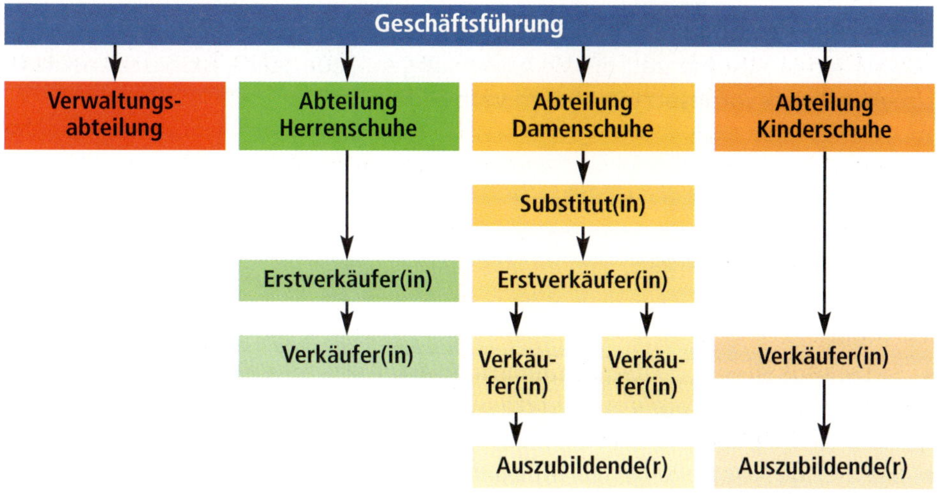

Einliniensystem: Hier erhält eine untergeordnete Stelle nur von einer vorgesetzten Stelle Anweisungen. Jede Stelle ist durch nur eine Linie mit der vorgesetzten Stelle verbunden.

Vorteile:
- Jeder Mitarbeiter hat nur einen weisungsgebundenen Vorgesetzten.
- Gute Informationsmöglichkeiten durch den Vorgesetzten.
- Gute Zuordnung der Verantwortung.

Nachteile:
- Lange, schwerfällige Dienst- und Informationswege.
- Überlastung der oberen Leitungsebene durch „Informationsüberflutung", Gefahr von Missverständnissen.

Ein **Beispiel** für das Leitungssystem eines mittelgroßen Einzelhandelsgeschäftes nach dem Objektprinzip auf der mittleren Leitungsebene als Mehrliniensystem:

Leitungssystem als Mehrliniensystem

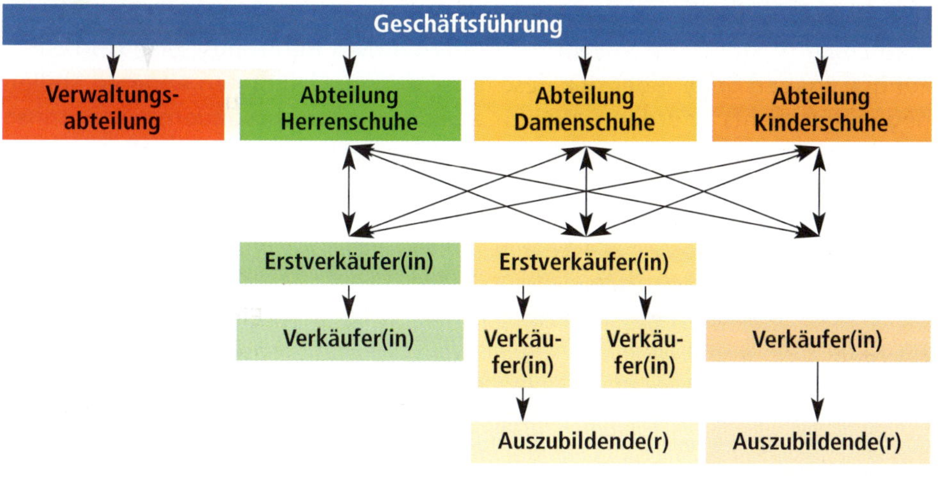

Mehrliniensystem: Jede untergeordnete Stelle ist mit mehreren übergeordneten Stellen verknüpft und erhält Anweisungen. Jede Stelle ist durch mehrere Linien mit den vorgesetzten Stellen verbunden.

Vorteile:
- Nutzung kurzer, einfacher Dienst- und Informationswege.
- Die Stellen haben die Möglichkeit, sich auf einen bestimmten Aufgabenbereich zu spezialisieren.

Nachteile:
- Schwierigkeiten mit Überschneidungen bei Absprachen.
- Gefahr, dass mehrere Vorgesetzte unterschiedliche Anweisungen bezüglich einer Sache geben.
- Schwierige Kontrolle der zu tätigenden Arbeit seitens der Vorgesetzten.

Leitungssystem als Stab-Linien-System

Ein **Beispiel** für das Leitungssystem eines mittelgroßen Einzelhandelsgeschäftes nach dem Objektprinzip auf der mittleren Leitungsebene als Stab-Linien-System:

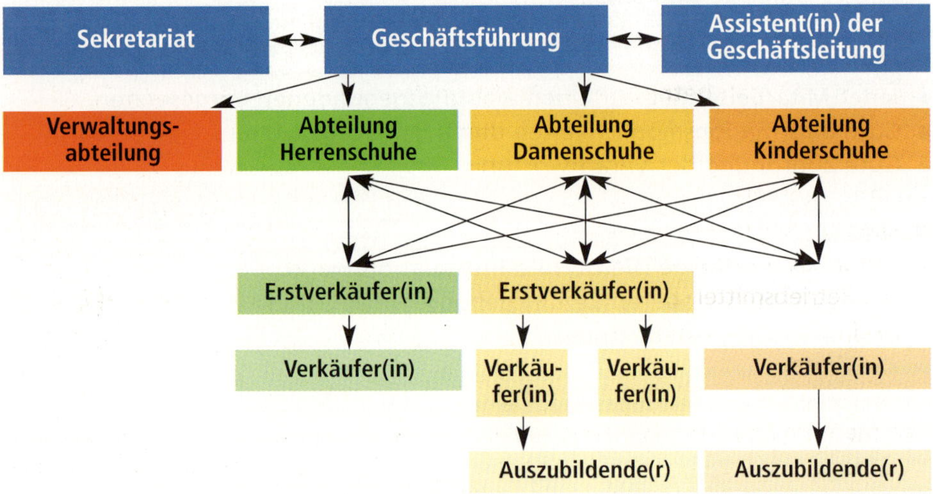

Stab-Linien-System: Die Stabsstellen übernehmen Beratungs- und Unterstützungsaufgaben gegenüber der Geschäftsführung. Sie können anderen Stellen gegenüber nichts anordnen, dienen aber durch ihre besonderen Kenntnisse der ganzen Unternehmung (z. B. Assistent(in) der Geschäftsleitung).

Vorteil:
Die Entscheidungen der Geschäftsleitung werden durch die Beratung der fachlich spezialisierten Stabsstellen sicherer.

Nachteil:
Eventuell höhere Personalkosten für die gut ausgebildeten Mitarbeiter.

3.3 Aufgaben im Einzelhandelsgeschäft

In stark gegliederten Leitungssystemen werden den einzelnen Abteilungen oft sehr eng umgrenzte Aufgaben zugewiesen, z. B. ausschließlich der Verkauf von Waren und die Betreuung der Regale und Verkaufstheken (Warenträger).

Aufgaben im Einzelhandelsgeschäft

Eine Abteilung kann aber auch mit einer Fülle von Aufgaben betraut werden, die ihr ein hohes Maß an Selbstständigkeit einräumt.

Beispiele (für die Aufgaben einer Abteilung)

- Waren verkaufen
- kassieren
- Einkaufsmengen bestimmen
- Waren für den Kunden bestellen
- dekorieren
- Waren mit Preisen auszeichnen
- ein zugeordnetes Lager betreuen
- Auszubildende schulen
- ein Schaufenster gestalten

3.4 Betriebswirtschaftliche Produktionsfaktoren

Betriebswirtschaftliche Produktionsfaktoren

Für den Betrieb eines Einzelhandelsgeschäftes sind bestimmte Einsatzmittel erforderlich. Diese Mittel nennt man **betriebswirtschaftliche Produktionsfaktoren**.

Zu ihnen zählen
- die menschliche Arbeitsleistung,
- der Standort des Betriebes,
- die Betriebsmittel (z. B. die Geschäftsausstattung) und
- die Ware.

Die menschliche Arbeitsleistung

In Einzelhandelsunternehmen ist der Betriebsfaktor „menschliche Arbeitsleistung“ von besonderer Bedeutung: Ein(e) Kundenberater(in) sollte
- über sehr gute Kenntnisse im Umgang mit Menschen verfügen,
- gute kommunikative Fähigkeiten besitzen, die in einem Verkaufsgespräch genutzt werden,
- sehr gute Warenkenntnisse haben.

Der Standort

Standortwahl

Die Entscheidung über den Standort der Einzelhandelsunternehmung muss gut überlegt sein. Die Standortwahl ist zu treffen nach den Kriterien: Erreichbarkeit für die Kunden (Verkehrsanbindung), Kundennähe, Anzahl der Laufkundschaft, Konkurrenzsituation und anderen.
Auch müssen die richtigen Entscheidungen über das Gebäude als solches getroffen werden: Ist der Verkaufsraum groß genug, befindet sich das Lager nah am Verkaufsraum, stehen Verwaltungsräume zur Verfügung?

Die Betriebsmittel

Als Betriebsmittel werden alle Gegenstände bezeichnet, die notwendig sind, um die Waren zu veräußern. Hierzu zählen z. B. die Verkaufsregale, die Verkaufstheke, die Kasse, der PC einschließlich des Warenwirtschaftssystems, das betriebseigene Auslieferungsfahrzeug, die Ausstattung des Reservelagers und vieles mehr.

Die Ware

Dies sind die Gegenstände, die der Einzelhändler dem Kunden als sein Sortiment anbietet.

3.5 Kombination der betriebswirtschaftlichen Produktionsfaktoren

Durch das Zusammenwirken der Produktionsfaktoren entsteht die **Leistung** des Betriebes. Ein Einzelhandelsgeschäft stellt seinen Kunden Dienstleistungen zur Verfügung (Verteilung von Waren, Beratung, Kundendienst und Ähnliches). Je nach Art des Geschäftes, insbesondere in Abhängigkeit vom Verkaufssystem, haben diese Betriebsfaktoren ein unterschiedliches Gewicht. In manchen Betrieben ist z. B. die Beratung durch das Verkaufspersonal von großer Bedeutung (z. B. in einem Fachgeschäft mit Bedienungssystem). In anderen kommt es vor allem auf die (häufig preisgünstige) Ware an (z. B. in einem Selbstbedienungs-Warenhaus) oder ein günstiger Standort ist für den Geschäftserfolg von ausschlaggebendem Wert (z. B. für ein Geschäft mit hochmodischen Artikeln).

4 Einzelhandelsunternehmen im Wirtschaftskreislauf

4.1 Wirtschaftliche Grundbegriffe

Bedürfnisse

Die **Bedürfnisse** der Menschen sind gewöhnlich unbegrenzt, d. h. sie haben ständig das Gefühl, dass ihnen noch etwas fehlt. So möchten z. B. viele Menschen ihren Haushalt immer perfekter und teurer ausstatten.

Bedürfnisse lasssen sich wie folgt unterscheiden:

Existenz,- Kultur- und Luxusbedürfnisse

Bedürfnisarten

Existenzbedürfnisse
(lebensnotwendige Bedürfnisse)

Kulturbedürfnisse
(gehen über die Existenzbedürfnisse hinaus)

Luxusbedürfnisse
(vorwiegend prestigebezogen)

In einer modernen Konsumgesellschaft sind die Menschen mit Gütern zur Lebensführung relativ gut ausgestattet, sodass bei vielen Produkten allenfalls noch ein Ersatzbedarf besteht (z. B. bei Kühlschränken und Fernsehgeräten). Der Handel ist daher bestrebt, beim Kunden neue Bedürfnisse zu wecken, damit der Kunde angeregt wird, Produkte zu kaufen, die ihm bisher nicht notwendig erschienen.

Die Zuordnung hängt von der Situation des einzelnen Menschen, der jeweiligen Gesellschaft und der jeweiligen Zeit ab. So gilt heute in unserer Gesellschaft z. B. der Besitz von Fernsehgeräten und Kühlschränken nicht mehr als Luxusbedürfnis.
Außerdem kann man die Bedürfnisse noch danach unterscheiden, ob es sich um Bedürfnisse einer einzelnen Person **(= Individualbedürfnisse)** oder einer Gemeinschaft **(= Gemeinschafts- oder Kollektivbedürfnisse)** handelt.

Bedarf

Wenn sich dieses Mangelgefühl auf konkrete Waren oder Dienstleistungen bezieht, spricht man von **Bedarf**. Beispiel: Der Wunsch nach wertvollem Geschirr für alle Freunde/für die ganze Familie.

Nachfrage

Da die Menschen unterschiedliche finanzielle Mittel haben, können sie ihren Bedarf häufig nicht in der vorgestellten Form verwirklichen. Was die Menschen (in ihrer Gesamtheit) mit ihren Einkommen tatsächlich erwerben wollen, ist die **Nachfrage**.

Angebot

Die Einzelhändler (Anbieter) machen den Kunden mit ihren Sortimenten ein **Angebot** und bieten ihnen die Möglichkeit, ihre Nachfrage zu verwirklichen.

Markt

Das Zusammentreffen von Angebot und Nachfrage nennt man **Markt**. Kommt ein Kunde in ein Geschäft (= Markt) und stellt konkrete Forderungen an ein Produkt, so äußert er **Ansprüche**.

■ Güterarten

Produktionsgüter: betriebliche Nutzung

Konsumgüter: private Nutzung

Güter sind Mittel, die der Bedürfnisbefriedigung dienen. Sie lassen sich einteilen in **Sachgüter** und **Dienstleistungen**. Die Sachgüter unterteilt man in **Produktions- (oder Investitions-)güter** (z. B. Ladenausstattung, Kasse) und **Konsumgüter** (z. B. Hausrat, Nahrungsmittel). In beiden Fällen kann man weiter unterteilen in **Verbrauchs-** und **Gebrauchsgüter.** Verbrauchsgüter werden bei ihrer Verwendung verbraucht, Gebrauchsgüter hingegen erlauben eine Nutzung über einen längeren Zeitraum.

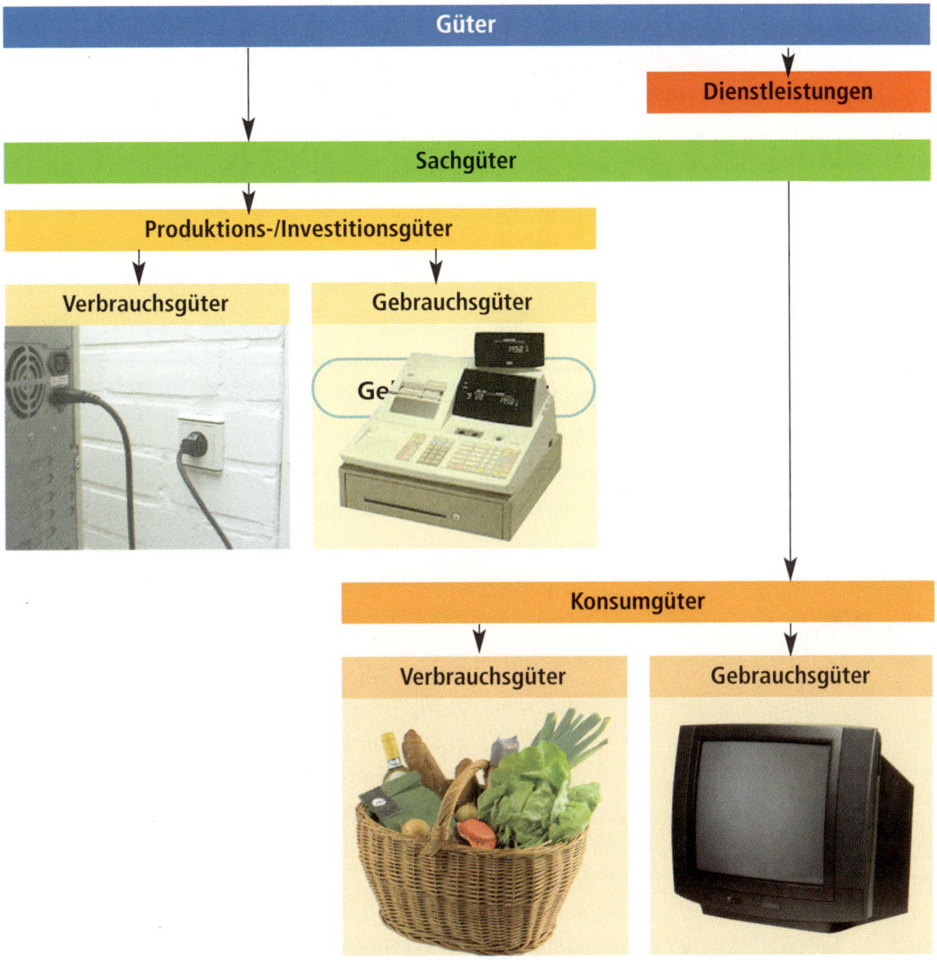

Außerdem gibt es noch **Substitutionsgüter**. Dies sind Güter, die man austauschen kann bzw. die sich gegenseitig ersetzen können (z. B. Margarine und Butter). Weiterhin wird unterschieden zwischen homogenen (gleichartigen) Gütern und nicht gleichartigen Gütern. Die letzteren bezeichnet man als **heterogene** (andersartige) Güter (z. B. Käse und Marmelade).

Substitutionsgüter

Homogene Güter

Heterogene Güter

Daneben verwendet man noch den Begriff der **Komplementärgüter**. Das sind Güter, die sich gegenseitig ergänzen (z. B. Kugelschreiber und Mine).Daneben verwendet man noch den Begriff der **Komplementärgüter**. Das sind Güter, die sich gegenseitig ergänzen (z. B. Kugelschreiber und Mine).

Komplementärgüter

4.2 Ökonomisches Prinzip

Ökonomisches Prinzip

Da die Mittel (z. B. Geld, Personaleinsatz) gewöhnlich begrenzt sind und Güter nicht im Überfluss zur Verfügung stehen, muss der Mensch planvoll handeln, d. h. wirtschaftlich mit Mitteln und Gütern umgehen. Dieses planvolle Handeln nennt man das ökonomische Prinzip (Wirtschaftliches Prinzip). Es findet seinen Ausdruck im Maximal- und Minimalprinzip.

Maximalprinzip

Vom **Maximalprinzip** (Haushaltsprinzip) spricht man, wenn mit vorgegebenen Mitteln (z. B. mit einem abgezählten Geldbetrag) ein möglichst großer Erfolg erzielt werden soll (z. B der Einkauf der größten Menge an Chips).

Minimalprinzip

Beim **Minimalprinzip** (Unternehmensprinzip) soll ein festgelegtes Ziel (Erreichung einer bestimmten Absatzmenge) mit möglichst geringen Mitteln (Kosten) erreicht werden.

4.3 Gesamtwirtschaftlicher Leistungsprozess

Hersteller
Großhändler

Einzelhändler können ihre Waren direkt von einem Industriebetrieb beziehen oder von einem zwischengeschalteten Großhändler, der seinerseits Waren verschiedener Hersteller auf Lager hat und dem Einzelhändler dadurch die Warenbeschaffung erleichtert.

Vielfach haben sich Einzelhändler zu Einkaufsverbänden zusammengeschlossen (z. B. Vedes – **Ve**reinigung **de**utscher **S**pielwarenhändler), zum Teil unter der Führung eines Großhändlers, z. B. SPAR. Hauptziel der Zusammenschlüsse ist es, günstige Einkaufspreise durch den Kauf größerer Mengen zu erhalten.

Die Hersteller von Produkten wiederum greifen auf Vorlieferanten für Rohstoffe und Halbfertigwaren zurück. Alle Beteiligten nehmen die Dienstleistungen von Banken, Versicherungen, Transportbetrieben und anderer in Anspruch.

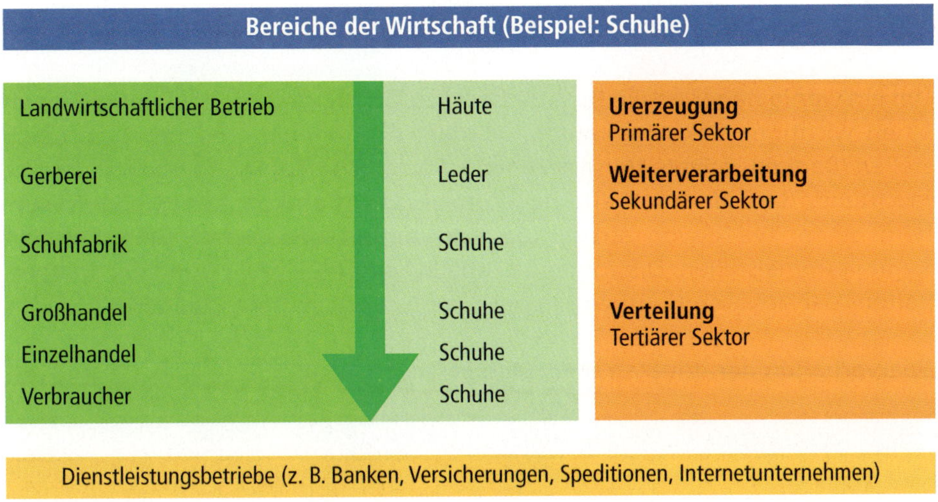

4.4 Der einfache Wirtschaftskreislauf

Einfacher Wirtschaftskreislauf

Das Modell des einfachen Wirtschaftskreislaufs betrachtet die Beziehung zwischen allen Unternehmen und allen Haushalten einer Volkswirtschaft (z. B. die Beziehungen innerhalb der Bundesrepublik Deutschland). Durch diese Modellvereinfachung werden die grundlegenden Wirkungsmechanismen zwischen den Bereichen einer Volkswirtschaft sichtbar. Alle privaten Haushalte werden zu einem Aggregat (also zu einem großen Haushalt) zusammengefasst. Mit den Unternehmen macht man dies genauso.

Modelle

Modelle werden genutzt, um Probleme zu lösen. Eine Problemlösung am Original ist entweder nicht möglich oder wäre zu aufwendig. Modelle können die Wirklichkeit nur annähernd darstellen oder simulieren.

Das einfache Wirtschaftskreislaufmodell funktioniert wie folgt: Die Unternehmen halten **Güter** bereit, die sie an Haushalte verkaufen. Um diese Güter bezahlen zu können, benötigen die Haushalte **Geld**. Das erhalten sie in Form von **Einkommen** von den Unternehmen (z. B. Einzelhandelsunternehmen, Industriebetrieben, Banken, Handwerksbetrieben), denen sie ihre **Arbeitskraft** zur Verfügung stellen.

Der einfache Wirtschaftskreislauf

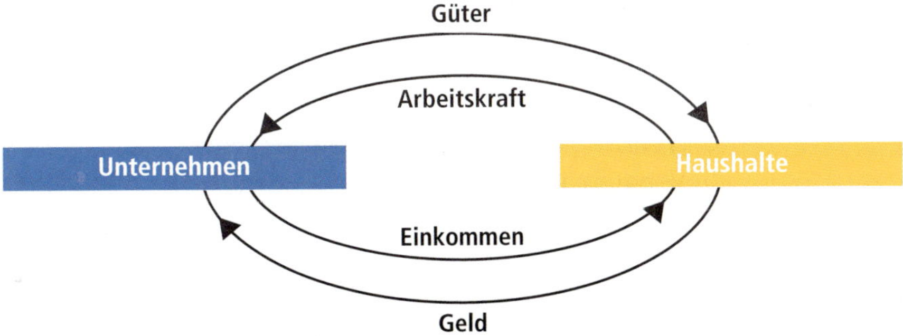

4.5 Der erweiterte Wirtschaftskreislauf

Erweiterung durch die Kapitalsammelstellen

Um ein wenig näher an die Realität heranzurücken, muss das obige Modell um einen wichtigen Sektor erweitert werden: die sogenannten Kapitalsammelstellen (Banken, private Versicherungen, Sozialversicherungen usw.). Es ist einleuchtend, dass die Haushalte nicht ihr gesamtes Einkommen wieder ausgeben; einen Teil davon sparen sie und hinterlegen dieses Geld bei den Kapitalsammelstellen. Die folgende Tabelle zeigt die Entwicklung des Sparverhaltens der privaten Haushalte in der Bundesrepublik Deutschland.

Sparverhalten der privaten Haushalte in Deutschland

	1999	2000	2001	2002	2003	2004
Verfügbares Einkommen (in Mrd. €)	1.285,5	1.322,2	1.374,1	1.388,5	1.417,7	1.447,4
Private Konsumausgaben (in Mrd. €)	1.175,0	1.214,2	1.258,6	1.266,7	1.287,6	1.312,5
Sparen (in Mrd. €)	122,7	123,2	130,9	139,4	147,9	153,8
Sparquote (in Prozent des verf. Einkommens)	9,5	9,2	9,4	9,9	10,3	10,5

Quelle: Statistisches Bundesamt

Die Kapitalsammelstellen wiederum verleihen das ihnen zur Verfügung gestellte Geld an die Unternehmen. Diese können damit Investitionen tätigen, um ihren Betrieb am Leben zu erhalten oder um sich zu vergrößern. Die Haushalte stellen also den Unternehmen indirekt das Geld für deren Investitionen zur Verfügung. Es entsteht ein Dreisektorenmodell (Unternehmen, Haushalte, Kapitalsammelstellen).

Durch das Sparen der Haushalte wird dem Wirtschaftskreislauf zunächst Geld entzogen. Sie kaufen weniger und die Unternehmen können damit weniger verkaufen. Deshalb bleiben sie auf ihren Waren sitzen und müssen die Produktion verringern. Sie brauchen weniger Arbeitskräfte, was wiederum zu Entlassungen führt. Die Volkswirtschaft schrumpft.

Verwendung der Ersparnisse

Dieser negative Kreislauf kann durch die Nutzung der Ersparnisse aufgefangen werden. Wenn sich die Unternehmen das gesparte Geld von den Kapitalsammelstellen leihen, um damit ihre alten Maschinen gegen neue zu ersetzen oder um das Unternehmen zu vergrößern, schrumpft die Volkswirtschaft nicht. Diese Unternehmen kaufen in diesem Fall (Investitions-)Güter von anderen Unternehmen und ersetzen damit die (gesparten) Mittel der privaten Haushalte. Daher ist es enorm wichtig, dass die Ersparnisse der privaten Haushalte dem Wirtschaftskreislauf wieder zugeführt werden.

Der um den Sektor Kapitalsammelstellen erweiterte Wirtschaftskreislauf hat das folgende Aussehen.

Der erweiterte Wirtschaftskreislauf

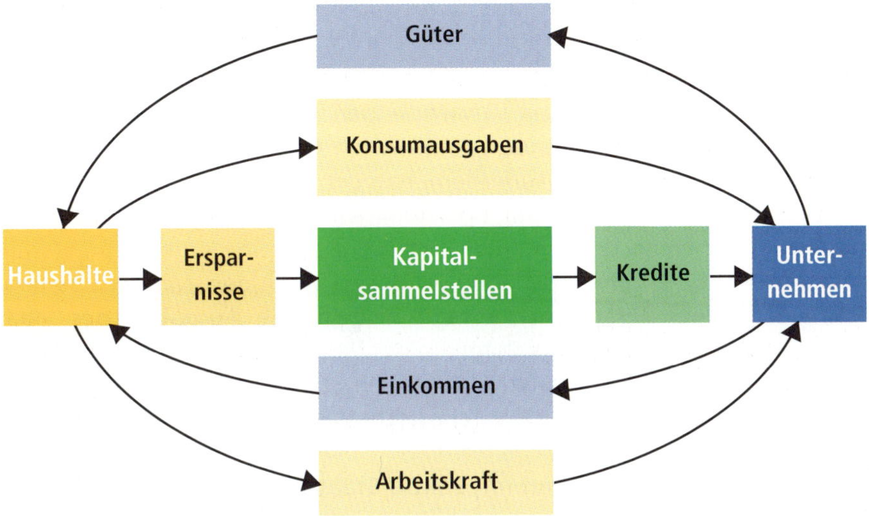

Erweiterung durch den Staat

Auch dieses Modell lässt noch viele Aspekte der Realität unberücksichtigt. Sowohl die Haushalte als auch die Unternehmen zahlen an den Staat Steuern (z. B. zahlen die Haushalte Einkommensteuer und die Unternehmen Gewerbesteuer). Im Gegenzug erhalten einige Haushalte vom Staat Löhne (z. B. Beschäftigte im öffentlichen Dienst) oder auch andere Transferzahlungen (z. B. Kindergeld oder Sozialhilfe).

Auch die Unternehmen bekommen Geld vom Staat. Entweder indem sie an den Staat etwas verkaufen (z. B. den Bau einer Straße) oder ohne Gegenleistung (z. B. zahlt der Staat einigen Unternehmen Subventionen, um diese am Leben zu erhalten).

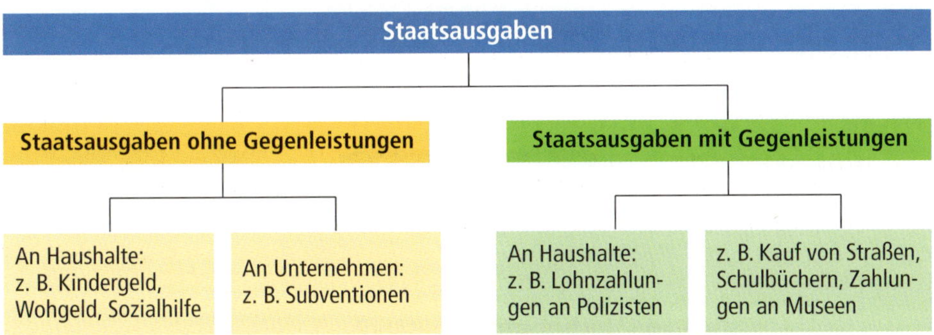

Staatsquote

Der Einfluss des Staates auf die Volkswirtschaft der Bundesrepublik Deutschland ist in den letzten Jahrzehnten immer größer geworden. Dies kann anhand der Staatsquote nachgewiesen werden. Sie misst den Anteil der Gesamtausgaben des Staates in Prozent des Bruttoinlandsproduktes (BIP).

	1950	1960	1970	1980	1990	2000	2004
Staatsquote in % des BIP	31,0	32,0	38,0	47,9	43,8	43,3	47,5

Quelle: Institut der Deutschen Wirtschaft: Deutschland in Zahlen, 2005

Das starke Ansteigen der Staatsquote bis zum Jahre 1980 lässt sich auf viele Gründe zurückführen. Die Sozialaufwendungen sind aufgrund einer längeren Lebenserwartung und wachsenden Ansprüchen (Stichwort „Wohlfahrtsstaat") der Bevölkerung gestiegen. Außerdem hat der Staat im Rahmen der Wirtschaftspolitik mehr Verantwortung übernommen. Beispielsweise wurden zunehmend Subventionen an Unternehmen gezahlt, die in eine Krise geraten waren. Auch wurde versucht, Umweltschäden wieder zu beseitigen. Mit der Wiedervereinigung im Jahre 1990 kamen erneut ansteigende Ausgaben des Staates zustande. Dennoch versucht die Politik in den letzten Jahren (nicht zuletzt aufgrund der steigenden Staatsverschuldung) die Staatsquote zu reduzieren. Der um den Sektor Staat erweiterte Wirtschaftskreislauf hat das folgende Aussehen.

Erweiterter Wirtschaftskreislauf mit Sektor Staat

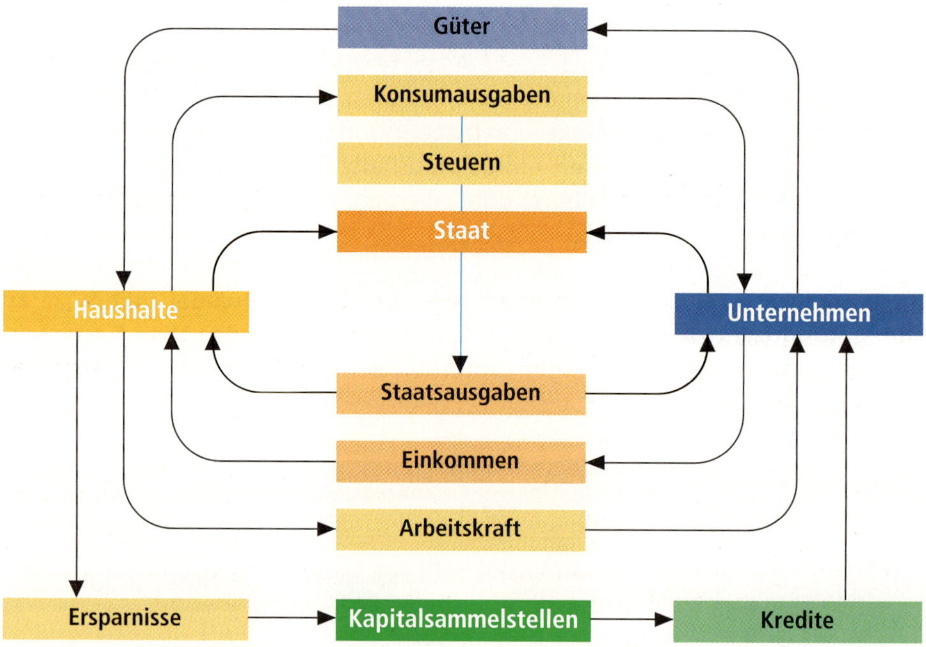

4.6 Markt und Preisbildung

■ Das Kaufverhalten von Nachfragern (Kunden)

Preis und Nachfrage

Die Nachfrage der Menschen nach Gütern, Standardartikeln des täglichen Bedarfs (z. B. Konserven, Tiefkühlkost, Süßigkeiten) wird stark vom Preis der Produkte bestimmt. Anbieter, die diese Artikel in einfach ausgestatteten Geschäften in Selbstbedienung zu niedrigen Preisen anbieten, erfreuen sich gewöhnlich eines starken Kundenzulaufs.

niedrige Preise – hohe Nachfragemenge

Umgekehrt gilt, dass ein Einzelhändler, der die oben beschriebenen Produkte (oder Standardartikel aus anderen Branchen) zu erheblich höheren Preises als seine Mitbewerber anbietet, nur wenige Kunden wird ansprechen können.

hohe Preise – niedrige Nachfragemenge

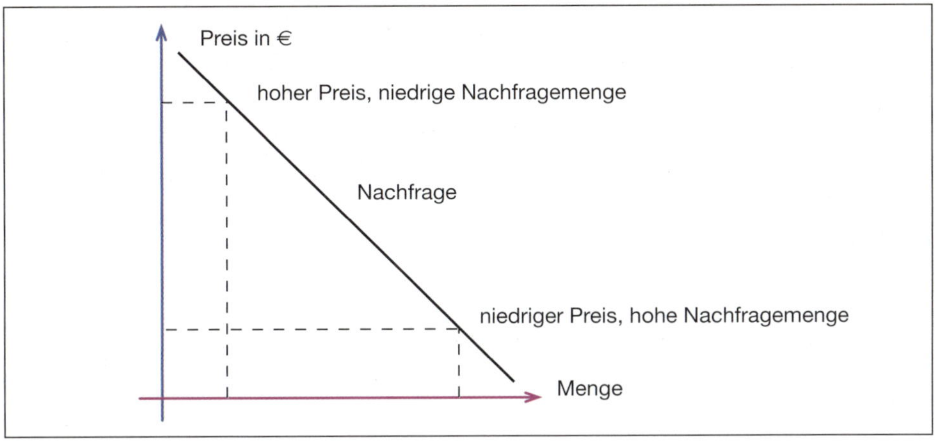

Einfaches Angebotsmodell

Das Angebotsverhalten der Anbieter (Einzelhändler)

Preis und Angebot

Die Einzelhändler sind Anbieter von Waren und Dienstleistungen. Die Modellbetrachtung geht davon aus, dass auf einem Markt mit hohen Preisen auch hohe Gewinne erzielt werden können. Dadurch werden mehr Einzelhändler angelockt, auf diesem Markt Waren anzubieten.

hohe Preise – hohes Angebot

Umgekehrt gilt: Auf einem Markt mit sehr niedrigen Preisen sind gewöhnlich auch nur niedrige Gewinne zu erzielen. Folglich verzichten viele Einzelhändler darauf, auf diesem Markt Produkte anzubieten.

niedrige Preise – niedriges Angebot

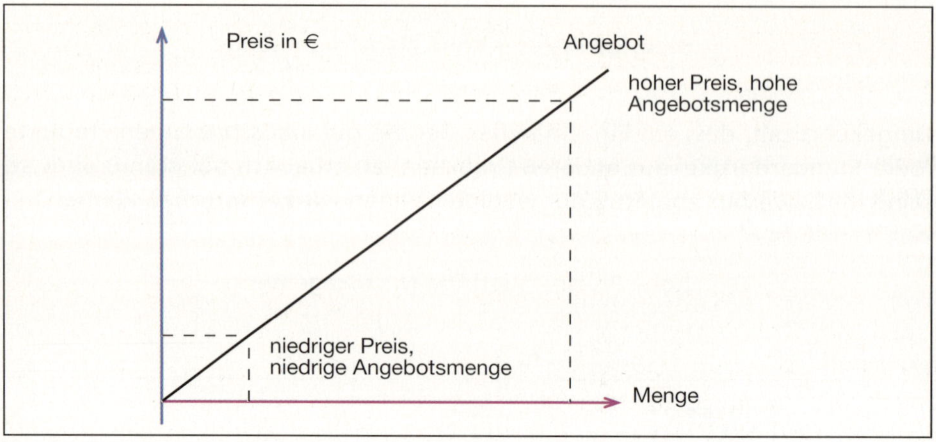

Einfaches Angebotsmodell

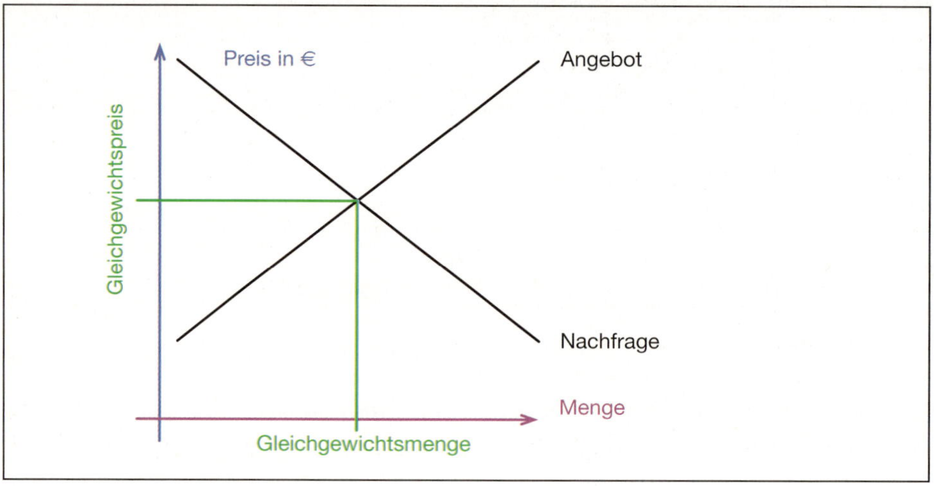

Einfaches Angebots- und Nachfragemodell

Gleichgewichtspreis und -menge

Der Gleichgewichtspreis ist der Schnittpunkt der Nachfrage- und Angebotskurve, also dort, wo sich die Anbieter und Nachfrager auf einen gemeinsamen Preis geeinigt haben, zu dem beide Seiten bereit sind zu verkaufen und zu kaufen. Die Menge, die zu diesem Preis verkauft und gekauft wird, nennt man Gleichgewichtsmenge.

Es gibt Situationen, in denen der Preis für eine Ware auf einem ganz bestimmten Markt über oder unter dem Gleichgewichtspreis liegt. Dies ist abhängig vom Verhalten der Anbieter oder Nachfrager, oftmals auch von anderen wirtschaftlichen oder politischen Bedingungen.

Angebotsüberhang

Liegt der Preis oberhalb des Gleichgewichtspreises, dann ist die Angebotsmenge höher als die Nachfragemenge. In diesem Fall spricht man von einem **Angebotsüberhang**. Zu diesem Preis werden mehr Waren angeboten als von möglichen Käufern nachgefragt. Bleiben die Anbieter in dieser Situation bei ihrem hohen Preis, dann können die Waren nicht abverkauft werden. Die Preise müssen somit heruntergesetzt werden.

Diese Angleichung der Preise an den Gleichgewichtspreis funktioniert aber nur auf einem Markt mit einem starken Wettbewerb; die Anbieter stehen dann in

Konkurrenz zueinander, sie versuchen eine immer bessere Qualität zu immer günstigeren Preisen zu produzieren. In dieser Situation spricht man auch von einem **Käufermarkt**. Die Käufer können sich aus einem großen Warenangebot auf einem bestimmten Markt die Produkte heraussuchen, die ihnen am günstigsten und qualitativ am besten erscheinen. Die Anbieter stehen unter dem Druck, immer innovativer und kostengünstiger zu produzieren, um den Angebotspreis so niedrig wie nur möglich anzusetzen.

Liegt der Preis unterhalb des Gleichgewichtspreises, dann ist die Nachfrage (-menge) höher als die Angebotsmenge. In diesem Fall spricht man von einem **Nachfrageüberhang**. Zu diesem Preis werden mehr Waren nachgefragt als angeboten werden können. Bleibt es bei diesen niedrigen Preisen, können einige Anbieter ihre Waren zu diesem Preis nicht produzieren. Die Preise können somit heraufgesetzt werden.

Nachfrageüberhang

In dieser Situation spricht man von einem **Verkäufermarkt**. Die Nachfrager können nur das kaufen, was die Verkäufer bzw. Anbieter auf dem Markt präsentieren. Die Verkäufer müssen sich nicht besonders anstrengen, sie verkaufen ihre Waren immer.

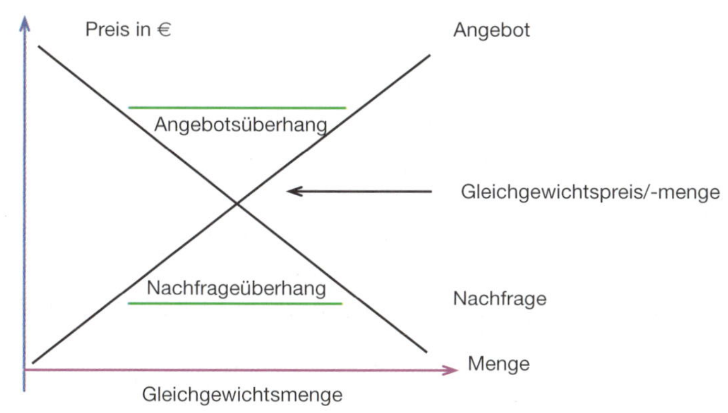

Bei Produkten, bei denen es vor allem auf Frische, Geschmack, Aussehen, technische Leistungsfähigkeit, gute Beratung u. Ä. ankommt, spielt der Preis für den Kunden nicht die ausschlaggebende Rolle. Anbieter dieser Artikel können am Markt bestehen, obwohl sie höhere Preise als ihre Konkurrenten haben. Hinzu kommt, dass Kunden Kaufentscheidungen auch aus Gründen treffen, die mit den angebotenen Produkten wenig zu tun haben, z. B. die **räumliche Nähe** des Geschäftes, der leicht erreichbare **Parkplatz**, das **freundliche Personal** oder die **angenehme Kaufatmosphäre**. Gerade in einer Zeit, in der Kaufen für viele Kunden als **Erlebnis** betrachtet wird, wird das „Drumherum" immer bedeutsamer. Man spricht in diesem Zusammenhang auch von Präferenzen (Vorlieben) der Kunden.

Präferenzen

- **räumliche** (z. B. Nähe zum Kunden)
- **zeitliche** (z. B. günstige Öffnungszeiten)
- **persönliche** (z. B. Personal ist besonders freundlich, persönlich bekannt, entspricht dem eigenen Lebensstil)
- **sachliche** (z. B. attraktive Einkaufsatmosphäre). Siehe auch Seite 283

Bei vielen Verbrauchern ist in jüngster Zeit eine gegensätzliche Entwicklung des Kaufverhaltens festzustellen:

Versorgungskäufe: Bei den Gütern des täglichen Bedarfs wird sehr preisbewusst eingekauft, ganz im Sinne der volkswirtschaftlichen Theorie vom rational (vernünftig) handelnden Menschen. Der Käufer hat einen guten Marktüberblick, sodass er gezielt die preisgünstigsten Angebote auswählen kann.

Erlebniskäufe: Für die über die Versorgungskäufe hinaus zur Verfügung stehenden Geldmittel möchte der Käufer mehr erhalten als nur das Produkt. Er will das Einkaufen selbst genießen. Er möchte in angenehmer Atmosphäre anspruchsvolle Waren erwerben, die auch anderen Menschen zeigen sollen, dass man sich etwas leisten kann, dass man beruflich und gesellschaftlich erfolgreich ist. Man erwirbt Statussymbole, d. h. Gegenstände, die die soziale Position des Eigentümers signalisieren. Man spricht in diesem Zusammenhang von Präferenzen, die die Nachfrage dem Preis überordnen.

4.7 Aufgaben und Struktur des Einzelhandels

4.7.1 Stellung und Aufgaben des Einzelhandels

Leistungen (Funktionen) des Einzelhandels

Leistungen für den Kunden

1. Für den **Kunden**
   - Er berät den Kunden.
   - Er stellt ein **Sortiment** zusammen (Auswahl von Waren und Dienstleistungen).
   - Er bestellt die Ware frühzeitig, lagert sie ein und hält sie so für den Kunden **vorrätig**. Dadurch **gleicht** er die **Zeit** zwischen der Herstellung und dem Verbrauch von Produkten **aus** (Zeitausgleichsfunktion).
   - Er bringt die Ware in die Nähe des Verbrauchers (Raumüberbrückungsfunktion).
   - Er kauft Waren in größeren Mengen ein und **verkauft** sie **in kleinen Mengen**, wie es der Kunde wünscht (Mengenausgleichsfunktion).
   - Er **pflegt** und **repariert** Waren und **nimmt Veränderungen an Produkten vor**, leistet also einen Kundendienst (z. B. Milchprodukte werden kühl gelagert, Autos repariert, Möbel aufgestellt, Schmuckringe vergrößert).
   - Er ist **bei der Finanzierung** von Käufen **behilflich** (z. B. durch die Gewährung von Ratenzahlungen).

Leistungen für den Lieferanten

2. Für den **Lieferanten**
   - Er **wirbt** für Produkte (in Zeitungen, durch Flugblätter, durch das Beratungsgespräch).
   - Er **informiert** den Lieferanten über Marktveränderungen, Kundenwünsche u. Ä. (= Markterschließung).

Beispiel für die Erläuterung von Einzelhandelsfunktionen

Eine Schülerin aus einem Musik-/CD-Geschäft berichtet ihrer Klasse: „Folgende Leistungen bietet mein Ausbildungsbetrieb für die **Kunden**: Wir stellen ein vielfältiges Sortiment zusammen, damit für jeden Musikgeschmack CDs vorhanden sind. Neben den Tonträgern bieten wir dem Kunden auch Pflegesets für CDs an. Außerdem halten wir Star-Kalender und T-Shirts für den Kunden vorrätig.
Wir kaufen die Tonträger im Großhandel und bei den Vertretern der CD-Firmen ein.
Dem Kunden wird ermöglicht, das Produkt vor dem Kauf zu prüfen, d. h. CDs können angehört werden.
Ferner bestellen wir Tonträger nach den speziellen Wünschen der Kunden.
Der Einkauf von Tonträgern bei den Vertretern der Musikfirmen erfolgt teilweise zu Sonderpreisen, um den Kunden CDs zum „Nice Price" anbieten zu können. Darunter fallen dann auch die aktuellsten Hits.
Wir beraten den Kunden auf allen Musikgebieten, insbesondere auch bei Jazz und Klassik.
Wir stellen CDs für bestimmte Anlässe zusammen, teilweise vermieten wir auch die erforderlichen Anlagen, z. B. für Modeschauen.
Gelegentlich übernehmen wir den Kartenvorverkauf für Konzerte.

Die Leistungen meines Ausbildungsbetriebes für den **Lieferanten**: Durch Plakate und Poster weisen wir auf Veröffentlichungstermine für neue CDs hin.

Wir geben Informationen an die Vertreter der Musikfirmen durch eine „Verkaufshitparade".

4.7.2 Betriebsformen

Unter **Betriebsformen** versteht man die unterschiedlichen Formen, in denen Einzelhandelsgeschäfte betrieben werden können. Die wichtigsten Unterscheidungsmerkmale für Betriebsformen sind

- das Sortiment,
- die Größe der Verkaufsfläche,
- der Standort,
- die Verkaufsform (Bedienung, Vorwahl, Intensivvorwahl, Selbstwahl) und
- das Preisniveau.

1. Fachgeschäft

Es hat in der Regel nur eine Warengruppe im Sortiment. Innerhalb dieser Warengruppe hat der Kunde aber eine große Zahl unterschiedlicher Warenarten und Artikel zur Auswahl. Das Sortiment ist also schmal und tief. Die Produkte werden gewöhnlich in der Verkaufsform „Bedienung" mit ergänzenden Dienstleistungen angeboten. Ein Beispiel für ein Fachgeschäft ist ein Spielwarenfachgeschäft.

Sortimentsbegriff, siehe Seite 64

Verkaufsformen, siehe Seite 63

2. Spezialgeschäft

Das Sortiment eines Spezialgeschäftes wird in Vollbedienung angeboten. Es umfasst nur einen Ausschnitt aus dem Sortiment eines Fachgeschäftes, d. h. nur eine Warengruppe, oft auch nur eine Warenart. Innerhalb dieser Warengruppe/Warenart bietet das Spezialgeschäft allerdings besonders viele Artikel, sodass das Angebot hoch spezialisiert ist und auch besondere Kundenwünsche erfüllt werden können. Die Verkaufsfläche hat wie das Fachgeschäft eine kleine bis mittlere Größe.

3. Fachmarkt

Großflächiges Einzelhandelsgeschäft mit breitem und oft auch tiefem Sortiment innerhalb einer bestimmten Produktgruppe oder für einen speziellen Verwendungszweck.

Beispiele
Produktgruppe: Bekleidungsfachmarkt, Elektronikfachmarkt, Schuhfachmarkt
Verwendungszweck: Bau und Heimwerkerfachmarkt, Sportartikelfachmarkt

Die Standorte liegen sowohl im Innenstadtbereich (z. B. Drogeriefachmärkte) als auch im Außenbereich wegen des großen Parkplatzbedarfs. Bei der Verkaufsform überwiegt die Selbstwahl.

Convenience = (engl.) Bequemlichkeit

4. Convenience Store (Nachbarschaftsladen)

Kleinflächiges Einzelhandelsgeschäft mit begrenztem Sortiment an Waren des täglichen Bedarfs, häufig mit einer kleinen Gastronomie (Snacks, Frühstück) kombiniert. Die Öffnungszeiten sind gewöhnlich ausgedehnt, das Preisniveau ist überdurchschnittlich.

Beispiel Tankstellen-Shop

5. Warenhaus

Großflächiger Einzelhandelsbetrieb in zentraler Lage mit breitem, teilweise auch tiefem Sortiment, vor allem in den Bereichen Bekleidung, Heimtextilien, Haushaltswaren, Sportartikel, Schmuck, Kosmetik und Unterhaltungselektronik. Dienstleistungen wie Gastronomie und Reisevermittlung ergänzen das Sortiment. Die Verkaufsfläche beträgt mindestens 3.000 m^2; die Verkaufsform reicht – je nach Warengruppe – von Selbstwahl bis Bedienung.

Beispiele Karstadt, Kaufhof

6. SB-Warenhaus

Es führt ein Warenhaus-Sortiment mit dem Schwerpunkt Lebensmittel. Als Verkaufsform überwiegt die Selbstbedienung. Die Verkaufsfläche umfasst mindestens die Größe von ca. 5.000 m^2. Der Standort ist autokundenorientiert.

7. Kaufhaus

Größerer Einzelhandelsbetrieb in zentraler Lage mit schmalem (1 bis 2 Warengruppen), aber sehr tiefem Sortiment, vorzugsweise im Textil- und Möbelbereich. Die Produkte werden gewöhnlich in Bedienung und Vorwahl angeboten.

8. Supermarkt

Mittelgroßer Einzelhandelsbetrieb mit folgenden Merkmalen: Sortiment Lebensmittel (ca. 75 %) und ergänzende Nichtlebensmittel (ca. 25 %), Verkaufsform Selbstwahl, 400 bis 1.000 m^2 Verkaufsfläche. Der Supermarkt hat heute weitgehend die Funktion des Nachbarschaftsgeschäftes für die Nahversorgung übernommen.

9. Verbrauchermarkt

Supermarkt von 1.000 bis 5.000 m^2 Verkaufsfläche; das Kernsortiment besteht weiterhin aus Lebensmitteln.

10. Discounter

Betriebsform mit schmalem Sortiment, in dem die Waren mit aggressiver Niedrigpreispolitik vertrieben werden. Die Produkte (vor allem Lebensmittel) werden in Selbstbedienung unter weitgehendem Verzicht auf Serviceleistungen und ohne großen Aufwand präsentiert.

11. Einkaufszentrum

Bündelung mehrerer Einzelhandelsunternehmen aus verschiedenen Branchen unter einem Dach, kombiniert mit gastronomischen Betrieben (Restaurant, Café) und angesiedelt in zentraler Lage. Ein attraktives Umfeld soll den Kunden das Einkaufen verschönern (Erlebnis-Shopping).

12. Filialunternehmen

Einzelhandelsunternehmen, das Verkaufsstellen (Filialen) an unterschiedlichen Standorten nach einem einheitlichen Grundkonzept betreibt. Die Filialen haben nach außen ein einheitliches Erscheinungsbild; auch die Sortimente decken sich weitgehend. Der Einkauf erfolgt zentral über das übergeordnete Unternehmen.

13. Versandhandel

Ein Handelsunternehmen bietet Waren mithilfe eines Mediums an (Katalog, Prospekt, Anzeige, Internet, CD-ROM, Radio, Fernsehen). Der Kunde bestellt per Telefon, Fax, Bestellkarte oder Internet und erhält die Ware per Post oder durch andere Versanddienste ins Haus geliefert.

14. Ambulanter Handel

Im Gegensatz zum stationären Handel wird im ambulanten Handel der Verkauf von Waren ohne festen Standort durchgeführt.

Beispiel Hausierhandel, Wochenmarkt

15. Boutique

Ladengeschäft mit geringer Verkaufsfläche in exklusiven Einkaufslagen, das Sortiment ist auf eine spezielle Zielgruppe ausgerichtet, meistens auf modische Artikel ausgelegt.

16. Factory Outlet Center (FOC)

Es handelt sich um eine besondere Form des Einkaufszentrums, in dem Geschäfte angesiedelt sind, die jeweils nur Produkte eines Herstellers anbieten. Die Waren kommen vorzugsweise aus den Branchen Mode/Textilien, Lederwaren, Schuhe, modisches Zubehör und Schmuck. Die Hersteller bieten über diese Vertriebsschiene Zweite-Wahl-Artikel, Auslaufmodelle oder Produktionsüberhänge zu besonders günstigen Preisen an.

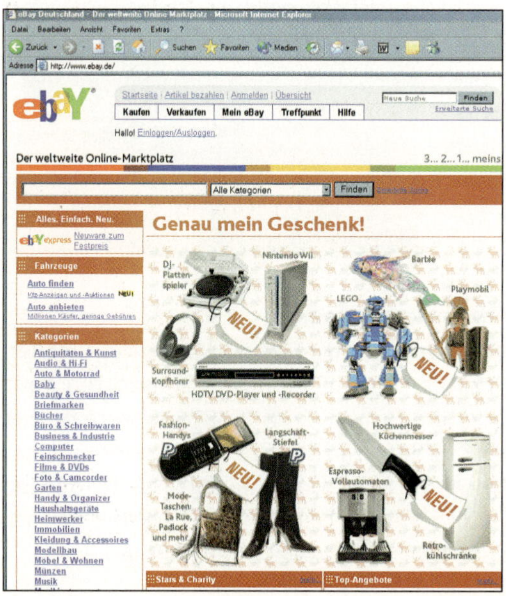

17. Internethandel

Verschiedene Betriebsformen stellen nicht stark erklärungsbedürftige Produkte auf einer Homepage bildhaft dar und versehen die Waren mit Preisen. Ein Kunde ruft vom eigenen internetfähigen PC die Homepage auf, zieht die gewünschten Artikel über die drag and drop-Mausfunktion in einen virtuellen Einkaufskorb. Nach Abschluss des Einkaufs wird der Kunde aufgefordert, die Liefer- und Zahlungsart anzugeben, die Waren werden überwiegend per Zustelldienst direkt ins Haus geliefert. Eine Sonderform sind Auktionsplattformen. Hier wird ein Produkt zur Versteigerung angeboten. Nach einer bestimmten Frist ersteigert der Meistbietende die angebotene Ware. Diese Sonderform wird überwiegend von Privat an Privat abgewickelt.

18. Teleshopping

Auf Privatfernseh-Verkaufskanälen werden durch Moderatoren Produkte angeboten, welche telefonisch zu einem Angebotspreis bestellt und durch einen Zustelldienst direkt ins Haus geliefert werden.

4.7.3 Verkaufsformen

Mit der Verkaufsform legt der Einzelhändler fest, auf welche Art er den Kunden sein Sortiment nahebringt. Er kann den Kunden z. B. deutlich unterstützen (Verkaufsform Bedienung), er kann die Suche nach und den Vergleich von Produkten aber auch weitgehend dem Kunden überlassen (Selbstwahl). Die Verkaufsformen des Einzelhandels werden unterschieden in

- **Bedienung**
  Der Kunde, der das Geschäft betritt, wird in der Regel sofort angesprochen und bedient.

- **Vorwahl**
  Der Kunde hat zunächst Gelegenheit, sich das Sortiment anzuschauen. Sobald er Interesse für bestimmte Produkte zeigt, wird er vom **Verkaufspersonal** angesprochen.

Vorwahl: Kundenberater → Kunde

- **Intensivvorwahl**
  Der Kunde wählt zunächst selbst vor. Wenn er spezielle Fragen hat, wendet sich **der Kunde** an das Verkaufspersonal.

Intensivvorwahl: Kunde → Kundenberater

- **Selbstwahl**
  Der Kunde bedient sich selbst, ohne das Personal in Anspruch zu nehmen. Das Personal gibt allenfalls kurze Informationen.

Siehe ausführlich auf Seite 113

Die Verkaufsformen haben zum Ziel, Teile des Verkaufsvorgangs in abgestufter Form auf den Kunden zu übertragen.
Die Verkaufsformen Bedienung, Vorwahl und Intensivvorwahl unterscheiden sich vor allem durch den Zeitpunkt, zu dem Kontakt zum Kunden aufgenommen wird.

Bedienung: Sofort beim Betreten des Geschäftes.

Vorwahl: Nach einer ersten Orientierung durch den Kunden und sobald der Kunde signalisiert, dass er Beratung wünscht. Der Kundenberater geht auf den Kunden zu.

Intensivvorwahl: Der Kunde wählt vor. Hat er Beratungsbedarf, nimmt er von sich aus Kontakt zum Kundenberater auf.

Auch im Intensivvorwahl- und Selbstwahlsystem besteht eine generelle Bereitschaft des Kundenberaters, den Kontakt zum Kunden von sich aus aufzunehmen.

4.7.4 Sortimentsgliederung

Eine Sortimentsgliederung schafft Übersicht für den Kunden und Verantwortungsbereiche für das Verkaufspersonal. Der Aufbau eines Sortiments lässt sich in verschiedenen Ebenen darstellen:

Sortiment	Alle Waren und Dienstleistungen, die in einem Einzelhandelsgeschäft angeboten werden, z. B. das Sortiment eines Lebensmittel-Einzelhandelsgeschäftes.
Warenbereiche	Bündelung von Warengruppen, z. B. „Food" und „Non-Food" im Lebensmittelgeschäft.
Warengruppen	Zusammenfassung aller Warenarten, die jeweils in räumlich getrennten Zonen angeboten werden, z. B. Molkereiprodukte.
Warenarten	Zusammenfassung von Artikeln mit ähnlicher Zusammensetzung, Verwendung, Form, Herkunft oder Herstellung, z. B. Käse.
Artikel	Artikel (Produkt) wird der einzelne, kaufbare Gegenstand genannt. Er trägt eine Artikelnummer zur Identifikation, z. B. ALMA-Frischkäse zum Preis von 0,99 € mit der Artikel-Nr. 4002683614839.

Die Sortimentsgliederung eines Einzelhandelsgeschäftes kann man – ohne die Artikelebene – mithilfe eines Sortimentsbaumes anschaulich darstellen. Das Beispiel auf der nächsten Seite zeigt einen Ausschnitt.

Sortimentsbaum (gekürzt)

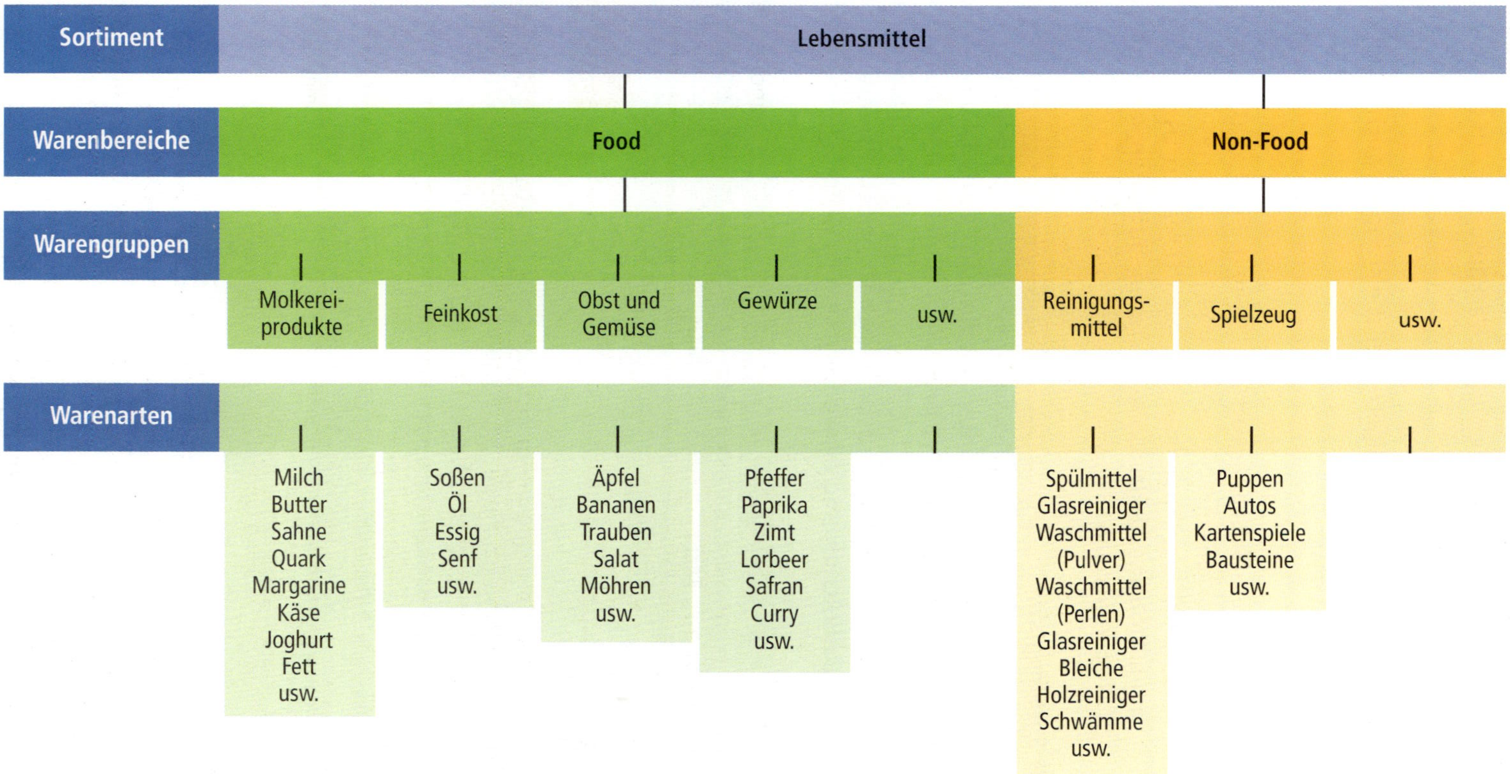

Warenwirtschaftssystem = Systematische Erfassung aller Warenbewegungen vom Einkauf bis zum Verkauf, s. Seite 244

Auch **Dienstleistungen** gelten als Warengruppe. Werden dem Kunden Dienstleistungen berechnet, müssen diese Verkäufe über das Warenwirtschaftssystem erfasst werden.

Folglich müssen die jeweiligen Dienstleistungen auch eine Artikelnummer bekommen.

Beispiele für Dienstleistungen

- Im **Uhren-/Schmuckgeschäft**: Uhren reinigen und reparieren, Batterien auswechseln, Schmuck reinigen und reparieren, Perlenketten neu aufschnüren, Ringe erweitern oder verengen, usw.
- Im **Möbelgeschäft**: Möbel zustellen, aufbauen, einbauen, ausbauen, reparieren usw.

Sortimentsbreite

Breites Sortiment: für unterschiedlichste Kaufwünsche

Ein **breites** Sortiment besteht aus vielen Warengruppen. Der Kunde kann in einem solchen Geschäft **unterschiedlichste Kaufwünsche** befriedigen. Ein Lebensmittel-Supermarkt mit breitem Sortiment ermöglicht es dem Kunden z. B. seinen gesamten Bedarf an Nahrungsmitteln einschließlich Brot und Backwaren einzukaufen und zusätzlich noch Nicht-Lebensmittel zu erwerben, die für die Haushaltsführung erforderlich sind (z. B. Reinigungsmittel).

WG = Warengruppe

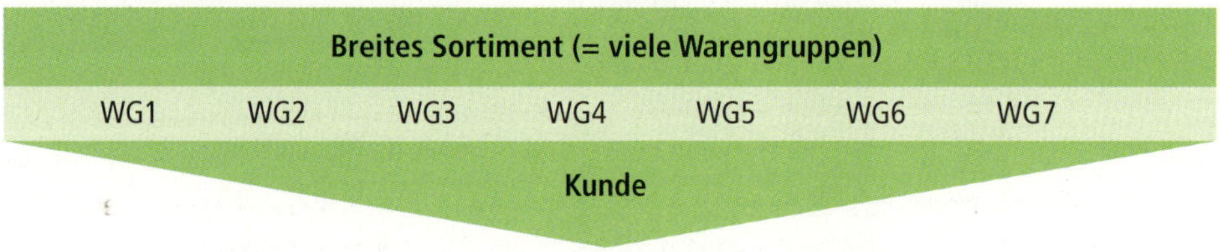

Schmales Sortiment: hat alternative Kaufmöglichkeiten (Auswahl)

Ein Kunde, der hingegen ein Weingeschäft betritt, weil er z. B. ein Freund italienischer Weine ist, findet im Wesentlichen eine Warengruppe vor, vielleicht ergänzt um Essig, Öl und Nudeln aus Italien. Weil das Sortiment in diesem Fall nur aus wenigen Warengruppen besteht, bezeichnet man es als **schmal**.

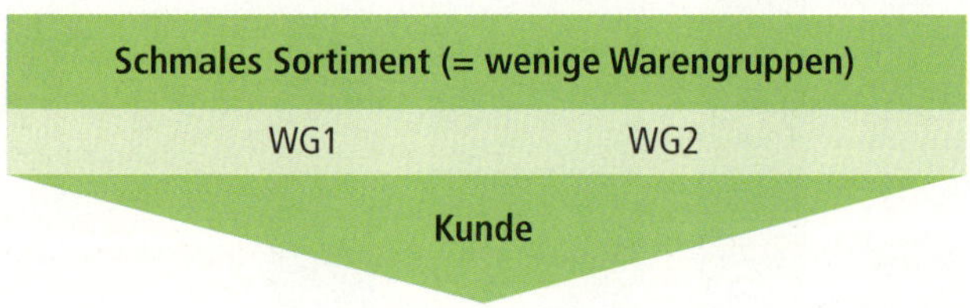

Sortimentstiefe

Tiefes Sortiment: viele Warenarten und Artikel

Ein Geschäft mit **tiefem** Sortiment bietet dem Kunden eine große **Auswahl** innerhalb einer Warengruppe.
Wünscht ein Kunde z. B. Käse für sein Frühstück, so findet er in einem tief sortierten Sortiment eine Vielzahl von Käseprodukten für die verschiedensten Geschmacksrichtungen.

Die Tiefe eines Sortiments zeigt sich auch auf der Ebene der Warenarten, wenn ein Geschäft z. B. in der Warengruppe Obst und Gemüse nicht nur die Standard-Obstsorten führt (Äpfel, Bananen, Apfelsinen usw.), sondern auch ein reichhaltiges Angebot an exotischen Früchten bereithält (z. B. Mango, Avocado, Papaya, Feige, Passionsfrucht).

Ein tiefes Sortiment ist folglich gegeben, wenn ein Geschäft viele Warenarten und Artikel führt. Findet der Kunde nur wenige Warenarten und Artikel vor, spricht man von einem **flachen** Sortiment.

Flaches Sortiment: Wenige Warenarten und Artikel

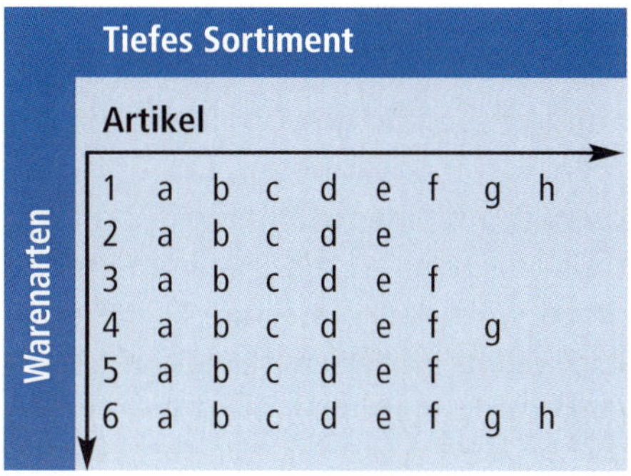

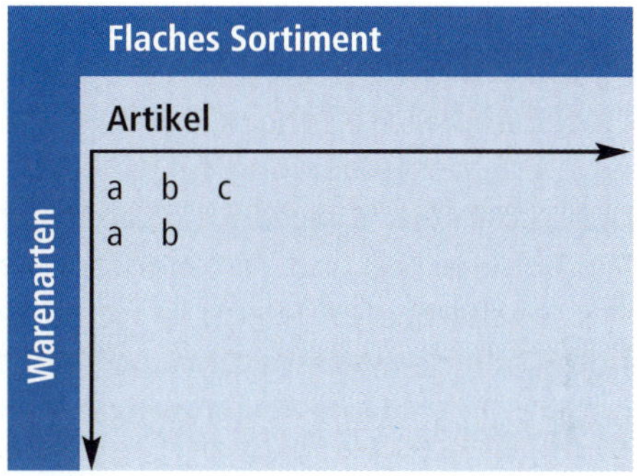

Kern-/Randsortiment

Unter Kernsortiment werden Artikel verstanden, die den Hauptumsatz bringen. Als Randsortiment bezeichnet man Artikel, die das Kernsortiment ergänzen (verschönern). Welche Sortimentsbestandteile als Kernsortiment anzusehen sind, hängt von der Sortimentspolitik des Einzelhändlers ab. Er ist in seinen sortimentspolitischen Entscheidungen frei. Heute sind auch ungewöhnliche Sortimentszusammenstellungen zu finden, z. B. Fahrzeuge oder Urlaubsreisen bei einem Lebensmitteldiscounter.

Sortimentspolitik: Gezielte Gestaltung des Sortiments.

Beispiel

Fachgeschäft für Damenoberbekleidung
Kernsortiment: Kleider, Röcke, Blusen, Mäntel
Randsortiment: Gürtel, Schnallen, Taschen, Schmuck. (Accessoires – sprich akßäßoar – = modisches Beiwerk).

Fixes/variables Sortiment

Fixes Sortiment nennt man die Artikel, die während des ganzen Jahres angeboten werden. Unter einem variablen Sortiment wird die Gesamtheit der Saisonwaren verstanden.

Beispiel

Sportfachgeschäft
Fixes Sortiment: Produkte für die Sportarten Tennis, Golf, Fußball, Handball usw.
Variables Sortiment: Skibekleidung, Skiausrüstung.

4.7.5 Sortimentsveränderungen

Ein Einzelhändler muss sein Sortiment ständig den sich ändernden Marktverhältnissen anpassen. Die Ursachen für diese Veränderungen sind vielfältig:

- Sortimentsentscheidungen von Mitbewerbern,
- saisonale Gründe (z. B. für Einzelhandelsbranchen, die der Mode unterworfen sind),
- jahreszeitliche Anpassungen (z. B. Feiertage, Ferien, Sommerzeit),
- Witterungsänderungen (spezielle Produkte z. B. für heiße Sommertage)
- technische Entwicklungen erfordern, neue Produkte ins Sortiment aufzunehmen und alte zu entfernen.

Einzelhändler treffen im Rahmen ihrer Sortimentspolitik gewöhnlich zunächst eine Grundentscheidung für einen bestimmten Sortimentsrahmen. Die Entscheidung könnte z. B. lauten, ein Lebensmittelgeschäft mit einer bestimmten Zahl von Warenbereichen und Warengruppen zu betreiben. Damit ist die Sortimentsbreite des Geschäftes festgelegt. In weiteren Schritten wird dann über die Sortimentstiefe (Zahl der Warenarten und Artikel) entschieden. Im Geschäftsverlauf ist der anfangs festgelegte Sortimentsrahmen den Markterfordernissen anzupassen.

4.7.6 Sortimentspolitische Richtung

Ein Einzelhändler kann mit seiner Sortimentspolitik auf tagesaktuelle Entwicklungen reagieren. Es ist aber auch möglich, seinen sortimentspolitischen Entscheidungen eine bestimmte längerfristige Richtung zu geben. Ein Fachgeschäft könnte z. B. den Niedrigpreisbereich den Mitbewerbern überlassen und das eigene Sortiment höherwertig ausrichten. Es würde dann nicht nur das **Produktniveau** anheben, sondern z. B. auch die Geschäftseinrichtung, die Beratungsqualität und den Umfang seiner Dienstleistungen sortimentsgerecht gestalten. Man spricht in diesem Fall von **Trading-up**, im Gegensatz zum **Trading-down**, wenn genau der umgekehrte Weg beschritten wird, nämlich vom Fachgeschäft zum Discounter.

■ Trends in der Sortimentspolitik

In den letzten Jahren sind grundlegende Veränderungen in der Sortimentspolitik des Einzelhandels erkennbar. Als wichtigste Trends sind zu nennen:

- Abkehr vom **branchenorientierten** zum **bedarfsorientierten** Sortiment. Früher orientierten sich die Sortimente von Geschäften stark an den Rohstoffen der Waren. So gab und gibt es auch heute noch Geschäfte z. B. für Lederwaren, Textilien, Möbel, Eisenwaren, Wein, Tabak und Tee. Zunehmend richtet der Handel seine Sortimente aber am Bedarf des Kunden aus. Alle Produkte, die in einem Verwendungszusammenhang stehen, werden zu einem Sortiment gebündelt. Die Bezeichnung des Geschäftes macht den Sortimentsverbund häufig schon deutlich: „Alles für das Kind", „Zeitgemäßes Wohnen", „Do-it-yourself-Baumarkt", „Fressnapf".

- Betonung der **Erlebnisorientierung**: Eng verbunden mit der bedarfsorientierten Sortimentsgestaltung ist das Bestreben des Handels, die Produkte auch in ihrem Verwendungszusammenhang darzubieten. Die Waren werden nicht nur einfach übersichtlich zum Kauf angeboten, sondern in ihrer Verwendung gezeigt. Für die Badebekleidung wird daher z. B. eine Strandszene entwickelt, das Rennrad vor einem Tour-de-France-Hintergrund präsentiert. Zusätzlich werden weitere, dem Verwendungszweck entsprechende Produkte in die Verkaufsszene eingebracht. Für den Kunden entstehen auf diese Weise attraktive „Erlebnisinseln", die zum Kauf anregen und vor allem auch Ergänzungsverkäufe ermöglichen.

Ergänzungsverkäufe: Verkauf ergänzender Artikel zum Hauptkauf. Beispiel: Hauptkauf Schuh, Ergänzungsartikel Pflegemittel

- Spaltung des Handels in **dienstleistungsorientierte Fachgeschäfte** und **preisaggressive Discount-Betriebe**. Zunehmend drängen Discount-Betriebe mit Niedrigpreisen in den Markt der Fachgeschäfte. Die Fachgeschäfte reagieren mit mehreren Maßnahmen:
  - Sie erweitern ihr Sortiment mit preisgünstigen Produkten.
  - Sie teilen ihr Sortiment auf in normal kalkulierte Sortimentsteile (Normalsortiment) und Aktionsware (Aktionssortiment), die für Sonderangebotsaktionen verwendet wird, um zu verhindern, dass Kunden zu den Discountern abwandern.
  - Fachgeschäfte bauen ihr Dienstleistungsangebot aus, damit sie dem Preiswettbewerb entgehen und sich in einem Leistungswettbewerb gegenüber den Discountern profilieren können.
- Produkte **veralten** immer schneller. Aufgrund des beschleunigten technologischen Wandels und der sich rasch ändernden Ansprüche der Kunden vor allem bei modischen Produkten ist der Einzelhändler gezwungen, Änderungen in den Kundenwünschen rechtzeitig zu erkennen und mit sortimentspolitischen Maßnahmen zu reagieren.

5 Gestaltung der Arbeitswelt

5.1 Tarifvertragsparteien (Sozialpartner)

Mithilfe von Tarifverträgen vereinbaren die **Tarifpartner** einheitliche Arbeitsbedingungen für Arbeitnehmer und Arbeitgeber für bestimmte Wirtschaftszweige, z. B. den Handel.

Gewerkschaften

Für die **Arbeitnehmer** sind die **Gewerkschaften** die entsprechenden Tarifpartner, z. B. „**ver.di**" (Vereinigte Dienstleistungsgewerkschaften) für den Handel.

Die Gründung der Gewerkschaften geht zurück auf das 19. Jahrhundert, in dem sich die Masse der Arbeitnehmer in einer erheblichen Notsituation befand und größtenteils stark abhängig von einzelnen großen Arbeitgebern waren. Durch ein Überangebot an Arbeitskräften gab es sehr schlechte Ar-

http://www.dgb.de
http://www.verdi.de

beitsbedingungen (Kinderarbeit, niedrige Löhne, keine Fortzahlung im Krankheitsfall, lange Arbeitszeiten u. a.). Der Staat wollte sich nicht einmischen, sodass die Arbeitnehmer sich **zusammenschließen** mussten, um die **Arbeitsbedingungen verbessern** zu können („Alle Räder stehen still, wenn dein starker Arm es will"). Diese Vereinigungen von Arbeitnehmern waren zu Beginn teilweise verboten. Heute ist das **Recht auf einen Zusammenschluss** zu einer Gewerkschaft durch das **Grundgesetz** garantiert.

Grundgesetz Artikel 9 Vereinigungsfreiheit

Ferner sind die Gewerkschaften heute nicht nur Tarifpartner der Arbeitgeber und Arbeitgeberverbände, sondern sie vertreten ihre Mitglieder bei Arbeits- und Sozialgerichtsverfahren, zahlen Streikgelder und verfügen über Weiterbildungseinrichtungen für Arbeitnehmer.
Es gibt verschiedene Gewerkschaften. Die größte Vereinigung von Arbeitnehmern ist der DGB, in dem sich acht Einzelgewerkschaften zu einer Einheitsgewerkschaft zusammengefunden haben. Die Mitgliedschaft in einer Gewerkschaft ist grundsätzlich freiwillig.

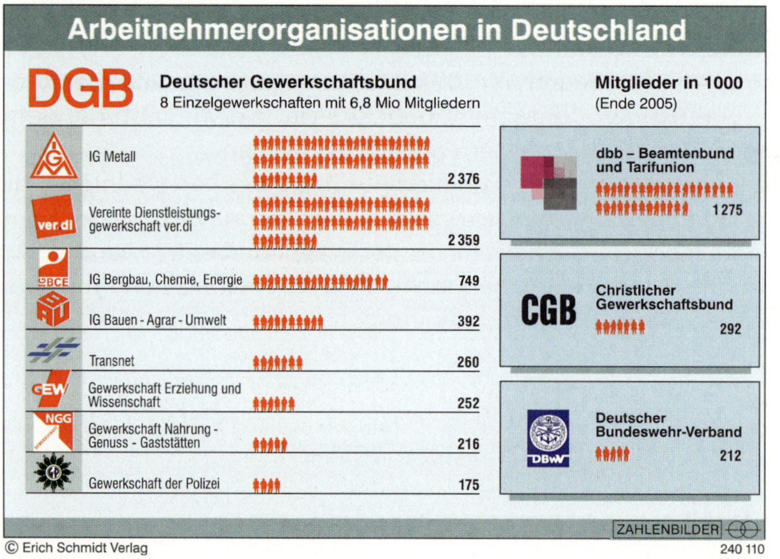

 240 110

■ Arbeitgeberverbände

Auf der **Arbeitgeberseite** sind dies die Arbeitgeberverbände, z. B. der **Hauptverband des Deutschen Einzelhandels** (HDE).

http://www.bda-online.de http://www.einzelhandel.de

Genauso wie Arbeitnehmer können sich auch Arbeitgeber zu Verbänden zusammenschließen. Deshalb gibt es in den verschiedenen Branchen entsprechende Arbeitgeberverbände, die sich zu einer **Bundesvereinigung der Deutschen Arbeitgeberverbände (BDA)** zusammengefunden haben. Diese Verbände vertreten die Interessen der einzelnen Arbeitgeber gegenüber den Gewerkschaften, der Öffentlichkeit und dem Staat. Für den Einzelhandel gibt es verschiedene Arbeitgeberverbände.

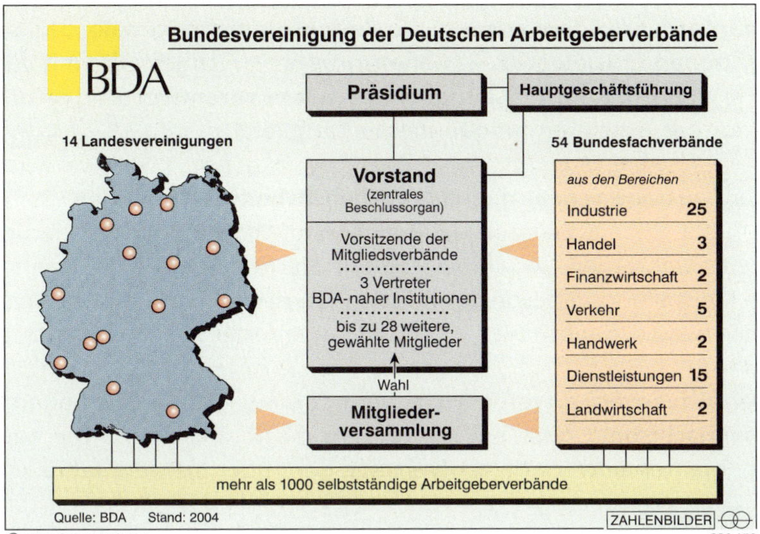

© Erich Schmidt Verlag 236 150

5.2 Tarifrecht

Im Grundgesetz Artikel 9 wird den Arbeitnehmern und Arbeitgebern das Recht gewährt, „zur Wahrung und Förderung der Arbeits- und Wirtschaftsbedingungen Vereinigungen zu bilden", es ist für „jedermann und für alle Berufe gewährleistet". Dieses Recht nennt man auch **Koalitionsfreiheit**.
In Deutschland gilt das Grundrecht auf **Tarifautonomie**. Das bedeutet, dass die Tarifpartner, auch Sozialpartner genannt, das Recht haben, **Tarifverträge** ohne Eingriffe von dritter Seite (z. B. der Regierung) **selbstständig** auszuhandeln und **abzuschließen**.

Diese Tarifpartner können auf der Arbeitgeberseite einzelne Arbeitgeber und/oder **Arbeitgeberverbände** (z. B. Einzelhandelsverband Baden-Württemberg) und auf der Arbeitnehmerseite nur die entsprechenden **Gewerkschaften** (z. B. Gewerkschaft Handel, Banken und Versicherungen im DGB und die Deutsche Angestellten Gewerkschaft) sein.

Arten von Tarifverträgen

Die Tarifverträge unterscheidet man in
- Lohn- und Gehaltstarifverträge,
- Manteltarifverträge,
- Rahmentarifverträge sowie
- Sondertarife (z. B. VL-Tarifverträge)

VL = Vermögenswirksame Leistungen

Lohn- und Gehaltstarifverträge enthalten die **Geldbeträge**, die für die einzelnen **Lohn-** und **Gehaltsgruppen** zu zahlen sind (prozentuale Erhöhungen, einmalige Zahlungen, Mindestbeträge für Erhöhungen bei den unteren Gruppen u. Ä.). Die **Laufzeit** beträgt in der Regel **ein Jahr**.

In **Rahmentarifverträgen** werden die **Anforderungsmerkmale** der Lohn- und Gehaltsgruppen festgelegt (z. B. Gehaltsgruppe 2 = Angestellte mit einer Tätigkeit, die erweiterte Kenntnisse und eine größere Verantwortung erfordert, z. B. Erste Verkäufer, Kassierer mit gehobener Tätigkeit).

Manteltarifverträge regeln die **allgemeinen Arbeitsbedingungen**. Sie enthalten Normen über die Arbeitszeit (z. B. 37,5-Std.-Woche), Flexibilisierung dieser Arbeitszeit, Mehrarbeit, Zuschlagsätze für Nacht-, Sonn- und Feiertagsarbeit, bezahlte Freistellung in besonderen Fällen (Eheschließung, Umzug, Todesfälle in der Familie usw.), Urlaubsdauer, Probezeit, erweiterter Kündigungsschutz usw.

In **Sondertarifverträgen** werden u. a. vermögenswirksame Leistungen, Urlaubsgeld, Weihnachtsgeld oder ein 13. Monatsgehalt vereinbart. Die **Laufzeit** für Rahmen-, Mantel- und Sondertarifverträge geht über **mehrere Jahre**.

An die **Normen des Tarifvertrages** sind nur **die organisierten Mitglieder** der vertragschließenden Parteien gebunden, also nur die Arbeitgeber, die dem entsprechenden Arbeitgeberverband angehören oder selbst Vertragspartner sind, sowie Arbeitnehmer, die einer der vertragschließenden Gewerkschaften angehören.

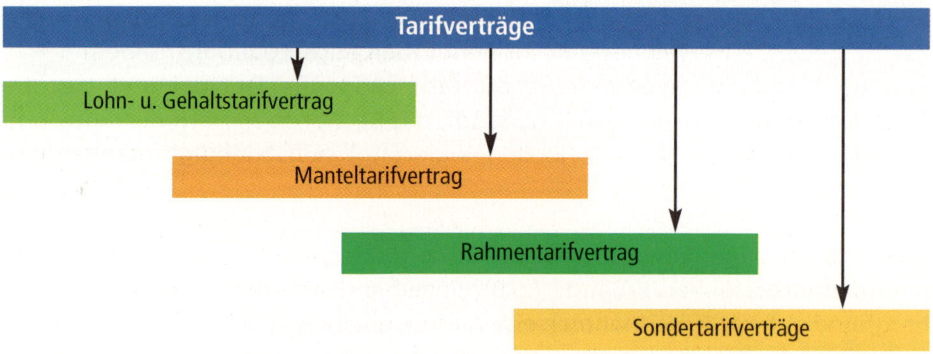

Siehe auch:
http://www.boeckler.de/wsi/tarchiv/

http://www.bma.de/de/arbeit/arbeitsrecht/tarifverzeichnis.htm

http://www.soliserv.de/tarifinfo.htm

■ Allgemeinverbindlichkeit

Unter bestimmten Voraussetzungen kann der Bundesminister für Arbeit und Sozialordnung einen Tarifvertrag für allgemeinverbindlich erklären, wenn die Spitzenverbände der Tarifparteien es beantragen. Dann gilt dieser Tarifvertrag auch für die nicht organisierten Arbeitgeber und Arbeitnehmer. Alle Tarifverträge werden in einem **öffentlichen Tarifregister** eingetragen.

Informationsquelle (z. B.)

Tarifliche Leistungen sind **Mindestleistungen**. Abweichende Abmachungen sind nur zulässig, wenn der Tarifvertrag es ausdrücklich gestattet oder wenn sie eine Änderung zugunsten des Arbeitnehmers enthalten (**Grundsatz der Unabdingbarkeit**, d.h. Arbeitnehmer können nicht auf tarifliche Leistungen verzichten).

Auszug aus zurzeit geltenden Gehaltstarifverträgen für die kaufmännischen und technischen Angestellten im Einzelhandel:[1]

Gehaltsgruppe III

Angestellte mit selbstständiger Tätigkeit im Rahmen allgemeiner Anweisung und mit entsprechender Verantwortung für ihren Tätigkeitsbereich, und zwar in Arbeitsbereichen

Gehaltsstaffel a) *ohne oder mit in der Regel bis zu 4 unterstellten fest angestellten Vollbeschäftigten einschließlich der Auszubildenden*

Gehaltsstaffel b) *mit in der Regel mehr als 4 bis zu 8 unterstellten fest angestellten Vollbeschäftigten einschließlich der Auszubildenden sowie Kassierer der Hauptkasse in Einzelbetrieben und in Filialen (Zweigniederlassungen)*

Gehaltsstaffel c) *mit in der Regel mehr als 8 unterstellten fest angestellten Vollbeschäftigten einschließlich der Auszubildenden*

Teilzeitbeschäftigte werden unter Berücksichtigung der geleisteten Arbeitsstunden in Vollbeschäftigte umgerechnet. Ergeben sich hierbei Bruchteile, ist auf die nächste volle Zahl aufzurunden.

Beispiele:
- Substitute
- Erste Verkäufer mit Einkaufsbefugnis
- Erste Schauwerbegestalter
- Lagererste mit Einkaufsbefugnis
- Sortimentskontrolleure
- Etagenaufsichten, Kassenaufsichten
- Registratoren in Hauptverwaltungen
- Gruppenführer in der Buchhaltung in Hauptverwaltungen
- Direktricen
- Verwalter von Warenannahme und/oder Versand

[1] Beispielhafter Auszug aus einem Tarifvertrag aus dem Geltungsbereich Nordrhein-Westfalen.

- Zuschneider
- Hausmeister
- Maschinenmeister
- Akquisiteure für Raumgestaltung
- Verkaufsstellenverwalter

Gehaltsstaffel a)	***ab 01.09.2006***
im 1. bis 3. Tätigkeitsjahr	*2.076,00 €*
im 4. bis 5. Tätigkeitsjahr	*2.218,00 €*
nach dem 5. Tätigkeitsjahr	*2.452,00 €*
Gehaltsstaffel b)	
im 1. bis 3. Tätigkeitsjahr	*2.218,00 €*
im 4. bis 5. Tätigkeitsjahr	*2.452,00 €*
nach dem 5. Tätigkeitsjahr	*2.700,00 €*
Gehaltsstaffel c)	
im 1. bis 3. Tätigkeitsjahr	*2.452,00 €*
im 4. bis 5. Tätigkeitsjahr	*2.700,00 €*
nach dem 5. Tätigkeitsjahr	*2.950,00 €*

■ Friedenspflicht

Während der **Laufzeit** eines Tarifvertrages besteht die **Friedenspflicht**. Gewerkschaften und Arbeitgeber bzw. Arbeitgeberverbände dürfen nicht zu Kampfmaßnahmen wie Streik und Aussperrung greifen.

■ Tarifverhandlungen

Zu **Tarifverhandlungen** kommt es, wenn Tarifverträge ablaufen bzw. gekündigt werden. **Gewerkschaften** und **Arbeitgeberverbände** bilden jeweils Tarifkommissionen, die diese Verhandlungen führen. Wenn es trotz aller Mühen zu keiner Einigung kommt, können **Arbeitskampfmaßnahmen** als letztes Mittel eingesetzt werden.

■ Streik und Aussperrung

Arbeitskampfmaßnahmen

Zunächst aber versucht man durch ein **Schlichtungsverfahren** einen Arbeitskampf zu vermeiden. Gewerkschaften und Arbeitgeberverbände sind aber nicht gezwungen, Vorschläge der Schlichtungsstelle anzunehmen. Kommt es zu keiner Einigung, können die Gewerkschaften mithilfe einer **Urabstimmung** der Gewerkschaftsmitglieder unter den betroffenen Arbeitnehmern einen Streik organisieren. **Mindestens 75 %** der organisierten Arbeitnehmer müssen sich für einen Streik aussprechen.

Ein **Streik** ist eine durch Gewerkschaften organisierte **planmäßige Arbeitsniederlegung**, um gewerkschaftliche Forderungen nach dem Scheitern von Tarifverhandlungen durchzusetzen. Die Gewerkschaftsmitglieder erhalten während des Arbeitskampfes **Streikgeld**.

Pressedienst der Gewerkschaft HBV
038/2000

Drohender Arbeitskampf im Einzelhandel

HBV fordert Arbeitgeber zum Ende der Blockadepolitik auf

Streik – Aussperrung

Nur als **Gegenmaßnahme** zu einem beschlossenen Streik dürfen die Arbeitgeber als ihr Kampfmittel die Aussperrung (Abwehraussperrung) durchführen. Sie ist eine planmäßig vorgenommene Nichtzulassung von Arbeitnehmern zur Arbeit unter Verweigerung der Entgeltzahlung mit dem Willen der Weiterbeschäftigung nach Erreichen des Kampfzieles. Sie kann alle Arbeitnehmer oder auch nur einzelne Gruppen von Arbeitnehmern betreffen, sie darf aber nicht nur gegen Gewerkschaftsmitglieder gerichtet sein. Sie hat suspendierende Wirkung, d. h. die Hauptpflichten des Arbeitgebers, Beschäftigungs- und Entlohnungspflicht, ruhen.

5.3 Betriebsverfassungsrecht

5.3.1 Wahl des Betriebsrates

Betriebsverfassungsrecht (Arbeitgeber – Betriebsrat) siehe BetrVG § 1 ff.

Voraussetzung für die Einrichtung eines Betriebsrates:

Im Betrieb sind mindestens **fünf wahlberechtigte Arbeitnehmer** beschäftigt, von denen drei wählbar sind.

Wahlberechtigt sind **alle Arbeitnehmer**, die **das 18. Lebensjahr vollendet haben** (aktives Wahlrecht). Zu den Arbeitnehmern im Sinne des BetrVG gehören auch die volljährigen Azubis.

Wählbar sind alle **Wahlberechtigten**, die **sechs Monate** dem Betrieb angehören (passives Wahlrecht).

Der Betriebsrat besteht in Betrieben mit

- **5 bis 20** wahlberechtigten Arbeitnehmern aus einer Person
- **21 bis 50** wahlberechtigten Arbeitnehmern aus **3** Mitgliedern
- **51 bis 100** wahlberechtigten Arbeitnehmern aus **5** Mitgliedern
- **101 bis 200** wahlberechtigten Arbeitnehmern aus **7** Mitgliedern
- **201 bis 400** wahlberechtigten Arbeitnehmern aus **9** Mitgliedern usw.

Die regelmäßigen Betriebsratswahlen finden alle **vier Jahre** in der Zeit vom 01. März bis 31. Mai statt. Die regelmäßige Amtszeit beträgt vier Jahre. Die **Mitglieder** des Betriebsrates führen ihr Amt unentgeltlich als **Ehrenamt**. Die durch die Tätigkeit des Betriebsrates entstehenden Kosten trägt der Arbeitgeber. In Betrieben ab 200 Arbeitnehmern werden Betriebsratsmitglieder freigestellt.

5.3.2 Aufgaben des Betriebsrates

Der Betriebsrat hat folgende allgemeine Aufgaben:

- Darüber zu **wachen**, dass die zugunsten der Arbeitnehmer geltenden **Gesetze**, Verordnungen, Unfallverhütungsvorschriften, Tarifverträge und Betriebsvereinbarungen durchgeführt werden.
- **Maßnahmen**, die dem Betrieb und der Belegschaft dienen, beim Arbeitgeber zu beantragen.
- **Anregungen** von Arbeitnehmern und der Jugend- und Auszubildendenvertretung **entgegenzunehmen**, und, falls sie berechtigt erscheinen, mit dem Arbeitgeber zu verhandeln.
- Die **Eingliederung Schwerbeschädigter** und sonstiger besonders schutzbedürftiger Personen zu unterstützen.
- Die Wahl einer Jugend- und Auszubildendenvertretung vorzubereiten und durchzuführen.
- Die Beschäftigung **älterer Arbeitnehmer** im Betrieb zu **fördern**.
- Die **Eingliederung ausländischer Arbeitnehmer** und das Verständnis zwischen ihnen und den deutschen Arbeitnehmern voranzutreiben.

Beteiligungsrechte des Betriebsrates in sozialen, personellen und wirtschaftlichen Angelegenheiten

Arten der Beteiligungsrechte:

- **Informationsrechte:** Das Betriebsverfassungsrecht (BetrVG) verpflichtet hierbei den Arbeitgeber lediglich, **vor** der Durchführung bestimmter Maßnahmen den Betriebsrat zu **informieren** (z. B. personelle Veränderung eines leitenden Angestellten).
- **Beratungsrechte:** Sie verpflichten den Arbeitgeber, **von sich aus** vor einer Maßnahme die **Meinung** des Betriebsrates **einzuholen** und das Für und Wider mit ihm zu besprechen (z. B. Personalplanung – gegenwärtiger und zukünftiger Personalbedarf).
- **Anhörungsrechte:** Der Arbeitgeber muss **vor der Durchführung** einer Maßnahme den Betriebsrat **anhören**. Der Betriebsrat kann diese Maßnahme

zwar nicht verhindern, aber er hat die Chance auf den Arbeitgeber einzuwirken, damit z. B. eine geplante Kündigung nicht durchgeführt wird.

- **Vetorechte:** Dies verpflichtet den Arbeitgeber, **vor** der betreffenden Einzelmaßnahme die **Zustimmung** des Betriebsrates einzuholen (z. B. Einstellung, Versetzung, Ein- oder Umgruppierung und fristlose Kündigung eines Betriebsratsmitgliedes).
- **Mitbestimmungsrechte:** Man spricht immer dann von einem echten Mitbestimmungsrecht, wenn es im Betriebsverfassungsgesetz heißt: „der Spruch der Einigungsstelle ersetzt die Einigung zwischen Arbeitgeber und Betriebsrat“. Das bedeutet, dass **Betriebsrat** und **Arbeitgeber** die **gleichen Rechte** haben (z. B. kann der Betriebsrat verlangen, dass Arbeitsplätze vor ihrer Besetzung innerhalb des Betriebes ausgeschrieben werden).

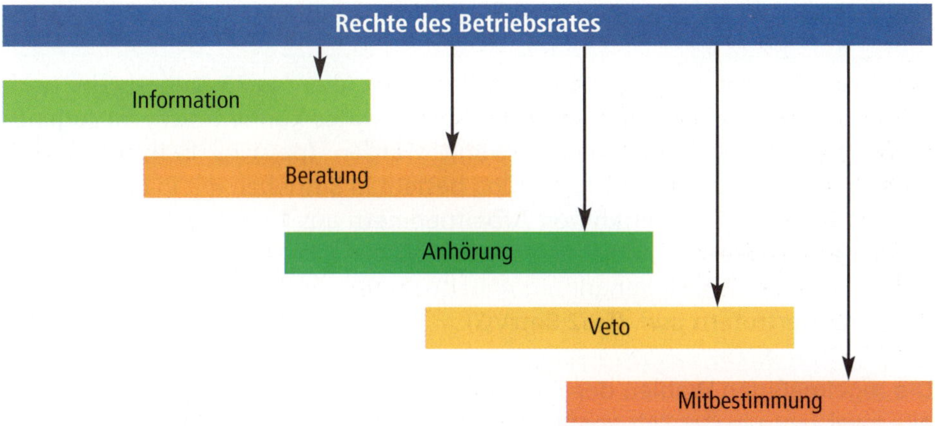

Betriebsvereinbarungen

Vereinbarungen aus Tarifverträgen gelten für mehrere Betriebe in bestimmten Wirtschaftszweigen. In einem einzelnen Betrieb können der **Betriebsrat** als Arbeitnehmervertretung und der **Arbeitgeber** Betriebsvereinbarungen abschließen, die dann für **alle Beteiligten** im Betrieb **gelten**. Diese Betriebsvereinbarungen sind **schriftlich** niederzulegen und vom Arbeitgeber und Betriebsrat zu unterschreiben. Sie ist für **jeden Arbeitnehmer sichtbar** im Betrieb zu hinterlegen. Gegenstand von Betriebsvereinbarungen können sein:

Betriebliche Öffnungszeiten, Regel- und Sonderarbeitszeiten, Pausenregelungen, Sozialeinrichtungen wie Kantine, Kinderhort u. Ä., Urlaubspläne, Sonderprämien, Datenschutz, Arbeitskleidung u. a.

In fast allen Betrieben gibt es eine Betriebsordnung, die ebenfalls Gegenstand einer Betriebsvereinbarung ist.

5.4 Die Jugend- und Auszubildendenvertretung (JAV)

Die **Voraussetzungen** für die Einrichtung einer Jugend- und Auszubildendenvertretung sind:

- Ein **Betriebsrat** ist vorhanden.
- **Fünf** Arbeitnehmer unter 18 Jahren oder erwachsene **Auszubildende unter 25 Jahren** sind im Betrieb beschäftigt.
- Der **Antrag** muss von Wahlberechtigten ausgehen.

Wahlberechtigt sind alle oben genannten Beschäftigten (aktives Wahlrecht).

Siehe §§ 60 bis 73 BetrVG

Wählbar sind alle Arbeitnehmer des Betriebes, die das 25. Lebensjahr noch nicht vollendet haben. Mitglieder des Betriebsrates können nicht zu Jugend- und Auszubildendenvertretern gewählt werden (passives Wahlrecht). Die Jugend- und Auszubildendenvertretung besteht in Betrieben mit in der Regel

- **5 bis 20** der in § 60 genannten Arbeitnehmern aus **1** Jugend- und Auszubildendenvertreter,
- **21 bis 50** der in § 60 genannten Arbeitnehmer aus **3** Jugend- und Auszubildendenvertretern usw. (§ 62 BetrVG).

Die regelmäßigen **Wahlen** der Jugend- und Auszubildendenvertretung finden alle **zwei** Jahre in der Zeit vom 01. Oktober bis zum 30. November statt.
Außerhalb dieser Zeit wird die Jugend- und Auszubildendenvertretung gewählt, wenn eine solche noch nicht besteht.
Die regelmäßige **Amtszeit** beträgt **zwei Jahre**. Sie beginnt mit der Bekanntgabe des Wahlergebnisses.

Rechte und Aufgaben der Jugend- und Auszubildendenvertretung

Die Jugend- und Auszubildendenvertretung kann zu allen Betriebsratssitzungen einen Vertreter entsenden. Die JAV hat Stimmrecht, soweit die zu fassenden Beschlüsse überwiegend Jugendliche oder Auszubildende betreffen.

Die JAV nimmt die besonderen Belange der Jugendlichen und Auszubildenden wahr. Daraus ergeben sich folgende **allgemeine Aufgaben**:

- **Maßnahmen**, die den Jugendlichen und Azubis dienen, beim Betriebsrat **beantragen** (d. h. die JAV muss selbst etwas in die Wege leiten).
- Darüber **wachen**, dass die zugunsten der Jugendlichen und Auszubildenden geltenden Gesetze, Verordnungen, Unfallverhütungsvorschriften, Tarifverträge und Betriebsvereinbarungen **durchgeführt werden**.
- **Anregungen** der Jugendlichen und Auszubildenden, insbesondere in Fragen der Berufsbildung entgegennehmen und beim Betriebsrat auf **Erledigung** hinwirken (Weiterleiten von Vorschlägen der Azubis).

6 Soziale Sicherung – private Vorsorge

6.1 Sozialversicherung

Die Sozialversicherung teilt sich in **5 Bereiche** („Säulen" der Sozialversicherung) auf.

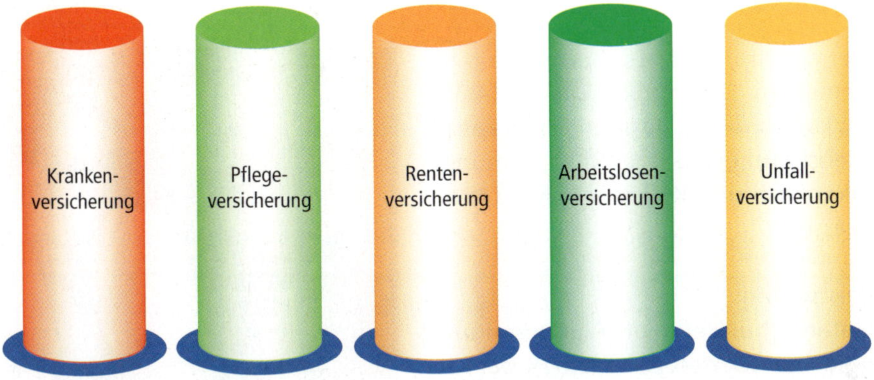

6.1.1 Rentenversicherung

Generationenvertrag

Als Generationenvertrag bezeichnet man die solidarische „Verpflichtung" der Erwerbstätigen, mit ihren Beiträgen die Altersversorgung der aus dem Berufsleben ausgeschiedenen Generation zu finanzieren. Die Beitragszahler sammeln also kein Kapital an, von dessen Erträgen die Renten ausbezahlt werden. Vielmehr kommen die gegenwärtig **Erwerbstätigen** mit ihren **Beiträgen** für die **laufenden Leistungen** an die jetzigen Rentner auf.

Durch **Verschiebungen in der Altersstruktur** müssen allerdings immer weniger Beitragszahler für immer mehr Leistungsempfänger aufkommen. Für die mittlere Generation, die neben der Versorgung der alten Menschen auch noch den Unterhalt für Kinder und Jugendliche bestreiten muss, ist die Gefahr absehbar, dass sie diese Aufgaben finanziell nicht mehr tragen kann.

Alterspyramide siehe Seite 81

Träger der Rentenversicherung für Angestellte und Arbeiter ist die Deutsche Rentenversicherung in Berlin.

Leistungen

- **Kuren** dienen dazu, die Erwerbsfähigkeit der Versicherten zu erhalten, zu verbessern oder wiederherzustellen, damit die Beitragszahlung der Arbeitnehmer möglichst lange gewährleistet bleibt.
- Arbeitnehmer, die in ihrer Arbeitskraft aus gesundheitlichen Gründen eingeschränkt sind, sollen durch **berufsfördernde Maßnahmen** (Berufsförderung, Umschulung, Fortbildung) wieder voll erwerbsfähig werden.
- **Renten** wegen verminderter Erwerbsfähigkeit.

- **Altersrenten:** Versicherte haben Anspruch, wenn sie das 65. Lebensjahr vollendet und die allgemeine Wartezeit (grundsätzlich 5 Jahre) erfüllt haben (Frauen ab 60 Jahren bei einer Wartezeit von 15 Jahren).
- **Hinterbliebenenrenten** für Witwen (Witwer), Halbwaisen und Waisen.

6.1.2 Krankenversicherung

Träger der Krankenversicherung sind die Allgemeinen Ortskrankenkassen (AOK), Ersatzkassen (z. B. Barmer Ersatzkasse), Betriebskrankenkassen (BKK), Innungskrankenkassen (IKK) sowie private Krankenkassen.

Leistungen

- Untersuchungen zur **Früherkennung von Krankheiten** (U1 bis U10 bei Kindern, Krebsvorsorge)
- **Vorsorgekuren**, z. B. bei Krebs-, Herz- und Magenerkrankungen
- Bei Krankheiten: **Behandlungskosten**, Krankenpflege, Krankenhauspflege, **Arznei-, Verband- und Heilmittel**
- **Krankengeld:** In den ersten sechs Wochen übernimmt der Arbeitgeber die Entgeltfortzahlung für den erkrankten Arbeitnehmer. Ab der siebten Woche leistet die Krankenversicherung Krankengeld an den erkrankten Arbeitnehmer. Das Krankengeld beträgt maximal 70 % des Bruttoeinkommens, höchstens 90 % des Nettogehaltes unter Berücksichtigung der Beitragsbemessungsgrenze.
- **Hilfsmittel**, z. B. Brillen für Kinder, Hörgeräte
- Bei **Mutterschaft**: ärztliche Betreuung, Hebammenhilfe u. Ä.
- **Haushaltshilfen** (Ersatzkraft oder Übernahme der dafür angemessenen Kosten)

Die Leistungen der Krankenversicherung erfordern in einigen Fällen eine Eigenbeteiligung (z. B. bei Arzneimitteln und Hilfsmitteln).

6.1.3 Pflegeversicherung

Die Einführung der Pflegeversicherung ab 1995 lässt sich damit begründen, dass
- der Anteil älterer und damit pflegebedürftiger Menschen an der Gesamtbevölkerung auch zukünftig noch weiter steigt und
- die Bereitschaft/ Möglichkeit zur häuslichen Pflege weiterhin sinkt.

Träger sind die entsprechenden Krankenkassen der Arbeitnehmer

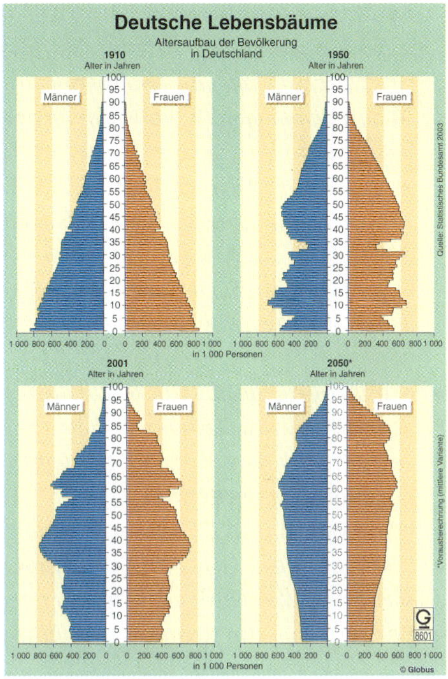

Leistungen

Die Höhe der Leistungen ist von der Pflegestufe der Leistungsberechtigten abhängig. Die Aufgaben der Pflegeversicherung sind:

- **Sachleistungen:** Übernahme der Kosten für professionelle Pfleger oder ambulante Pflegedienste:
  - Pflegestufe I bis zu 384,00 €
  - Pflegestufe II bis zu 921,00 €
  - Pflegestufe III bis zu 1.432,00 € je Kalendermonat
- **Pflegegeld:** Wird die Pflege von einer Pflegeperson, also i. d. R. von Familienangehörigen in der häuslichen Umgebung übernommen, kann ein Pflegegeld beansprucht werden:
  - Pflegestufe I 205,00 €
  - Pflegestufe II 410,00 € und
  - Pflegestufe III 665,00 € je Kalendermonat

Pflegestufe I = erheblich Pflegebedürftige

Pflegestufe II = schwer-Pflegebedürftige

Pflegestufe III = Schwerst-pflegebedürftige

Weitere Leistungen: z. B. Pflegehilfsmittel (Pflegebetten, Rollstühle, Hebegeräte usw.), unentgeltliche Pflegekurse für Angehörige, Zuschüsse für Umbaumaßnahmen in der Wohnung bis zu 2.557,00 € je Maßnahme.

6.1.4 Arbeitslosenversicherung

Träger der Arbeitslosenversicherung ist die Bundesagentur für Arbeit in Nürnberg mit den angeschlossenen Arbeitsagenturen.

Leistungen

- **Arbeitsvermittlung, Berufsberatung**
- Zuschüsse für Aus- und **Fortbildung** sowie Umschulungsmaßnahmen, sofern eine Arbeitslosigkeit besteht oder eine solche droht.
- **Arbeitslosengeld I** (nach mindestens 12 Monaten Beschäftigungsdauer) in Höhe von ca. 60 % des pauschalierten Nettolohnes für Kinderlose bzw. ca. 67 % für Arbeitnehmer mit mindestens einem Kind.

  Arbeitnehmer, die direkt **nach der Ausbildung** arbeitslos werden, haben Anspruch auf die Berechnungsgrundlage von 50 % des tariflich vorgeschriebenen Bruttoeinkommens, das sie im ersten Beschäftigungsjahr des entsprechenden Ausbildungsberufes erhalten würden. Mindestens aber wird die letzte Netto-Ausbildungsvergütung als Berechnungsgrundlage genommen.

Arbeitslosengeld wird für unter 45-jährige Personen **längstens für 12 Monate** bezahlt. Bei Älteren ist die Dauer entsprechend gestaffelt bis zur Höchstdauer von 32 Monaten.

- **Arbeitslosengeld II:** Falls ein Arbeitsloser keinen Anspruch mehr auf Arbeitslosengeld I hat, also z. B. ein Langzeitarbeitsloser, erhält er ab dem 1. Januar 2005 345,00 € im Monat. Für Ehepartner und jedes Kind gibt es weitere 276,00 €, für Kinder unter 15 Jahren 207,00 €. Ferner übernimmt der Staat die Kosten für Miete und Heizung einer Wohnung in angemessener Größe. Seit 1999 sind generell für die Arbeitslosen Einzelberechnungen nach Beschäftigungsdauer, letztem Einkommen, Lohnsteuerklasse etc. erforderlich.
- **Kurzarbeitergeld** (für Mitarbeiter von Unternehmen, die bei der Arbeitsagentur einen Antrag auf Kurzarbeit gestellt haben, um Entlassungen zu vermeiden). Das Kurzarbeitergeld wird entsprechend dem Arbeitslosengeld anteilmäßig berechnet.
- **Wintergeld** und Winterausfallgeld (für Beschäftigte in der Bauwirtschaft)
- **Insolvenzgeld** (für Arbeitnehmer, die Einkommensverluste durch die Eröffnung des Insolvenzverfahrens des Betriebes erleiden).
- **Beiträge** für die Krankenversicherung der Arbeitslosen.

6.1.5 Unfallversicherung

Träger der Unfallversicherung sind die **Berufsgenossenschaften**. Für ihre Leistungen haben allein die **Arbeitgeber** einen Beitrag zu zahlen. Es gibt für die einzelnen Branchen unterschiedliche Berufsgenossenschaften. Auszubildende, die sich in der Berufsschule befinden, unterliegen dem Versicherungsschutz des Gemeindeunfallversicherungsverbandes (GUVV).

BG Berufsgenossenschaft für den Einzelhandel

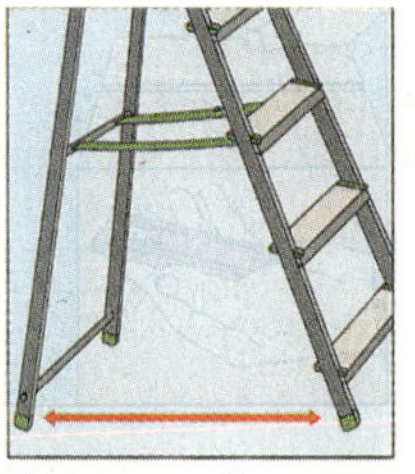

Umgang mit Leitern und Tritten

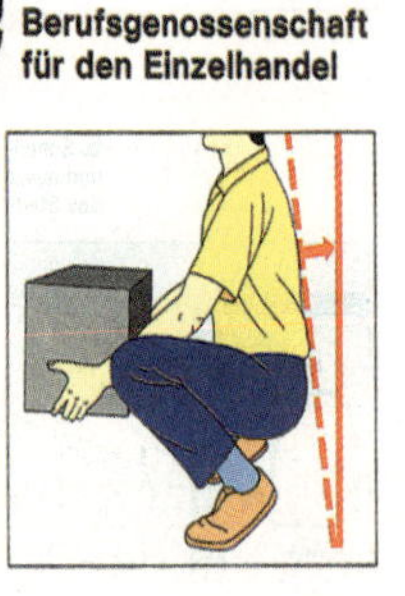

Lager- und Transportarbeiten

Leistungen

- Verhütung von Arbeitsunfällen und Berufskrankheiten
- Aufwendungen, die dazu dienen, **die Erwerbsfähigkeit** zu **erhalten**, zu **verbessern** oder **wiederherzustellen** (z. B. Arzt- und Krankenhauskosten sowie Umschulungen nach einem Arbeits- oder Wegeunfall). Bei **Wegeunfällen** muss häufig das Sozialgericht entscheiden, ob der Arbeitnehmer sich auf dem Weg zur oder von der Arbeit befand oder ob er privat unterwegs war.
- **Renten** wegen Minderung der Erwerbsfähigkeit
- Renten an Hinterbliebene
- **Sterbegeld** bei Arbeits- und Wegeunfällen oder Berufskrankheit mit Todesfolge

Beiträge für die Sozialversicherungen

Die **Beiträge** für die Kranken-, Pflege-, Renten- und die Arbeitslosenversicherung zahlen der **Arbeitgeber** und der **Arbeitnehmer** grundsätzlich jeweils **zur Hälfte** (Ausnahmen siehe unten).

Den Beitrag für die **Unfallversicherung** muss der **Arbeitgeber allein** tragen. Dies ergibt sich aus den Grundprinzipien der Unfallversicherung:

- Der Arbeitgeber wird von möglicher Haftpflicht bei Arbeitsunfällen befreit.
- Schadenersatz für Arbeitsunfälle ohne Rücksicht auf eigene Fahrlässigkeit oder fremdes Verschulden

Das erstgenannte Prinzip ist der Grund dafür, dass nur die Arbeitgeber die Beiträge für die Berufsgenossenschaften aufbringen.
In der **Krankenversicherung** haben die Mitglieder der einzelnen Träger (Krankenkassen wie z. B. AOK, DAK, Barmer Ersatzkasse, Betriebskrankenkasse, usw.) unterschiedliche monatliche Beiträge zu leisten, die zwischen **12 % und 15 %** des sozialversicherungspflichtigen Entgelts liegen können. Der Arbeitnehmer trägt hier 0,9 % zusätzlich zu seinem 50-prozentigen Anteil. Bei einem Beitragssatz von z. B. 14 % beträgt der Arbeitgeberanteil 7 %, der Arbeitnehmeranteil 7,9 %. Der Arbeitgeber überweist die Beiträge zur Kranken-, Pflege-, Renten- und Arbeitslosenversicherung an die Krankenkasse, die die Renten- und Arbeitslosenversicherungbeiträge weiterleitet.

Für die **Pflegeversicherung** beträgt der Beitragssatz **1,7 %**, für Kinderlose 1,95 % (den Zuschlag von 0,25 % trägt allein der Arbeitnehmer).

Für die **Rentenversicherung** ist **19,9 %** des sozialversicherungspflichtigen Entgelts zu zahlen.

Der Beitrag zur **Arbeitslosenversicherung** beträgt **4,2 %** des sozialversicherungspflichtigen Entgelts. Die Beiträge werden über die Krankenkasse an die Bundesagentur für Arbeit in Nürnberg (Zentrale der Arbeitsagenturen) abgeführt.

Die Beiträge für die **Unfallversicherung** zahlt der Arbeitgeber – je nach Branche – in unterschiedlicher Höhe an die jeweilige Berufsgenossenschaft.

Übersicht Sozialversicherung

Fünf Säulen der Sozialversicherung				
Kranken-versicherung	Pflege-versicherung	Renten-versicherung	Arbeitslosen-versicherung	Unfall-versicherung
Träger: AOK,BKK,IKK, Ersatzkassen	Träger: Pflegekasse bei der zuständigen KV	Träger: Deutsche Rentenversicherung	Träger: Bundesagentur für Arbeit und Arbeitsagenturen	Träger: Berufsgenossenschaften
Beiträge: ca. zwischen 12 und 15 %	Beiträge: 1,7 %	Beiträge: 19,9 %	Beiträge: 4,2 %	Beiträge: Je nach Branche zu 100 % der Arbeitgeber
Leistungen: Vorsorgeuntersuchungen, ärztliche und zahnärztliche Beratung, Untersuchung und Behandlung, Krankenhauspflege, Krankengeld, Medikamente, Hilfsmittel	Leistungen: Stationäre und häusliche Pflege, Sachleistungen, Geldleistungen, Bedürftigkeit nach Pflegestufen gestaffelt	Leistungen: Altersruhegeld, Berufs- und Er-werbsunfähigkeitsrente, Rehabilitationsmaßnahmen, Hinterbliebenenrente	Leistungen: Arbeitslosengeld I bzw. Arbeitslosengeld II, Fortbildung und Umschulung, Arbeitsvermittlung und Berufsberatung	Leistungen: Unfallverhütungsmaßnahmen, Erwerbsunfähigkeitsrente, Hinterbliebenenrente, Verletztengeld, Sterbegeld

6.2 Private Vorsorge

Siehe Bevölkerungspyramide Seite 81

„Die Rente ist sicher" – diese Aussage verbanden die Menschen in der Vergangenheit mit der Rentenversicherung. Angesichts der absehbaren Bevölkerungsentwicklung mehren sich aber die Zweifel, ob die gesetzliche Rentenversicherung im Alter ausreichend Sicherheit bietet. Darüber hinaus führen Leistungskürzungen der Krankenkassen bei vielen Menschen zu der Überlegung, die gesetzlichen Versicherungen durch private Vorsorge zu ergänzen oder zu ersetzen. Folgende Versicherungen stehen zur privaten Absicherung von Risiken zur Verfügung:

6.2.1 Lebensversicherung

Sie existiert in vielen Formen und Kombinationen. Grundsätzlich sind zu unterscheiden:

Risiko-Lebensversicherung: Es wird ausschließlich das Risiko des Todes des Versicherten innerhalb der vereinbarten Laufzeit des Versicherungsvertrages abgedeckt. Die vereinbarte Versicherungssumme wird mit dem Tode des Versicherten an die Hinterbliebenen ausgezahlt. Tritt der Todesfall nicht ein, leistet die Versicherung nicht. Es findet also keine Ansammlung von Vermögen statt. Sie wird häufig zur Absicherung von Angehörigen bei Baufinanzierungen genutzt.

Erlebensversicherung (Kapitallebensversicherung): Sie schließt der Versicherte ab, um nach Ablauf der Versicherungszeit über die Versicherungssumme verfügen zu können. In die Kapitalversicherung ist gewöhnlich eine Risikoversicherung eingebunden, d. h. im Falle des Todes des Versicherten wird die vereinbarte Versicherungssumme z. B. an die Hinterbliebenen ausgezahlt. Hierbei ist eine „Dynamische Lebensversicherung" sinnvoll, bei der eine jährliche Erhöhung der Beiträge bei entsprechender Steigerung der Versicherungsleistung vereinbart wird.

Diese Versicherung dient u. a.
- der Altersvorsorge
- der Versorgung der Hinterbliebenen
- als Baustein einer Vermögensbildung
- als Absicherung einer Baufinanzierung

6.2.2 Berufsunfähigkeitszusatzversicherung

Diese Versicherung – nur in Verbindung mit einer Kapital- oder Risiko-Lebensversicherung abzuschließen – bringt ihre Leistung, wenn der Versicherungsnehmer ganz oder teilweise keinen Beruf mehr ausüben kann. Es ist dabei unerheblich, ob diese Berufsunfähigkeit durch einen Unfall oder eine Krankheit verursacht worden ist.

6.2.3 Private Krankenversicherung

Zur gesetzlichen Krankenversicherung als Sozialversicherung und zur Pflegeversicherung siehe Seite 79

Wer nicht **krankenversicherungspflichtig** ist, kann, anstatt sich freiwillig in der gesetzlichen Krankenversicherung zu versichern, einen privaten Krankenversicherungsvertrag abschließen. Zum Teil besteht Versicherungsschutz erst nach einer Wartezeit von z. B. 3 Monaten. Statt voller Deckung der Krankheitskosten ist die Vereinbarung einer **Selbstbeteiligung** denkbar. Die **Höhe der Versicherungsprämie** ist u. a. abhängig vom Alter und Gesundheitszustand des Versicherungsnehmers bei Abschluss des Versicherungsvertrages sowie vom Geschlecht des Versicherungsnehmers. Familienangehörige sind nicht mitversichert, sondern für jedes einzelne Familienmitglied ist ein individueller Versicherungsvertrag abzuschließen.

Gesetzliche Unfallversicherung siehe Seite 82

6.2.4 Private Unfallversicherung

Die gesetzliche Unfallversicherung deckt nur beruflich oder schulisch bedingte Unfälle ab. Bei **Unfällen in anderen Lebensbereichen** leistet die private Unfallversicherung je nach Versicherungsvertrag die Kosten für die Heilbehandlung und ein Tagegeld sowie eine **Invaliditätsentschädigung**, abhängig vom Grad der Invalidität. Im Falle des Unfalltodes des Versicherten wird eine **Todesfallentschädigung** gezahlt.

6.2.5 Private Rentenversicherung („Riester-Rente")

Gesetzliche Rentenversicherung/ Generationenvertrag siehe Seite 79

In der gesetzlichen Rentenversicherung müssen immer weniger Beitragszahler der arbeitenden Bevölkerung immer mehr Rentner finanzieren. Daher ist absehbar, dass die gesetzliche Altersversorgung für den Einzelnen in Zukunft geringer ausfallen wird; der sogenannte Generationenvertrag ist in Gefahr.

Daher werden **private Zusatzversicherungen** unter bestimmten Bedingungen staatlich gefördert. In den Genuss dieser sogenanten „Riester-Rente" (benannt nach Walter Riester, in dessen Amtszeit als Arbeitsminister diese Förderung erarbeitet wurde) können aber nur bestimmte Personengruppen kommen:

- Arbeitnehmer (auch Auszubildende)
- Pflichtversicherte Selbstständige (z. B. Handwerker)
- Landwirte
- Wehr- und Zivildienstleistende
- Arbeitslose, Krankengeldempfänger
- Eltern im gesetzlichen Erziehungsurlaub
- Ehegatten von Personen, die nach obigen Kriterien zulageberechtigt sind

Rentensysteme: umlagen- und kapitalstockfinanziert

Keinen Anspruch auf staatliche Förderung haben hingegen Selbstständige, es sei denn ihr Ehegatte ist Mitglied der gesetzlichen Rentenversicherung.
Während in der gesetzlichen Rentenversicherung ein **Umlagensystem** angewandt wird, baut der Beitragszahler in dieser privaten Rentenversicherung – mit staatlicher Unterstützung – einen **Kapitalstock** auf, aus dem später seine individuelle Rente ausbezahlt wird. Die staatliche Förderung setzt sich aus zwei Teilen zusammen:

■ Förderung durch Zulagen

Der Staat unterstützt die privaten Zusatzversicherungen mit direkten Zulagen. Die Anspruchsberechtigten werden dabei durch eine Grundzulage und eine zusätzlichen Kinderzulage je Kind unterstützt. Voraussetzung für die Zahlung ist allerdings, dass ein bestimmter Mindest-Eigenbetrag eingezahlt wird.

	2002 und 2003	2004 und 2005	2006 und 2007	ab 2008
Grundzulage pro Person	38,00 €	76,00 €	114,00 €	154,00 €
Zulage je Kind	46,00 €	92,00 €	138,00 €	154,00 €
Mindestbetrag	1 % vom letzten Jahresbrutto-gehalt, maximal 525,00 €	2 % vom letzten Jahresbrutto-gehalt, maximal 1.050,00 €	3 % vom letzten Jahresbrutto-gehalt, maximal 1.575,00 €	4 % vom letzten Jahresbrutto-gehalt, maximal 2.100,00 €

Die steuerliche Förderung

Alle Ausgaben für die private Zusatzversicherung können im Rahmen des neuen zusätzlichen Sonderausgabenabzugs (§ 10 a Abs. 1 EStG) von der Steuer abgesetzt werden. Dies kann zu deutlichen Steuerrückerstattungen führen. Als Folge muss das Renteneinkommen dann später aber komplett versteuert werden und nicht wie bisher nur mit dem sogenannten Ertragsanteil.
Um steuerliche Vorteile in der Praxis zu realisieren, sind die Anbieter gezwungen, alle Zahlungen genau zu dokumentieren. Dieser hohe Dokumentationsaufwand schlägt sich negativ auf die zukünftigen Rentenleistungen nieder.

Riester-Rente in der Praxis

Als Versicherungsnehmer hat man die Wahl zwischen verschiedenen Produkten von Versicherungen und Geldinstituten, die vom Bundesaufsichtsamt für das Versicherungswesen zertifiziert worden sind. Diese werden vor allem in folgenden Formen angeboten:

zertifizieren = bescheinigen

- **Altersvorsorgeversicherungen:** Die Versicherung legt die eingezahlten Beiträge vor allem in festverzinsliche Wertpapiere an. Eine Mindestverzinsung von derzeit 3,25 % wird garantiert, erhöht sich aber um zusätzlich erwirtschaftete Erträge.
- **Banksparpläne:** Sparpläne bei Geldinstituten. Die Erträge sind schwankungsfrei gesichert, liegen aber nur bei ca. 3 bis 6 % pro Jahr.
- **Aktienfondssparpläne:** Anlage der regelmäßig eingezahlten Beiträge in Aktien-, Renten- oder Immobilienfonds. Die Erträge sind nicht gegen Schwankungen gesichert, allerdings sind die Gewinnchancen hier höher als bei Banksparplänen.

Es sind auch betriebliche Angebote in unterschiedlichen Formen möglich:

- **Direktversicherungen:** Es handelt sich um eine besondere Form der Lebensversicherung, die vom Betrieb abgeschlossen wird und deren Beiträge in der Regel vom Betrieb vollständig übernommen werden.
- **Pensionskassen:** Ähnlich den Altersvorsorgeversicherungen (siehe oben), allerdings ist das Unternehmen der Träger der Pensionskasse.
- **Pensionsfonds:** Wie Pensionskassen, die eingezahlten Beiträge werden jedoch nicht ausschließlich festverzinslich angelegt, sondern auch in Fonds, die ein höheres Risiko bedeuten, aber auch größere Erträge ermöglichen.

Rentenzahlung
Frühestens ab Vollendung des 60. Lebensjahres kann der gesparte Betrag monatlich als Rente ausgezahlt werden.

Zu beachten ist, dass die Rentenleistungen nur in Deutschland ausgezahlt werden können. Bei einer Wohnortverlagerung ins Ausland müssen die Zulagen zurückgezahlt werden.

7 Lerntechniken

7.1 Grundhaltung zum Lernen

Beim Lernen sammelt man neue Erfahrungen. Man lernt z. B., wie man sein neues Handy bedient, eine Tabelle in Excel erstellt, seine Hemden selber bügelt, einen Kunden anspricht oder welche Rechte und Pflichten ein Auszubildender hat. Damit ist Lernen eigentlich eine spannende Angelegenheit, bei der man nachher besser dasteht als vorher. Trotzdem empfinden viele Lernen als eine Last.

Erfolgreiche Lerner betrachten das Lernen als etwas Positives. Sie wollen etwas hinzulernen und sind bereit, sich dafür anzustrengen. Sie wissen auch, dass der Lernprozess Zeit erfordert, die man für das Lernen reservieren muss. Wenn ausreichend Zeit zur Verfügung steht, kann man auch sorgfältig arbeiten, denn das fördert das Lernen ganz besonders.

Für den Lernerfolg sind nicht die Lehrerinnen und Lehrer, die Eltern oder Ausbilder verantwortlich, sondern jeder selbst. Lernen ist etwas sehr Individuelles.

Leider gibt es viele schlechte Angewohnheiten, die einem das Leben und das Lernen schwer machen.

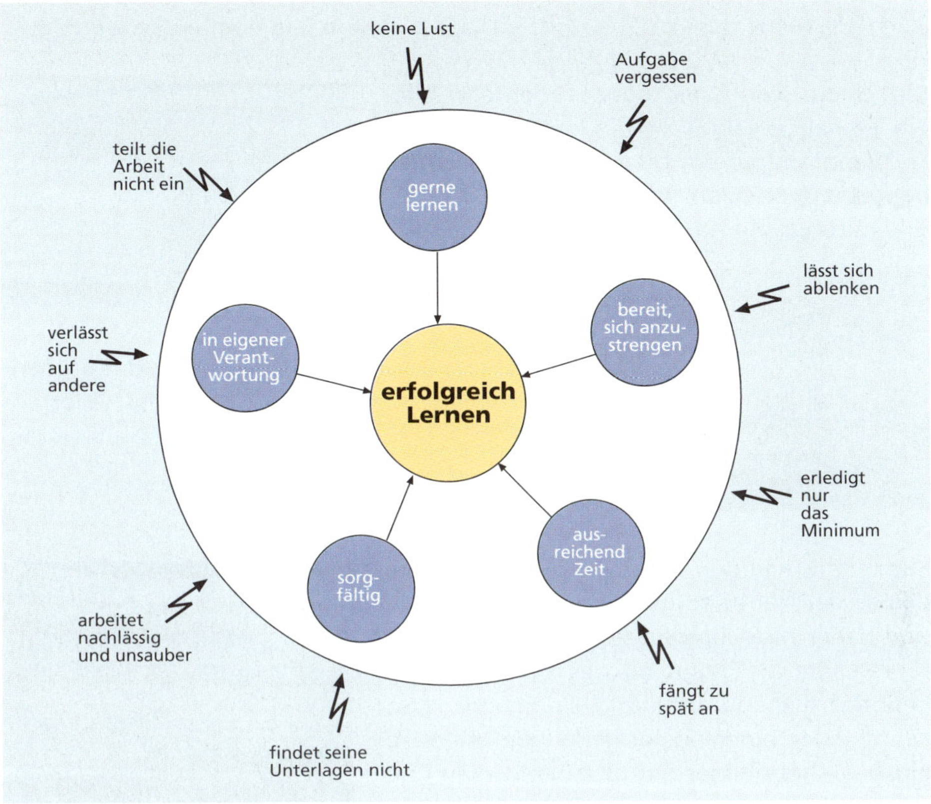

7.2 In Bildern denken

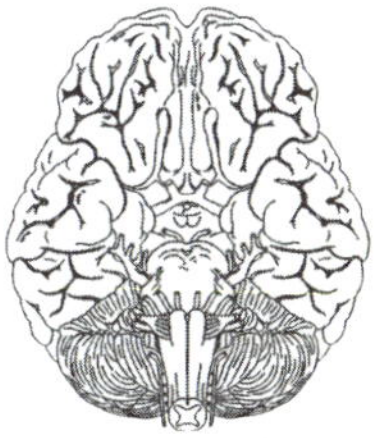

Das menschliche Gehirn besteht aus zwei Hälften. Im linken Teil werden abstrakte, theoretische Dinge gespeichert. Die rechte Hälfte nimmt Bilder auf. Das Lernen gelingt besonders gut, wenn beide Gehirnhälften zur Zusammenarbeit angeregt werden. Das heißt, will man abstrakte Informationen abspeichern, ist es ratsam, sie mit Bildern zu kombinieren.

Beispiel

Ein Auszubildender möchte sich die Betriebsformen „Warenhaus", „Kaufhaus" und „Supermarkt" einprägen.

Das **Warenhaus** ist ein großes Haus voller unterschiedlicher Waren. Jeder hat schon in dieser Betriebsform eingekauft. Das Bild eines solchen Hauses ist nun mit dem Begriff zu verbinden, indem man gedanklich einen Rundgang durch das Haus macht, sich die vielen Abteilungen sowie die zahlreichen Kunden und Mitarbeiter vor Augen führt.

Auch der Name des Warenhauses sollte mit diesem Bild verbunden werden.

Mit einem **Kaufhaus** müsste ebenfalls jeder ein Einkaufserlebnis verbinden können. Das Sortiment ist auf ein bis zwei Warengruppen begrenzt (vor allem im textilen Bereich). Es sind mittelgroße Häuser mit tiefem Sortiment.

Weitere Merkhilfe: Das berühmteste Kaufhaus Deutschlands, das Kaufhaus des Westens (KADEWE, Foto links) ist in Wirklichkeit ein Warenhaus.

Supermärkte finden sich in jedem Stadtteil. Sie dienen der Nahversorgung der Menschen und sind daher nicht besonders groß (ab 400 m^2), führen aber die Dinge, die der Mensch täglich benötigt (Lebensmittel und Non-Food). Also kennt jeder einen Supermarkt vom eigenen Einkauf. Diese Bilder gilt es zu aktivieren und möglichst mit angenehmen Einkaufserlebnissen zu verbinden, z. B. mit der tollen Auswahl bei Obst und Gemüse.

7.3 Texte in fünf Schritten erfassen

In einem kaufmännischen Beruf ist es sehr wichtig, Text korrekt zu erfassen. Die 5-Schritt-Methode ist dabei behilflich, einen theoretischen Text besser zu verstehen.

1. **Schritt: Text als Ganzes erfassen**
   Der **Text** wird zunächst unter der Fragestellung **überflogen**, worum es in diesem Text überhaupt geht.

Beispiel nebenstehender Text

Es handelt sich um eine Information über die Kündigung eines Ausbildungsverhältnisses, und zwar durch den Ausbildenden und den Auszubildenden.

Ein Ausbildungsverhältnis kündigen

*Dem Auszubildenden steht während der Ausbildung ein **weitgehender Kündigungsschutz** zu. Dabei ist zu beachten, dass jede Kündigung schriftlich zu erfolgen hat.*
*Während der **Probezeit**, die **mindestens 1** Monat betragen muss, aber **höchstens 3** Monate dauern darf, können sowohl der Auszubildende als auch der Ausbildende **jederzeit fristlos kündigen, ohne** einen **Grund** angeben zu müssen.*
***Nach** der Probezeit ist zu unterscheiden:*

Kündigung durch den Ausbildenden
*Der **Ausbildende** kann **nur fristlos** aus einem **wichtigen Grund** kündigen. Von*

*einem „wichtigen Grund", der eine fristlose Kündigung rechtfertigt, kann nur gesprochen werden, wenn ein Vorfall eingetreten ist, der **so schwerwiegend** ist, dass es den Beteiligten **nicht mehr zugemutet** werden kann, das Ausbildungsverhältnis fortzusetzen.*

Kündigung durch den Auszubildenden
***Nach der Probezeit** kann der **Auszubildende** aus einem **wichtigen Grund fristlos** kündigen, z. B. wegen sexueller Belästigung oder Züchtigung durch den Ausbildenden. Er kann aber auch mit einer **Kündigungsfrist von 4 Wochen** kündigen, wenn er*

- *die Ausbildung **aufgeben** will, um z. B. eine weiterführende Schule zu besuchen oder einen Arbeitsplatz anzunehmen oder*
- *eine **andere** Ausbildung beginnen möchte, z. B. in einem gewerblichen Beruf.*

Der Auszubildende muss einen dieser beiden Gründe in der schriftlichen Kündigung angeben.

---

*Dem Auszubildenden steht während der Ausbildung ein **weitgehender Kündigungsschutz** zu. Dabei ist zu beachten, dass jede Kündigung schriftlich zu erfolgen hat.*

*Während der **Probezeit**, die **mindestens einen** Monat betragen muss, aber **höchstens drei** Monate dauern darf, können sowohl der Auszubildende als auch der Ausbildende **jederzeit fristlos kündigen, ohne** einen **Grund** angeben zu müssen.*

***Nach** der Probezeit ist zu unterscheiden:*

Kündigung durch den Ausbildenden
*Der **Ausbildende** kann **nur fristlos** aus einem **wichtigen Grund** kündigen. Von einem „wichtigen Grund", der eine fristlose Kündigung rechtfertigt, kann nur gesprochen werden, wenn ein Vorfall eingetreten ist, der **so schwerwiegend** ist, dass es den Beteiligten **nicht***

2. Schritt:
Jeden Abschnitt genau lesen
Nun wird jeder Abschnitt sorgfältig gelesen. Dazu muss man sich jeden Satz genau ansehen. Am Ende eines Satzes ist eine kleine Überlegungspause anzusetzen, in der man sich das Gelesene noch einmal deutlich macht. Jeder Abschnitt wird mit eigenen Worten zusammengefasst.

Beispiel
Abschnitt 1

Für Auszubildende gilt ein weitgehender Kündigungsschutz. Innerhalb der Probezeit können aber Ausbilder und Auszubildender jederzeit ohne Angabe von Gründen und ohne Frist kündigen.

3. Schritt:
Schlüsselbegriffe markieren
Die wichtigsten Begriffe, die man auch verstanden hat (Schlüsselbegriffe), werden markiert und noch einmal sorgfältig durchdacht.

Beispiel

Siehe Beispieltext links.

4. Schritt:
Unbekannte Begriffe markieren
Nun werden jene Begriffe oder auch ganze Sätze markiert (am besten in einer anderen Farbe), die man noch nicht verstanden hat. Man muss sie durch Nachschlagen (z. B. im Lehrbuch) oder durch Nachfragen klären.

Beispiel

Siehe Beispieltext links.

5. Schritt:
Das Wichtigste zusammenfassen
Zum Schluss fasst man noch einmal die wichtigsten Inhalte des Textes zusammen, die man sich merken

möchte. Auch hier gilt das, was oben zum Denken in Bildern gesagt worden ist:
Es wäre sehr hilfreich, wenn man das Problem der Kündigung auf seine eigene Situation bezieht und sich vorstellt, in welchen Fällen man selber kündigen könnte und wann der Ausbilder dazu berechtigt ist.

***mehr zugemutet** werden kann, das Ausbildungsverhältnis fortzusetzen.*

Kündigung durch den Auszubildenden
***Nach der Probezeit** kann der **Auszubildende** aus einem **wichtigen Grund fristlos** kündigen, z. B. wegen sexueller Belästigung oder Züchtigung durch den Ausbildenden.*

7.4 Aus Texten Übersichten erstellen

Man prägt sich einen Text besonders gut ein, wenn man das (sorgfältig) Gelesene noch einmal in den Grundzügen grafisch darstellt.

Beispiel Siehe unten stehende Übersicht zur Kündigung eines Ausbildungsverhältnisses (Text oben unter 7.3).

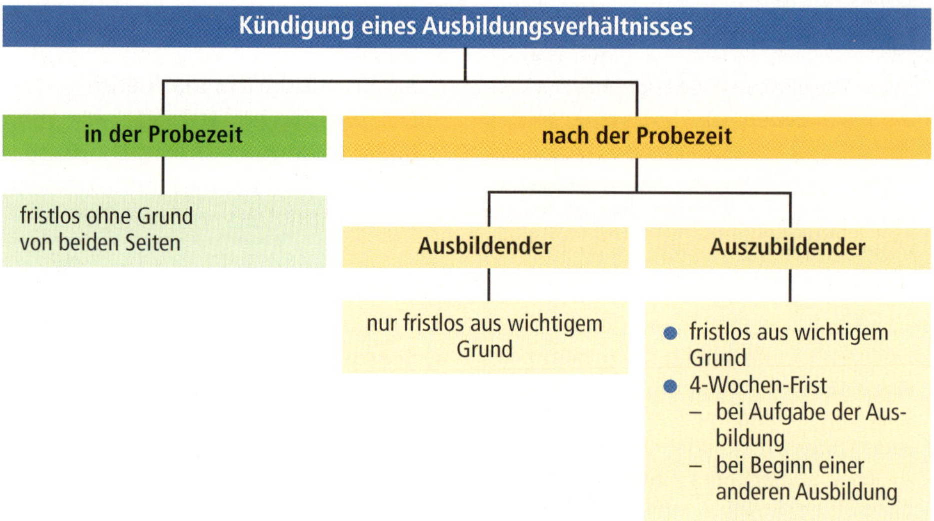

7.5 Mind-Map erzeugen

Mind (engl.) = Gedanken, Arbeitsergebnisse
Map (engl.) = Landkarte

Dem menschlichen Gehirn fällt es schwer, sich den Inhalt abstrakter Texte oder fortlaufender Listen zu merken. Eine bildliche Darstellung von Sachverhalten kommt der Speichertechnik des Gehirns viel näher (siehe „in Bildern denken" oben).
Mind-Maps sind Gedanken-Landkarten, in denen die Schlüsselwörter eines Sachverhalts veranschaulicht werden. Mind-Maps beschränken sich demnach auf das Wesentliche und machen gleichzeitig durch die abgestuften Verästelungen die Bedeutung der einzelnen Teilgesichtspunkte deutlich. Ein Mind-Map wird in vier Schritten angelegt:

1. Schritt: Das Hauptthema zentral anordnen
Auf einem Blatt Papier im Querformat wird das Hauptthema zentral angeordnet.

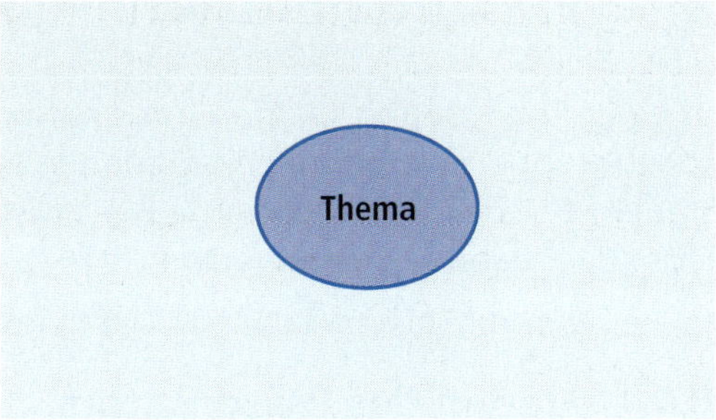

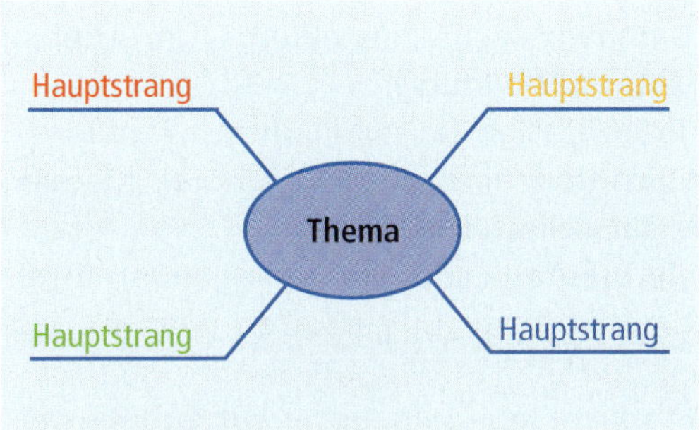

2. Schritt: Hauptstränge anlegen
Zu jedem Teilbereich des Hauptthemas werden nun Linien – ausgehend vom Mittelpunkt – gezeichnet und mit den Unterpunkten beschriftet.

3. Schritt: Nebenstränge ergänzen
Weitere Untergliederungen können nun an den Unterthemen „angehängt" werden. So vervollständigt man schrittweise das Mind-Map.

4. Schritt
Die Gedankenlandkarte wird abschließend z. B. durch Grafiken gestaltet.

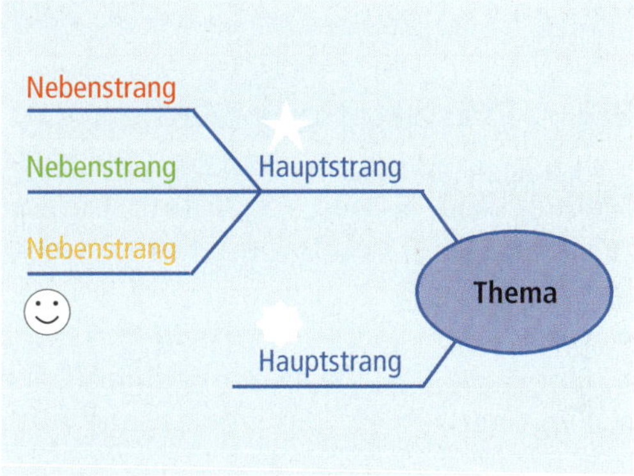

Ausbildungsverhältnis kündigen **Beispiel**

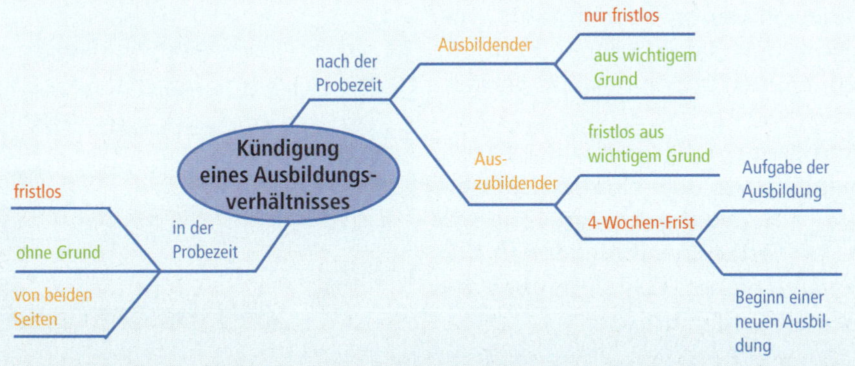

8 Präsentationstechniken

In einer Präsentation werden Informationen von einer Person oder einer Personengruppe in zusammenhängender Weise an andere Personen herangetragen. Bei der Vorbereitung einer Präsentation hat der Präsentator grundlegende Fragen zu beantworten:

8.1 Fragen des Präsentators

- Wie setzt sich die **Zielgruppe** zusammen (z. B. Einstellung zum Thema, Größe der Zielgruppe, Geschlecht, Alter, Vorbildung)?
- Welche **Ziele** verfolge ich mit der Präsentation (ausschließlich informieren, Teilnehmer von einer bestimmten Position überzeugen, Zuhörer für eine Sache motivieren, sich selbst positiv darstellen u. a.)?
- **Was** soll den Teilnehmern vorgestellt werden (sind alle vorliegenden Informationen wichtig, muss eine bestimmte Auswahl getroffen werden, was sind die Kernaussagen)?
- **Wie** möchte ich präsentieren (verständlich, lebendig, unterstützt durch Texte, Grafiken, Schaubilder, Diagramme, Ablaufplanung)?

8.2 Präsentations-Medien

Medien sind Träger von Informationen. Für die anschauliche Darstellung (Visualisierung) von Informationen steht heute eine Vielzahl von Medien zur Verfügung, z. B.

- Tafel
- Pinnwand
- Flip-Chart
- Overhead-Projektor mit Transparentfolien
- Datenbeamer (Darstellung eines Monitorbildes)

Tafel

Sie ist ein universell einsetzbares Medium, das einfach beschriftet und auch leicht wieder gelöscht werden kann. Gut lesbare Darstellungen der Informationen sind Voraussetzung für ihren sinnvollen Einsatz. Ein Tafelbild muss vor der Präsentation sorgfältig geplant werden. Tafeln können auch mit beschriebenen Bögen beklebt werden.

Pinnwand

Es handelt sich um eine Weichfaserplatte, auf der Papierbögen, Karton u. Ä. festgesteckt werden können. Die Pinnwand eignet sich besonders für die Arbeit in Kleingruppen.

Flip-Chart

Der Flip-Chart-Ständer ist eine Halterung für einen großen Papierblock (Maße ca. 70 cm x 100 cm). Das Papier wird mit Filzstiften beschrieben, damit die Informationen gut lesbar sind. Die beschrifteten Bögen können z. B. in Kleingruppen entwickelt und dann im Plenum vorgestellt werden. Der besondere Vorteil ist die Beweglichkeit des Mediums. Da die Papierbögen umzublättern sind, steht viel Schreibfläche zur Verfügung.

Overhead-Projektor mit Transparentfolien

Der Overhead-Projektor (Tageslichtschreiber) projiziert Darstellungen von einer Klarsichtfolie auf eine Projektionswand. Die Folien werden mit speziellen Folienstiften beschriftet. Bei der Präsentation können Folien begleitend beschriftet werden oder der Vortragende verwendet vorbereitete Folien. Die Folien lassen sich wiederholt verwenden. Nachteilig ist die Tatsache, dass die Darstellung nur für die Dauer der Projektion sichtbar bleibt, im Gegensatz etwa zur Pinnwand oder zum Flip-Chart.

Beim Einsatz des **Tageslichtprojektors** ist zu beachten:

- Blickkontakt zu den Zuhörern halten. Dies gelingt, wenn man seitlich neben dem Overhead-Projektor steht und erläuternde Hinweise auf der Folie vornimmt.
- Den Projektor nur einschalten, wenn er wirklich benötigt wird.
- Eine Folie nur so lange zeigen, wie ein Bezug zum Vortrag besteht.
- Hinweise auf der Folie ruhig und langsam durchführen, damit die Teilnehmer sich orientieren können.

Datenbeamer

Der Datenbeamer projiziert das Monitorbild eines Computers auf die Projektionsfläche. Dies ist besonders vorteilhaft, wenn Informationen am Computer entwickelt worden sind. Sie lassen sich dann den Zuschauern unmittelbar vorstellen. Nachteile: Die gesamte Arbeitsfläche des Bildschirms, einschließlich aller Menüleisten, wird dargestellt, sodass der eigentlich wichtige Ausschnitt mit den Informationen relativ klein bleibt. Über den Menüpunkt „Ansicht"/„Ganzer Bildschirm" lassen sich aber die Menüleisten ausblenden. Trotzdem ist ein regelmäßiges Nachführen des Bildschirmausschnitts erforderlich. Die am Monitor gebräuchliche Standard-Schriftgröße von 10 bis 12 Punkt ist für die Projektion zu klein. Außerdem sollte die Bildschirmdarstellung (Zoom) auf ca. 120 % eingestellt werden, damit die gesamte Bildschirmbreite abgebildet wird.

8.3 Gestaltungselemente

Für die Visualisierung von Informationen über geeignete Medien sind verschiedene Gestaltungselemente einsetzbar:

8.3.1 Text

Texte für Präsentationen dürfen nicht nur einfach geschrieben, sie müssen auch gestaltet werden.

Regeln für die Gestaltung von Texten

- Einfache Schriftarten verwenden (z. B. Arial, Times New Roman).
- Lesegewohnheiten beachten: Darstellung links oben beginnen, von links nach rechts schreiben
- einfach schreiben (umgangssprachlich, kurze Sätze)
- Text gliedern (Überschriften, Zwischenüberschriften, gegliederte Blöcke bilden)
- sich auf das Wesentliche beschränken
- zusätzliche Anregungen in den Text einbauen (Abbildungen, Farben usw.)

Beispiel

Gestaltung eines Textes

Der nachfolgende Text wurde von einer Schülergruppe für eine Präsentation aufbereitet:

DER UMWELTBEAUFTRAGTE

Im Warenhaus Kaufstadt wird der Umweltschutz als sehr wichtig angesehen. Nach unserem Unternehmensleitbild fühlen wir uns zu nachhaltigem Wirtschaften verpflichtet. Dazu gehört der weitgehende Verzicht auf umweltschädigende Produkte. Das Unternehmen hat Herrn Schneider, den Leiter des Einkaufs, zum Umweltbeauftragten ernannt. Er hat folgende Aufgaben:

- umweltschädigende Produkte im Betrieb zu überwachen,
- jederzeit beim Einkauf zu prüfen, ob umweltgefährliche durch umweltfreundliche Produkte ersetzt werden können,
- Personal über umweltfreundliche Produkte zu schulen,
- jährlich eine Statistik über die umweltschädigenden Produkte im Betrieb zu erstellen.

Der Text und seine optische Aufbereitung sind vor allem in folgenden Punkten zu kritisieren:

- Die Überschrift ist exotisch und schlecht lesbar (Schriftart „ComicsCarToon").
- Die Überschrift ist fett unterlegt und unterstrichen (d. h. doppelt „ausgezeichnet").
- Der Text ist geschrieben, kaum gestaltet (allenfalls durch die Spiegelpunkte im 2. Teil).

- In Überschrift und Text werden drei unterschiedliche Schriftarten verwendet.
- Die Schriftarten sind zu klein für eine Präsentation; der Text ist zu lang.
- Es fehlen optische Anregungen, die die Aufnahmefähigkeit und Merkbarkeit des Inhalts verbessern.

Verbesserte Fassung

- gut lesbare Schrift (Arial)
- keine Doppelauszeichnung (nur fett)
- Schriftgröße 18 Punkt
- einheitliche Schriftart (Arial)
- abgestufte Schriftgröße (16 Punkt)
- Text gestrafft
- nur das Wesentliche
- übersichtlich gegliedert
- zusätzliche Anregungen (Grafiken)

Umweltbeauftragter

Umweltschutz ist wichtig.
Darum hat Kaufstadt einen Umweltschutzbeauftragten.

Seine Aufgaben:

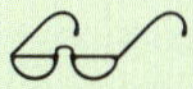	Umweltschädigende Produkte überwachen
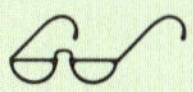	Ihren Ersatz beim Einkauf prüfen
	Mitarbeiter schulen
	Statistiken erstellen

8.3.2 Grafik

Beispiele

Moderne Textverarbeitungsprogramme bieten heute eine Fülle von Grafiken an, mit denen Präsentationen optisch ansprechend aufbereitet werden können.

Auch fertig bereitliegende Symbole werden in großer Zahl zur Verfügung gestellt.

Daneben gibt es Computerprogramme, die speziell für die Ausarbeitung von Präsentationen (**Präsentationssoftware**, z. B. PowerPoint von Microsoft) ausgelegt sind.

8.3.3 Diagramme

In Diagrammen werden Zahlenreihen, Größenverhältnisse, Bestandsgrößen und Strukturen in optisch ansprechender Form dargeboten, um das Verständnis für die Informationen zu erhöhen und eine größere Motivation zu schaffen.

Die wichtigsten Diagrammtypen werden nachfolgend vorgestellt.

■ Listen

Zahlen und/oder Begriffe werden in Listen übersichtlich dargestellt.
Dabei ist zu beachten:

- Schriftgröße ca. 18 Punkt.
- Wichtige Dinge (z. B. die Überschrift) hervorheben.
- Nicht zu sehr ins Detail gehen (wenige markante Begriffe).

Glaubwürdigkeit

- Fachkenntnis
- Selbstbewusstsein
- Erscheinungsbild
- Aufrichtigkeit
- Sympathie

■ Tabellen

Tabellen sind Übersichten, in denen benannte Zahlen geordnet in senkrechten Spalten und waagerechten Zeilen dargestellt werden. Sie setzen sich aus zwei Teilen zusammen:

- Der **Textteil** besteht aus dem Tabellenkopf (Benennung der Zahlen in den Spalten), der Vorspalte (Benennung der Zeilen) und der Überschrift.
- Der **Zahlenteil** enthält die Zahlenreihen.

Muster:

Umsätze im 1. Quartal 20(0)			⇦ Überschrift
Monat	**Umsatz in €**	**Umsatz in € 20(-1)**	⇦ Tabellenkopf
Januar	55.000,00	57.000,00	⇦ Zeile
Februar	79.000,00	82.000,00	
März	84.000,00	85.000,00	
Summe	218.000,00	224.000,00	
Vorspalte	Spalte		

Tabellen können mehrgliedrig aufgebaut sein, indem man z. B. die Monatsumsätze nach Produktgruppen untergliedert. Die Tabelle ist dann nach zeitlichen (Monate) und sachlichen (Produktgruppen) Gesichtspunkten gegliedert.

Die **Tabellenfelder** (Schnittpunkt von Zeile und Spalte) können außerdem vielfältig miteinander verknüpft werden (z. B. durch Addition, Multiplikation, Division).

Bei der Entwicklung von Tabellen ist zu beachten:
- Eine Überschrift ist unbedingt erforderlich.
- Den Tabellenkopf optisch hervorheben.
- Lesegewohnheiten sind zu beachten (nur horizontal beschriften).
- Wenn viele Zeilen und Spalten darzustellen sind: Überblick durch Nummerierung verbessern.
- Zahlen runden, nur Wesentliches darstellen.
- Eventuell ist eine Quellenangabe notwendig.

Kreisdiagramm

In einem Kreisdiagramm wird die Zusammensetzung des Zahlenmaterials in Kreissektoren sichtbar gemacht. Der Gesamtkreis ist mit 100 % bzw. 360° gleichzusetzen.

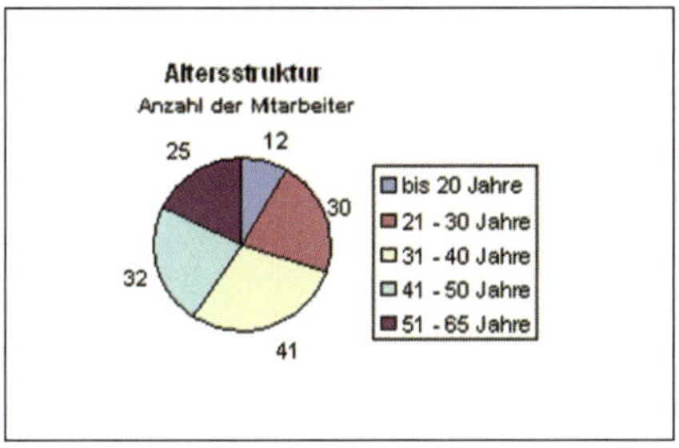

TIPPS
- Überschrift bilden, eventuell Legende hinzufügen
- Diagramm um „12:00 Uhr" beginnen lassen
- Sektoren eventuell nach Größe ordnen
- nicht mehr als fünf Sektoren bilden; Rest zusammenfassen

Balkendiagramm

Statistische Zahlen werden in Balken unterschiedlicher Länge, aber mit gemeinsamer Grundlinie dargestellt.

TIPPS

- Wenn die Reihenfolge unwichtig ist: Balken nach Größe ordnen
- Achseneinteilung sorgfältig wählen
- Balken in gleicher Breite darstellen
- Balken beschriften
- Überschrift/Quellenangabe hinzufügen
- Balkendiagramme können weiter variiert werden:

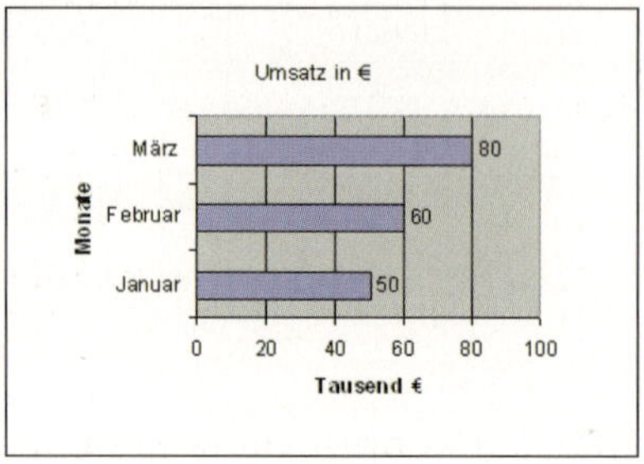

Säulendiagramm

TIPPS

- Die waagerechte Achse (die x-Achse) wird gewöhnlich für die Darstellung der Zeit benutzt.
- Man muss sich um einen geeigneten Maßstab für die x- und y-Achse bemühen. Dazu prüft man, ob der höchste Wert beim gewählten Maßstab noch auf das Blatt passt und die Abweichungen deutlich erkennbar sind.

(Siehe auch Tipps zum Balkendiagramm)

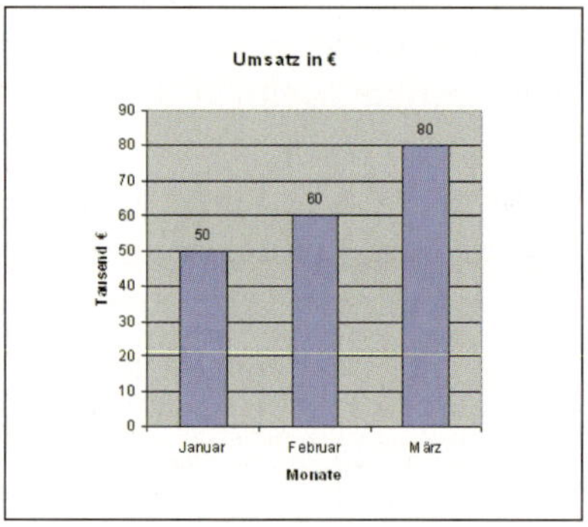

Kurvendiagramm

TIPPS

- Ausgangspunkt ist der Nullpunkt des Koordinatensystems.
- Auch beim Kurvendiagramm dient die waagerechte Achse gewöhnlich für die Darstellung des Zeitablaufs.
- Die senkrechte Achse nimmt die Mengenangaben auf.
- Kurve bezeichnen.
- In einem Diagramm können mehrere Kurven dargestellt werden, mehr als fünf Kurven sind jedoch nicht zu empfehlen. Durch unterschiedliche Farbgebung oder Schraffierung wird das Kurvendiagramm zum Flächendiagramm.
- Überschriften/Quellenangaben hinzufügen.

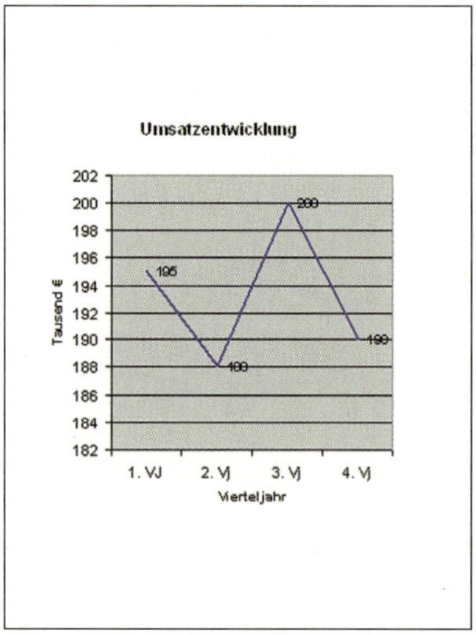

8.4 Diagramme beschreiben

Wer anderen Menschen (Mitarbeitern, Geschäftsführung u. Ä.) ein Diagramm zu erläutern hat, sollte auf folgende Punkte achten:

1. Zuhörer und Zuschauer (wenn z. B. eine Grafik auf einer Folie präsentiert wird) sehen die Darstellung gewöhnlich zum ersten Mal. Daher ist zunächst Inhalt (was stellt die Grafik dar) und Aufbau (Bezeichnung der waagerechten und senkrechten Achse) der Grafik zu verdeutlichen (z. B.: „Dieses Säulendiagramm stellt die … dar. Auf der waagerechten Achse ist …“).

2. Es bringt kaum einen Informationsgewinn, wenn die Zahlen lediglich abgelesen werden. Wer ein Schaubild erstellt hat, hat sich intensiv mit den Zahlen auseinandergesetzt und kann gewöhnlich auch die wichtigsten Aussagen herausstellen und Hintergrundinformationen (z. B. über den typischen Geschäftsablauf innerhalb eines Jahres) beisteuern. So lässt sich eine Grafik häufig in Abschnitte einteilen, die typische Entwicklungsabschnitte deutlich machen (z. B.: „In den Monaten Januar und Februar diesen Jahres war der Umsatz zwar – wie in jedem Jahr – wegen des vorangegangenen Weihnachtsfestes rückläufig, er lag aber trotzdem bei … Mit der Eröffnung des …“).

3. Häufig lassen sich auch Regelmäßigkeiten feststellen, die eine zusammenfassende Beschreibung mehrerer Zahlen ermöglichen (z. B. Verharren der Umsätze auf gleichbleibendem Niveau, regelmäßiger Anstieg oder Abfall).

4. Die Nennung von Zahlen kann man abwechslungsreicher gestalten, wenn man nach Ersatzformulierungen sucht. Statt „Im Monat … betrug der Umsatz … €:“
   - der Umsatz erhöhte sich von … bis … <u>um</u> … €
   - … er verdoppelte sich von … auf …
   - … er fiel um etwa ein Drittel auf …

   Man kann Veränderungen in den Zahlen auch in Prozentsätzen ausdrücken.

5. Am Ende der Beschreibung kann man als Zusammenfassung die auffälligsten Zahlen noch einmal wiederholen.

6. Eventuell lässt die Entwicklung der Zahlen zum Schluss eine Vorausschau auf die zukünftige Entwicklung zu.

8.5 Tipps für die Präsentation

1. Das Dargebotene (Texte, Grafiken usw.) muss lesbar sein.
2. Vermeiden Sie Verlegenheitsgesten (mit Gegenständen spielen, ständig die Kleidung korrigieren, immer wieder Brille, Ohrläppchen, Nase usw. berühren).

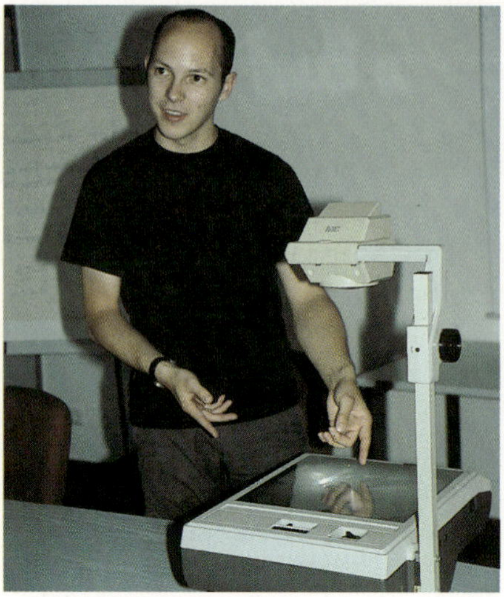

3. Zeitvorgaben niemals überziehen.
4. Sich kurz fassen. Es gilt der Grundsatz: Weniger ist mehr!
5. Wenden Sie sich den Zuhörern zu und schauen Sie sie an.
6. Sprechen Sie langsam und deutlich.
7. Lesen Sie keine Texte ab, sondern sprechen Sie frei.
8. Wenn Sie auf eine Stelle der Grafik aufmerksam machen, geben Sie den Zuhörern Zeit, die Stelle zu finden.
9. Stockungen, Versprecher und Fehler sind bei einem mündlichen Vortrag gewöhnlich nicht zu vermeiden. Gehen Sie über diese Unzulänglichkeiten ruhig hinweg.
10. Es ist ratsam, nach 15 Minuten das Thema, die Präsentationsmethode oder den Präsentator zu wechseln.
11. Eine abschließende Zusammenfassung rundet die Präsentation ab.
12. Geben Sie den Zuhörern am Ende Gelegenheit, Fragen zu stellen.

Verkaufsgespräche kundenorientiert führen

1 Grundlegende Kommunikation mit Kunden

1.1 Kunden wahrnehmen

1.1.1 Der Kunde ist unser Gast

Der Einzelhandel lebt von seinen Kunden. Zufriedene Kunden bestimmen den Erfolg eines Einzelhandelsgeschäftes in hohem Maße.

Wann sind Kunden mit einem Einzelhandelsgeschäft zufrieden? Ganz wichtig für die Kunden ist ein freundliches Personal, das zur Stelle ist, wenn man es benötigt. Daher muss dem Kunden bereits beim Betreten des Geschäftes deutlich gemacht werden,

- dass er willkommen ist und
- dass ihm freundliches Personal jederzeit zur Verfügung steht.

Dem Kunden wird die Aufmerksamkeit geschenkt, die man auch als Gastgeber seinem Gast zeigen würde.

1.1.2 Blickkontakt

Wer seinem Gesprächspartner in die Augen schaut, macht ihm deutlich, dass er sich für das Gespräch und vor allem für die Aussagen des Gesprächspartners interessiert. Fehlender Blickkontakt zeugt von mangelndem Interesse am Gespräch.

Personen, die sich sympathisch finden, schauen sich früher und länger an als Personen, die sich weniger mögen. Der Blickkontakt schafft daher eine gute Voraussetzung für Sympathie und dafür, dass der Kunde sich im Geschäft wohlfühlt.

Auch im Verkaufsgespräch kommt dem Blickkontakt eine wichtige Aufgabe zu:
- Blickkontakt beim Zuhören und beim Sprechen zeigt dem Kunden das **Interesse**, das der Kundenberater dem Einkaufsproblem des Kunden zuwendet.
- Wer seinem Gesprächspartner in die Augen sieht, erzielt mehr **Vertrauen** und **Glaubwürdigkeit** für seine Aussagen.

Der Blickkontakt hat demnach für den Kontakt zum Kunden eine besondere Bedeutung. Kundenberater sollten sich daher folgende Grundsätze zu eigen machen:

- Der Kunde hat Vorrang vor warenpflegerischen Arbeiten.
- Mit jedem Kunden, der das Geschäft betritt, wird Blickkontakt aufgenommen.

Die Warenpflege soll deshalb so ausgeführt werden, dass man Kunden jederzeit wahrnehmen kann. Es ist also ein regelmäßiger **Suchblick** während der Arbeit erforderlich.
Wie geht man vor?
Sobald ein Kunde das Geschäft betritt,
- wird die Arbeit unterbrochen,
- beendet man Gespräche mit Arbeitskollegen und
- man wendet sich dem Kunden zu.

Sobald Blickkontakt besteht, wird die nachfolgende Begrüßung mit einem Lächeln eingeleitet.

In größeren Geschäften wird der Blickkontakt hergestellt, sobald der Kunde die Abteilung (den Zuständigkeitsbereich des Kundenberaters) betritt. Betreten sehr viele Kunden das Geschäft, z. B. im Lebensmittelhandel, muss es häufig genügen, den Blick des Kunden zu suchen, ohne die Arbeiten an der Ware völlig einzustellen.

1.1.3 Sich dem Kunden zuwenden

„Zuwenden" bedeutet, dass man sich dem Kunden „öffnet".
- Der **Körper** wendet sich in Richtung des Kunden,
- der **Oberkörper** beugt sich leicht vor und
- man geht einen **Schritt** auf den Kunden zu.
- Die **Arme** sind leicht angewinkelt.

Durch seine Körpersprache signalisiert der Kundenberater sein Interesse, dem Kunden zu helfen.

Ein zweiter Kunde tritt hinzu

Kundenberater, die gerade einen Kunden bedienen, bemühen sich darum, den neuen Kunden zumindest wahrzunehmen. Dazu wendet der Kundenberater den Kopf zum Kunden, stellt Blickkontakt her und signalisiert dem Kunden: Ich habe dich wahrgenommen.

1.1.4 Körpersprache

Die Körpersprache ist die grundlegendste Sprache des Menschen. Unabhängig vom gesprochenen Wort enthüllt die Körpersprache die inneren Einstellungen eines Menschen.

Durch die Gesten der Hände, die Miene des Gesichtes, den Bewegungsablauf des Körpers (z. B. beim Gehen) und die Haltung des Körpers (Kopf, Schulter, Arme, Wirbelsäule) sowie mit Hilfe der Augen und auch der Stimme sendet der Kundenberater dem Kunden Signale. Zur Körpersprache gehören demnach:

- Gestik (Bewegungen der Arme, Beine, Hände, Füße)
- Mimik (Gesichtsausdruck)
- Augenkontakt
- Körperhaltung (Bewegung des gesamtes Körpers)
- Stimme

Klaus

Der Kundenberater sollte wissen, welche körpersprachlichen Signale er aussendet und er sollte die Körpersprache des Kunden erkennen, um daraus Hinweise für den Verlauf des Verkaufsgespräches zu bekommen.

Eine **positive Körpersprache** des Verkaufsmitarbeiters liegt vor, wenn er sich bemüht,

- Interesse,
- Dienstbereitschaft und
- Freundlichkeit zum Ausdruck bringen.

Wer allerdings wie Klaus (rechts oben) einen Kunden empfängt, zeigt sich sehr zurückhaltend und abwartend in seiner Gestik und Mimik. Die brav nebeneinander gestellten Füße, die übereinander gelegten Hände und der schüchterne Gesichtsausdruck mit nach unten gesenktem Blick ermuntern keinen Kunden, sich an diesen Kundenberater zu wenden. Die Unsicherheit, die die Körpersprache zum Ausdruck bringt, verhindert eine erfolgreiche Kommunikation.

Stefan

Auch bei Stefan (siehe links) liegen keine guten Bedingungen für ein wirksames Verkaufsgespräch vor. Zwar zeugt die Fußstellung von einer gewissen Dynamik, die verschränkten Arme signalisieren dem Kunden allerdings, dass er besser von Stefan fernbleibt. Stefan hält Distanz zum Kunden, indem er seine Arme zwischen sich und den Kunden bringt. Der Blick (von oben herab) zeigt Überheblichkeit, der Gesichtsausdruck ist schon ein wenig spöttisch. Welcher Kunde lässt sich auf ein Gespräch mit diesem Kundenberater ein, wenn die Körpersprache eine negative Grundhaltung gegenüber dem Kunden zum Ausdruck bringt?

1.1.5 Begrüßung des Kunden

Wer nicht lächeln kann, darf kein Geschäft betreiben. (chinesisches Sprichwort)

Jeder Kunde, insbesondere derjenige, der den Blickkontakt erwidert, wird begrüßt. Die Begrüßung beginnt mit einem Lächeln, weil man sich über das Erscheinen des Kunden (der Kundin) freut; denn Kunden sind die Arbeitgeber von Kundenberatern.

Echte Freude zeigt sich durch Heben der Mundwinkel und Wangen sowie durch den geöffneten Mund.

Der Kunde wird mit einem „guten Morgen" (je nach Tageszeit) begrüßt. Die Kunden (insbesondere Stammkunden) werden möglichst mit Namen angesprochen. Ein Kopfnicken unterstreicht die Begrüßung.

Der Kundenberater ist bemüht, aus der Situation heraus Anlässe für weitere freundliche Wort zu finden. Dies gilt insbesondere für Stammkunden.

Beispiel Eine Kundin hat bei ihrem letzten Besuch von einer Krankheit berichtet. Das ist eine gute Gelegenheit, sich nach ihrem Wohlergehen zu erkundigen.

1.1.6 Eröffnungsfragen

Wenn es gelingt, ein Verkaufsgespräch zwischen Kundenberater und Kunden herzustellen, steigt die Chance, zu einem Verkaufsabschluss zu kommen. Um ein Beratungsgespräch in Gang zu setzen, ist schon die Eröffnungsfrage von entscheidender Bedeutung; denn häufig führt eine falsche Frage zu der Bemerkung des Kunden: „Nein danke, ich möchte mich nur umschauen."

Ferner ist zu bedenken, dass eine falsche Frage den Kunden zu einer Antwort verleiten kann, die die Zahl der vorlegbaren Waren unnötig eingrenzt. Die Frage „Haben Sie einen bestimmten Wunsch?" zwingt den Kunden, seine Vorstellungen zu konkretisieren, obwohl eine Beratung noch gar nicht stattgefunden hat. Die Eröffnungsfrage sollte daher so formuliert werden, dass sie den Kunden dazu bringt, sein Einkaufsproblem zu nennen.

Dazu eignen sich **weite Fragen**, auch **W-Fragen** genannt. W-Fragen veranlassen den Kunden, seine Einkaufswünsche zu nennen.

Beispiel

- Wie kann ich Ihnen helfen?
- Was darf ich Ihnen zeigen?
- Womit kann ich Ihnen dienen?
- Was kann ich für Sie tun?

Auch ein fragendes „Guten Tag!?" ist eine weite Frage, weil sie den Kunden ermuntert, über seine Einkaufswünsche zu sprechen.

K-Fragen sind solche Fragen, die die Eröffnung eines Beratungsgespräches wenig fördern, ja oft verhindern (**K**-Fragen = Killer-Fragen). K-Fragen grenzen darüber hinaus die Warenauswahl unnötig ein. Man erkennt diese Fragen daran, dass der Kunde mit „Ja", „Nein", mit einer „Zahl" oder in anderer Form ganz knapp antwortet. Man bezeichnet diese Fragen daher als **eng**.

Beispiel

- Kann ich Ihnen helfen?
- Kommen Sie zurecht?
- Suchen Sie etwas Bestimmtes?
- Welche Schuhgröße haben Sie?

Eröffnungsfragen

- Weite Fragen
  W-Fragen
- Enge Fragen
  K-Fragen

1.1.7 Kundenfreundlichkeit an der Kasse

In größeren Geschäften mit zentraler Kasse hat sich der Kunde häufig bereits längere Zeit im Geschäft aufgehalten, bevor er zum ersten Mal mit dem Kassenpersonal in Kontakt kommt. Daher ist an der Kasse eine **Begrüßung** des Kunden erforderlich.

Darüber hinaus ist es angebracht, während der Kassierarbeiten **Gesprächsmöglichkeiten** mit dem Kunden zu suchen, z. B. über das Produkt oder über persönliche Belange des Kunden, die dem Kassenpersonal aus früheren Einkäufen bekannt sind. Denn ein stummes „Abkassieren" wirkt sehr unpersönlich und bringt wenig Interesse zum Ausdruck.

Schließlich haben die Mitarbeiter an der Kasse den Kunden zu verabschieden, weil er nach dem Kassiervorgang das Geschäft verlässt. Auch die **Verabschiedung** kann kundenfreundlicher gestaltet werden, wenn man die Einkaufssituation des Kunden (z. B. das gerade gekaufte Produkt) oder die Kenntnis seiner persönlichen Lebensumstände nutzt.

Verabschiedung an der Kasse

- **über das Produkt**
- **über die Person des Kunden**

Beispiele

Verabschiedungen

- *Produktbezogen*
  Kundenberaterin: „Auf Wiedersehen. An der Jacke werden Sie bestimmt lange Freude haben."
  Kundin: „Ich glaube auch. Bis dann."
- *Personenbezogen*
  Kundenberaterin: „Und viel Spaß heute Abend beim Grillen!"
  Kundin: „Danke. Auf Wiedersehen."
  Kundenberaterin „Auf Wiedersehen."

Zahlt der Kunde mit Bank- oder Kreditkarte, erfährt der Kundenberater sogar den Namen des Kunden. Der Kunde kann daher bei der Verabschiedung mit seinem Namen angesprochen werden.

Sonderfall **Lebensmitteleinzelhandel**: Die für fehlerfreies Kassieren notwendige Konzentration darf oft nicht durch Gespräche mit Kunden beeinträchtigt werden.

Eine freundliche Begrüßung und Verabschiedung des Kunden ist aber immer möglich.

1.2 Sich Kundennamen merken

Jeder Mensch schätzt es, wenn er mit seinem Namen angesprochen wird. Es ist für ihn ein Zeichen, dass er beachtet und in seiner Person wahrgenommen wird. Gerade Stammkunden erwarten eine individuelle Ansprache. Aber auch jede normale Beratungssituation wird persönlicher, wenn man sich mit Namen anspricht. Einzelhandelsgeschäfte machen vielfach den Anfang, indem sie ihre Mitarbeiter mit Namensschildern ausstatten. Nun liegt es nur noch am Verkaufsmitarbeiter, den jeweiligen Namen des Kunden in Erfahrung zu bringen und ihn sich dann zu merken.

Wie kann man sich einen Kundennamen leichter einprägen?

- **Bewusstes Einprägen**
  Der Kundenname wird im Gedächtnis gespeichert, wie man eine Vokabel in einer Fremdsprache lernt.
- **Aufmerksames Beobachten**
  Der Kunde wird beobachtet mit dem Ziel, hervorstechende Merkmale an ihm zu erkennen. Solche Auffälligkeiten lassen sich z. B. finden
  - an der Kleidung,
  - in der Frisur,
  - in seiner Körperhaltung, Gestik und Mimik,
  - in seinen Gesichtszügen,
  - vielleicht auch in seinen Verhaltensweisen.

  Im Gehirn werden neben dem Namen auch die beobachteten Merkmale gespeichert. Je mehr Merkmale mit dem Namen verbunden werden können, desto besser ist die Speicherung.
  - **Brücken bauen**
    Hat ein Kunde/eine Kundin Ähnlichkeiten mit einer Person aus dem öffentlichen Leben (z. B. Politiker, Sänger, Popstar, Fernsehmann/-frau), kann man beide Namen gedanklich miteinander verbinden. Die Mehrfachspeicherung erhöht die Fähigkeit, sich an den Namen zu erinnern.

- **Merkhilfen entwickeln**
  Gezielt werden gedankliche **Bilder** konstruiert, die sich mit dem Kundennamen verbinden lassen. Der Phantasie sind keine Grenzen gesetzt. Es darf ruhig lustig und abgehoben sein, denn die Merkhilfen werden ja nur im eigenen Kopf entwickelt.

1.3 Kunden zum Kollegen führen

Häufig müssen Kundenberater feststellen, dass sie einem Kunden, mit dem sie gerade Kontakt aufgenommen haben, nicht helfen können. Dies hat vor allem folgende Ursachen:

- Der Kunde wünscht ein Produkt, das an der Stelle, an der man sich gerade befindet, nicht erreichbar ist.
- Das Kundenproblem erweist sich als so schwierig, dass es von einem Auszubildenden oder vom angesprochenen Kundenberater nicht gelöst werden kann. Oftmals haben sich Mitarbeiter auf bestimmte Warengruppen spezialisiert. Dann ist es sinnvoll, den Kunden mit diesem Mitarbeiter in Kontakt zu bringen.

Befindet man sich mit dem Kunden bereits an der richtigen Stelle des Geschäftes, muss der „richtige" Mitarbeiter eventuell geholt werden. Vielleicht stellt man fest, dass der zuständige Mitarbeiter nicht an seinem Arbeitsplatz ist. Auch dann muss der Arbeitskollege ausfindig gemacht und zum Kunden gebracht werden.

Für Kunden ist es sehr unangenehm, durch einen für sie unübersichtlichen Verkaufsraum geschickt zu werden, vor allem dann, wenn die Wegbeschreibung nicht eindeutig ausfällt. Auch das „Weiterreichen" an einen oder sogar mehrere Arbeitskollegen ist schädlich für den Verkauf, weil der Kunde zum hilflosen Bittsteller gemacht wird.

Für eine kundenorientierte Lösung dieses Problems gilt folgender wichtiger Grundsatz:

→ **Der Kundenberater mit Erstkontakt zum Kunden ist grundsätzlich zuständig für die Lösung des Kundenproblems.**

Das bedeutet für die oben beschriebenen Situationen:

- Wenn ein Produkt an der gegenwärtigen Stelle im Geschäft nicht erreichbar ist, wird der Kunde zum gewünschten Produkt **geführt**.
- Wenn der Kunde mit einem Arbeitskollegen/einer Arbeitskollegin in Kontakt gebracht werden soll, ist der Kunde zum Kollegen zu **bringen**. Dabei ist noch auf folgende Feinheiten zu achten:
  - Das Geschäft muss – auch wenn eine Beratungsleistung von einem Mitarbeiter nicht erbracht werden kann – in einem positiven Licht bleiben. Man stellt seine eigenen Mängel daher nicht besonders heraus („… kann ich Ihnen leider nicht helfen … , … davon habe ich überhaupt keine Ahnung …"), sondern geht positiv auf die Beratungsleistung des Mitarbeiters ein (z. B. „Herr … hat sich auf … spezialisiert." … Frau …. ist unsere Expertin für …")
  - Die Höflichkeit verlangt, dass man den Kunden bittet, einem zu folgen.
- Der Kontakt zwischen Kollegen und dem Kunden ist herzustellen, indem man
  - beide miteinander bekannt macht,
  - den Kundenwunsch wiederholt
  - und sich dann vom Kunden verabschiedet (oder eventuell als Auszubildender in der Beratungssituation verbleibt.)
- Muss ein Mitarbeiter **geholt** werden gilt:
  - Kunde zum gewünschten Produkt führen,
  - ihn beschäftigen,
  - Mitarbeiter holen und zum Kunden führen, Kontakt herstellen (wie oben).

1.4 Telefongespräche kundenfreundlich annehmen

Auch am Telefon wird dem Kunden deutlich gemacht, dass man sich über seinen Anruf freut und man gerne bereit ist, seine Wünsche zu erfüllen.

Folgende Verhaltensweisen zeichnen kundenorientiertes Verhalten am Telefon aus:

1. Der Kunde wird mit folgendem Satz am Telefon begrüßt: „Guten Morgen/ Tag, (Nennung des Unternehmens), Sie sprechen mit Herrn/Frau X. Was kann ich für Sie tun?

① Gruß
② Name des Geschäftes
③ Name des Mitarbeiters
④ Formulierung, die die Dienstbereitschaft zum Ausdruck bringt

2. Wenn der Anrufer seinen Namen nicht genannt hat oder der Name nicht verstanden wurde, wird nachgefragt:
   „Entschuldigen Sie bitte. Ich habe Ihren Namen nicht verstanden."
   „… würden Sie Ihren Namen bitte noch einmal wiederholen?"
3. Der Annehmende prüft sorgfältig, ob er das Kundenproblem lösen kann. Der Verweis an einen Mitarbeiter sollte genau bedacht werden.
4. Wird das Gespräch an einen Mitarbeiter weitergeleitet, kann dieser im Regelfall am Signalton des Telefons erkennen, ob das Gespräch von außerhalb kommt oder ob ein interner Anruf vorliegt. Bei einem externen Gespräch verwendet der Mitarbeiter bei der Gesprächsannahme ähnliche Formulierungen wie oben, allerdings ohne Nennung des Geschäftsnamens.

→
① Gruß
② Name des Mitarbeiters
③ Formulierung, die die Dienstbereitschaft zum Ausdruck bringt

   Eventuell geht der Gesprächsannahme noch ein Dialog mit dem erstannehmenden Mitarbeiter auf interner Ebene voraus („Frau X, der Kunde Y ist am Telefon und möchte Sie sprechen; ich verbinde Sie.")
5. Befindet sich der Mitarbeiter, mit dem verbunden werden soll, im Verkaufsgespräch, sind die Kundendaten (Name, Anliegen) zu notieren. Gewöhnlich wird dem Kunden ein Rückruf durch den Mitarbeiter zugesichert.

1.5 Ein Verkaufsgespräch unterbrechen

Es ist stets sorgfältig zu prüfen, ob das laufende Verkaufsgespräch unterbrochen werden kann. Lässt sich die Unterbrechung nicht vermeiden, ist folgende Vorgehensweise zu beachten:

1. Der hinzutretende Mitarbeiter nähert sich den Gesprächsteilnehmern von der Seite und sucht Blickkontakt zum Mitarbeiter und zum Kunden.
2. Der Kunde wird gefragt, ob man das Gespräch unterbrechen darf.
3. Ist der Kunde einverstanden, wendet man sich an den Arbeitskollegen und schildert den Sachverhalt. Da der Kunde dem Gespräch zuhört, ist eventuell eine Umschreibung des Sachverhalts notwendig.
4. Handelt es sich lediglich um eine Auskunft, bedankt man sich beim Mitarbeiter und beim Kunden und zieht sich zurück.
5. Muss der Mitarbeiter das Gespräch verlassen, hat er den Kollegen über den Stand des Verkaufsgespräches zu informieren und Maßnahmen zu treffen, damit das Gespräch fortgesetzt werden kann.

2 Kundenkontaktaufnahme in verschiedenen Verkaufsformen

2.1 Kontaktaufnahme in der Verkaufsform Bedienung

In einem Bedienungsgeschäft wird ein Kunde, der das Geschäft betritt, sofort angesprochen.

Ablauf:

1 Begrüßung
2. Einleitende weite Frage oder fragende Begrüßung („Guten Tag!?")
   Nachdem der Kunde seinen Wunsch genannt hat, wird die Dienstbereitschaft zum Ausdruck gebracht, z. B. durch die Aussage
3. „Sehr gerne"
   Zusätzlich wird das **Interesse** des Kunden für die vorzulegende Ware geweckt, indem z. B. eine reichhaltige Auswahl, besonders aktuelle oder preisgünstige Produkte angekündigt werden.

Beispiele

„Da kann ich Ihnen eine große Auswahl zeigen." „... haben wir erst gestern neu hereinbekommen." „... neue Messemodelle." „...kann ich Ihnen ein besonders preisgünstiges Angebot zeigen."

4. Mit einer zusätzlichen **weiteren Frage** kann der Kunde veranlasst werden, seine Wünsche genauer darzustellen. Oft ist es sinnvoll, nach dem **Verwendungszweck** für das Produkt zu fragen.

Beispiel

„Wozu möchte Ihr Mann das Oberhemd denn tragen?"

2.2 Kontaktaufnahme bei Vorwahl

Bei Vorwahl grenzt der Kunde von sich aus ihn interessierende Sortimentsteile ein. Der Kontakt wird daher direkt über das Produkt hergestellt.

Der Kunde wird beobachtet, um aus den Verhaltensweisen des Kunden Rückschlüsse auf seine Ansprüche ziehen zu können.

- Distanz zum Kunden halten (nicht hinter ihm stehen).
- Kunden intensiv beobachten und versuchen, seine Verhaltensweisen zu deuten:

- Welches Produkt betrachtet er besonders?
- Vergleicht er vielleicht verschiedene Produkte?
- Interessiert er sich besonders für das Preisetikett?
- Interessiert er sich für ein Produktdetail (z. B. einen Hinweis auf dem Etikett, Zubereitungsempfehlungen u. Ä.)

- Der Kunde signalisiert **Beratungsbedarf**, wenn er
  - längere Zeit vor einem Produkt (einer Produktgruppe) verweilt,
  - ein Produkt intensiver betrachtet oder in die Hand nimmt,
  - sich suchend umschaut.
- Nach dem Beratungssignal begibt man sich zum Kunden und spricht ihn über das Produkt an.
- Kunden begrüßen
  - den Kontakt über eine **Frage** herstellen (z. B. „Sie interessieren sich für ...?" „Wie gefällt Ihnen dieser ...") oder (besser)
  - sofort erläuternd auf das **Produkt** eingehen, für das sich der Kunde interessiert. („Diese Eastpaks haben wir hier unten auch noch etwas größer.")

Sollten die Verhaltensweisen des Kunden falsch gedeutet worden sein, ist eine Korrektur durch den Kunden zu erwarten. Dies ist keine Niederlage, sondern ein eleganter Einstieg in ein Beratungsgespräch.
Lehnt der Kunde eine Beratung ab („Vielen Dank, ich möchte mich nur einmal umschauen."), wird der Kundenwunsch akzeptiert (z. B. „Selbstverständlich, gerne") und Dienstbereitschaft zum Ausdruck gebracht (z. B. „Wenn Sie Fragen haben, bin ich für Sie da."). Dazu wird der Kunde im Auge behalten, ohne ihm das Gefühl zu geben, beobachtet zu werden.

2.3 Kontaktaufnahme bei Intensivvorwahl

In Geschäften mit Intensivvorwahl begibt sich der Kunde zum Kundenberater (eventuell zu einem zentralen Beratungsstand, Service-Point), wenn er Beratungsbedarf hat.

1. Auch bei Intensivvorwahl sucht der Kundenberater den Kontakt zum Kunden, wenn dieser Beratungsbedarf signalisiert. Die Kontaktaufnahme entspricht dann der Vorgehensweise bei Vorwahl.
2. Wendet sich der Kunde an den Kundenberater,
   - stellt sich der Kundenberater auf den Kunden ein und begrüßt den Kunden,
   - erhält der Kunde Gelegenheit, sein Einkaufsproblem darzulegen,
   - wird das Kundenproblem freundlich und zuvorkommend gelöst, auch wenn viele Kunden gleichzeitig an den Kundenberater herantreten.
3. Sucht der Kunde eine bestimmte Ware, wird er möglichst zum Produkt geführt.

2.4 Mit mehreren Kunden gleichzeitig Kontakt aufnehmen

Auch wenn man einen Kunden gerade bedient, sucht man den Blickkontakt zu einem neu eintretenden Kunden. Wenn der Kunde den Blick erwidert, signalisiert er Beratungsinteresse und man bemüht sich, den Kontakt zu ihm aufzubauen. **Der Erstkunde hat aber Vorrang.**

- Kontakt zum Zweitkunden herstellen, z. B. „Einen Moment bitte, ich komme gleich zu Ihnen."
- Wenn es die Situation zulässt (Anprobieren, Ausprobieren, Überlegungszeit beim Erstkunden), kann man den Zweitkunden aufsuchen. Dazu ist eine Entschuldigung beim Erstkunden mit Erklärung notwendig.
- Wenn der Zweitkunde bereits vorgewählt hat, kann der Kontakt über das Produkt hergestellt werden.
- In der Regel kann der Zweitkunde nur kleine Hinweise erhalten, da der Erstkunde wartet. Verweise auf geeignete Artikel beschäftigen den Zweitkunden für eine Weile. Die baldige Rückkehr ist anzukündigen.
- Bei der Rückkehr zum Erstkunden ist ein Dank oder eine weitere Entschuldigung angebracht.
- Wendet man sich nach Abschluss des Verkaufsgespräches mit dem Erstkunden wieder dem Zweitkunden zu, ist ein Dank für die Wartezeit erforderlich. (z. B. „Vielen Dank, dass Sie gewartet haben.") Danach wird das Verkaufsgespräch unmittelbar fortgesetzt (z. B. „Wie gefällt Ihnen ...?").

Auch bei Hochbetrieb werden die Kunden verkaufsaktiv betreut.

- Da Kundenberater bei Hochbetrieb von verschiedenen Kunden gleichzeitig angesprochen werden, müssen sie neben der Betreuung des Hauptkunden auch Fragen und kleinere Bitten von weiteren Kunden erledigen können.
- Die Unterbrechungen durch die übrigen Kunden müssen spontan und knapp erledigt werden.
- Eine ruhige Grundhaltung ist an den Tag zu legen.
- Neben der Reaktion auf Kundenwünsche muss der Kundenberater insbesondere auch durch Beobachtung seines Umfeldes Kundenprobleme erkennen und aktiv auf den Kunden zugehen.

2.5 Zuhören können

2.5.1 Aufmerksamkeit sichtbar machen

Schon die Höflichkeit verlangt, dass man einem Gesprächspartner aufmerksam zuhört. Für einen Kunden, der mit einem Verkaufsmitarbeiter spricht, gilt diese Regel in besonderem Maße, weil es die meisten Menschen als sehr ärgerlich empfinden, wenn sie an ihrem Gesprächspartner „vorbeireden". Für das Beratungsgespräch gilt daher zunächst der Grundsatz:

Dem Kunden wird unsere Aufmerksamkeit hör- und sichtbar gemacht.

Das bedeutet im Einzelnen:
1. Der Kundenberater schweigt, während der Kunde spricht.
2. Gleichzeitig signalisiert er dem Kunden seine Aufmerksamkeit, z. B. durch
   - Blickkontakt, ohne den Kunden anzustarren,
   - eine Gestik, die sich dem Kunden öffnet und zeigt, dass man gedanklich mitgeht,
   - eine Mimik, die Interesse an den Kundenaussagen zeigt,
   - Kopfnicken, gelegentliche Zuhörfloskeln wie „Ja“, „Mhm“ u. Ä.
3. Zu vermeiden sind alle sprachlichen und nicht sprachlichen Signale, die Missfallen, Desinteresse oder Ungeduld zum Ausdruck bringen.

Gestik, Mimik siehe Seite 105

Beispiele
- Stirnrunzeln
- Augenbrauen hochziehen
- Nase rümpfen
- Kopf schütteln
- rasches Luft holen und Nach-vorn-beugen (es zeugt von Ungeduld)
- sich mit anderen Dingen beschäftigen (Ware, Kugelschreiber u. Ä.)
- woanders hinschauen

2.5.2 Umschreibendes Zuhören

Es gibt Kunden, die ihre Wünsche sehr genau beschreiben und damit die oft knappe Zeit des Kundenberaters umfangreich in Anspruch nehmen. Das mag in einer gewissen Mitteilungsfreude des Kunden begründet sein, oft ist es aber auch der Wunsch, das eigene Anliegen verständlich zu formulieren.

Der Kundenberater hat sich in solchen Situationen als geduldiger Zuhören zu erweisen. Wegen der Fülle an Informationen wird der Kundenberater aber am Ende die zentralen, produktbezogenen Aussagen des Kunden mit eigenen Worten wiedergeben, um Missverständnissen möglichst frühzeitig vorzubeugen.

Vorgehensweise
1. Nachdem der Kunde seinen Wunsch geäußert hat, wird dessen Aussage mit eigenen Worten wiederholt. Als Einleitung eignen sich z. B. folgende Formulierungen:
   - „Verstehe ich Sie richtig, dass …“
   - „Ich habe jetzt verstanden, dass Sie …“
   - „Ihnen ist wichtig, dass …“
   - „Sie meinen also, wenn …“
2. Eigene Meinungen und Bewertungen oder Fragen und Ratschläge des Kundenberaters sind zu vermeiden.

3. Die Umschreibung der Kundenaussage veranlasst den Gesprächspartner im Regelfall, seine Aussagen weiter zu präzisieren, sodass sich weitere Gelegenheiten ergeben, die Kernaussage des Kunden zusammenfassend zu wiederholen.
4. Die Wiederholung darf nicht ein „Nachplappern" der Kundenaussagen darstellen, sondern soll eine Umschreibung mit den Worten des Kundenberaters sein.

3 Anspruchskunde

3.1 Motive – Ansprüche

In der Einzelhandelspraxis wird sowohl von Kaufmotiven als auch von Kaufansprüchen gesprochen. **Motive** sind Antriebe des Menschen, die in seinem Innersten verborgen und sehr allgemein ausgerichtet sind, z. B. das Motiv, sich selbst zu verwirklichen oder der Wunsch nach Liebe und Geborgenheit.
Kaufmotive zielen auf das Einkaufsverhalten des Menschen, decken aber eine große Bandbreite von Motiven ab. Der Mensch kauft nicht nur ein, um sich mit Waren zu versorgen. Er hat auch den Wunsch nach sozialen Kontakten, wie es oft bei älteren Menschen festzustellen ist. Kunden „shoppen", um sich selber zu belohnen oder sie gehen in ein Geschäft, um zu einem bestimmten Kundenkreis zu gehören.

Ansprüche sind konkrete Wünsche des Menschen, die auch für Außenstehende deutlich erkennbar sind. **Kundenansprüche** sind Erwartungen des Kunden an die Einkaufsstätte. Man kann Kundenansprüche weiter unterteilen in Ansprüche

- an das **Geschäft** (als Ganzes, z. B. an die Geschäftsausstattung, den Sortimentsumfang und die Großzügigkeit bei Reklamationen)
- an das **Verkaufspersonal** (z. B. nach freundlichem Verhalten, fachlicher Kompetenz)
- an die **Ware** (z. B. an die Qualität und den Preis der angebotenen Produkte).

Hier wird nur noch von Ansprüchen die Rede sein, weil sie von Verkaufsmitarbeitern zu erkennen sind und in ihre Verkaufsargumentation einbezogen werden können. Motivforschung ist Aufgabe von Psychologen.

Werbung: Information der Kunden **außerhalb** des Geschäftes, z. B. durch Zeitungsanzeigen
Verkaufsförderung: Information des Kunden **innerhalb** des Geschäftes, z. B. durch Produktvideos. Siehe Seite 320 und Seite 351

3.2 Kundengruppen

Kundenorientierung ist heute ein wesentlicher Ansatzpunkt für das Einzelhandelsmarketing. Eine Ausrichtung von Werbung und Verkaufsförderung auf den Kunden setzt aber voraus, dass man seine Kunden genau kennt. Grundsätzlich hat jeder Mensch eine eigene Persönlichkeit. Allerdings lassen sich bei Kunden gewisse gemeinsame, immer wiederkehrende Verhaltensweisen feststellen. Nachfolgend werden einige Möglichkeiten vorgestellt, wie man Kunden in Gruppen einteilen kann. Ziel ist es, bestimmte Verhaltensregeln im Umgang mit Kunden nicht immer wieder völlig neu zu bestimmen, sondern innerhalb eines gewissen Rahmens zu standardisieren.

Beispiel Wenn ein Kind von acht Jahren ein Geschäft betritt, kann man im Allgemeinen sagen:

- Die Geduld von Kindern ist begrenzt.
- Man darf locker und fröhlich mit dem Kind umgehen.
- Beim Preis ist Vorsicht geboten und die Eltern – ob anwesend oder nicht – sind immer zu berücksichtigen.

Grundsätzlich sollte man Kunden aber nicht vorschnell in eine bestimmte Schublade stecken.

→ **Kunden aufmerksam beobachten und vorsichtig einschätzen**

lautet daher der Grundsatz für die Einteilung von Kunden in bestimmte Kundengruppen.

3.2.1 Kundengruppen nach dem Geschlecht

→ **„Frauen kaufen nach Gefühl, Männer nach Verstand."**

Eine solche Aussage ist sehr pauschal formuliert. Tatsache ist, dass sich Frauen und Männer in ihrem Einkaufsverhalten unterscheiden. Wenn eine Frau mit ihrem Partner gemeinsam einkauft, treffen unterschiedliche Erlebniswelten aufeinander, d. h. beide verbinden mit dem Einkauf verschiedene Vorstellungen (siehe nächste Seite).
Aus den unterschiedlichen Einkaufsvorstellungen entstehen oft während des Einkaufs Differenzen zwischen den Partnern. Ein Kundenberater sollte die Einkaufsmentalität von Frauen und Männern kennen und sich im Verkaufsgespräch darauf **ausgleichend** einstellen.
Es ist aber zu beachten, dass Frauen und Männer heute ihren eigenen Lebensstil verwirklichen wollen. Dazu gehört die technisch interessierte Kundin ebenso wie der äußerst modisch interessierte Mann

Einkaufsverhalten von Frauen	Einkaufsverhalten von Männern
Frauen betrachten das Einkaufen mit ihrem Partner oft als eine gemeinsame Unternehmung, die man wie ein Freizeitvergnügen genießen muss.	Alltägliche Einkäufe wollen viele Männer häufig schnell erledigen. Sie gehen daher sehr zielorientiert vor und entscheiden sich nach kurzer Auswahlzeit.
Aber auch wenn Frauen alleine einkaufen, lieben sie es zu stöbern, anzuprobieren und ausgiebig zu vergleichen. Der Einkaufsbummel ist für Frauen ein wichtiges Erlebnis, bei dem sie wie Männer zielorientiert vorgehen. Allerdings haken sie nicht gerne Einkaufslisten ab, sondern lassen sich durch die Warenauswahl anregen. Aus dem geplanten Hosenanzug wird am Ende dann doch ein Rock mit schicker Bluse.	Beim Einkauf technischer Artikel (Handwerks-, Elektrogeräte, Computer, Autos) können sich Männer aber sehr wohl viel Zeit lassen. In Geschäften, die diese Produkte anbieten, halten sich viele Männer daher auch gerne und lange auf.
Frauen interessieren sich oft mehr für die optische Seite eines Produktes und weniger für das technische Innenleben.	Häufig ist eine Vorliebe für die technische Ausstattung der Ware feststellbar, während die Optik als weniger wichtig angesehen wird.

oder die berufstätige Hausfrau mit schnellen Kaufentscheidungen und der Hausmann, der noch einen Einkaufsbummel macht, bevor er die Kinder vom Kindergarten abholt.

3.2.2 Kundengruppen nach dem Alter

Menschen verändern sich im Verlauf ihres Lebens und damit auch in ihren Erwartungen an Verkaufspersonal, Sortiment und Dienstleistungen eines Geschäftes.

Kinder

Juristisch sind Menschen bis zum Alter von 14 Jahren als Kinder anzusehen. Der Entwicklungsstand eines Kindes kann aber sehr unterschiedlich sein, sodass manches Kind wie ein Jugendlicher behandelt werden muss.

Im Allgemeinen ist gegenüber Kindern Folgendes zu beachten:

- Kinder haben nicht die Ausdauer eines Erwachsenen und werden daher leicht ungeduldig.
- Sie schätzen es, wenn man sie besonders beachtet, interessante und lustige Dinge an einer Ware hervorhebt oder ihnen ein kleines Geschenk macht.
- Eine kindgerechte Sprache ist eher vertraulich, locker und fröhlich.
- Das Preisniveau der vorgelegten Ware sollte sich mehr (aber nicht immer) im unteren bis mittleren Bereich bewegen.

- Die Verkaufsargumentation sollte die Sichtweise der Eltern berücksichtigen, denn auch sie (ob anwesend oder nicht) müssen mit der Kaufentscheidung einverstanden sein.

Jugendliche

14- bis 17-Jährige gelten als Jugendliche. Sie verändern ihre Verhaltensweisen oft sehr schnell. Grundsätzlich lässt sich zu jugendlichen Kunden sagen:

- Gefragt sind vor allem aktuelle Artikel; sie dürfen durchaus auch ausgefallen sein.
- Es besteht eine Vorliebe für Marken- und Trendprodukte.
- Die beschränkten finanziellen Mittel von Jugendlichen erfordern (in der Regel) die Vorlage preisgünstiger Ware.
- Häufig bestehen recht konkrete Vorstellungen vom Produkt. Jugendliche erwarten daher keine ausgiebige Beratung, sondern wünschen eher Gelegenheit zur Selbstwahl.

Erwachsene

Als Erwachsene gelten Menschen ab dem vollendeten 18. Lebensjahr. In ihrem Kaufverhalten sind sie sehr unterschiedlich. Weiter unten werden erwachsene Kunden nach anderen Gesichtspunkten als dem Alter unterteilt.

Ältere Kunden

Das Durchschnittsalter der deutschen Bevölkerung steigt. Ältere Kunden werden daher zu einer immer bedeutsameren Kundengruppe. Die Grenze wird heute in der Regel bei 50 Jahren angesetzt (Kundengruppe „50 Plus"). Für den Einzelhandel ist diese Kundengruppe besonders interessant, weil sie finanziell gut ausgestattet ist. Die Kaufkraft der über 60-Jährigen ist etwa dreimal so hoch wie die der 14- bis 20-Jährigen. Was ist für die „Generation 50 Plus" wichtig?

- viele soziale Kontakte
- Hobbys
- Reisen
- sich mit neuen Dingen auseinandersetzen
- aktiv sein
- Lebensfreude
- sich Jugendträume erfüllen

Verkaufsmitarbeiter sollten beachten:

- den Kunden nie auf das Alter ansprechen
- Markenprodukte vorlegen
- Diese Kunden wollen aktiv am Leben teilnehmen. Produkteigenschaften, die die Vitalität betonen, sind hervorzuheben. Hinweise auf Alter, Krankheit und Tod sind fehl am Platz.
- Die Kunden schätzen aber ein offenes Ohr für die Probleme des Alltags.

3.2.3 Kundengruppen nach der Geschäftstreue

Stammkunde

Wer regelmäßig in einem bestimmten Geschäft einkauft, wird dort als Stammkunde bezeichnet. Diese Kunden sind in der Regel namentlich bekannt, und es hat sich zwischen ihnen und dem Geschäft ein gewisses Vertrauensverhältnis herausgebildet. Das Verkaufspersonal kennt die Ansprüche eines Stammkunden und erfüllt gerne Sonderwünsche. Durch besonders höfliche und zuvorkommende Behandlung bemüht sich der Einzelhändler um eine enge Bindung der Stammkunden an sein Geschäft.

Laufkunde

Wer nur gelegentlich das Geschäft betritt, sozusagen „im Vorbeilaufen", wird als Laufkunde bezeichnet. Es ist ein wichtiges Ziel des Einzelhändlers, Laufkunden zu Stammkunden zu machen. Heute gilt vielfach der Grundsatz, dass es leichter ist eine vorhandene Kundenbindung zu erhöhen (aus Laufkunden werden Stammkunden), als Neukunden zu gewinnen.

Sehkunde

Wer lediglich das Warenangebot eines Geschäftes betrachten möchte, gilt als Sehkunde (Besichtigungskunde). Diesen Kunden macht es Freude, durch ein Geschäft zu bummeln, sich über das Warenangebot zu informieren oder Preisvergleiche anzustellen.

Ein Beratungsgespräch würde diese Kunden unter Kaufzwang setzen, daher möchten sie in Ruhe gelassen werden. Es ist aber nicht ausgeschlossen, dass ein Sehkunde auch spontan etwas kauft. Daher sollte er vom Kundenberater unauffällig beobachtet werden, damit dieser bei Bedarf zur Stelle sein kann.

3.2.4 Gruppenbildung nach der Lebenssituation des Kunden

Die Lebenssituation beschreibt das soziale Umfeld eines Menschen. Welchen Beruf übt er aus? Hat er eine Familie? Wichtig für den Einzelhändler ist auch die Frage nach der Höhe des Einkommens, die häufig in enger Verbindung zum Beruf steht. Die Lebenssituation soll auch die Lebensziele eines Menschen zum Ausdruck bringen. Was ist einem wichtig? Wie möchte man sein Leben leben? Wie möchte man seine Ziele verwirklichen?

Quelle: Outfit 5 – Typologie, SPIEGEL-Verlag 2002

http://media.spiegel.de/medserv/medserv_haupt.html

Aus der Lebenssituation ergeben sich unter anderem bestimmte Konsumgewohnheiten, die sich in Ansprüchen an die Ware äußern. Damit wird die Bildung von Kundengruppen nach der Lebenssituation für den Einzelhandel besonders aussagekräftig.

Die Typenbezeichnungen wurden etwas verändert.

Das nachfolgend beschriebene Modell zur Einteilung weiblicher und männlicher Kundentypen stammt aus der Textilbranche. Es lässt sich aber auch auf viele andere Branchen übertragen. Es wird lediglich die Grundhaltung zur Mode und zum Kaufverhalten dargestellt.

Die gesamte Studie macht umfangreiche Aussagen zum bevorzugten Lebensstil, zu Freizeitinteressen, zu sportlichen Aktivitäten u. Ä.

Weibliche Kundentypen

Die Modebegeisterte
„Ich genieße es, wenn andere mir wegen meiner Kleidung nachschauen.“ (16 % der Befragten)

Diese Kundinnen stellen sich mit modischer, körperbetonter Kleidung wirkungsvoll dar. Sie probieren gerne etwas Neues aus, sind ständig auf der Suche nach neuen Modeideen, bevorzugen bekannte Marken und lieben die besondere Einkaufsatmosphäre.

Die Anspruchsvolle
„Meine Kleidung muss mir selbst gefallen – was andere darüber denken, ist mir egal.“ (12 %)

Kundinnen dieses Typs tragen mit Vorliebe weiblich geprägte Kleidung mit hohem Anspruch an Material und Tragekomfort. Sie kaufen nur Kleidung, die zu ihrem Typ passt und wählen sehr sorgfältig aus.

Die Sparsame
„Modische Trends mache ich nicht mit – das ist mir zu teuer.“ (14 %)

Solche Kundinnen kleiden sich einfach und unauffällig. Die Bekleidung muss zu verschiedenen Gelegenheiten tragbar sein und darf nicht aus dem Rahmen fallen. Sie sind sehr preisbewusst und achten auf Sonderangebote.

Die Kritische

„Naturbelassene Stoffe finde ich besonders schön." (16 %)

Diese Kundinnen stellen hohe Ansprüche an ihre Kleidung, die aus natürlichen und hautverträglichen Materialien bestehen muss. Durch ihre Kleidung wollen sie ihr Umwelt- und Gesundheitsbewusstsein nach außen hin zeigen. Sie kaufen gerne in kleineren Geschäften.

Die Individualistin

„Es gefällt mir, bei meiner Kleidung männliche und weibliche Elemente zu mischen." (14 %)

Ihre unverwechselbare Persönlichkeit wollen diese Kundinnen durch ihre Kleidung zum Ausdruck bringen. Sie suchen Originelles und Ausgefallenes, stöbern auch gerne mal in Secondhand-Läden.

Die Angepasste

„Ich achte sehr darauf, dass ich immer dem Anlass entsprechend gekleidet bin." (13 %)

Mode und Kleidung besitzen für diese Kundinnen einen hohen Stellenwert. Mit ihrem Äußeren machen sie ihren beruflichen Erfolg sichtbar. Daher setzen sie auf Bewährtes und hochwertige Marken.

Die Unsichere

„Ich bin oft unsicher, was ich anziehen soll." (14 %)

Die Unsichere kennt sich in der Mode nur wenig aus. Die aktuellen Angebote sagen ihr nicht zu, weil sie sie als zu jugendlich empfindet. Sie kauft gerne im Versandhandel, wünscht keine Beratung und achtet auf den Preis.

Männliche Kundentypen

Den weiblichen Kundentypen entsprechen männliche Kundengruppen mit ähnlichem Lebensstil und vergleichbaren Wünschen.

Der Modische

„Mit meiner Kleidung möchte ich mich von anderen abheben." (17 %)

Der Modische will sich mit hochmodischer Ware positiv darstellen. Seine Kleidung liegt im neuesten Trend. Er hat sehr hohe Ansprüche an die Exklusivität der Ware.

Der Praktische

„Für mich ist es sehr wichtig, dass meine Kleidung leicht, knitterfrei und strapazierfähig ist." (14 %)

Diese Kunden bevorzugen bequeme und strapazierfähige Kleidung, die modisch zurückhaltend ist und in der sie sich vor allem wohlfühlen. Sie sind interessiert an Marken, die die hohen Anforderungen an Qualität und Komfort erfüllen.

Der Uninteressierte

„Bei meiner Kleidung mag ich keine Veränderungen, ich halte mich lieber an meine Gewohnheiten." (15 %)

Die Kleidung spielt für diese Kunden keine große Rolle. Sie kennen sich in der Mode nicht aus und tragen daher am liebsten Einfaches und Unauffälliges. Beim Kauf achten sie vor allem auf den Preis.

Der Ausgefallene

„Mit meiner Kleidung möchte ich signalisieren, dass ich anders bin." (13 %)

Diese Kunden wollen sich vor allem vom Massengeschmack abgrenzen und verwenden dazu auffällige Kleidung und hervorstechendes Zubehör. Sie orientieren sich nicht an Trends der Modeindustrie, sondern folgen dem, was in der „Szene" angesagt ist.

Der Angepasste

„Modische Kleidung ist heute die Voraussetzung, um erfolgreich zu sein." (14 %)

Dieser Kundentyp möchte eine perfekte äußere Erscheinung, weil sie seinen Erfolg ausdrückt. Gegenüber neuen modischen Trends ist er aufgeschlossen. Er schätzt Marken und Komplettangebote, um nichts falsch zu machen.

Der Kritische

„Naturbelassene Stoffe finde ich besonders schön." (16 %)

Als kritischer Verbraucher ist er umweltbewusst und gesundheitsorientiert. Er achtet auf natürliche Materialien, aber auch auf bequeme und strapazierfähige Kleidung. Herkunft und Herstellung des Produkts sind ihm wichtig. Exklusive, aber unbekannte Marken geben ihm Gelegenheit, seinen besonderen Geschmack herauszustellen.

Der Konservative

„Ich achte sehr darauf, dass ich immer dem Anlass entsprechend gekleidet bin." (13 %)

Dieser Kunde achtet stets auf korrektes und gepflegtes Auftreten. Er bevorzugt einen zeitlosen, klassisch-eleganten Stil und noble Marken. Mit seiner Kleidung möchte er seine gehobene Stellung in der Gesellschaft betonen.

3.2.5 Gruppenbildung nach den Ernährungsgewohnheiten

Für die Lebensmittelbranche passen die oben beschriebenen Einteilungen von Kunden nur teilweise. Beim Kauf von Lebensmitteln spielt die Lebenssituation zwar auch eine Rolle. Hinzu treten aber weitere Gesichtspunkte wie z. B. der Wunsch oder die Notwendigkeit, sich gesundheitsbewusst zu ernähren. Die nachfolgende Darstellung zeigt eine mögliche Einteilung von Kunden in der Lebensmittelbranche.

Kundentyp	Ansprüche an Nahrungsmittel
gesundheitsbewusst	• **allgemein** eiweißreich, fettarm, vitamin- und mineralstoffreich, leicht verdaulich (= fett- und ballaststoffarm), verdauungsfördernd (ballaststoffreich), wenig Zusatzstoffe Lebensmittel, die für nährstoffschonende Garverfahren (Dünsten, Dämpfen usw.) geeignet sind oder als mineralstoff- und vitaminreiche Rohkost verzehrt werden können. • **Im Hinblick auf bestimmte Krankheiten** – streng kontrollierte Kohlenhydrataufnahme bei Diabetikern – Schonkost für Magenkranke – Cholesterin- und i. d. R. fettarme Kost – Allergiker meiden künstliche Zusatzstoffe in Lebensmitteln
Feinschmecker	Geschmack, Geruch, Farbe und Form von Lebensmitteln haben eine große Bedeutung; sie essen gerne abwechslungsreich in geschmacklich abgestimmter Zusammenstellung.
experimentierfreudig	Neugierde, Freude am Ausprobieren, Genuss; wünscht Zubereitungstipps und neue Rezepte
qualitätsbewusst	verlangt Produkte mit überdurchschnittlicher Beschaffenheit; Sicherheit, Geltungsdrang, Perfektion
preisbewusst	preiswertes (nicht billiges) Einkaufen, achtet auf Preis-Leistungs-Verhältnis, nutzt Preis-Mengen-Vorteile und Sonderangebote aus
Vorrats- und Sicherheitstyp	Gewohntes, Bewährtes, Zuverlässigkeit, traditionelle Werte, deftig, sättigend; preiswert, haltbar Verständnis von „gesunder (guter) Ernährung",
bequem	bevorzugt Produkte, die schnell zuzubereiten sind (vorgefertigte, küchenfertige oder verzehrfertige Lebensmittel)
ökologiebewusst	„natürliche" Ernährung: frische, naturbelassene, unbehandelte Lebensmittel, sorgfältige und z. T. aufwendige Mahlzeitenvorbereitung; Lebenserhaltung (vollwertig, möglichst keine Zusatzstoffe); umweltbewusst (artgerechte Tierhaltung), möglichst unverpackte Lebensmittel oder umweltfreundliche Verpackung, energiesparend

3.2.6 Gruppenbildung nach dem Preisbewusstsein

A. C. Nielsen, Der Discounter im Urteil der Verbraucher 2003, Hamburg 2003
Quelle: Rundschau für den Lebensmittelhandel 10/03, Seite 24

Eine Befragung von Kunden, die bevorzugt bei den Discountern des Lebensmittelhandels einkaufen (z. B. Aldi, Lidl), hatte zum Ergebnis, dass sich diese Kunden in drei Gruppen einteilen lassen:

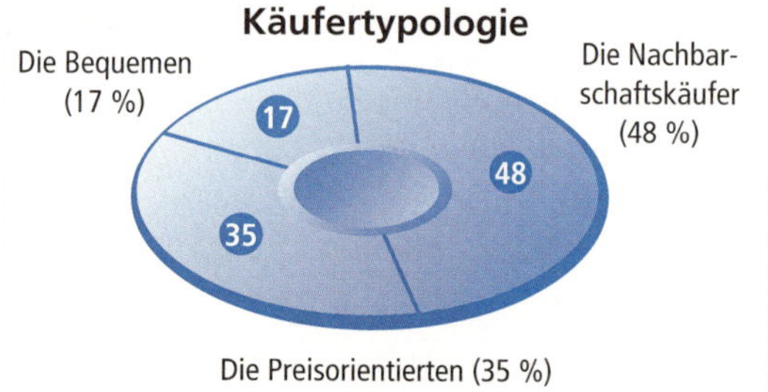

■ Die Nachbarschaftskäufer (48 %)

Aufgrund der Filialdichte befinden sich die Lebensmittel-Discounter heute sehr viel näher beim Kunden als in der Vergangenheit. Damit wird der Discounter zur Alternative gegenüber dem typischen Supermarkt in Verbrauchernähe (Nachbarschaftsgeschäft). Fast die Hälfte der Discounter-Kunden kommen also zu Aldi, Lidl u. a., weil sie „um die Ecke“ wohnen und der Discounter neben dem kurzen Fußweg z. B. auch noch ein günstiges Preisniveau, eine Bedienungstheke und einiges an Non-Food-Artikeln zu bieten hat (siehe Grafik unten).

■ Die Preiskäufer (35 %)

Dies ist die eigentliche Zielgruppe der Discounter, tatsächlich machen sie aber nur ein Drittel aller Discounter-Kunden aus. Sie werden vorzugsweise vom niedrigen Preisniveau der Discounter angezogen.

■ Die Bequemen (17 %)

Für die Bequemen ist vor allem die Lage der Discounter interessant, nämlich insbesondere dann, wenn sie auf der grünen Wiese liegen und ein umfangreiches Parkplatzangebot bieten. Die Bequemen schätzen zwar auch das niedrige Preisniveau der Discounter (18,1 %), die Parkmöglichkeiten stehen bei ihnen aber an erster Stelle (37,5 %).

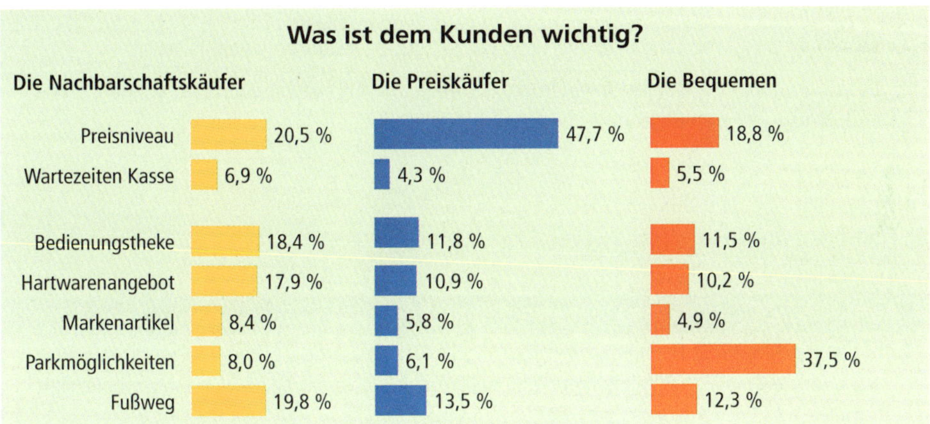

3.3 Ansprüche der Kunden

Siehe Anspruchseinteilung auf Seite 117

An dieser Stelle werden ausschließlich Ansprüche der Kunden an die Ware betrachtet. Bei diesen Ansprüchen handelt es sich um Forderungen von Kunden an das Produkt.

Non-Food-Sortimente

Anspruch	… und was sich dahinter verbirgt
1. Bequemlichkeit	Entspannung, Erholung, Zeitersparnis, Arbeitsersparnis
2. Preiswürdigkeit	Preiswertes Einkaufen, möglichst hoher Gegenwert, ausgewogenes Preis-Leistungs-Verhältnis, Gewinnstreben, Energieersparnis
3. Zweckmäßigkeit	Nützlichkeit, hoher Gebrauchswert, Funktionalität, Ordnungsliebe, korrekte Kleidung
4. Sicherheit	Zuverlässigkeit, lange Lebensdauer, sorgfältige Verarbeitung, Geborgenheit, Schutz, Bewährtes, Gewohntes, Umweltbewusstsein, Gesundheit, Lebenserhaltung, Unauffälligkeit, Nachahmung
5. Gestaltungsbedürfnis	Raumgestaltung, Freude an technischen Dingen, Sport, Hobbys, Sammlungen, Beschäftigungsdrang und Kreativität, Abenteuer, Informationsbedürfnis, Freude an Veränderungen, Neugierde, Geselligkeit
6. Pflegebedürfnis	Verlangen nach Sauberkeit und Hygiene, Freude an Pflegearbeiten, Wunsch, ein Kind zu betreuen
7. Schönheit	Schöne Formen und Farben, gutes Design, angenehme Musik
8. Geltungsbedürfnis	Andere beeindrucken, auffallen wollen, etwas vorzeigen können, etwas Besonderes besitzen wollen

Food-Sortimente

Anspruch	… und was sich dahinter verbirgt
1. küchentechnische Verwertbarkeit	Bequemlichkeit, Zeit- und Arbeitsersparnis, technische Zweckmäßigkeit, vielfältige Verwendungsmöglichkeit, spezielle Verwendungsmöglichkeit, Vorratshaltung, Verzehrnähe
2. gesunde Ernährung	kalorienarm, verdauungsregulierend, vitaminreich, Vermeidung von Allergien, diätetische Kost
3. Sicherheit	Haltbarkeit, Bewährtes, Qualität, Gesundheit, Gewohntes, Umweltbewusstsein, Nachahmung, Sättigung, Appetitanregung, Zuverlässigkeit, Geborgenheit, Schutz, Lebenserhaltung
4. Preiswürdigkeit	preiswertes Einkaufen, Energie sparen, Preis-Leistungs-Verhältnis
5. Experimentierfreudigkeit	Neugierde, Freude am Ausprobieren, Kreativität

Anspruch	… und was sich dahinter verbirgt
6. Gefühlsansprüche	Geschmack, Farbe, Form, Oberfläche, Geruch, Schönheit, Geselligkeit, Freude am Genuss, Aussehen
7. Geltungsansprüche	etwas Originelles auftischen, andere beeindrucken, auffallen wollen, etwas vorzeigen können, etwas Besonderes essen, etwas Anderes essen, Kennerschaft demonstrieren, küchentechnische Kenntnisse zeigen, finanzielle Ungebundenheit darstellen

3.4 Anspruchsermittlung

3.4.1 Zielsetzung

Die Ansprüche von Kunden werden mit dem Ziel ermittelt, ein Beratungsgespräch zu führen, das dem Kunden Gelegenheit gibt, seine Wünsche an das Produkt ausgiebig darzulegen. Aus diesem Grund sind in der Anspruchsermittlung **enge Fragen** zu vermeiden.

Siehe Seite 107

Enge Fragen wie „Kann ich Ihnen helfen?" sind durch häufigen Gebrauch weitgehend sinnentleert oder sie überfordern den Kunden, weil er seine Produktvorstellungen nicht hinreichend konkretisieren kann (Beispiel: „Suchen Sie etwas Bestimmtes?"). Auch Fragen nach der Preisvorstellung sind enge Fragen, weil sie die Warenauswahl unnötig einschränken und Umsatzchancen vergeben.

Weite Fragen und vor allem auch **Produktvorführungen** sind geeignete Mittel, die Vorstellungskraft des Kunden anzuregen und seine Ansprüche näher zu erläutern.

3.4.2 Anspruchsermittlung im Dreischritt

Vielfach lässt sich die Anspruchsermittlung in drei Abschnitte gliedern:

1. Schritt	(weite) Eröffnungsfrage

Nach der Begrüßung eröffnet der Kundenberater das Verkaufsgespräch mit einer **weiten Frage**, die seine Dienstbereitschaft zum Ausdruck bringt.

Beispiele

„Was kann ich für Sie tun?"
„Wie kann ich Ihnen helfen?"

Diese Frage signalisiert dem Kunden, dass der Kundenberater bereit ist, sich die Wünsche des Kunden anzuhören, ihm geeignete Waren vorzulegen und ihn zu beraten.

Weite Fragen haben einen starken Aufforderungscharakter und versperren dem Kunden „Ausweichmöglichkeiten" (z. B. „Ich möchte mich nur einmal umschauen.").

2. Schritt	(weite) Zweckfrage

Die nächste weite Frage zielt auf den **Verwendungszweck** ab, für den der Kunde die Ware nutzen möchte. Jeder Kunde hat eine Vorstellung, wofür er das gewünschte Produkt verwenden will. Diese Vorstellung kann er auch leicht in Worte fassen, weil er aus seinem Lebensumfeld berichten kann.

Beispiele „Wofür wollen Sie den ... verwenden?"
„Wie ist Ihr ... eingerichtet?"
„Welchen Schmuck/welche Kosmetik hat Ihre ... bisher gekauft?"

Die Antwort des Kunden gibt dem Kundenberater mit großer Sicherheit ausreichend Informationen, welche Produkte für den Kunden infrage kommen. Aus dem Verwendungszweck heraus lassen sich bestimmte Ansprüche des Kunden ableiten, ohne dass viel nachgefragt werden muss.

Beispiel Wenn eine Kundin einen Schuh für den Spanienurlaub sucht, gilt gewöhnlich: sommerliche Farben und Formen, leichtes Material, eher preisgünstig.

Der Kundenberater kann daher die Produktauswahl eingrenzen und mit der Vorlage von Waren beginnen, die für die Kundin mit großer Wahrscheinlichkeit passend sind.

Damit leitet der Kundenberater den 3. Schritt in der Anspruchsermittlung ein.

3. Schritt	Produktvorführung

Durch die Vorlage und Beschreibung von Produkten auf der Grundlage der Kundenaussagen und der Anspruchsvermutungen erhält der Kundenberater schrittweise immer deutlichere Informationen über die Ansprüche des Kunden.

Beispiel

Die Kundenberaterin stellt eine Begrüßungsfrage und macht die Kundin zunächst auf die zu erwartende Produktauswahl gespannt.	*Frau Melcher:* Guten Tag. Was kann ich für Sie tun? *Kundin:* Guten Tag. Ich hätte gern einen Jogginganzug. *Frau Melcher:* Ich kann Ihnen unsere reichhaltige Auswahl hier vorne gern einmal zeigen.
Danach folgt die Zweckfrage. Die Antwort der Kundin gibt Frau Melcher nähere Hinweise auf den Einsatzzweck. Die Vorstellung der Produkte wird mit einem Hinweis auf die Attraktivität der Auswahl eingeleitet („Modefarben des kommenden Winters").	Wofür möchten Sie den Jogginganzug verwenden? *Kundin:* Für meine täglichen Runden durch den Stadtwald. *Frau Melcher:* Wir haben gerade ganz neue Modelle in den Modefarben des kommenden Winters bekommen.
Die Kundin reagiert auf die Ankündigung und konkretisiert ihre Vorstellungen zum ersten Mal.	*Kundin:* Ich hatte eher an etwas Unauffälliges, Schlichtes gedacht.
Die Kundenberaterin legt ein Produkt nach dem Wunsch der Kundin vor.	*Frau Melcher:* Dann wird Ihnen dieser einfarbige blaue Anzug sicher gefallen.
Anhand eines anschaulichen Produktbeispiels verfeinert die Kundin ihre Ansprüche weiter.	*Kundin:* Ja, dieser Anzug entspricht in etwa meinen Vorstellungen. Haben Sie so etwas auch mit Kapuze?
Die Kundenberaterin fragt nicht nach der Konfektionsgröße der Kundin, sondern macht Größenvorschläge. Eine erfahrene Fachkraft kann das einschätzen.	*Frau Melcher:* Ja, ich habe hier einen in Größe 38. Wenn Sie ihn salopper tragen möchten, nehmen Sie besser Größe 40.
Im Zweifelsfall schlägt die Kundenberaterin eher die (attraktivere) kleinere Konfektionsgröße vor und macht der Kundin auf diese Weise ein Kompliment.	*Kundin:* Haben Sie den gleichen Anzug auch noch in Größe 42?
Fortsetzung des Verkaufsgespräches.	*Frau Melcher:* Dieser Anzug aus Baumwolle hat Größe 42. Baumwolle ist ein besonders hautsympathisches Material … usw.

Fragen des Kundenberaters, die vom Kunden eine exakte Beschreibung seiner Ansprüche verlangen (z. B. „Suchen Sie etwas Bestimmtes?"), überfordern Kunden vielfach. Werden ihm jedoch konkrete Produkte vorgelegt, am besten in einer kleinen Auswahl, fällt es dem Kunden viel leichter, seine Ansprüche zu formulieren. Dem Kunden sollten daher möglichst früh Waren vorgelegt werden. Es gilt der Grundsatz:

Reden (Fragen) ist Silber, Zeigen ist Gold

3.4.3 Kunden persönlich ansprechen

Stammkunden siehe Seite 121

Kunden schätzen es, wenn Verkaufsmitarbeiter die Konsumgewohnheiten ihrer Kunden kennen und ihre Beratung darauf einstellen. Verkaufsgespräche bekommen eine besondere Note, wenn sich der Kundenberater sogar im persönlichen Umfeld des Kunden auskennt. Dann ist er in der Lage, das Gespräch auf einer individuellen Ebene zu führen. Insbesondere in der Anfangsphase eines Verkaufsgespräches erzeugen persönliche Bemerkungen eine äußerst positive Verkaufsatmosphäre, weil nicht der Verkauf im Mittelpunkt steht. Der Kunde wird als Mensch wahrgenommen, an dessen Schicksal der Kundenberater Anteil nimmt. Zwischen dem Kunden und dem Geschäft entwickelt sich eine enge und dauerhafte Beziehung. Dieser Typ von Kunde wird als Stammkunde bezeichnet.

Siehe Seite 109

Ein erster Schritt zur persönlichen Ansprache eines Kunden ist es, sich seinen Namen zu merken. Darüber hinaus sollte sich der Kundenberater im Laufe des Verkaufsgespräches in die Situation des Kunden versetzen und gezielt eine gefühlsmäßig gefärbte Verbindung zum Kunden schaffen. Ansatzpunkt sind persönliche Ereignisse aus dem Leben des Kunden, die dieser in Verkaufsgesprächen zum Ausdruck bringt.

Beispiele

- Familiäre Ereignisse, die der Kunde zur Sprache bringt.
- Urlaubserlebnisse, von denen der Kunde berichtet hat.
- Krankheiten des Kunden und seiner Familienangehörigen.
- Die Schulkarriere der Kinder.
- Persönliche Sorgen und Probleme, die der Kunde erwähnt.

Diese Ereignisse sind ausgezeichnete Gesprächseröffner, die dem Kunden deutlich machen, dass man nicht nur an seinem Geld interessiert ist, sondern den Menschen wahrnimmt, der das Geschäft betreten hat.

Beispiele für die Gesprächseröffnung

- „Guten Tag Herr Arnold. Ich hoffe, es geht Ihrer Frau wieder besser."
- „Haben Sie die Kinderparty gut überstanden?"
- „Wie war das Wetter auf Gran Canaria?"

Auch das beim letzten Einkauf erworbene Produkt bietet Anlass für persönlich gefärbte Bemerkungen.

Beispiele

- „Ich hoffe, den Gästen hat die Käseplatte geschmeckt."
- „Hat der … Ihre Erwartungen erfüllt?"
- „Was hat Ihre Frau zu dem Parfüm gesagt?"

Im Verlauf eines Verkaufsgespräches ist aufmerksames Zuhören angesagt, um den „persönlichen Draht" zum Kunden zu knüpfen.

Beispiel

Der Schulwechsel eines Kindes ist für Eltern mit der Sorge verbunden, ob das Kind den Anforderungen der neuen Schule gewachsen ist.	*Kundin:* Unsere Tochter geht demnächst auf das Gymnasium.
Die Kundenberaterin greift diese Sorge auf. Allerdings formuliert sie keine Frage (z. B. „Machen Sie sich Sorgen um Ihre Tochter?"), sondern drückt den Gedanken der Mutter als Feststellung aus. Letztlich wiederholt sie die Aussage der Mutter.	*Ayse:* Da beginnt für Ihre Tochter ja ein wichtiger Lebensabschnitt.
Die Bemerkung der Kundenberaterin veranlasst die Kundin, ihre Sorge stärker zu verdeutlichen. Damit gibt sie auch ihre persönlichen Gefühle preis. Der „persönliche Draht" zwischen Kundenberaterin und Kundin entsteht.	*Kundin:* Ja, Sie haben Recht. Hoffentlich klappt alles. Unsere Tochter ist vor allem sprachbegabt. Mit der Mathematik war es in der Vergangenheit eher schwierig.
Die Schwierigkeiten der Tochter mit der Mathematik geben der Auswahl des Taschenrechners automatisch ein besonderes Gewicht. Wieder formuliert die Kundenberaterin diesen Sachverhalt in Form einer Feststellung.	*Ayse:* Sie wollen sich die Auswahl des Taschenrechners deshalb gut überlegen.
Erneut ist die Kundin angeregt worden, ihr Problem näher zu beschreiben. Die Kundenberaterin erhält damit eine genauere Vorstellung von den Ansprüchen der Kundin. Gleichzeitig verbinden sich beide auf einer gefühlsmäßigen Ebene in gemeinsamer Sorge um das Wohlergehen der Tochter.	*Kundin:* Ja. Ich habe mir das Mathematik-Buch einmal angesehen. Es wimmelt da nur so von Formeln. Wir können ihr dabei gar nicht mehr helfen. Ein Taschenrechner ist doch sicherlich eine große Hilfe. Andererseits darf der Rechner nicht zu kompliziert sein, dann wendet sie ihn gar nicht an.

Wenn die Kundin das Geschäft ein weiteres Mal betritt, ist die Frage nach dem Schulerfolg der Tochter und der Verwendung des Taschenrechners eine Selbstverständlichkeit. Kundin und Kundenberaterin sind sich näher gekommen. Dem Schulproblem können weitere persönliche Themen aus dem Leben der Kundin folgen. Eine starke Bindung der Kundin an das Geschäft wird sich mit hoher Wahrscheinlichkeit einstellen.

3.5 Warenvorlage

Nachdem die Wünsche des Kunden in der Anspruchsermittlung festgestellt worden sind, steht ein Kundenberater vor der Aufgabe, geeignete Waren vorzulegen. Vier Fragen hat der Kundenberater dabei zu beantworten:

- **Welche Waren sollen vorgelegt werden?**

Der Kunde soll durch die Warenvorlage einen anspruchsgerechten Überblick über das Sortiment bekommen. Ausgangspunkt sind daher zunächst die vom Kunden geäußerten Wünsche. Das äußere Erscheinungsbild des Kunden kann zusätzliche Hinweise auf das richtige Produktniveau geben. Grundsätzlich sind die äußeren Eindrücke aber vorsichtig zu handhaben.

- **Wie viele Produkte soll der Kundenberater vorlegen?**

Die Frage, wie viele Artikel vorzulegen sind, lässt sich nicht für alle Branchen einheitlich mit einer bestimmten Zahl beantworten. Dem Kunden müssen verschiedenartige Produkte vorgelegt werden, denn er erwartet Auswahl. Das Verkaufsgespräch wird daher mit einer Warenvorlage begonnen, die dem Kunden einen gewissen Sortimentsquerschnitt bietet. Im weiteren Verlauf orientiert sich die Warenvorlage dann immer mehr an den Kundenansprüchen, die mit dem Gesprächsfortgang zunehmend präziser werden.

Beispiel Ein Kunde sucht Wein für seine Gäste.

1. Schritt	Groborientierung	Unterscheidung in Weiß-, Rot- und Rosé-Weine
	Der Kunde bevorzugt Rotweine.	
2. Schritt	Überblick über das Rotweinsortiment nach der Herkunft	deutscher, italienischer, französischer oder chilenischer Rotwein
	Der Kunde wünscht italienischen Rotwein	

3. Schritt	**Untersuchung nach Geschmacksrichtung**	trockener, halbtrockener oder lieblicher Geschmack
	Es soll ein trockener Wein sein.	
4. Schritt	**Unterscheidung nach Herstellern/Regionen und Erläuterung der jeweiligen Besonderheiten**	z. B. trockener Chianti, Bardolino, Valpolicella

Die Unterscheidungen werden immer anhand von konkreten Produkten anschaulich gemacht. Der Kunde darf allerdings auch nicht durch eine zu große Warenauswahl verwirrt werden, sodass er sich am Ende nicht mehr entscheiden kann. Der Kundenberater wird daher die Vorlage neuer Waren mit dem Wegräumen von Artikeln verbinden, die offensichtlich den Geschmack des Kunden am wenigsten treffen. Dadurch bleibt die Warenauswahl für den Kunden, aber auch für den Kundenberater, überschaubar. Vielfach ist es sinnvoll, etwa drei bis fünf Artikel zur Auswahl vorzulegen.

■ Mit welcher Preislage soll der Kundenberater beginnen?

Lassen sich zu Beginn des Verkaufsgespräches nicht genügend Informationen über die Preisvorstellungen des Kunden gewinnen, legt der Kundenberater zunächst Waren mittlerer Preislage vor und verändert die Warenvorlage entsprechend der Reaktion des Kunden.

■ Wie sollen Waren vorgelegt werden?

Das Verkaufsgespräch soll den Kunden von der Vorteilhaftigkeit der Ware überzeugen. Zu diesem Zweck wird der Kundenberater möglichst viele Produktvorteile herausstellen. Das beginnt damit, dass er die Ware entsprechend vorlegt, sie sorgfältig behandelt und ihren Wert durch geeignete Maßnahmen hervorhebt. Er wird z. B. einen Artikel so vorlegen, dass dem Kunden die optisch beste Seite (die „Schauseite") sichtbar wird. Oft ist es vorteilhaft, das Produkt im Verwendungszusammenhang zu zeigen, weil der Artikel dann besonders gut zur Geltung kommt. So wird z. B. in ein Kostüm die passende Bluse eingelegt oder die Wirkung eines Essservices durch eine Tischdekoration erhöht. Grundsätzlich gilt, dass die Waren kundennah vorgelegt werden sollen, d. h., dass der Kunde Gelegenheit haben muss, das Produkt zu sehen, anzufassen oder auszuprobieren.

Anhaltspunkt sind die 5 Sinne des Menschen, die während der Warenvorlage möglichst intensiv angesprochen werden sollen.

Die 5 Sinne des Menschen

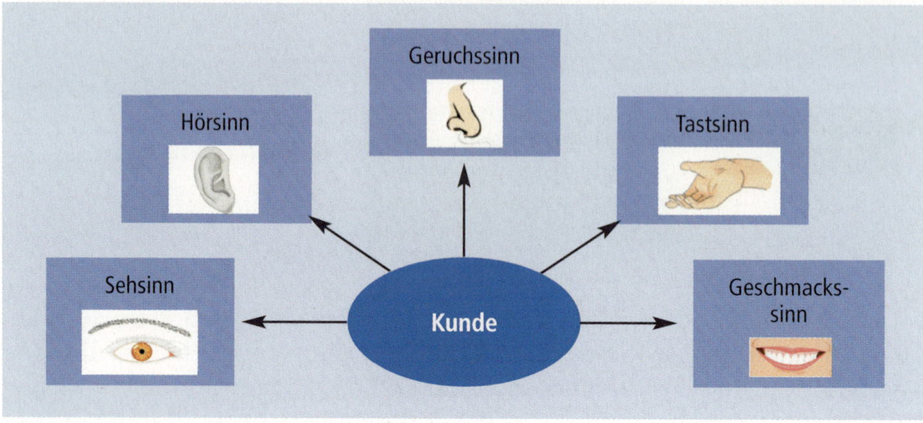

Durch eine geschickte Warenvorlage wird der Wunsch des Kunden, das Produkt zu besitzen, gesteigert. Auf diese Weise unterstützt die Warenvorlage die Verkaufsargumentation erheblich.

Ware verkaufswirksam vorlegen

welche?	wie viel?	in welcher Preislage?	wie?
• anspruchsgerechte Ware nach Art und Preis	• Sortimentsüberblick verschaffen • Kunden nicht verwirren	• im Zweifelsfall zunächst Ware in mittlerer Preislage	• sorgfältig, den Wert der Ware demonstrierend • möglichst kundennah vorgehen • die Sinne des Menschen ansprechen

4 Verkaufsargumentation

4.1 Argumentieren

Argumentieren heißt beweisen

Behauptung	Beweis
Das Wetter ist schlecht,	weil es seit 14 Tagen ununterbrochen geregnet hat.

Meine Behauptung, dass das Wetter schlecht ist, beweise ich, indem ich auf den Dauerregen verweise.

Im Verkauf argumentieren (Verkaufsargumentation)

In der Verkaufsargumentation beweist der Kundenberater dem Kunden, dass das vorgestellte Produkt mit seinen Eigenschaften den Ansprüchen des Kunden gerecht wird.

Kundenanspruch	Beweis
Kunde: Ich suche eine Sportjacke, die ich auch bei Regen tragen kann, in der ich aber nicht so schwitze.	*Kundenberater:* In diese Sportjacke ist eine Zwischenschicht aus Mikrofaser eingearbeitet, die für Wasserdampf durchlässig ist, Regen aber fernhält. Daher fühlen Sie sich auch bei Regenwetter in dieser Jacke wohl.

Je besser es dem Kundenberater gelingt, den Kunden davon zu überzeugen, dass das vorgelegte Produkt mit seinen Eigenschaften den Wünschen (Ansprüchen) des Kunden entspricht, desto größer ist die Kaufbereitschaft des Kunden.

Produkteigenschaften sind die Vorteile und Nachteile eines Produktes.

- Ein Brillant ist z. B. besonders wertvoll und hat einen strahlenden Glanz.
- Ein Lederarmband ist sehr geschmeidig und wird daher am Handgelenk als angenehm empfunden.

Beispiele für Produktvorteile

- Brillanten haben einen sehr hohen Preis.
- Ein Lederarmband hält nicht so lange wie ein Metallarmband.

Beispiele für Produktnachteile

Der Verkaufserfolg wird bestimmt von der Zahl der Produkt**vorteile**, die einem Kunden deutlich gemacht werden können und aus dem persönlichen **Nutzen**, den er aus den Produktvorteilen zieht.

4.2 Grundsätze der Verkaufsargumentation

4.2.1 Positiv argumentieren

4.2.1.1 Positive Wortwahl

Ist das Glas halb voll oder halb leer?

Für den Optimisten ist das Glas immer noch zur Hälfte gefüllt. Kein Grund also, traurig zu sein. Es ist ja noch reichlich vorhanden.

Der Pessimist hat eine andere Sichtweise: Das Glas ist bereits zur Hälfte geleert worden. Es gibt bald nichts mehr zu trinken – ein Jammer!

Im Verkauf fördert eine positive Grundstimmung die Kaufbereitschaft des Kunden. Dazu gehört, dass

1. vor allem die Produktvorteile hervorgehoben werden,
2. die Vorteile eines Produktes auch in einer positiven Sprache formuliert werden.

Kundenberater 1: „Daher schwitzen Sie in dieser Jacke bei Regenwetter nicht."
Kundenberater 2: „Daher fühlen Sie sich auch bei Regenwetter in dieser Jacke wohl."

Im Verkauf werden häufig positive Produkteigenschaften mit negativen Worten beschrieben:
Der Satz **„Das steht Ihnen nicht schlecht."** will doch eigentlich zum Ausdruck bringen, dass der Kundin das Kleidungsstück besonders gut steht. Die negative Wortwahl („nicht schlecht") mindert die Wirkung der Produktbeschreibung auf die Kundin.
Vielfach werden auch Aussagen in der **Möglichkeitsform** gemacht, obwohl dadurch eine gewisse Unsicherheit zum Ausdruck kommt.

falsch (weil unsicher)	richtig (weil selbstbewusst und kundenbezogen)
„Ich könnte Ihnen dort drüben auch noch eine Alternative zeigen."	„Ich zeige Ihnen gerne dort drüben eine Alternative."
„Diese Größe müsste ich allerdings beim Lieferanten bestellen. Das könnte etwa eine Woche dauern."!	„Ich bestelle Ihnen diese Größe sofort beim Lieferanten und Sie haben Ihre Hose in knapp einer Woche."

Eine positive Grundhaltung schaffen

Faires Verkaufen verlangt aber auch angemessene Hinweise auf Produktnachteile.

Beispiel Ein Mobiltelefon muss regelmäßig an einem Ladegerät aufgeladen werden – für den Nutzer eine sehr lästige Pflicht, die aber unumgänglich ist. Selbstverständlich ist der Kunde über diese negative Produkteigenschaft aufzuklären. Allerdings kann man durch entsprechende Wortwahl einen positiven Grundton finden:

Kundenberater 1: Leider müssen Sie dieses Mobiltelefon jeweils nach ca. 6 Stunden Gesprächsdauer oder nach 100 Stunden Betriebsbereitschaft aufladen.
Kundenberater 2: Die Batterien dieses Mobiltelefons ermöglichen Ihnen eine Gesprächsdauer von ca. 6 Stunden. Halten Sie das Gerät dauerhaft in Betriebsbereitschaft, müssen Sie die Batterien erst nach 100 Stunden wieder aufladen.

Mobiltelefone benötigen eine Energiequelle, die vom Stromnetz unabhängig ist. Den Herstellern der Telefone ist es in den vergangenen Jahren gelungen, die Leistungsfähigkeit der Batterien ständig zu verbessern. Kundenberater 2 bringt durch seine Wortwahl diesen positiven Sachverhalt zum Ausdruck, ohne den Produktnachteil (regelmäßiges Aufladen der Batterien) zu verschweigen. Kundenberater sind **Produktvorteilssucher und Positivformulierer**.

4.2.1.2 Produktvergleich

Häufig werden Kunden ähnliche Produkte in unterschiedlicher Qualität zur Auswahl vorgelegt. Positives Denken und Sprechen ist beim direkten Vergleich besonders wichtig, weil letztlich alle Produkte für den Kunden kaufbar bleiben müssen. Das heißt: Die qualitativ bessere und damit häufig teurere Ware muss so herausgestellt werden, dass das Vergleichsprodukt nicht abgewertet wird. Denn sollte der Kunde die bessere Ware z. B. wegen eines deutlich höheren Preises ablehnen, muss ihm der „Rückzug" auf das Vergleichsprodukt offen bleiben.

Beispiel

Kundenberater A:	„Lederarmbänder halten allerdings nicht so lange wie Metallarmbänder."	Lederarmbänder werden gegenüber Metallarmbändern herabgesetzt.
Kundenberater B:	„Im Vergleich mit Lederarmbändern halten Metallarmbänder länger."	Metallarmbänder werden als hochwertigere Produkte dargestellt, ohne das Vergleichsprodukt ausdrücklich herabzusetzen.
Kundenberater C:	„Metallarmbänder zeichnen sich durch eine lange Lebensdauer aus."	Eine besondere Eigenschaft von Metallarmbändern wird hervorgehoben, ohne auf das Vergleichsprodukt einzugehen.

Beim Produktvergleich gilt der Grundsatz:

Das bessere Produkt aufwerten, ohne das Vergleichsprodukt abzuwerten.

Beispiel aus einem Schuhfachgeschäft

Falsch:

Kundenberaterin: Diese Schuhe haben die gleiche Absatzhöhe und beide sind mit einem Fußbett ausgestattet. Die Schuhe von VARIO wirken aber viel klobiger als die von Lady-Gabor.

Richtig:

Kundenberaterin: Diese Schuhe haben die gleiche Absatzhöhe und beide sind mit einem Fußbett ausgestattet. Trotzdem wirken die Schuhe von Lady-Gabor eleganter durch das schmaler geschnittene Vorderteil.

Beispiel aus einem Schuhfachgeschäft

Vergleichstechnik

Beispiel 1:
Produkt A wird im Vergleich zu Produkt B herabgesetzt. Produkt A ist nicht mehr empfehlenswert.

Beispiel 2:
Produkt B wird im Vergleich zu Produkt A vorteilhafter dargestellt.

Produkt A bleibt kaufbar.

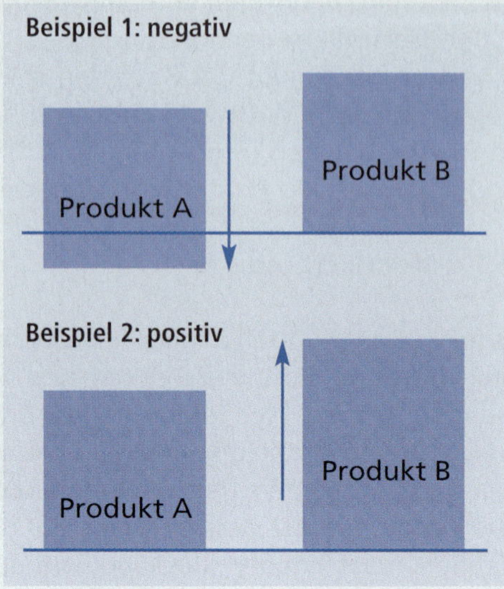

4.2.1.3 Katalogsprache

Einzelhändler bieten Waren nicht nur in Verkaufsräumen an, sondern auch per Katalog. Das kann ein Katalog aus Papier sein oder auch ein elektronischer Katalog, z. B. auf CD-ROM oder digital im Internet.

Für die Produktbeschreibung verwenden die Einzelhändler – wie Kundenberater im stationären Einzelhandelsgeschäft – eine positive Sprache. Die Sprache der Kataloge muss die Produkte wahrheitsgemäß beschreiben, andernfalls fehlt eine zugesicherte Eigenschaft und der Kunde kann rechtlich gegen den Einzelhändler vorgehen.

Die deutsche Sprache lässt allerdings Auslegungsmöglichkeiten zu, sodass man die Beschreibung sehr sorgfältig lesen muss, um sie richtig zu verstehen.

Am Beispiel der Sprache in Reisekatalogen soll deutlich gemacht werden, wie leicht Missverständnisse entstehen können.

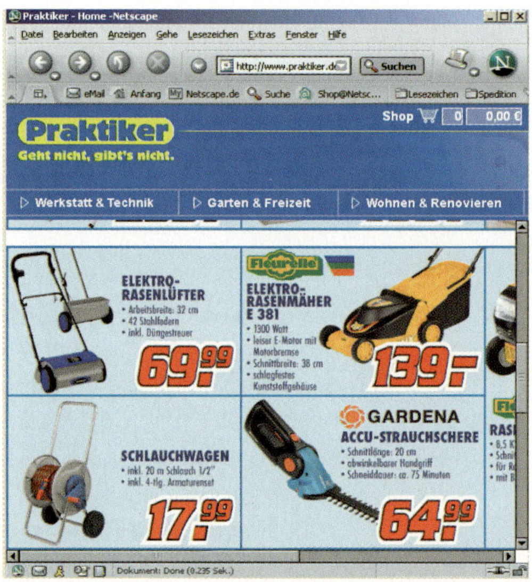

Beispiele

Typische Formulierungen in Reisekatalogen

Katalogsprache	Bedeutung
… direkt am Meer …	Das muss nicht der Meeresstrand sein, es könnte auch das Hafenbecken sein, an dem das Hotel liegt.
… strandnah …	Das Hotel liegt in der Nähe des Strandes. Aber wie nah?
… Naturstrand …	Die Natur schafft nicht nur weiße Sandstrände. Geröll und Steine sind nicht auszuschließen.
… verkehrsgünstig …	Das lässt auf eine nahe Hauptverkehrsstraße schließen, die zwangsläufig Verkehrslärm mit sich bringt.
… bei deutschen Gästen sehr beliebt …	Landestypisches ist hier weniger zu erwarten.
… internationale Atmosphäre …	Hier treffen sich gerne Party-Freunde aus aller Welt.
… landestypische Bauweise …	Das kann schlichte Zimmer mit hellhörigen Wänden bedeuten.
… unaufdringlicher Service …	Man sieht ihn vielleicht kaum.
… lebhafte Hotelatmosphäre …	Man sollte Kinder und abenteuerlustige junge Leute mögen.

4.2.2 Informativ argumentieren

Kunden, die regelmäßig in Schuhgeschäften einkaufen, hören häufig folgende Fragen und Aussagen von Verkaufsmitarbeitern:

1. Welche Größe brauchen Sie?
2. Der Schuh ist sehr bequem.
3. Die Farbe ist ganz neutral, die können Sie zu allem tragen.
4. Die Marke trage ich auch.
5. Wollen Sie den Schuh einmal anprobieren?
6. Passt der Schuh, oder soll ich ihn Ihnen eine Nummer größer holen?
7. Ein sehr (besonders) schöner Schuh.
8. Das ist jetzt sehr aktuell.
9. Der Schuh sitzt (steht Ihnen) gut.
10. Brauchen Sie noch eine Pflege dazu?

Ähnliche, immer wiederkehrende Aussagen hört man auch in anderen Zweigen des Einzelhandels. Offensichtlich wird ein großer Teil der Verkaufsargumentation mit gleichbleibenden Redewendungen bestritten, die praktisch für jedes Produkt passen:

Alles ist …	Vieles …	Manches …	Mit vielem …
schön oder sehr schön, bequem, preiswert, neutral, passend, ausgefallen, mal etwas anderes, aktuell, modisch, schmackhaft, lecker und sehr lecker	sieht gut aus, wird gern gekauft, wird auch vom Kundenberater getragen, gegessen und benutzt	ist auch sehr schön, ist mal etwas ganz anderes, ist wirklich ein ausgefallenes Stück, fällt auf	sind die Kunden, die Kundenberaterin, der Chef, die Chefin bisher sehr zufrieden gewesen

Kunden vermissen in solchen Fällen die Beratungskompetenz des Kundenberaters. Sie wünschen konkrete Aussagen über

- das **Material** des Produktes,
- seine **Herstellung**, soweit es für die Verwendung des Produktes von Bedeutung ist,
- **Maße/Größen**, Alternativmaße,
- Besonderheiten im **Aussehen**, im optischen Eindruck, den das Produkt vermittelt,
- die **Zeichen**, die sich auf dem Produkt befinden,
- die **Bedienung** (Handhabung, Zubereitung, Pflege) der Ware,
- den **Hersteller** der Ware, über das **Herkunftsland** und über die **modische** Einordnung des Produktes.

Material, Herstellung usw. sind **Produktmerkmale**, die bei jeder Ware zu finden sind. Aus ihnen ergeben sich bestimmte **Eigenschaften**, die der Kundenberater dem Kunden zu erläutern hat.

Das Produkt selber, Herstellerinformationen, Prospekte, Bedienungsanleitungen und auch warenkundliche Bücher bieten oft eine Fülle von konkreten Informationen, die für die Kunden von Bedeutung sind und die im Beratungsgespräch die Kompetenz des Kundenberaters sichtbar machen.

4.2.3 Verständlich argumentieren

Der Kundenberater führt die Produkteigenschaften mit den Ansprüchen des Kunden zusammen. Er beweist in seiner Verkaufsargumentation, dass die Eigenschaften des Produktes den Ansprüchen des Kunden gerecht werden. Seine Beweisführung (Verkaufsargumentation) kann nur gelingen, wenn der Kunde die Argumentation des Kundenberaters auch versteht.

Die Verständlichkeit von Verkaufsargumenten wird erhöht, wenn der Kundenberater

- den Kundentyp beachtet (Laie, Fachmann, Alter des Kunden),
- schwierige Sachverhalte mit einfachen Worten beschreibt,
- das Produkt in den Verwendungszusammenhang stellt, den der Kunde nennt,
- seine Aussagen mit Beispielen belegt,
- seine Aussagen in eine sinnvolle Reihenfolge bringt.

4.2.4 Kundenbezogen argumentieren

Kunden kaufen keine Produkte, sondern Problemlösungen.

Kunden kommen nicht in ein Geschäft, um eine silberglänzende Scheibe, die man „CD“ nennt, zu erwerben, sondern sie wollen eine bestimmte Musik in bester Qualität hören. Nicht das Produkt steht daher im Mittelpunkt des Kundeninteresses, sondern der **Nutzen**, den ein Produkt für den Kunden bietet. Im Verkaufsgespräch muss der Kundenberater aus diesem Grunde das Kundenproblem (die Ansprüche des Kunden) stets vor Augen haben.

Der Kundenberater hat dann zu entscheiden,

- **welches Produkt** für die Problemlösung am besten geeignet ist und
- **welche Eigenschaften** dieses Produktes das Kundenproblem am besten lösen.

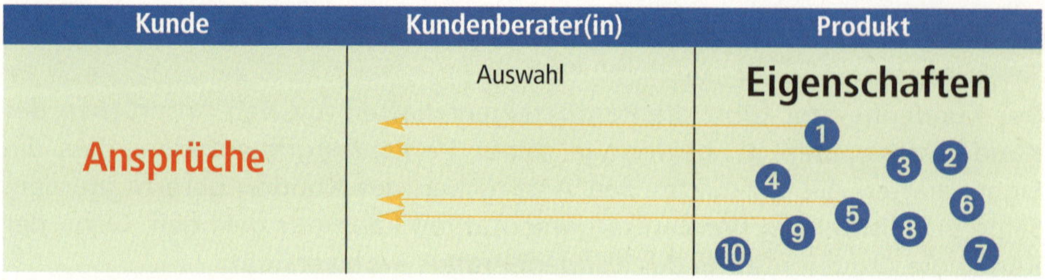

Aus der Fülle der Produkteigenschaften hat der Kundenberater jene auszuwählen, die den Ansprüchen des Kunden gerecht werden. Aus den (positiven) **Eigenschaften** des Produktes ist der **persönliche Nutzen** abzuleiten, den der Kunde mit dem Kauf des Produktes erwirbt.

4.2.5 Verkaufsargumentation

In der Verkaufsargumentation werden die **Produktmerkmale** und die **Eigenschaften** eines Produktes zusammengeführt und auf die konkrete Situation des Kunden bezogen, indem der Kunde auf den **Nutzen** aufmerksam gemacht wird, den das Produkt für ihn bietet.

Beispiel Ein Kunde sucht für sein Rennrad eine neue Gabel. Er ist ein aktiver Radsportler, der regelmäßig an Wettkämpfen teilnimmt.

Verkaufsargument
Kundenberater:

Da kann ich Ihnen diese neue **Vollkarbongabel** von WCW empfehlen.	Produkt-**merkmal**
Das Material ist äußerst **leicht** und **fest**. Dadurch können die Gabelscheiden besonders **grazil** gefertigt werden, sodass sich beste **aerodynamische** Werte ergeben.	Produkt-**eigenschaften**
Diese neueste Materialtechnologie wird **Ihnen** bei Ihrem nächsten **Rennen** einen deutlichen **Vorteil** bringen.	**Kundennutzen**

■ Ansprüche – Eigenschaften – Nutzen

Ansprüche: Ansprüche sind Forderungen (Wünsche) des Kunden an ein Produkt.

Eigenschaften: Eigenschaften sind alle Vorteile (aber auch Nachteile), die ein Produkt bieten kann.

(Kunden)Nutzen: Der Nutzen ist der konkrete Vorteil, den ein Produkt für einen bestimmten Kunden in einer bestimmten Verwendungssituation hat.

In der Verkaufsargumentation wählt der Kundenberater geeignete Produkteigenschaften aus und verdeutlicht dem Kunden den Nutzen, den das Produkt für ihn bietet.

■ Den Kunden direkt ansprechen (Sie-Stil)

Der Kunde mit seinen Ansprüchen steht im Mittelpunkt des Kundenberater-Interesses. Folglich wird der Kunde möglichst oft direkt in die Argumentation einbezogen und auf Produktvorteile aufmerksam gemacht.

Beispiel

Nicht: „Mit diesem Mobiltelefon erhält **man** 100 Stunden Betriebsbereitschaft, ohne den Akku neu aufladen zu müssen."

Sondern: „Mit diesem Mobiltelefon erhalten **Sie** 100 Stunden Betriebsbereitschaft, ohne dass Sie den Akku neu aufladen müssen."

In der Verkaufsargumentation sind die Produktvorteile demnach ständig auf den Kunden und sein Einkaufsproblem auszurichten.

5 Produktmerkmale für das Verkaufsgespräch nutzen

5.1 Produktmerkmale

Produktmerkmale kennzeichnen Produkte und ermöglichen es, Waren zu beschreiben und voneinander zu unterscheiden. Produkte – ausgenommen Dienstleistungen – sind Gegenstände. Sie bestehen demnach aus einem bestimmten **Material**, sie sind nach speziellen Verfahren hergestellt **(Herstellung)** und haben ein bestimmtes optisches Erscheinungsbild **(Optik)**. Vielfach werden Waren in unterschiedlichen **Größen** angeboten, besitzen spezielle **Zeichen**, erfordern eine besondere **Bedienung** und eventuell ist auch die **Herkunft** von Bedeutung (z. B. deutsches Markenprodukt von einem bekannten Hersteller).

Siehe Lernsituation „Kundenbezogen argumentieren"

Aus den Produktmerkmalen ergeben sich die besonderen Eigenschaften eines Produktes (Produkteigenschaften), die vom Kundenberater für die Verkaufsargumentation genutzt werden können.

Beispiel Produktmerkmale und Produkteigenschaften des SCOUT-Tornisters (Auswahl)

Die 100 besten Gründe, warum Sie den SCOUT empfehlen sollten.

Produkt	Produktmerkmale	Produkteigenschaften
	Material	• Weil er aus Bergsteiger-erprobtem Polyamid-Gewebe genäht ist. • Weil er einen Kompakt-Kern aus Hostalen hat.
	Herstellung	• Weil er einen Wiegegriff hat. • Weil er ein Extra-Fach fürs Pausenbrot hat. • Weil der SCOUT so gut imprägniert ist, dass er viele Regengüsse aushält. • Weil die dickgepolsterten, drehbaren Push-Pull-Gurte optimalen Sitz gewährleisten. • Weil er überall, wo's drauf ankommt, doppelt genäht ist.
	Optik	• Weil es ihn in pink gibt und in 7 anderen tollen Farben. • Weil die Ranzenschlösser „Katzenaugen" haben. • Weil man sich im gleichen Look auch noch den Turnbeutel wünschen kann. • Weil Kinder die bunten und vielfältigen Muster mögen. • Weil die Farben so toll aufeinander abgestimmt sind. • Weil der SCOUT mit dem internationalen Designerpreis „Roter Punkt für höchste Designqualität" ausgezeichnet wurde.
	Bedienung	• Weil man ihn auch auf dem Gepäckträger mitnehmen kann. • Weil man ihn einfach nass auswischen kann. • Weil der SCOUT kinderleicht zu bedienen ist.

Produkt	Produktmerkmale	Produkteigenschaften
	Zeichen	• Weil jeder SCOUT seinen eigenen Namen hat. • Weil Kinder gern zur SCOUT-Generation gehören. • Weil er ein „Sehr gut" von der Stiftung Warentest bekommen hat.
	Maße/Größen	• Weil seine Reflexstreifen jetzt viel breiter sind • Weil man darin 26 Schulbrote verstauen kann. • Weil er leer nur 1.400 g wiegt. • Weil er wegen der großen Aufstandsfläche sicher steht.
	Herkunft	• Weil er „Made in Germany" ist. • Weil SCOUT eine Garantie von 3 Jahren gibt.

Im Folgenden werden diese Produktmerkmale näher betrachtet; zunächst die Produktmerkmale Material und Herstellung. Im Lernfeld 10 wird die Produktbetrachtung mit den übrigen Merkmalen fortgesetzt.

Produktmerkmale	
① **Material**	⑤ Maße
② **Herstellung**	⑥ Zeichen
③ Optik	⑦ Herkunft
④ Bedienung	

5.2 Informationen sammeln

5.2.1 Informationsquellen

Nur wenn ein Kundenberater seine Produkte kennt, ist es ihm möglich, einem Kunden geeignete Produkte zur Problemlösung anzubieten. Um einen Kunden im Verkaufsgespräch zu überzeugen und so zu einem erfolgreichen Kaufabschluss zu kommen, sind Produktkenntnisse für einen Kundenberater also unerlässlich. Informationen für eine überzeugende Verkaufsargumentation bieten folgende Quellen:

- das Produkt selbst (Aufschriften, Bedienungsanleitungen, Pflegehinweise, Verwendungsmöglichkeiten auf Verpackungen und Etiketten),
- Schulungsmaterial der Hersteller,
- Kataloge und Prospekte,
- Anzeigen in Zeitungen,
- Informationen von Firmenvertretern,
- betriebliche Unterweisungen durch Ausbilder und Arbeitskollegen,
- Veröffentlichungen von Warentests in Zeitungen und Zeitschriften (z. B. die Zeitschrift „test" der Stiftung Warentest),
- Fachzeitschriften,
- Fachbücher,
- Internet,
- gesetzliche Vorschriften (z. B. das Textilkennzeichnungsgesetz),
- Kundeneinwände und Reklamationen.

5.2.2 Informationen über das Internet beschaffen

Suchmaschinen nutzen

Eine der wichtigsten Informationsquellen zur schnellen Beschaffung von aktuellen Informationen ist das Internet. Zur systematischen Suche kann auf sogenannte Suchmaschinen zurückgegriffen werden. Häufig genutzte Suchmaschinen sind z. B.

- http://www.fireball.de,
- http://www.google.de,
- http://www.web.de,
- http://www.yahoo.de.

Im Folgenden wird die Informationssuche am Beispiel von Google erläutert, wobei das Vorgehen auf andere Suchmaschinen übertragbar ist.
Nach Eingabe der Adresse www.google.de öffnet sich die Startseite mit einem Suchfeld:

In das Suchfeld können einzelne oder mehrere Suchbegriffe eingeben werden:

Nach einem Mausklick auf das Feld „Google-Suche" beginnt die Suche. Die Suchergebnisse werden anschließend aufgelistet. In diesem Fall wurden 15.700 Ergebnisse gefunden:

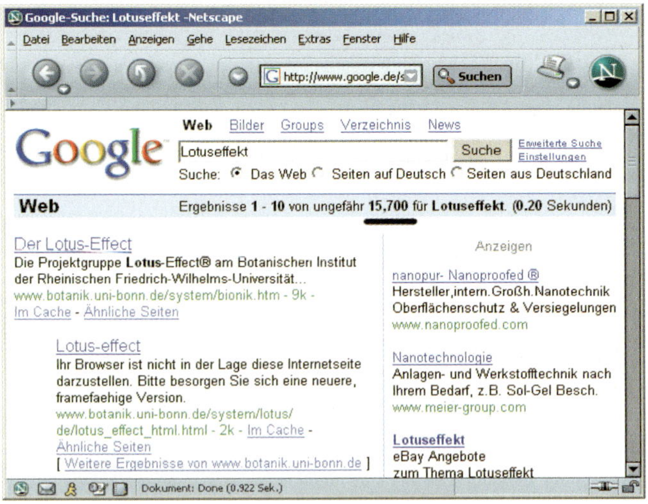

Durch einen Mausklick auf das jeweilige Suchergebnis erfolgt eine Weiterleitung zur angezeigten Homepage. Ein Mausklick auf das erste Suchergebnis der Liste führt hier zu folgender Homepage:

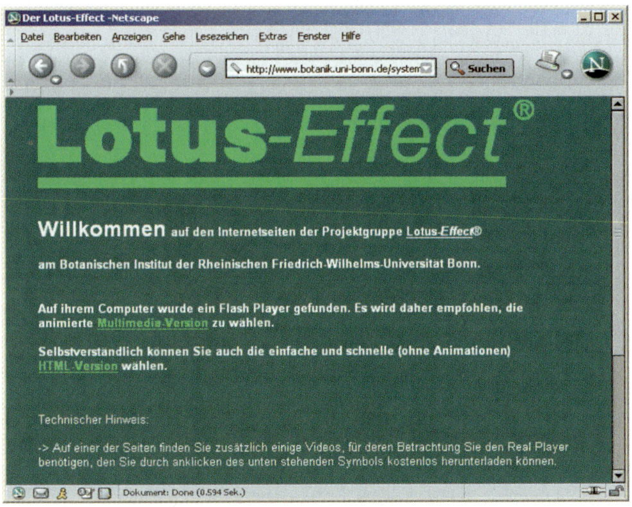

Inwieweit die angezeigten Suchergebnisse tatsächlich die benötigten Informationen enthalten, muss vom Suchenden jeweils geprüft werden. Allerdings ist es kaum möglich 15.700 Ergebnisse zu prüfen. Um die Anzahl der Suchergebnisse zu reduzieren und gleichzeitig die Genauigkeit der Ergebnisse zu erhöhen, sollte die Suche durch Eingabe mehrerer Suchbegriffe eingegrenzt werden. Statt der einfachen Suche ist es dann zweckmäßig, die erweiterte

Suche aufzurufen. Neben der Eingabe mehrerer Suchwörter können auch weitere Kriterien wie die Sprache, das Erstellungsdatum der Webseiten usw. berücksichtigt werden:

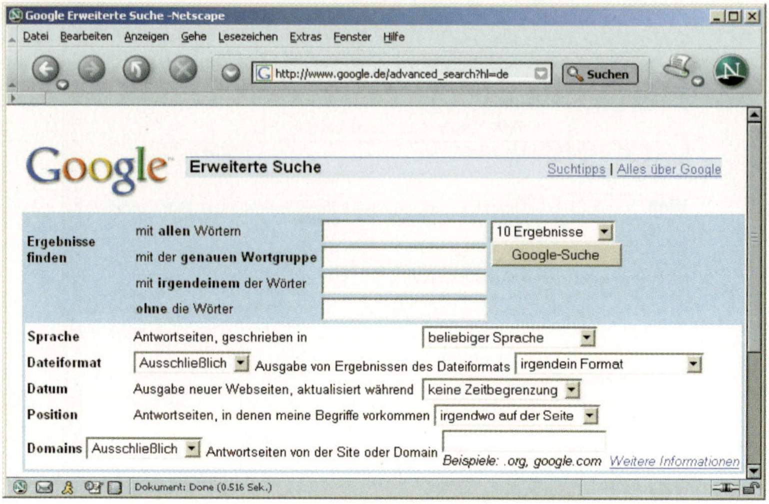

In diesem Fall wird neben dem ursprünglichen Wort „Lotuseffekt" auch der Suchbegriff *„selbstreinigende Oberfläche"* einbezogen. Durch die Eingabe in das Feld mit der Bezeichnung „mit der genauen Wortgruppe" wird gewährleistet, dass nur Suchergebnisse berücksichtigt werden, die auch beide Wörter in unmittelbarem Zusammenhang beinhalten. Außerdem sollen nur Seiten in deutscher Sprache berücksichtigt werden:

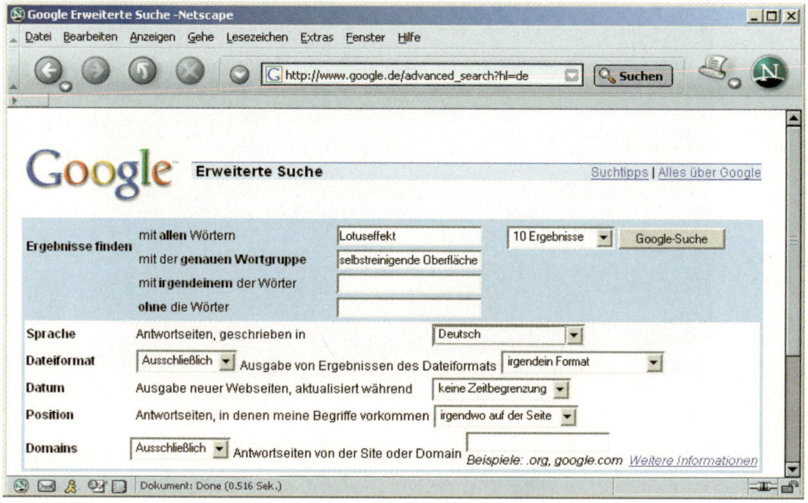

Die Folge ist, dass nun eine überschaubare Anzahl von Suchergebnissen aufgelistet wird. Statt der ursprünglichen 15.700 Ergebnisse werden nun nur noch 30 Ergebnisse angeboten:

Preisvergleiche über das Internet

Das Internet bietet dem Kunden heute bisher nicht da gewesene Möglichkeiten des Produkt- und Preisvergleichs. Am Beispiel des Internetportals http://www.Geizhals.at soll die grundlegende Nutzung dieser Internetseiten gezeigt werden.

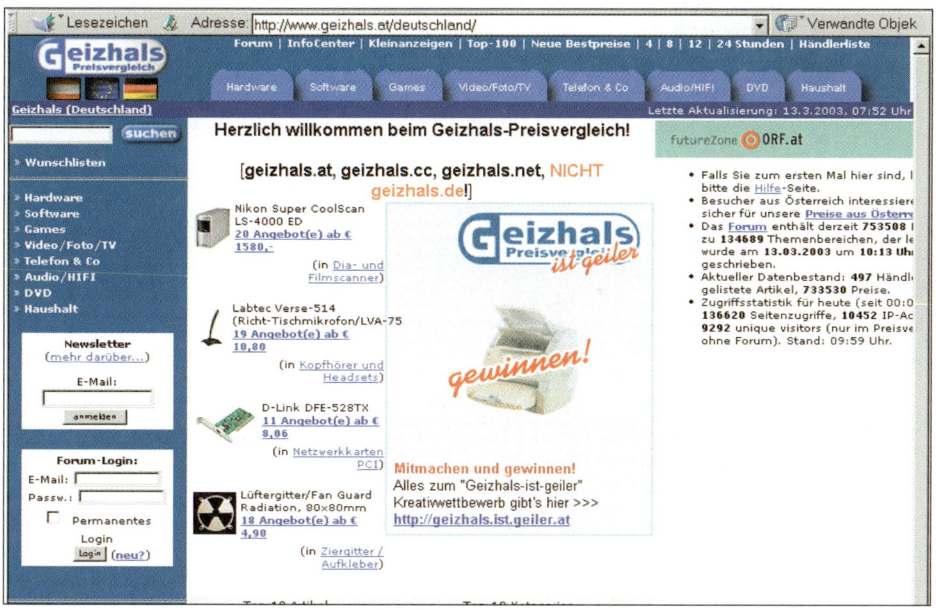

Auf der Eröffnungsseite werden – neben den ersten Angeboten und Kontaktmöglichkeiten – unterschiedliche Folgeseiten angeboten. Betrachtet man z. B. die Seite „Haushalt“, werden verschiedene Warengruppen aufgelistet.

Betrachtet man die Warengruppe 7 Haushaltsgeräte – Staubsauger, erscheint folgendes Bild:

Preis in €	Anbieter	Verfügbarkeit / Versand	Artikelbezeichnung des Händlers	Datum
139,-- (DM 271,86)	lectronica24 [Infos | AGB | Meinungen]	versandfertig in 24 stunden Versandkosten: ab € 5 Nachnahme: zzgl. € 5,03	AEG SystemPro P3 - Staubsauger	2003-03-13
149,-- (DM 291,42)	Online bestellen bei ProMarkt [Infos | AGB | Meinungen]	12 Werktage Lieferzeit VK: ab € 4,95 NN: + € 1,50	AEG System Pro P3 Bodenstaubsauger, 1800 Watt Max. Leistung, Microfilter-System, 3,5l Filtervolumen, Kombi-Bodendüse Vario 5500.	2003-03-12
149,-- (DM 291,42)	yagma.com [Infos | AGB | Meinungen]	12 Werktage Lieferzeit k.A.	AEG System Pro P3 Bodenstaubsauger, 1800 Watt Max. Leistung, Microfilter-System, 3,5l Filtervolumen, Kombi-Bodendüse Vario 5500.	2003-03-12
159,-- (DM 310,98)	Teures-Billiger.de [Infos | AGB | Meinungen]	bitte anfragen GRATISVERSAND	AEG System-Pro-P3 [Farbe: schwarz] 1800 Watt - Teleskoprohr mit Möbelschutzring und Interlocking-System - Möbelschutz-Softzonen an Rädern - ERGO-Soft-Handgriff mit Nebenluftregler - 2 Tragegriffe - Mikrofilter-System - Filterbeutel-Wechselanzeige - umschaltbare Kombi-Bodendüse - Park- und Ordnungsschiene - Hygiene-Filterbeutel 3,5 Liter - automatische Kabelaufwicklung - Caddy am Handgriff mi...	2003-03-13

Wer für den Staubsauger AEG System Pro P3 Interesse zeigt, wird zu den Anbietern geführt.

Artikel	Einträge	Preis in €	seit...	Händler
AEG System Pro P3 Aufnahmeleistung: 1800 Watt • Möbelschutz-Softzonen an Rädern • 2 Tragegriffe • Filterbeutel Wechse...	4	ab 139,--	14.12.2002	Electronica24
AEG System Pro P5 Farbe: Blau, Metallic • Aktionsradius: 13 Meter • Automatische Kabelaufwicklung • Filterbeutel: 3,5...	2	ab 172,50	12.03.2003	Electronica24
AEG T2.2 electronic Farbe: Red Sun, transparent • Aktionsradius: 10,5 Meter • Automatische Kabelaufwicklung • Filterrei...	1	117,--	06.03.2003	Electronica24

Der preisgünstigste Anbieter ist offensichtlich elektronica24.

5.3 Das Produktmerkmal „Material"

Ein Kundenberater, der ein Verkaufsgespräch erfolgreich abschließen möchte, muss den Kunden vom Nutzen des jeweiligen Produktes überzeugen. Dabei ist zu beachten, dass verschiedene Kunden in der Regel unterschiedliche Erwartungen an den Nutzen desselben Produktes stellen.

Beispiel

Produkt	Tischdecke für den Kaffeetisch			
erwarteter Kundennutzen	leichte Pflege	lange Haltbarkeit	gutes Aussehen	soll etwas Besonderes sein
	Kundin 1	*Kundin 2*	*Kundin 3*	*Kundin 4*

Der Kundenberater muss seine Ware deshalb so gut kennen, dass es ihm gelingt, aus den zahlreichen Produktmerkmalen und Eigenschaften diejenigen auszuwählen, die den Nutzenerwartungen des jeweiligen Kunden entsprechen. Das Produktmerkmal „Material" ist dabei von großer Bedeutung. Je nach Branche und auch innerhalb der Branchen werden verschiedene Materialien unterschieden, die in der Regel in verschiedene **Kategorien** eingeteilt sind:

Beispiele

Textil
- Naturfasern:
  - Pflanzliche Fasern (Baumwolle, Leinen)
  - Tierische Fasern (Schafwolle, Kaschmir, Seide ...)
- Chemiefasern:
  - Zellulosische Chemiefasern (Modal, Viskose)
  - Synthetische Chemiefasern (Polyester, Elasthan, ...)

Lebensmittel
- Nährstoffe:
  - Fett, Kohlenhydrate, Ballaststoffe,...
- Vitamine und Mineralstoffe:
  - Vitamin A, Vitamin C, Calcium, ...
- Zutaten:
  - Aromen (natürliche, naturidentische, künstliche), Zusatzstoffe (Farbstoffe, Konservierungsstoffe)

Schmuck
- Edelmetalle:
  - Silber, Gold, Platin
- Edelsteine:
  - Diamant, Zirconia, Korundgruppe
- ...

In der Regel lassen sich aus dem Material eines Produktes zahlreiche Eigenschaften ableiten, die zur Beweisführung hinsichtlich der Eignung des Produktes für den Kunden eingesetzt werden können. Insbesondere bezüglich des Produktmerkmals „Material" sind in Warenkundebüchern, Broschüren und sonstigen

Informationsquellen vielfach Angaben enthalten, die für Kunden bedeutungslos sind, z. B. die oft umfangreichen Hinweise zur Herstellung, Gewinnung und Verarbeitung von Rohstoffen. Der Kundenberater muss deshalb genau prüfen, welche Angaben für die Verkaufsargumentation bedeutsam sind.

Beispiele

Produkt	**Tischdecke für den Kaffeetisch**			
Merkmal	aus 100 % Leinen			
Merkmalseigenschaften	• maschinenwaschbar, • glatte Faseroberfläche, daher schmutzabweisend	• hohe Festigkeit der Faser	• dezenter Glanz	• unregelmäßige Garndichte kennzeichnet diese Naturfaser
erwarteter Kundennutzen	leichte Pflege	lange Haltbarkeit	gutes Aussehen	soll etwas Besonderes sein
	Kundin 1	*Kundin 2*	*Kundin 3*	*Kundin 4*

Produkt	**Brot**		
Merkmal	aus 100 % Roggenmehl mit Natursauerteig		
Merkmalseigenschaften	• vergleichsweise lange Lagerfähigkeit	• herzhafter kräftiger Geschmack	• hoher Anteil an Eiweiß, Mineralstoffen, Vitaminen und Balaststoffen
erwarteter Kundennutzen	Haltbarkeit	spezielle Verwendungsmöglichkeiten (Käseplatte)	hoher Anteil an Eiweiß, Mineralstoffen, Vitaminen und Balaststoffen
	Kundin 1	*Kundin 2*	*Kundin 3*

Produkt	**Schreibtischplatte**		
Merkmal	kunststoffbeschichtete Spanplatte		
Merkmalseigenschaften	• hohe Oberflächenfestigkeit	• abwaschbar	• preiswert
erwarteter Kundennutzen	Strapazierfähigkeit	leichte Pflege	Preiswürdigkeit
	Kundin 1	*Kundin 2*	*Kundin 3*

5.4 Das Produktmerkmal „Herstellung“

Bei der Herstellung eines Produktes werden Produkteigenschaften geschaffen, die entscheidend für dessen (Ver-)Kauf sein können. Solche typischen Herstellungsverfahren sind beispielsweise bei Lebensmitteln oder Textilien:

Lebensmittel	Textil/Bekleidung
• Rösten von Kaffeebohnen	• Bindung von Stoffen
• Ausmahlungsgrad von Mehl	• Kämmen von Fasern
• Kalt-/Warmpressen von Speiseöl	• Imprägnieren von Gewebe
• Pasteurisieren von Milch	• Mercerisieren von Baumwolle

Je nach Herstellungsverfahren entstehen also verwandte Produkte mit verschiedenen Eigenschaften, sodass unterschiedliche Kundennutzen erfüllt werden können.

Beispiel

Kaffee

Kaffee ist ein beliebtes Getränk, das in zahlreichen Produktvariationen angeboten wird. Unterschiede resultieren dabei u. a. aus dem Röstvorgang im Rahmen des Herstellungsprozesses. Gemeinsam ist den verschiedenen Produkten zunächst, dass die Kaffeebohnen gepflückt, vom Fruchtfleisch befreit, getrocknet und sortiert werden. Anschließend erfolgt das Rösten der Kaffeebohnen, wobei die Bohnen je nach Produkt unterschiedlich behandelt werden, wie die folgende Übersicht verdeutlicht:

Produkt	Kaffeebohnen			
	Die Kaffeebohnen werden bei 200 °C bis 300 °C geröstet. Dabei entstehen zum einen das typische Kaffeearoma und zum anderen Röst-, Bitter- und Farbstoffe.	Die Bohnen werden vor dem Rösten mit heißem Dampf und erhöhtem Druck behandelt und so die Reiz- und Bitterstoffe entzogen.	Ebenfalls durch den Einsatz von Heißdampf und Druck wird in diesem Fall der Koffeingehalt reduziert.	Aus gemahlenen Kaffeebohnen wird mit Wasserdampf ein Konzentrat gekocht. Dieses Konzentrat wird entweder in heißer Luft versprüht, sodass das Wasser verdampft und Pulver verbleibt (= Sprühtrocknung). In einem anderen Verfahren wird das Konzentrat schockgefroren, zerkleinert und anschließend das Wasser entzogen, sodass ein Granulat verbleibt (= Gefriertrocknung).
Merkmalseigenschaften	• **herkömmlicher** Röstkaffee	• **magenschonender** Kaffee	• **entkoffeinierter** Kaffee	• **Instant**kaffee
erwarteter Kundennutzen	normaler Kaffee	bekömmlicher Kaffee für einen empfindlichen Magen	fürchtet Schlafstörungen	unkomplizierter Kaffeegenuss
	Kundin 1	*Kundin 2*	*Kundin 3*	*Kundin 4*

In einigen Branchen wie bei Unterhaltungselektronik, Haushaltsgeräten u. Ä. scheint die Herstellung für die Eigenschaften eines Produktes auf den ersten Blick hingegen bedeutungslos oder nur von geringer Bedeutung zu sein. Doch die Herstellung als Produktmerkmal ist nicht auf Produkteigenschaften beschränkt, die sich aus dem Herstellungsprozess ergeben. Vielmehr werden im Rahmen der Herstellung auch Entscheidungen hinsichtlich der Ausstattung der jeweiligen Produkte getroffen. Die entstehenden Produkteigenschaften sind ebenfalls auf das Produktmerkmal Herstellung zurückzuführen und bieten unterschiedlichen Nutzen.

Beispiel So hat eine Waschmaschine mit integriertem Wäschetrockner die Eigenschaft, dass sie vergleichsweise wenig Platz benötigt. Werden hingegen zwei Geräte angeschafft, so ist zwar mehr Stellfläche notwendig, aber auch ein gleichzeitiges Waschen und Trocknen möglich.

Über ein Hintergrundwissen hinsichtlich der grundlegenden Abläufe bei der Herstellung eines Produktes sollte jeder Kundenberater verfügen. Allerdings sind zum Produktmerkmal „Herstellung" in einem Verkaufsgespräch nur solche Informationen zu vermitteln, die den jeweiligen Kunden auch tatsächlich interessieren und die somit verkaufswirksam sind. Auf produktionstechnische Besonderheiten ist in der Regel zu verzichten. Grundsätzlich gilt, dass der Kenntnisstand des betreffenden Kunden zu berücksichtigen ist. Einem Laien sind die Informationen folglich anschaulicher zu vermitteln als einem Fachmann.

Beispiel

Ein Verkäufer erläutert zwei Kunden, einem Laien und einem Fachmann, die Qualität desselben Sektes.

Für den Laien:
„Dieses Weingut verfügt über eine große Zahl hervorragender Weine, aus denen eine ausgezeichnete Mischung zur Weinherstellung komponiert wird. Die Gärung dieser Weine geschieht ähnlich wie beim Champagner in der Flasche. Anschließend kann der Sekt in Ruhe reifen. Auf diese Weise wird ein einzigartiger Geschmack und eine gleichbleibend hohe Qualität dieses Sektes gewährleistet."

Für den Fachmann:
„Dieses Weingut verfügt über eine große Zahl hervorragender Stilweine, die zu einer ausgezeichneten Cuvée komponiert werden. Das klassische Flaschengärungsverfahren, die richtige Abstimmung der Versanddosage und die kontrollierte Reifung garantieren den einzigartigen Geschmack und die gleichbleibende Qualität dieses Sektes."

5.5 Produktinformationen für Kunden (Produkt-Info)

Die Produktinformation dient dem Kundenberater, sich die wichtigsten Eigenschaften eines Produktes – gegliedert nach Produktmerkmalen – für die Verkaufsargumentation vor Augen zu führen. Mit dieser Informationsgrundlage ist der Kundenberater in der Lage, Kunden den individuellen Nutzen deutlich zu machen, den das Produkt mit seinen Eigenschaften in einer konkreten Verwendungssituation hat. Die Produktinformationen können aber auch benutzt werden, um Kunden in Schriftform über die wichtigsten Eigenschaften eines Produktes zu informieren. Im Geschäft der Zukunft werden sich Kunden die gewünschten Produktinformationen per Tastendruck beschaffen können.

Info-Terminal im Future Store der Metro AG in Rheinberg

Produkt	Produktmerkmale	Produkteigenschaften	Nutzen
	Material: 64 % Polyester, 33 % Viskose, 3 % Elastan	• pflegleicht • knitterarm • leicht	
	Herstellung:	• erstklassige Verarbeitung	
	Optik: **Farbe:** business-grau	• Farbe wirkt sehr edel; durch Kombination mit bunten Farben lassen sich Farbakzente setzen.	
 **Blazer**	**Form:**	• schmal, tailliert, leichte Schulterbetonung • schmale eingesetzte Ärmel, Reverskragen • 2-Knopf-Verschluss • 2 Taschen • klassische Blazer-Form, • feminine Silhouette aufgrund der Taillierung	
	Oberfläche:	• dezentes Fischgrätenmuster	
	Bedienung: Bedienungs-/Pflegezeichen	• bei 40° im Normalwaschgang waschen, aber separat • bügeln bei mittlerer Einstellung • feucht aufhängen, um das Bügeln zu erleichtern • chemische Reinigung möglich	
	Maße/Größe: Größe 36	• optimale Kombilänge von ca. 68 cm • Armaußenlänge ca. 62 cm • jugendliche Größe, zierlich, feminin	
	Zeichen: Markenzeichen ZERO	• garantiert beste Qualität und urbane Modelinie	
	Herkunft:	• Hersteller „ZERO", deutscher Hersteller, verarbeitet vorzugsweise Natur-, aber auch Kunstfasern, hoher Qualitätsstandard	

6 Der Preis im Verkaufsgespräch

6.1 Preisbewusstsein

Seit der **Euro**-Einführung sind europaweite Preisvergleiche möglich. Die Verbraucher nutzen diese Chance und sind preisaufmerksamer geworden. Vielfach ist sogar zu beobachten, dass der Preis im Mittelpunkt des Kundeninteresses steht; nur der Preis der Ware scheint noch bedeutsam zu sein.

Was kann der Einzelhandel unternehmen?

Die **Qualität** der Produkte, die **Serviceleistungen** des Geschäftes und die Freude am Einkaufen durch eine anregende **Einkaufsatmosphäre** im Geschäft müssen stärker herausgestellt werden. Preisanreize sollten weiterhin durch **einzelne**, gezielte Aktionen gegeben werden. Sie sollten aber mehr dazu dienen, das Geschäft als preislich attraktiv darzustellen, um das Preisimage des Geschäftes zu pflegen. Grundsätzlich gilt daher:

→
- Die Qualität der angebotenen Produkte und die Leistungsfähigkeit des Geschäftes herausstellen.
- Den Preis der Produkte in den Hintergrund drängen.

Kunden mit unterschiedlichem Preisbewusstsein

In der deutschen Konsumbevölkerung werden **drei Grundtypen** unterschieden:

smart = klug, geschickt, gerissen

① SmartShopper	② Qualitätskäufer	③ Schnäpchenjäger
Rund 29 Prozent der Konsumenten werden zu den sogenannten SmartShoppern gezählt. Sie sind stark Preis-Leistungs-orientiert und sehen der Zukunft eher skeptisch entgegen. Man geht davon aus, dass sich diese Gruppe bis 2010 noch vergrößert, bis dahin sollen knapp 50 Prozent der Konsumenten zu den SmartShoppern zählen.	Nur noch rund 36 Prozent der Kunden werden heute als Qualitätskäufer eingestuft. Einen Schwerpunkt in dieser Gruppierung bilden die Männer zwischen 20 und 39 Jahren, deren Vertrauen in Herstellermarken mit dem klassischen Markenbewusstsein vergleichbar ist. Sie repräsentieren einen optimistisch veranlagten Konsumtyp und kaufen sehr qualitätsorientiert ein.	Rund ein Viertel der Konsumenten sind die klassischen Schnäppchenjäger. Sie haben die Altersgrenze von 40 Jahren meist überschritten, nehmen sich viel Zeit für ihre Einkäufe und orientieren sich vorrangig am Preis. Schnäppchenjäger sind die typischen Kunden von Discountern und vorzugsweise Käufer von Handelsmarken.

Quelle: Handelsberater 01/2003, Seite 13

6.2 Preisnennung nach der Sandwich-Methode

■ Der Preis als Ausdruck des Produktwertes

Der Preis ist der in Geld ausgedrückte Wert eines Produktes. Der Kunde ist aber erst bereit, eine Ware zu kaufen, wenn er den Eindruck gewonnen hat, dass Produktwert und Preis übereinstimmen oder der Produktwert sogar höher liegt.

Produktwert = **Preis** **oder** **Produktwert** > **Preis**

Es gehört zu den wesentlichen Aufgaben eines Kundenberaters, dem Kunden eine Vorstellung vom Produktwert zu vermitteln, ihm also deutlich zu machen, dass die Ware ihren Preis wert ist. Das geschieht durch eine sorgfältige Behandlung der Ware und vor allem durch die Darstellung der Produktvorteile in der Verkaufsargumentation.

Grundsatz Den Preis erst nennen, wenn der Produktwert „aufgebaut" ist.

■ Sandwich-Methode

So mancher Kunde, der von der Vorteilhaftigkeit einer Ware überzeugt worden ist, schreckt zurück, wenn er den Preis hört. Die Kaufentscheidung des Kunden hängt dann nur noch vom Preis ab. Damit wird die Preisnennung zu einer äußerst „empfindlichen" Stelle im Verkaufsgespräch. Es ist daher verständlich, wenn man nach Wegen sucht, den Preis im Vergleich zum Produktwert etwas in den Hintergrund treten zu lassen.

Dies geschieht z. B. mithilfe der Sandwich-Methode. Bei diesem Verfahren wird der Kunde vor der Preisnennung zunächst auf Produktvorteile hingewiesen. Auch nach der Preisnennung werden weitere Produktvorteile genannt, damit der Preis nicht als letzte Aussage des Kundenberaters im Raum stehen bleibt; denn was der Kunde zuletzt hört, bleibt besonders gut in seinem Gedächtnis haften.

Ein englisches Sandwich	Preisnennung nach der Sandwich-Methode
	 Produktvorteile Preis Produktvorteile

Im Verkaufsgespräch wird der Preis – wie bei einem Sandwich der Belag – durch voran- und nachgestellte Produktvorteile „eingepackt" und dadurch etwas in den Hintergrund gedrängt.

Beispiel

Fuji-Film = hochwertiges Markenprodukt

Kunde:	„Wie teuer ist dieser Film?"	
Kundenberater:	„Dieser **besonders feinkörnige** 400 ASA-Film **von Fuji** kostet nur	Produktvorteil(e)
	3,95 €:	Preis
	Sie können damit **36 Aufnahmen** machen."	Produktvorteil

Grundsatz Den Kunden unmittelbar vor und nach der Preisnennung auf Produktvorteile hinweisen.

Nicht immer muss allerdings der Preis „eingepackt" werden. Bei besonders preisgünstigen Angeboten ist der Preis besonders herauszustellen, weil der niedrige Preis zum Produktvorteil wird, der in ein Verkaufsargument eingebracht werden kann.

Das Interesse des Kunden soll nicht auf den Preis, sondern auf die Produktvorteile und den Kundennutzen gelenkt werden.

Weg vom Preis – hin zu den Produktvorteilen!

6.3 Preis-Einwandbehandlung

6.3.1 Kundeneinwände

„Es gibt nichts, worüber Kunden nicht meckern!" – pflegte Herr Bauer zu sagen, wenn sich seine Mitarbeiter mal wieder darüber beklagten, was Kunden alles zu beanstanden haben.

Diese Tatsache wird man nicht aus der Welt schaffen können, auch wenn sich der Einzelhandel intensiv darum bemüht, es seinen Kunden recht zu machen. Entscheidend ist die Reaktion auf Kundeneinwände. Professionelles Verhalten von Verkaufsmitarbeitern zeichnet sich dadurch aus, dass man nicht mit Kunden in Streit gerät, sondern positiv und konfliktdämpfend antwortet. Dazu ist zunächst erforderlich genau hinzuhören, wogegen sich der Einwand des Kunden richtet, um eine angemessene Antwort zu finden.

Kundeneinwände lassen sich nach ihrer Zielrichtung in vier Arten einteilen:

Einwände gegen den Preis

Dies ist ein sehr häufiger Einwand. Die Vorstellung des Kunden vom Produktwert deckt sich (noch) nicht mit dem ausgezeichneten Preis. Vielleicht hat der Kundenberater nicht ausreichend Gelegenheit gehabt, den Produktwert aufzubauen oder seine Argumentation hat den Kunden bisher nicht vom Wert des Produktes überzeugen können. Eventuell will der Kunde in der Schlussphase des Verkaufsgespräches, in der er eigentlich zum Kauf entschlossen ist, nur noch um den Preis feilschen. Die sogenannte Ja-aber-Methode (siehe Seite 162) bietet ein wirksames Verfahren, um solchen Einwänden zu begegnen.

Einwände gegen Produkteigenschaften

Der Kunde beanstandet bestimmte Eigenschaften eines Produktes, die sich aus den Produktmerkmalen (Material, Herstellung, Optik usw.) ergeben. Der Kundenberater kann diese Einwände ausräumen, weil der Kunde eine falsche Sichtweise von den Produkteigenschaften hat oder er stellt den objektiv vorhandenen Produktnachteilen andere Produktvorteile gegenüber, die den Kunden letztlich doch von der Ware überzeugen.

Produktmerkmale siehe oben Seite 146
Produktvergleich siehe Seite 139

Einwände gegen das Geschäft

„Sie haben ja nichts mehr für unser Alter."
„Bei ... gibt es aber eine großzügigere Umtauschregelung."
„Sie schließen Ihr Geschäft aber sehr früh!"
„Man findet hier kaum einen Parkplatz."
„Früher war hier viel mehr Personal."

Dies sind einige Beispiele von Kundenbeschwerden, die sich auf das Geschäft als Ganzes beziehen (Sortiment, Dienstleistungen, Personalausstattung usw.).

Einwände gegen das Personal

Wird die Fachkompetenz („Beim letzten Mal hat mich Ihre Kollegin bedient, ist sie heute nicht da?"), die Freundlichkeit („Sie haben hier im Moment wohl viel zu tun.") oder die Anwesenheit der Verkaufsmitarbeiter kritisiert („Ich warte hier schon mindestens eine Viertelstunde."), liegen Einwände gegen das Personal vor. Diese Einwände werden häufig etwas versteckt (indirekt) formuliert, erfordern daher genaues Hinhören. Hier ist es ganz besonders wichtig, persönliche Auseinandersetzungen zu vermeiden und die Wogen zu glätten. Auch wenn der Kunde seine Vorwürfe zu Unrecht erhebt, ist Rechthaberei wenig sinnvoll. Ein professioneller Kundenberater kann selbstbewusst und elegant mit Vorwürfen gegenüber seiner Person umgehen.

Im Folgenden werden zunächst nur Einwände von Kunden gegen den Preis näher betrachtet. Die Einwandbehandlung geschieht mit Hilfe der Ja-aber-Methode

6.3.2 Die Ja-aber-Methode zur Preis-Einwandbehandlung

Ein Preis wird begründet, nicht gerechtfertigt.

Diese Methode ist das gebräuchlichste Verfahren, um Einwänden von Kunden zu begegnen. Ziel ist es, Überzeugungsarbeit in harmonischer Atmosphäre zu leisten. Der Einwand des Kunden gegen den Preis wird zunächst einmal als **Interesse** des Kunden am Produkt gewertet. Lediglich vom Verhältnis des Produktwertes zum Preis ist der Kunde noch nicht überzeugt. Es ist das gute Recht des Kunden, diese Zweifel zu äußern. Der Kundenberater **bestätigt** daher zunächst die Aussage des Kunden und macht dann durch seine **Verkaufsargumentation** deutlich, warum der Preis **begründet** ist.

Die Bestätigung leitet die Einwandbehandlung bereits ein. Die Aussage eines Kunden, „Das ist aber hier ein verdammt teurer Laden!", kann man als Mitarbeiter des Geschäftes kaum in dieser Form bestätigen. Man mildert daher den Kundeneinwand in der Bestätigung ab. Dies sollte in jedem Fall passieren, um die Kundenaussage zu „entschärfen".

Beispiel

Kunde:	„Das ist aber sehr teuer!		
Kundenberater:	„Ja,	der Preis ist nicht niedrig,	aber …"
	„Sie haben Recht,	auf den ersten Blick erscheint der Preis ein wenig hoch,	allerdings…"
	„Natürlich,	es gibt … , die liegen im Preis niedriger,	bedenken Sie aber, dass …"
	„Es stimmt schon,	dieser … gehört zur oberen Preisgruppe,	dafür erhalten Sie aber …"
	Es wird eine **gemeinsame Basis** mit dem Kunden geschaffen.	Der **Einwand** des Kunden wird **aufgegriffen,** indem sich der Kundenberater verständnisvoll in die Argumentation des Kunden „einklinkt". Durch **Abmildern** der Kundenaussage wird die Einwandbehandlung vorbereitet	Der **Kundeneinwand wird** mit Hinweise auf Produktvorteile **ausgeräumt**.

Genau hinhören!

Kunde 1: „Das ist aber teuer!"
Kunde 2: „Das ist mir zu teuer!"

Die meisten Kunden haben in ihrer Vorstellung für verschiedene Artikel **Preisobergrenzen**, die sie nur ausnahmsweise zu überschreiten geneigt sind. Bringt ein Kunde zum Ausdruck, dass diese Grenze überschritten ist (z. B. „Nein, das kommt überhaupt nicht infrage!" oder „Das ist mir zu teuer!"), ist es ratsam, preisgünstigere Ware vorzulegen.

Auch die Frage eines Kunden, wie viel **Rabatt** er beim Kauf des vorliegenden Produktes erhält, ist wie ein Einwand gegen die Preishöhe aufzufassen. Der Kunde ist in diesem Fall ebenfalls am Produkt interessiert. Produktwert und Preis müssen lediglich noch deckungsgleich gemacht werden.

6.3.3 Ausräumen und Ausgleichen von Kundeneinwänden

Neben der Art des Einwandes ist auch die Frage von Bedeutung, ob der Kundeneinwand berechtigt oder unberechtigt ist.

Einwände von Kunden, die **unberechtigt** sind, werden vom Kundenberater ausgeräumt. Dabei macht dieser dem Kunden deutlich, dass dessen Meinung über das Geschäft, das Verkaufspersonal und vor allem über bestimmte Produkteigenschaften nicht richtig ist. Die „Ja-aber-Methode" bietet eine elegante Möglichkeit, den Kunden von seiner Meinung abzubringen, ohne ihn bloßzustellen oder mit ihm in eine rechthaberische Auseinandersetzung zu geraten.

Besteht ein Kundeneinwand dagegen **zu Recht**, kann ihn der Kundenberater nur ausgleichen, d. h. er bemüht sich, den Kunden davon zu überzeugen, dass vorhandene Produktnachteile durch entsprechende Produktvorteile aufgewogen werden.

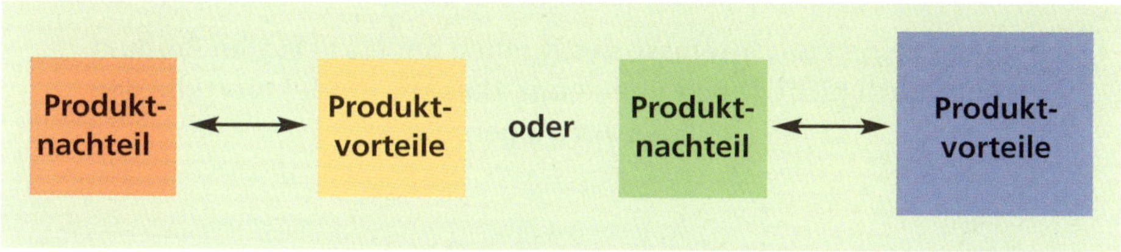

Bestimmte Produktleistungen sind nur zu erzielen, wenn die damit verbundenen Produktnachteile in Kauf genommen werden.

Beispiel

Einem Kunden, der sich gegen den allzu kleinen Bildschirm eines tragbaren Fernsehgerätes wendet, muss klar werden, dass ein Fernsehgerät, das tragbar sein soll, klein und leicht sein muss. Damit ist ein kleiner Bildschirm – nach heutiger Technik – unumgänglich. Das heißt, der Kunde hat weniger Sehkomfort, dafür aber ein handliches Gerät. Trotzdem wird er sich zum Kauf entschließen, wenn der Produktnachteil durch entsprechende Produktvorteile ausgeglichen wird.

Preiseinwände wird der Kundenberater im Allgemeinen nur ausgleichen können, es sei denn, ein Kunde befindet sich im Irrtum. Der Ausgleich geschieht dadurch, dass der Kundenberater dem Preis die Produktvorteile gegenüberstellt, damit also den Preis begründet. Im Verkaufsgespräch ist es Aufgabe des

Verkaufsmitarbeiters, dem Kunden diesen Ausgleich oder sogar das Überwiegen der Produktvorteile deutlich zu machen.

Unberechtigter Einwand: ausräumen

Beispiel

In einem Motorradfachgeschäft

Kunde: „Ist dieser Helm mit den vielen Noppen nicht schwer zu pflegen?"

Kundenberater: „Ja, Sie haben Recht, auf den ersten Blick sieht das nicht so einfach aus, aber Sie brauchen den Helm nur mit einem Helm-Spray einzusprühen und danach mit einem Lappen überzuputzen. Das ist alles."

Berechtigter Einwand: ausgleichen

Beispiel

In einem Fachgeschäft für Uhren und Schmuck

Kunde: „Sind die polierten Messingflächen der Stiluhr nicht sehr empfindlich?"

Kundenberater: „Sie haben Recht, die polierten Flächen sind ein wenig empfindlicher als mattierte. Aber eine hochglanzpolierte Stiluhr wirkt um vieles eleganter, gerade wenn sie auf Ihrem Kaminsims gut zur Geltung kommen soll."

→ **Einwände zeigen das Interesse des Kunden am vorgelegten Produkt. Er ist nur noch nicht davon überzeugt, dass die Produktvorteile den Preis aufwiegen.**

zur Gegenfragemethode siehe Lernfeld 10

6.3.4 Serviceleistungen herausstellen

Viele mittelständische Einzelhandelsgeschäfte stecken in einer schwierigen Lage, weil sie mit preisaggressiven Großbetriebsformen und Filialsystemen (Discountern) nicht mithalten können. Aufgrund größerer Bestellmengen und der damit verbundenen Marktmacht bekommen die Großbetriebsformen erheblich bessere Einkaufsbedingungen geboten als der kleine und mittelgroße Fach-Einzelhändler. Die Discounter können sich in ihrer Kalkulation auch mit einer geringeren Gewinnmarge zufriedengeben, weil ein höherer Umsatz für Ausgleich sorgt.

Der Facheinzelhandel kann sich daher nicht auf einen **Preiswettbewerb** mit den Discountern einlassen. Er muss vielmehr seine Stärken besonders herausstellen, die im Bereich von Service und kundenindividueller Behandlung liegen.

Einem Fachgeschäft steht eine Vielzahl von Möglichkeiten zur Verfügung, im **Leistungswettbewerb** (nicht im Preiswettbewerb) mit seinen Mitbewerbern zu bestehen.

Elektrofachgeschäft **Beispiel**
Es könnte eine eigene Werkstatt unterhalten, in dem qualifiziertes Servicepersonal Reparaturen durchführt. Auch die Lieferung von Geräten bis in die Wohnung des Kunden, das Anschließen und die Inbetriebnahme kann von diesen Mitarbeitern erledigt werden. Während der Reparatur kann dem Kunden ein Leihgerät zur Verfügung gestellt werden.

Fachgeschäfte sind auch in besonderer Weise dazu in der Lage, sich individuell um ihre **Stammkunden** zu kümmern. Eine hohe **Servicebereitschaft** schafft eine enge Kundenbindung, die viele Kunden veranlasst, die höheren Preise eines Fachgeschäftes zu akzeptieren. Werden die Preise zudem zu Preispaketen, bestehend aus Produktpreis und Serviceleistung, zusammengefasst, wird der direkte Preisvergleich für den Kunden erschwert.

Großzügigkeit bei der **Reklamationsbehandlung** und bei der Rücknahme von Waren, die nicht gefallen, auch wenn sie mangelfrei sind **(Kulanz)**, machen den Kunden darüber hinaus deutlich, dass der reine Produktpreis beim Kauf nicht allein ausschlaggebend ist. Siehe Seite 172

7 Ergänzungsangebote

Bereits oben wurde festgestellt, dass Kunden keine Produkte, sondern Problemlösungen kaufen. Die Lösung des Kundenproblems ist aber häufig nicht allein mit einem Produkt (dem Hauptartikel) zu leisten. Oft sind weitere Produkte (Ergänzungsartikel) erforderlich, damit der Kunde zufrieden ist. Siehe Seite 144

Von einem **Ergänzungsangebot** spricht man, wenn zu einem Hauptartikel ein (sinnvoller) Ergänzungsartikel angeboten wird.

Beispiel
Beim Kauf eines Schuhs empfiehlt die Kundenberaterin ein passendes Pflegemittel.
Ergänzungsangebote können **notwendig** für den Gebrauch eines Produktes sein oder sie schaffen einen **Zusatznutzen**, indem sie einen Hauptartikel zweckmäßiger oder schöner machen.
Beispiel für ein notwendiges Ergänzungsangebot: Die Batterie für das elektronische Spielzeug.
Beispiel für einen Zusatznutzen: Das passende Hemd und die farblich abgestimmte Krawatte zur Jacke.

Zeitpunkt für ein Ergänzungsangebot

Ein Ergänzungsangebot kann während des Hauptkaufes oder nach der Kaufentscheidung eines Kunden gegeben werden.

- Eine Zuempfehlung wird **während des Hauptkaufs** gemacht. Hier besteht die Chance, die Bedeutung des Ergänzungsproduktes für den Hauptartikel in die Argumentation einfließen zu lassen und die Vorteile des Ergänzungsproduktes mit den Produkteigenschaften des Hauptproduktes zu verbinden. Auch kann oft viel eleganter (nebenbei) auf den Ergänzungsartikel verwiesen werden.

Beispiel: Eine lange Perlenkette lässt sich durch einen Perlenclip zusätzlich in eine eng anliegende Halskette verwandeln.

Nach dem Hauptkauf ist dem Kunden dieser Vorteil aber oft nur noch schwer deutlich zu machen. Wird der Kunde aber während des Verkaufsgesprächs darauf hingewiesen, dass der Gebrauchswert des Hauptartikels durch den Ergänzungsartikel deutlich gesteigert werden kann, leuchten ihm die Vorteile des Ergänzungsartikels viel eher ein. Dadurch wird auch der Eindruck vermieden, dass ein Ergänzungsprodukt aufgedrängt werden soll.
Während eines Verkaufsgespräches kann ein Ergänzungsangebot auch viel eleganter gegeben werden als nach dem abgeschlossenen Kauf. Gelegentlich ist sogar ein Ergänzungsangebot ohne Worte besonders wirksam.

Beispiel: Eine Kundenberaterin stellt zu einem Tafelservice für festliche Zwecke stillschweigend passende Gläser hinzu, womit sie eine festliche Atmosphäre schafft.

- Ein Ergänzungsprodukt wird **nach dem Hauptkauf** empfohlen. Jetzt kann der Kunde oft nur noch gefragt werden, ob er den Zusatzartikel haben möchte. Plumpe Fragen haben dabei wenig Chancen („Brauchen Sie noch …“).

Ergänzungsangebote

während des Hauptkaufs	nach dem Hauptkauf

Verbundplatzierung Seite 290

Ergänzungsangebote nutzen nicht nur dem Kunden. Auch den Einzelhändler erfreut es, wenn über Ergänzungsartikel der **Umsatz** gesteigert werden kann. Vielfach wird dieser Umstand daher bei der Verkaufsraumgestaltung und der Warenpräsentation berücksichtigt, indem durch eine **Verbundplatzierung** der Verkauf von Ergänzungsartikeln gefördert wird. Die Ergänzungsartikel stehen dann in der Nähe der Hauptartikel. Der Kundenberater hat es leichter, während des Hauptkaufs auf das Ergänzungsangebot zu verweisen.

Darüber hinaus wird auch die Kassenzone für Ergänzungsartikel genutzt.

8 Alternativangebote

Ein Alternativangebot wird unterbreitet, wenn der von einem Kunden gewünschte Artikel nicht angeboten werden kann.

Beispiel

Ein Kunde sucht eine Spiegelreflexkamera von Pentax. Das Geschäft führt keine Artikel dieses Herstellers, kann aber vergleichbare Produkte anbieten.

Um ein geeignetes Alternativangebot unterbreiten zu können, sind zunächst genauere Informationen über die Ansprüche des Kunden erforderlich.

Beispiel

Kunde: „Guten Tag, ich interessiere mich für eine Spiegelreflexkamera von Pentax."

Verk.: „Guten Tag, Sie suchen also eine gute Spiegelreflexkamera. Welche Aufnahmen möchten Sie damit machen?"

Kunde: „Ich möchte meine Familie fotografieren, vor allem aber Tieraufnahmen machen. Ich züchte Hunde und da brauche ich von jedem Tier ein gelungenes Porträt."

Verk.: „Für Ihre anspruchsvollen Aufnahmen kann ich Ihnen diese Kamera von Canon empfehlen. Canon-Kameras sind bekannt für ..."

Weil die Produkte beider Hersteller in hohem Maße vergleichbar sind, dürfte es einem Kundenberater nicht schwerfallen, den Kunden von der Vorteilhaftigkeit des Alternativangebotes zu überzeugen.

Vorgehensweise

Zunächst ist festzuhalten, dass das Alternativangebot kein magerer Ersatz für den eigentlichen Kundenwunsch ist, sondern vielmehr ein gleichwertiges Produkt. Herabsetzende Bemerkungen sind daher bei der Warenvorlage zu vermeiden:

Beispiele

- ... führen wir leider nicht.
- Wir haben nur ...
- Ich kann Ihnen höchstens eine ... von ... empfehlen.

Grundsätzlich bestehen zwei Möglichkeiten, auf das Alternativprodukt einzugehen:

- Der Kundenberater zeigt dem Kunden erst das Alternativangebot und erwähnt beiläufig, dass der Kundenwunsch in einem Punkt, z. B. beim Herstellernamen, nicht erfüllt werden kann (wenn es überhaupt noch erforderlich ist).
- Der Kundenberater bekennt offen, dass der Artikel des gewünschten Herstellers nicht geführt wird oder im Augenblick nicht zur Verfügung steht und versucht, den Kunden vom Alternativangebot zu überzeugen.

Bei der Argumentation werden möglichst solche Produkteigenschaften eines Alternativangebots hervorgehoben, die sich mit dem **Kundenwunsch** decken.

Beispiel Eine Kundin wünscht Schuhe von einem italienischen Hersteller, der bekannt ist für hochmodisches Schuhwerk. Wird der Kundin der Schuh eines deutschen Herstellers als Alternativangebot vorgelegt, muss der Schuh **modisch** ausgerichtet sein, wenn er das Interesse der Kundin wecken soll. Ein Schuh mag noch so preiswert und gut verarbeitet sein; trifft er nicht den Hauptwunsch der Kundin nach einem modischen Schuhwerk, ist das Alternativangebot verfehlt.

Kundenberater müssen die typischen Eigenschaften der Produkte verschiedener Hersteller besonders deshalb kennen, damit sie vergleichbare Produkte anbieten können. Die Beantwortung folgender Fragen kann dabei Hinweise geben:

- Werden besondere Materialien verwendet?
- Zeichnen sich die Produkte durch eine besondere Verarbeitung aus?
- Sind die Artikel besonders lange haltbar?
- Wird den Artikeln eine bestimmte Note (im Design oder in der technischen Ausstattung) gegeben?
- Liegen die Produkte auf einem bestimmten Preisniveau?

Beispiel Eine jüngere Kundin sucht ein Kaffeeservice als dauerhafte und hochwertige Anschaffung. Sie wünscht ein Service von Rosenthal. Das Geschäft führt keine Artikel dieses Herstellers.

Kundenberaterin: „Darf ich Ihnen einmal unsere Auswahl an Kaffeeservice in der Porzellanabteilung zeigen?“

Kundin: „Bitte.“

Kundenberaterin: „Wenn Sie mir bitte folgen wollen?“ (Beide begeben sich in die Porzellanabteilung vor das Regal.)

Kundenberaterin: Hier sehen Sie ein Kaffeeservice von **Hutschenreuther**. Hutschenreuther ist ein **Traditionsunternehmen**, das schon seit Jahrzehnten Porzellanwaren herstellt. Es fertigt **traditionelle Service**, bei denen die alten Formen **stilecht** nachempfunden sind, und **modernes Geschirr**, das zum Teil von **bekannten Designern** entworfen wurde.
Dieses Kaffeeservice in der **bauchigen Form** mit dem **verzierten** Henkel und dem **geschwungenen** Fuß ist zum Beispiel an **überlieferten Mustern** ausgerichtet. Es hat den Namen Maria-Theresia. Die traditionelle Form und das zurückhaltende Dekor machen das Geschirr **zeitlos**.
Bei diesem Hutschenreuther-Geschirr können Sie daher **sicher sein**, dass es Ihnen auch in **vielen Jahren noch gefallen** wird.“

Beispiel

So könnten die Verkaufsgespräche fortgesetzt werden:

Kundin: „Können Sie mir auch einmal ein modernes Porzellan zeigen?“

Kundenberaterin: „Gerne, hier sehen Sie ein Kaffeeservice, das von einem bekannten Designer entworfen wurde.“

usw.

Abweichungen vom Kundenwunsch

Ergänzungsangebote	Alternativangebote
Angebot von sinnvollen Artikeln, die die Verwendung des Hauptprodukts verbessern oder verschönern	Angebot eines Produktes, das dem eigentlichen Kundenwunsch besonders nahe kommt

9 Kaufbeschleunigung

Kundenberater haben darauf zu achten, dass bei der Warenvorlage und der Verkaufsargumentation die Auswahl für den Kunden überschaubar bleibt. Wenn zusätzliche Produkte vorgelegt werden, sind gleichzeitig andere auszusondern. Kann sich der Kunde nicht entscheiden, ist die Hilfe des Kundenberaters erforderlich, um den Kaufabschluss zu beschleunigen.

Der Kundenberater engt die Auswahl anspruchs- und verwendungsgerecht ein und gibt am Schluss eine begründete Empfehlung. Schließlich kennt er aus dem Verkaufsgespräch die Ansprüche der Kundin und vielleicht auch den Verwendungszweck. Eventuell konnte der Kundenberater auch feststellen, dass der Kunde von den angebotenen Produkten eines besonders oft anschaute, anprobierte oder in die Hand nahm.

Der **Grundsatz** lautet: Die Auswahl ist dadurch zu verkleinern, dass man die Vorzüge eines Produktes gegenüber den anderen hervorhebt, ohne dabei das Vergleichsprodukt schlecht zu reden. Nur so kann man zu einem der aussortierten Produkte zurückkehren, falls dem Kunden am Ende das verbleibende Produkt doch nicht zusagt.

Siehe Warenvorlage und Produktvergleich Seite 134 und Seite 139

Beispiel

Ein Kunde (Typ seriös) hat ein Sakko erworben. Der Kundenberater hat als Ergänzungsartikel drei passende Hemden empfohlen und einige farblich abgestimmte Krawatten hinzugelegt. Der Kunde kann sich nicht entscheiden, welche Krawatte er nehmen soll.

Beispiel

Kundenberater: Sie haben bisher das Streifenmuster bevorzugt. Ich schlage deshalb vor, die Krawatte mit dem floralen Design einmal zur Seite zu legen.

Kunde: Einverstanden.

Kundenberater: Das dunkle Grau des Sakkos verträgt einen etwas kräftigeren Farbton. Konzentrieren wir uns daher auf die Krawatte mit den lebhaften Querstreifen und die rote mit dem Rechteckmuster.

Kunde: O. k.

Kundenberater: Wenn ich Ihnen eine Empfehlung geben darf: Die quergestreifte Krawatte mit den lebhaften hellblauen Streifen passt farblich zu allen drei blauen Hemden. Hemd und Krawatte bilden somit einen sehr schönen, aber immer noch dezenten Kontrast zum dunkelgrauen Sakko – die ideale Berufskleidung, bei der Sie aber trotzdem Mut zur Farbe zeigen.

Kunde: Gut, ich nehme die gestreifte, aber die rote packen Sie mir bitte auch noch ein.

10 Kaufbestätigung und Verabschiedung

Käufer von Gebrauchtwagen schauen unmittelbar nach ihrer Kaufentscheidung in den Anzeigenteil einer Zeitung und suchen Angebote des Pkw-Typs, den sie gerade erworben haben. Diese Verhaltensweise zeigt, dass Kunden unsicher sind, ob sie die richtige Kaufentscheidung getroffen haben.

Entschließt sich der Kunde am Ende des Verkaufsgespräches zum Kauf, sollte der Kundenberater daher die Entscheidung des Kunden nicht einfach wortlos hinnehmen, sondern sie ausdrücklich bestätigen. Durch eine **Kaufbestätigung** wird dem Kunden noch einmal deutlich gemacht, dass das gekaufte Produkt seinen Ansprüchen gerecht wird. Damit gewinnt der Kunde an Sicherheit über seine getroffene Entscheidung.

Allgemeine Floskeln wie „Da haben Sie eine gute Wahl getroffen" oder Formulierungen mit leicht negativem Beigeschmack („Sie werden Ihre Entscheidung bestimmt nicht bereuen.") sind allerdings wenig wirksam. Der Kundenberater, der das Verkaufsgespräch geführt hat, kennt aus dem Gesprächsverlauf die speziellen Ansprüche des Kunden und eventuell auch den Verwendungszweck der Ware. Er kann daher die Kaufentscheidung des Kunden sehr **anspruchs- und verwendungsnah** bestätigen.

Beispiel

Eine ältere Dame sucht ein Geschenk für eine Bekannte. Sie hat sich für eine Kugelvase aus Bleikristall entschieden.

Kundenberaterin: „**Ihre Bekannte** wird sich bestimmt über die reizende Kugelvase **freuen**. Sie können sicher sein, dass Sie mit dieser **wertvollen Bleikristallvase das passende Geschenk** gefunden haben."

Nach der Kaufbestätigung begleitet man den Kunden gewöhnlich zur Kasse und übergibt ihn dem Kassenpersonal – es sei denn, man kassiert selbst. Das Interesse am Kunden bleibt aber weiterhin bestehen. Welche zusätzlichen Serviceleistungen können dem Kunden noch angeboten werden?

- Zusatzverkäufe an der Kasse
- Einpacken der Ware
- Zahlungserleichterungen (Kartenzahlung, Zahlung gegen Rechnung)
- Zustellservice usw.

Bevor man sich vom Kunden abwendet, bedankt man sich für den Einkauf und verabschiedet sich mit einem Gruß. Sollte sich der Kunde allerdings gegen den Kauf entscheiden („Ich muss mir das noch einmal überlegen."), nimmt der Kundenberater die Entscheidung des Kunden zunächst gelassen hin („Gerne, überlegen Sie sich Ihre Entscheidung in Ruhe"). Er wird dann aber überlegen, wie er dem Kunden **Entscheidungshilfen** geben und ihn an das Geschäft **binden** kann.

Beispiel

- Dem Kunden wird zusätzliches Prospektmaterial übergeben.
- Man bietet dem Kunden an, die Ware für eine bestimmte Zeit zurückzulegen.
- Man gibt dem Kunden die Ware zur Auswahl mit nach Hause.
- Man lädt den Partner, der an der Kaufentscheidung beteiligt werden soll, in das Geschäft ein.

Der Ablauf eines Verkaufsgesprächs

Die nachstehenden verkaufskundlichen Themen sind vielfach in einem Verkaufsgespräch anzutreffen. Die Reihenfolge ist allerdings nicht zwingend, sondern von der jeweiligen Verkaufssituation abhängig.

- Mit dem Kunden Kontakt aufnehmen.
- Die Kundenansprüche ermitteln.
- Ware vorlegen.
- Mit Produkteigenschaften argumentieren und dem Kunden den Produktnutzen verdeutlichen.
- Den Preis der Ware nennen.
- Kundeneinwände behandeln.
- Den Kaufabschluss beschleunigen.
- Die Kaufentscheidung des Kunden bestätigen.
- Den Kunden verabschieden.

Es ist z. B. nicht ungewöhnlich, dass ein Verkaufsgespräch mit der Frage des Kunden nach dem Preis beginnt.

Weitere verkaufskundliche Themen werden im Lernfeld 10 vorgestellt.

11 Einen Artikel kundenorientiert umtauschen

Die Rücknahme verkaufter Ware gehört zum Alltag eines jeden Einzelhändlers. Ein Kunde möchte einen Artikel immer dann zurückgeben, wenn er mit der Ware unzufrieden ist. Für diese Unzufriedenheit gibt es grundsätzlich zwei Ursachen:

- Zum einen ist es möglich, dass die **Ware mangelhaft** ist. In diesem Fall handelt es sich um eine **Reklamation**.

Beispiel *Ein Kunde entdeckt nach dem Kauf ein Loch in der Krawatte.*

Der Einzelhändler hat dann die gesetzliche Verpflichtung, den Mangel entweder durch Nachbesserung zu beseitigen oder einen mangelfreien Artikel zu liefern. Eine solche Verpflichtung besteht allerdings nicht, wenn der Kunde den Mangel bereits vor dem Kauf kannte. Dies ist möglich, wenn die Ware beispielsweise als 1b-Ware bzw. II. Wahl gekennzeichnet wurde.

- Möchte ein Kunde einen **einwandfreien Artikel** zurückgeben, weil er z. B. die falsche Größe, Farbe, Ausstattung o. Ä. gewählt hat, so liegt ein **Umtausch** vor.

Beispiel *Ein Kunde stellt zu Hause fest, dass die von ihm gekaufte Krawatte farblich nicht zu seinem Hemd passt.*

In diesem Fall besteht für den Einzelhändler keine gesetzliche Verpflichtung. Eine Umtauschverpflichtung hat der Einzelhändler nur, wenn er dem Kunden das Umtauschrecht zuvor beim Kauf des Artikels zugesichert hat.

Auch wenn die Einzelhändler nicht zur Rücknahme einwandfreier Ware verpflichtet sind, tauschen sie in der Regel freiwillig um. Der Kunde wählt dann entweder einen anderen Artikel, erhält einen Gutschein oder Bargeld. Dieses **freiwillige Entgegenkommen** von Einzelhändlern wird als Kulanz bezeichnet. Auf diese Weise kann vermieden werden, dass sich die Unzufriedenheit mit der Ware auf eine grundsätzliche Unzufriedenheit mit dem Geschäft überträgt.

Zurückgenommene Ware wird im Regelfall erneut zum Verkauf angeboten. Bei manchen Artikeln ist ein Wiederverkauf jedoch nicht möglich. Aus diesem Grund schließen Einzelhändler solche Artikel häufig vom Umtausch aus. Hierzu zählen Waren, die aus hygienischen Gründen nicht erneut verkauft werden können

Beispiel *Bade- und Miederwäsche, Kosmetikartikel, nicht abgepackte Lebensmittel*

und Artikel, die für einen Kunden individuell angefertigt oder bestellt wurden

Beispiel *zugeschnittenes Holz im Baumarkt, bestellte Ersatzteile, individuell angepasste Textilien.*

Da der Umtausch von Ware eine freiwillige Leistung des Einzelhändler ist, bestimmt er die Bedingungen für einen Umtausch selbst. In der Praxis sind die Einzelhändler unterschiedlich kulant, denn sie knüpfen an einen Umtausch verschiedene Bedingungen hinsichtlich Vorlage des Kassenbons, Umtauschzeitraum, Zustand der Ware bzw. der Verpackung und der Auszahlungsart:

Unternehmen	Zeitraum	Verpackung	Zustand der Ware	Auszahlungs-art
C & A	ein Monat	ohne möglich	unbenutzt	wählbar Geld/Ware/Gutschein
Douglas	ein Monat	Verpackung, aber nicht unbedingt sauber	benutzt, aber original	wählbar Geld/Ware/Gutschein
Ikea	drei Monate	Originalverpackung	unbenutzt	nur Geld
Media Markt	14 Tage	Verpackung, aber nicht unbedingt original	ohne Gebrauchsspuren	wählbar Geld/Ware
Kaufhof	unbegrenzt	keine, nur CD, DVD etc. original	unbenutzt	wählbar Geld/Ware/Gutschein

Quelle: BBV vom 21.05.2003

Grundsätzlich sollte ein Einzelhändler bedenken, dass er mit großzügigen Umtauschbedingungen Kundenzufriedenheit schafft und so das Ansehen seines Geschäftes verbessert. Ist der Umtausch eines Artikels für einen Einzelhändler also auf den ersten Blick ein Nachteil, so bietet dieser Service langfristig auch die Möglichkeit zur Kundenbindung. Kulanz ist also Werbung für den Einzelhändler.

12 Verkaufsgespräche im Rollenspiel darstellen

Wird ein Verkaufsgespräch als Rollenspiel dargestellt, können Auszubildende zukünftige Arbeitssituationen in der Schule erproben. Dies hat viele Vorteile:

- Das Rollenspiel ist eine Probehandlung, in der die Praxis zwar möglichst exakt nachgebildet wird, Fehler aber keine Konsequenzen wie in der betrieblichen Wirklichkeit haben (Kundenverlust, verpasste Umsatzchancen usw.).
- In der Praxis ist jede Situation einmalig. In einem Rollenspiel können die Rahmenbedingungen beliebig verändert werden, z. B. unterschiedliches Kunden- und Kundenberaterverhalten.

- Im Ausbildungsbetrieb ist ungewiss, wie ein Kunde sich verhält, welche Ansprüche er äußert und welche Besonderheiten zu beachten sind. Die Rollenspieler können sich sorgfältig auf ihre Aufgabe vorbereiten und ihre Arbeitsschritte genau planen. Die Situation wird so konstruiert, dass man sich auf ein ausgewähltes Problem konzentrieren kann, das man lösen möchte.
- Damit besteht die Möglichkeit, bestimmte Ausschnitte aus einem umfangreichen Verkaufsgespräch wie unter einer Lupe zu betrachten und auch unterschiedliche Lösungsmöglichkeiten zu erproben.
- Die Spieler bauen die Angst vor dem freien Sprechen ab und verbessern ihre sprachlichen Fähigkeiten.

Rollenspiele sind damit Probehandlungen für die Praxis. Wenn ein Auszubildender eine Verkaufssituation bereits im Rollenspiel „ausprobiert" hat, gewinnt er in der Ernstsituation des Verkaufs an Selbstsicherheit.

Allerdings müssen auch die Zuschauer „mitspielen", indem sie die Rollenspieler ernsthaft unterstützen, deren Bemühungen würdigen und auf jegliche herabsetzende Bemerkung verzichten.

Organisation eines Rollenspiels

Zunächst ist der Spielrahmen festzulegen, in dem die Rollenspieler sich bewegen sollen. Dazu muss das verkaufskundliche Thema bekannt sein, das man näher betrachten möchte. Spielanweisungen legen fest, wie die Rollenspieler sich verhalten sollen. Danach sind die Personen (die Rollenspieler) zu bestimmen. Im Regelfall sind ein Kunde und ein Kundenberater darzustellen. Schließlich werden Beobachtungsmerkmale entwickelt, auf die die übrigen Klassenmitglieder in besonderer Weise achten sollen. Diese Merkmale können in einem Beobachtungsbogen festgehalten werden.

Beispiel **Beobachtungsbogen zum Thema Warenvorlage (Ausschnitt)**

Wie beurteilen Sie	ankreuzen!			Bemerkungen/ Begründungen
① die Anzahl der vorgelegten Produkte	☺	😐	☹	
② die Eingangspreislage	☺	😐	☹	
③ die Ansprache der Sinne des Kunden	☺	😐	☹	
usw.				

Je stärker diese Rahmenbedingungen durch die Auszubildenden selber gestaltet werden, umso ernsthafter und interessierter sind alle Beteiligten.

Die Arbeit der Rollenspieler wird erleichtert, wenn sie sich in einer möglichst praxisnahen Umgebung bewegen können. Dazu gehört z. B. eine kleine Verkaufstheke oder ein Regal, vor allem aber themengerechte Produkte, die man in die Hand nehmen und mit denen man während des Verkaufsgespräches umgehen kann (etwas zum „Festhalten").

Während des Spiels ist Ruhe und Aufmerksamkeit des „Publikums" zwingende Notwendigkeit. Bemerkungen zum Spiel oder zu den Spielern in dieser Phase verunsichern die Spieler in hohem Maße.

Auswertung des Rollenspiels

Nach dem Spiel benötigen die Zuschauer gewöhnlich noch etwas Zeit, um ihren Beobachtungsbogen zu ergänzen. Danach haben zunächst die Spieler das Wort. Sie sollten sich rückblickend dazu äußern, wie sie den Ablauf geplant haben, wie es ihnen gelungen ist, ihre Planungsüberlegungen umzusetzen und was sie in einem zweiten Spiel verändern würden.

Nun erst haben die Zuschauer das Wort. Sie müssen unbedingt zunächst folgende Frage beantworten:

Was hat mir an dem Rollenspiel besonders gut gefallen?

Dabei steht die vorgestellte Lösung im Mittelpunkt, nicht so sehr das Verhalten der Rollenspieler.

Sobald die positiven Seiten des Rollenspiels ausreichend gewürdigt worden sind, sollten Verbesserungsvorschläge gemacht werden, die aber möglichst positiv eingeleitet werden sollen.

Beispiele

- „Dirk hat sich sehr schön an die Regel gehalten, zunächst drei Produkte zur Auswahl vorzulegen. Ich könnte mir auch vorstellen, dass man in diesem Fall mehr als drei Produkte vorlegt, weil ..."
- „Ich fand es gut, dass Melanie dem Kunden den Kugelschreiber in die Hand gegeben hat, nachdem sie ihm die wichtigsten Eigenschaften erklärt hat. Vielleicht wäre es verkaufswirksamer gewesen, dem Kunden das Produkt schon früher in die Hand zu geben, damit ..."

Nach der Auswertung ist die Frage zu beantworten, ob das Spiel noch einmal wiederholt werden soll. Dann ist es sinnvoll, die besonderen Gesichtspunkte noch einmal festzuhalten, auf die man in der zweiten Runde speziell achten will.

Kunden im Servicebereich Kasse betreuen

1 Vertragswesen

1.1 Rechts- und Geschäftsfähigkeit

Rechtsfähigkeit

§ 1 BGB

Rechtsfähig sein bedeutet, Träger von Rechten und Pflichten zu sein. Man unterscheidet natürliche und juristische Personen. Menschen sind **natürliche Personen**. Die Rechtsfähigkeit beim Menschen beginnt mit Vollendung der Geburt.

Beispiele für Rechte und Pflichten

- Recht auf körperliche Unversehrtheit (vom Grundgesetz garantiert),
- allgemeine Schulpflicht.

Juristische Personen sind künstlich geschaffene rechtliche Gebilde, die wie natürliche Personen selbstständig Träger von Rechten und Pflichten sein können.

Beispiele für juristische Personen

Fußballverein, Aktiengesellschaft, Stadt/Gemeinde

Geschäftsfähigkeit

§§ 104 bis 113 BGB

Wenn Kinder in einem Einzelhandelsgeschäft einkaufen wollen, ist zu prüfen, ob sie berechtigt sind, Kaufverträge abzuschließen. Kaufverträge sind Rechtsgeschäfte. Um Rechtsgeschäfte wirksam abschließen zu können, muss man geschäftsfähig sein. Die **Geschäftsfähigkeit** ist vom Alter eines Menschen abhängig.

geschäftsunfähig

- Bis zum 7. Lebensjahr ist der Mensch **geschäftsunfähig**. Er kann keine Kaufverträge abschließen, weil seine Willenserklärungen von vornherein ungültig (nichtig) sind.

beschränkt geschäftsfähig

- Vom 7. Geburtstag an, wenn also das 7. Lebensjahr vollendet ist, wird man **beschränkt geschäftsfähig**. Das bedeutet, Kinder und Jugendliche dürfen rechtswirksam
  - im Rahmen ihres Taschengeldes einkaufen,
  - im Rahmen ihres Ausbildungs- oder Arbeitsverhältnisses Geschäfte abschließen,
  - Geschäfte abschließen, die nur Vorteile bringen.

voll geschäftsfähig

- Mit der Vollendung des 18. Lebensjahres (ab dem 18. Geburtstag) ist man **voll geschäftsfähig**.

Geistig behinderte Menschen sind – je nach Schwere ihrer Behinderung – in ihrer Geschäftsfähigkeit eingeschränkt oder geschäftsunfähig. Ähnliches gilt für Menschen, die von Fremden betreut werden müssen. Auch eine vorübergehende Störung der Geistestätigkeit (z. B. durch Alkohol oder Medikamente) kann zur Geschäftsunfähigkeit führen, sodass Willenserklärungen nichtig werden. Der Einzelhändler trägt das Risiko, wenn er diesen Menschen etwas verkauft und das Geld zurückgefordert wird.
Kaufverträge mit beschränkt Geschäftsfähigen, die über das **Taschengeld** hinausgehen, sind **schwebend unwirksam**, d. h. erst durch die Zustimmung der Erziehungsberechtigten kommt ein rechtswirksamer Vertrag zustande.
Bei der Frage, ob ein Kauf sich im Rahmen des Taschengeldes bewegt, ist zu prüfen, wie alt das Kind oder der Jugendliche ist und in welchem familiären Umfeld es/er sich bewegt. Bestimmte Geldbeträge können nicht genannt werden, weil sich die Auffassung über die Höhe des Taschengeldes ändert. Für die Beurteilung ist nur die **Höhe des Kaufbetrages** entscheidend. So dürfen z. B. beschränkt Geschäftsfähige auch nicht über höhere Geldbeträge frei verfügen, die sie aus dem Taschengeld **angespart** haben.

Erziehungsberechtigte, die zusammen mit ihrem minderjährigen Kind einen Ausbildungsvertrag oder Arbeitsvertrag abschließen, stimmen durch ihre Unterschrift allen Geschäften zu, die im Rahmen der Ausbildung oder der Arbeit anfallen.

Kinder können auch als Boten eingesetzt werden, indem sie z. B. die Willenserklärung der Mutter (z. B. in Form eines Einkaufszettels) übermitteln. Der Kaufvertrag kommt dann zwischen der Mutter und dem Verkäufer zustande. Ausnahme: Gesetzliches Verbot (z. B. kein Alkoholverkauf an Kinder).

1.2 Nichtige und anfechtbare Rechtsgeschäfte

■ Nichtigkeit

Bestimmte Rechtsgeschäfte sind von **vornherein** ungültig, d. h. sie sind **nichtig**. Dazu gehören:

- Verträge mit Geschäftsunfähigen
- Verträge, die im Zustand der Bewusstlosigkeit oder vorübergehenden Störung der Geistestätigkeit abgeschlossen wurden (z. B. Käufe eines Betrunkenen)
- Scherzgeschäfte (Willenserklärungen, die nicht ernst gemeint sind)
- Verträge, die gegen ein gesetzliches Verbot verstoßen (z. B. Handel mit Rauschgift)
- Verträge, die gegen die guten Sitten verstoßen (z. B. ein unerfahrener Kunde wird zu einem Ratenkauf mit völlig überhöhten Konditionen überredet)
- Verträge, bei denen festgelegte Formvorschriften nicht eingehalten werden (z. B. bei einem Grundstückskauf)

Anfechtbarkeit

§§ 119–144 BGB

Unter bestimmten Umständen kann ein rechtswirksam zustande gekommener Kaufvertrag **rückwirkend** außer Kraft gesetzt werden, und zwar durch eine sogenannte **Anfechtung**. Einer der wichtigsten Anfechtungsgründe ist der **Irrtum in der Erklärung**, wenn nämlich die Äußerung eines Vertragspartners nicht das beinhaltet, was er eigentlich ausdrücken wollte. Die Anfechtung muss unverzüglich nach Entdeckung des Irrtums vorgenommen werden. Auch eine **arglistige Täuschung** kann – nun aus der Sicht des Kunden – Grund für eine Anfechtung sein. Beispiel: Ein Unfallwagen wird als „unfallfrei" verkauft.

Motivirrtum

Viele Kaufverträge sind mit bestimmten Erwartungen (Absichten, Motiven) verbunden. Eltern kaufen z. B. ihrer Tochter ein Fahrrad zum Geburtstag, weil sie glauben, dass sie sich darüber freut. Ist das nicht der Fall, kann der Fahrradhändler dafür nicht verantwortlich sein. Der Kaufvertrag bleibt gültig, weil die Erklärung der Eltern zum Kauf des Fahrrades eindeutig war und ihrem damaligen Willen entsprach. Es liegt lediglich ein Motivirrtum vor.

Rechtsgeschäfte können

angefochten werden (z. B. wegen Irrtums in der Erklärung)	**nichtig sein** (z. B. wegen Geschäftsunfähigkeit)
Das Rechtsgeschäft wird rückwirkend ungültig	**Das Rechtsgeschäft ist von vornherein ungültig**

1.3 Die wichtigsten Vertragsarten

Kaufvertrag

Veräußerung von Sachen oder Rechten gegen Entgelt

Beispiele

- Eine Kundin kauft in einem Schuhgeschäft ein Paar Sommer-Sandaletten
- Ein Kunde erwirbt mit dem Kauf einer CD das Recht, das darauf befindliche Computerprogramm auf seinem PC zu nutzen.

Miete: Befristeter Gebrauch einer Sache und deren Rückgabe

Mietvertrag

Überlassung einer Sache zum Gebrauch gegen Zahlung der vereinbarten Miete.

Beispiel

Für 60,00 € pro Tag darf Herr Sommer einen Mietwagen ohne Kilometerbegrenzung fahren.

■ **Leihvertrag**
Überlassung einer Sache zum Gebrauch ohne Entgelt.

Klaus leiht seiner Freundin Petra sein Auto, damit Petra pünktlich zur Abschlussprüfung in der Nachbarstadt erscheinen kann. **Beispiel**

Darlehen: Verbrauch von Geld/Sachen u. Rückgabe gleichartiger Gegenstände

■ **Darlehensvertrag**
Überlassung (vor allem) von Geld oder anderer vertretbarer Sachen zum **Verbrauch**. Der Darlehensnehmer ist verpflichtet, gleichartige Sachen nach Vertragsablauf zurückzugeben.

Ein Einzelhändler nimmt einen Bankkredit auf, verwendet das Geld für den Umbau seines Geschäftes und zahlt den Kredit zum vereinbarten Zeitpunkt aus laufenden Einnahmen wieder zurück. **Beispiel**

■ **Dienstvertrag**
Leistung von Diensten gegen Entgelt.

Die Berufsschullehrerin Frau Thomes hat mit einem Warenhaus vereinbart, dass sie einmal in der Woche die innerbetriebliche Schulung der Auszubildenden übernimmt. **Beispiel**

■ **Werkvertrag**
Herstellung eines Werkes gegen Bezahlung.

Ein Möbelhaus bezieht im Auftrag einer Kundin den Stuhl einer Essgruppe mit Bezugsstoff. Der Stoff stammt aus einem Vorrat der Kundin. **Beispiel**

1.4 Kaufvertrag beim Warenverkauf

1.4.1 Zustandekommen von Kaufverträgen

Beispiel

In einem Fachgeschäft für Bürobedarf:

Kunde:	„Haben Sie diese Trennblätter aus Karton für DIN-A4-Ordner?"	Anfrage
Kundenberaterin:	„Ja, ich kann Sie Ihnen farbig und in einheitlichem Grau anbieten."	Angebot
Kunde:	„Unterscheiden sie sich im Preis?"	
Kundenberaterin:	„Eine Packung mit 100 Stück kostet 9,95 €, farbig sortiert 11,55 €."	
Kunde:	„Ich nehme eine Packung von den grauen."	Bestellung

Eine **Anfrage** ist die Aufforderung an den Verkäufer einer Ware, ein Angebot abzugeben. Für den Anfragenden hat sie keine rechtliche Wirkung (Kunde: „Vielen Dank, aber das ist mir zu teuer.").

Das **Angebot** ist eine an eine bestimmte Person gerichtete Willenserklärung, Ware zu verkaufen. Der Anbieter ist an den Inhalt seines Angebotes gebunden. In einer **Bestellung** erklärt der Käufer, dass er eine Ware zu bestimmten Bedingungen (Produkteigenschaften, Preis) kaufen will. Die Bestellung ist eine rechtswirksame Willenserklärung, an die der Käufer gebunden ist.
Eine **Willenserklärung** ist eine rechtlich wirksame Äußerung. Die Person, die die Willenserklärung abgibt, weiß, dass damit eine Rechtsfolge verbunden ist (z. B. Annehmen und Bezahlen der Ware).

Willenserklärungen können auf verschiedene Weise abgegeben werden:
1. **mündlich**, z. B. in einem Verkaufsgespräch oder am Telefon,
2. **schriftlich** (als Brief, Fax, E-Mail).

Beispiel Ein Einzelhändler bietet einem Unternehmen in einem schriftlichen Angebot (Brief) eine komplette Büroausstattung an.

3. durch **schlüssiges Handeln**, aus dem der Wille des Erklärenden abzuleiten ist.

Beispiel In einem Selbstbedienungsgeschäft füllt ein Kunde seinen Einkaufswagen mit Produkten und lädt sie an der Kasse wortlos auf das Band (= Bestellung des Kunden).

Liegen zwei übereinstimmende Willenserklärungen vor, handelt es sich um einen **Vertrag**. Ein **Kaufvertrag** kommt zustande, wenn sich die Willenserklärungen von Verkäufer und Käufer decken:
- Willenserklärung des Verkäufers: Eine Ware mit bestimmten Eigenschaften zu einem genau bezeichneten Preis zu verkaufen.
- Willenserklärung des Käufers: Die angebotene Ware mit den genannten Eigenschaften und zu dem angebotenen Preis zu kaufen.

Beispiel

1. Willenserklärung = Bestellung
2. Willenserklärung = Bestellungsannahme

In einem Fachgeschäft für Bürobedarf. Das Telefon klingelt:

Kundenberaterin: „Guten Tag, Bürobedarf Neumann, Siebert, was kann ich für Sie tun?"

Kunde: „Guten Tag, Bauunternehmung Möller, Reichenberg, ich benötige dringend 1.000 Trennblätter für DIN–A4-Ordner aus Karton in grau zum Preis von 9,95 € pro 100 Stück. Unser Auszubildender holt sie gleich bei Ihnen ab."

Kundenberaterin: „Sehr gerne. Ich mache alles soweit fertig."

Der erste Schritt beim Zustandekommen eines Kaufvertrages (der Antrag) kann auch eine **Bestellung** sein. Die zweite Willenserklärung besteht dann in der Annahme der Bestellung durch den Verkäufer **(Bestellungsannahme)**.

1. Willenserklärung **Bestellung** des Käufers	2. Willenserklärung **Bestellungsannahme** des Verkäufers

2 übereinstimmende Willenserklärungen
= Kaufvertrag

Allgemein gilt für das Entstehen eines Vertrages:

Antrag	**Annahme**

2 übereinstimmende Willenserklärungen
= Vertrag

Anpreisungen von Waren in Zeitungsanzeigen, Rundschreiben, Preislisten oder auch im Schaufenster richten sich an die **Allgemeinheit**. Sie sind keine Vertragsangebote im rechtlichen Sinne, sondern lediglich Aufforderungen an den Betrachter, selber einen Kaufantrag zu machen, der jedoch noch die Annahme durch den Einzelhändler erfordert.
Für den Einzelhändler besteht **Vertragsfreiheit**, d. h. er kann selber bestimmen, ob und an wen er seine Waren verkauft. Gibt er jedoch ein rechtswirksames Angebot ab, ist er daran auch gebunden.

Angebot
→ bestimmte Person,
Anpreisung:
→ Allgemeinheit

Näheres zur Vertragsfreiheit siehe Seite 184

Im Vertragsrecht gilt der Grundsatz: Verträge sind einzuhalten

Kaufverträge – Verkaufsformen

Im Regelfall entstehen Kaufverträge in den unterschiedlichen Verkaufsformen des Einzelhandels nach folgendem Muster:

- Bedienungsgeschäft: Der Anfrage des Kunden folgt das Angebot des Einzelhändlers. Sagt dem Kunden die Ware zu, wird der Kaufvertrag durch eine Bestellung abgeschlossen.
- Vorwahlgeschäft: Nachdem der Kunde vorgewählt hat, unterbreitet der Einzelhändler ein Angebot. Der Kunde bestellt.

Beispiel (Bericht einer Auszubildenden)

„Bei uns begeben sich die Kunden, nachdem sie das Geschäft betreten haben, zunächst zur Vorwahl. Wenn ich sehe, dass der Kunde an einer Ware interessiert ist, gehe ich zu ihm hin, begrüße ihn und spreche ihn über die Ware an. Der Kunde nennt dann seinen Wunsch genauer und ich zeige ihm geeignete Ware. Damit unterbreite ich ihm ein Angebot (Antrag). Wenn dem Kunden die Ware gefällt, entscheidet er sich am Ende der Beratung für das Produkt, er macht eine Bestellung (Annahme). Damit ist der Kaufvertrag zustande gekommen, weil zwei übereinstimmende Willenserklärungen vorliegen."

- Selbstwahlgeschäft: Die vorhandenen Waren im Geschäft sind kein Angebot des Einzelhändlers, sondern eine Anpreisung, weil sich das Sortiment an die Allgemeinheit richtet. Erst wenn der Kunde die ausgewählten Produkte an der Kasse übergibt, liegt eine Bestellung vor. Durch die Registrierung der Waren in der Kasse nimmt der Einzelhändler die Bestellung an.

1.4.2 Rechte und Pflichten aus dem Kaufvertrag

Ein verbindliches Angebot durch den Einzelhändler oder ein rechtswirksamer Kaufvertrag verpflichten den Einzelhändler, gegebene Zusagen einzuhalten. Ob eine Ware auch schon bezahlt worden ist, spielt dabei keine Rolle. Im Vertragsrecht unterscheidet man zwischen dem **Versprechen** und dem **Erfüllen** von Verpflichtungen.

Im Kaufvertrag verpflichtet sich der **Verkäufer**, dem Kunden eine bestimmte Ware rechtzeitig und ohne Mängel zu übergeben. Der **Kunde** verpflichtet sich, die bestellte Ware auch anzunehmen und zu bezahlen. Beide Vertragspartner sind an ihre Versprechen gebunden und müssen sich bemühen, diese Verpflichtungen zu erfüllen.

Weitere Pflicht des Verkäufers: Dem Käufer das Eigentum an der Ware verschaffen.

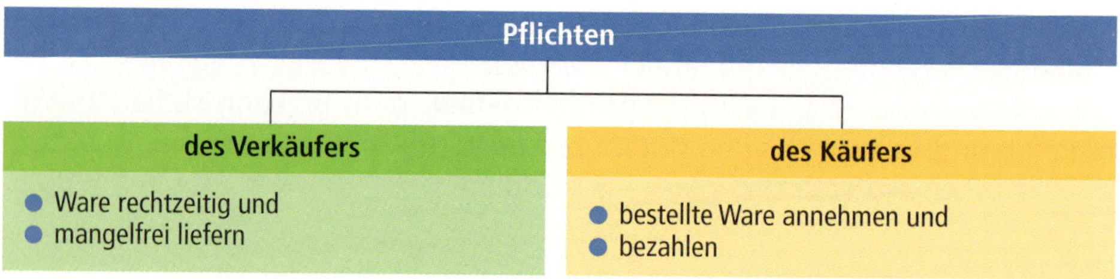

1.4.3 Eigentum und Besitz

Im Kaufvertragsrecht wird zwischen Besitz und Eigentum unterschieden. Der Eigentümer eines Gegenstandes (Sache, Ware) kann über ihn verfügen. Er kann ihn z. B. verkaufen, d. h. rechtlich über den Gegenstand bestimmen. Daher wird **Eigentum** als die rechtliche Herrschaft über eine Sache bezeichnet.

Gewöhnlich ist der Eigentümer auch der Besitzer einer Sache. Es kann jedoch jemand einen Gegenstand besitzen, ohne ihr Eigentümer zu sein. Der **Besitzer** verfügt im Augenblick über eine Sache, Besitz ist die tatsächliche Herrschaft über einen Gegenstand.

→ Eigentum ist die rechtliche Herrschaft über eine Sache. Besitz ist die tatsächliche Herrschaft über eine Sache.

Beispiel

Eine Kundin hat in einem Textilgeschäft einen Mantel zur Auswahl mit nach Hause genommen, um ihn ihrem Partner zu zeigen und sich dann zu entscheiden.

- Die Kundin ist **Besitzerin** des Mantels, weil sie im Augenblick über das Produkt verfügt.
- Der Einzelhändler bleibt aber weiterhin **Eigentümer** des Mantels, weil er ihn von seinem Lieferanten rechtmäßig erworben hat. Der Einzelhändler kann den Mantel jederzeit von der Kundin zurückfordern und nach Belieben über ihn verfügen (ihn also z. B. auch an eine andere Kundin verkaufen).

Durch einen Kaufvertrag vereinbaren Verkäufer und Käufer, dass der Käufer Eigentümer der Ware werden soll. Diese **Vereinbarung** und die anschließende **Übergabe** der Ware machen den Käufer zum Eigentümer. In der Praxis erfolgt die Einigung über den Eigentumsübertrag gewöhnlich stillschweigend.
Einigen sich Verkäufer und Käufer dahingehend, dass das Eigentum mit der Bezahlung der Ware übergehen soll (Verkauf unter **Eigentumsvorbehalt**), so wird der Käufer automatisch Eigentümer, sobald er die letzte Rate beglichen hat. Bis zu diesem Zeitpunkt ist der Käufer lediglich Besitzer. Der Eigentumsvorbehalt muss ausdrücklich **vereinbart** werden (aus Gründen der Beweissicherung gewöhnlich schriftlich).

Das Eigentum an einem Gegenstand erwirbt man durch Einigung und Übergabe.

Pflichten der Kaufvertragspartner

Die oben stehende Übersicht zu den Pflichten der Kaufvertragspartner ist daher zu ergänzen:

Siehe Seite 182

Pflichten	
des Verkäufers	**des Käufers**
• rechtzeitige und • mangelfreie Lieferung der Ware • **dem Käufer das Eigentum an der Ware übertragen**	• bestellte Ware annehmen und • bezahlen

Gutgläubiger Eigentumserwerb

Wer einen Gegenstand kauft, weiß gewöhnlich nicht, ob der Kundenberater überhaupt der Verfügungsberechtigte (der Eigentümer) ist. Damit dem Käufer aufwendige Prüfungen erspart bleiben, bestimmt das Bürgerliche Gesetzbuch (BGB), dass der Käufer das Eigentum einer Ware erwirbt, wenn er den Verkäufer den Umständen gemäß für den Eigentümer halten darf, auch wenn das tatsächlich nicht der Fall ist.

Beispiel Ein Einzelhändler verkauft Ware, die ihm von seinem Lieferanten unter Eigentumsvorbehalt geliefert wurde. Der Kunde des Einzelhändlers erwirbt trotzdem das Eigentum an der Ware, weil jeder Kunde davon ausgehen kann, dass der Einzelhändler Ware verkauft, die ihm auch gehört (gutgläubiger Eigentumserwerb).

Diese Regelung gilt nicht für gestohlene Gegenstände. Bei ihnen ist der gutgläubige Eigentumserwerb nicht möglich. Wer über gestohlene Gegenstände verfügt, ist Besitzer, niemals Eigentümer der Gegenstände.

1.4.4 Vertragsfreiheit

In der Bundesrepublik Deutschland hat jeder Bürger das Recht, seine Rechtsbeziehungen nach eigenen Vorstellungen zu gestalten. Es besteht demnach Vertragsfreiheit, die sich wie folgt ausdrückt:

- **Abschlussfreiheit:** Es ist jedem freigestellt, mit wem er einen Vertrag abschließt. So kann ein Einzelhändler nicht gezwungen werden, mit einem Kunden, der sein Geschäft betritt, einen Kaufvertrag abzuschließen. Umgekehrt gilt diese Freiheit auch für den Kunden.

  Es gibt nur wenige **Ausnahmen** von diesem Grundsatz. Ein Beispiel ist der Briefverkehr der Post. Nur die Post ist durch Gesetz berechtigt, Briefe bis zu einem Gewicht von 100 g zu befördern. Im Gegenzug ist sie verpflichtet, jeden Brief (auch wenn er für den entferntesten Winkel Deutschlands bestimmt ist) zur Beförderung anzunehmen. Das bedeutet, die Post muss mit jedem Kunden, der es wünscht, einen Brief-Beförderungsvertrag abschließen.

- **Gestaltungsfreiheit:** Auch der Inhalt eines Vertrages kann von den Vertragspartnern nach eigenen Vorstellungen festgelegt werden.

  Der Gesetzgeber hat allerdings in einigen Fällen Regelungen erlassen, die vor allem den wirtschaftlich schwächeren Vertragspartner schützen sollen. So muss dem Käufer bei sogenannten Haustürgeschäften das Recht eingeräumt werden, den z. B. in seiner Wohnung abgeschlossenen Vertrag innerhalb 14 Tagen schriftlich zu widerrufen.

- **Formfreiheit:** Grundsätzlich ist es den Vertragspartnern freigestellt, ob sie einen Vertrag schriftlich, mündlich oder durch schlüssiges Handeln wirksam werden lassen.

  Auch hier hat der Gesetzgeber in bestimmten Fällen Ausnahmen festgelegt. Für den Kauf eines Grundstücks ist z. B. die Schriftform erforderlich.

1.4.5 Allgemeine Geschäftsbedingungen (AGB)

Allgemeine Geschäftsbedingungen sind vorformulierte Vertragsbedingungen, die für eine Vielzahl von Verträgen gelten.
Wenn ein Automobilhändler seinen Kunden Fahrzeuge verkauft, gibt es bestimmte Fragen, die für jeden Kunden von Bedeutung sind, z. B.:

- Wie lange garantiert der Verkäufer die Fehlerfreiheit des Produktes?
- Wer trägt die Überführungskosten vom Herstellerwerk?
- Innerhalb welcher Zeit wird das Fahrzeug geliefert?
- Wie muss das Fahrzeug bezahlt werden?
- Wo muss in Streitfällen geklagt werden (Ort des Gerichts, Gerichtsstand)?

Wenn der Pkw-Hersteller z. B. eine Garantie von drei Jahren auf seine Produkte gewährt, gilt das für seine gesamten Fahrzeuge. Es ist daher vernünftig, diese Frage einheitlich in Allgemeinen Geschäftsbedingungen (AGB) festzuhalten und sie nicht mit jedem Kunden neu auszuhandeln. Daher druckt der Kfz-Händler seine Allgemeinen Geschäftsbedingungen auf die Rückseite seiner Kaufvertragsformulare.

Auszug aus den AGB eines Internet-Anbieters — Beispiel

1. Die Angaben in unseren Angeboten sind freibleibend. Der verbindliche Kaufvertrag kommt erst dadurch zustande, dass wir Ihre Bestellung annehmen.
2. Die Ware bleibt bis zur vollständigen Bezahlung unser Eigentum.
3. 30 Tage Testgarantie: 14 Tage Widerrufsrecht (Rücksendungen bis zu EUR 40,00 Bestellwert bitte ausreichend frankieren), anschließend 16 Tage Rückgaberecht, soweit die Rücknahme in unserem Angebot nicht ausdrücklich ausgeschlossen ist. Bei Musikkassetten, CDs, Videos oder Software besteht kein Widerrufs- und Rückgaberecht, wenn Sie die Ware entsiegelt haben.

Da Kunden durch dieses „Kleingedruckte" in der Vergangenheit häufig übervorteilt wurden, hat der Gesetzgeber im BGB Regeln erlassen, wie Allgemeine Geschäftsbedingungen Bestandteil eines Kaufvertrages werden. Dazu müssen folgende Voraussetzungen erfüllt sein:

- Der Einzelhändler muss seinen Kunden **ausdrücklich** auf die Allgemeinen Geschäftsbedingungen **hinweisen**.
- Der **Käufer** muss vom Inhalt der AGB in zumutbarer Weise **Kenntnis nehmen** können. Dies ist gegeben, wenn der Text der AGB auf der Rückseite des Kaufvertrages abgedruckt ist. Vielfach werden die Allgemeinen Geschäftsbedingungen auch im Verkaufsraum ausgehängt. Darüber hinaus muss der Text der AGB gut lesbar und verständlich formuliert sein.
- Der **Käufer** muss sich ausdrücklich mit dem Inhalt der AGB **einverstanden erklären**.

Weiterhin legt der Gesetzgeber fest, dass
- **persönliche Absprachen** Vorrang vor den AGB haben.

Beispiel

Wenn in den AGB festgelegt ist, das der Kaufpreis sofort fällig wird, Einzelhändler und Käufer aber eine Zahlungsfrist von drei Monaten vereinbart haben, so gilt die vereinbarte Frist.

- der **Käufer nicht unangemessen benachteiligt** werden darf.

Außerdem sind folgende Bestimmungen unwirksam:
- **überraschende Klauseln**, mit denen der Kunde gewöhnlich nicht rechnen muss.

Beispiel

Ein Möbelgeschäft formuliert in seinen AGB, dass es nicht für Schäden haftet, die die eigenen Mitarbeiter beim Aufstellen von Möbeln im Kundenhaushalt verursachen.

- **nachträgliche Preiserhöhungen** für Waren, die innerhalb von vier Monaten nach Vertragsabschluss geliefert werden,
- **Verkürzung** der gesetzlichen **Gewährleistungsfrist** von zwei Jahren,
- **Beschränkung** der Haftung auf Nachbesserung.

Die BGB-Regelungen zu den Allgemeinen Geschäftsbedingungen sind vor allem für **Verbraucher** von Bedeutung. Aber auch Kaufleute verwenden Allgemeine Geschäftsbedingungen, um ihre Vertragsbeziehungen zu vereinfachen. Für **Unternehmer** ist nach Meinung des Gesetzgebers der umfassende Schutz des BGB aber nicht erforderlich. Für sie gelten daher weniger strenge Regelungen. So genügt es unter Kaufleuten z. B., dass der Verwender von AGB im Vertragsangebot auf seine Allgemeinen Geschäftsbedingungen verweist. Nimmt der Vertragspartner das Angebot an und widerspricht er den AGB nicht, so sind die AGB Vertragsbestandteil geworden.

1.4.6 Verbrauchsgüterkauf

Nicht nur bei den Bestimmungen zu den Allgemeinen Geschäftsbedingungen, sondern auch in den §§ 447 bis 479 BGB, in denen der sogenannte **Verbrauchsgüterkauf** geregelt wird, ist der Verbraucher in besonderer Weise geschützt.
Ein Verbrauchsgüterkauf liegt vor, wenn ein **Verbraucher** von einem Unternehmer eine **bewegliche Sache** kauft.

Ein **Verbraucher** ist eine natürliche Person, die einen Kaufvertrag für private Zwecke (und nicht etwa für gewerbliche Zwecke) abschließt.

Verbrauchsgüterkauf
- ein Verbraucher kauft bei einem Unternehmer
- eine bewegliche Sache

Das ist in der Regel gegeben, sobald ein Kunde (der nicht selber Unternehmer ist) in einem Einzelhandelsgeschäft Waren einkauft. Daher sind diese Bestimmungen für jeden Einzelhändler von besonderer Bedeutung. Worauf hat er sich vor allem einzustellen?

- Bestellt ein Kunde z. B. telefonisch Waren bei einem Einzelhändler und übersendet dieser die Ware zum Kunden, so trägt der Einzelhändler das **Risiko des Versandes**. Geht die Ware also unterwegs verloren, muss der Einzelhändler den Schaden tragen und eine Neulieferung veranlassen. Das allgemeine Kaufrecht des BGB sieht vor, dass der Käufer die eingekaufte Ware abholen muss (Warenschulden sind Holschulden; versendet der Verkäufer die Ware, trägt der Käufer das Risiko). Beim Verbrauchsgüterkauf wird diese Regelung des BGB außer Kraft gesetzt.
- Der Einzelhändler kann mit seinem Kunden **keine Verkürzung** der **gesetzlichen Gewährleistungsfrist** wirksam vereinbaren. Sie beträgt
  - bei neuen Sachen zwei Jahre,
  - bei gebrauchten Sachen ein Jahr.

  Selbst wenn der Einzelhändler eine solche Regelung in seinen Allgemeinen Geschäftsbedingungen aufgenommen hätte, ist eine solche Formulierung gegenüber Verbrauchern wirkungslos.
- Rügt ein Kunde innerhalb von **sechs Monaten** nach Übergabe des Gutes einen Fehler an der Ware, so wird angenommen, dass der Fehler bereits bei der Übergabe vorhanden war. Der Kunde muss diesen Sachverhalt **nicht beweisen**. Der Einzelhändler kann nun versuchen darzulegen, dass der Fehler nicht etwa von Anfang an bestand, sondern z. B. durch einen Fehler des Kunden entstanden ist. In der restlichen Zeit der gesetzlichen Gewährleistungsfrist (7. bis 24. Monat bei neuen Sachen) liegt die Beweislast, dass das Produkt von Anfang an fehlerhaft war, beim Kunden.

Siehe Seite 172

1.4.7 Erfüllungsort und Gerichtsstand

■ Erfüllungsort

Der Erfüllungsort ist der Ort, an dem der Schuldner seine Leistung zu erbringen hat (Erfüllungsort = Leistungsort).

Im Kaufvertrag gibt es zwei Schuldner:

- Der **Verkäufer hat** die Pflicht, die Ware rechtzeitig und mangelfrei zu **liefern** (Warenschulden des Verkäufers).
- Der **Käufer** muss die Ware annehmen und **bezahlen** (Geldschulden des Käufers).

Diese Pflichten werden am Erfüllungsort erfüllt (geleistet). Wird keine Vereinbarung getroffen, gilt der gesetzliche Erfüllungsort nach BGB.

BGB § 269 (1)
Ist ein Ort für die Leistung weder bestimmt noch aus den Umständen (...) zu entnehmen, so hat die Leistung an dem Orte zu erfolgen, an welchem der Schuldner ... seinen Wohnsitz (bzw. seinen Geschäftssitz, Abschnitt 2 des § 269) hat.

■ Gesetzlicher Erfüllungsort

Für Warenschulden

Da Warenschulden Holschulden sind, erfüllt der Verkäufer seine Lieferpflicht, indem er die Ware an seinem Wohn- oder Geschäftssitz zur Verfügung stellt.

Holschuld: Der Käufer muss die Ware beim Verkäufer abholen.

Schickschuld: Der Verkäufer muss die Ware zum Käufer schicken.

Bringschuld: Der Schuldner erfüllt seine Leistung am Wohnsitz des Gläubigers.

Verbrauchsgüterkauf Er liegt vor, wenn ein Verbraucher von einem Unternehmer eine bewegliche Sache kauft (§ 474 BGB). Siehe auch Seite 186

- Kauf im Einzelhandelsgeschäft (**Ladenkauf**): Der Einzelhändler erfüllt seine Lieferpflicht, indem er dem Kunden die Ware in seinem Ladenlokal übergibt.
- Käufer verlangt die Zusendung der Ware an seine Adresse (**Versendungskauf**): Der Erfüllungsort ist weiterhin der Wohn- oder Geschäftssitz des Verkäufers. Dieser hat aber die Ware einem Transportunternehmen (Post, Paketdienst, Spedition) zu übergeben. Damit wird aus der Holschuld eine Schickschuld.

Das hat zwei Konsequenzen:

1. Der Käufer muss die **Kosten** für den Transport der Güter tragen, weil der Verkäufer mit der Übergabe der Ware an den Transportunternehmer seine Verpflichtungen aus dem Kaufvertrag erfüllt hat.
2. Geht die Ware auf dem Transportweg verloren oder wird sie beschädigt, muss der Käufer für den Schaden aufkommen. Das heißt, Neulieferung oder Reparatur wären vom Käufer zusätzlich zu bezahlen. Man sagt, der Käufer trägt die **Transportgefahr**. Dies gilt nicht beim Verbrauchsgüterkauf; hier trägt der **Verkäufer** die Transportgefahr.

Ob beim Kauf von Gütern eine Hol-, Schick- oder Bringschuld vorliegt, richtet sich auch nach der Vertriebsform des Verkäufers sowie dem Gewicht, der Größe und Gefährlichkeit der Ware.

- Bestellt ein Käufer Ware bei einem **Versandhaus**, liegt eine **Schickschuld** vor, auch wenn der Kunde die Versandkosten teilweise oder ganz übernimmt.
- Kauft ein Kunde eine **Sechs-Meter-Schrankwand** in massiver Eiche in einem **Möbelfachgeschäft**, liegt eine **Bringschuld** vor (wegen des Gewichtes und des Umfangs der Ware und wegen der Vertriebsform). Der Käufer sollte sich daher nicht auf die Zahlung von Zustellkosten einlassen.
  Der Kauf eines solchen Produktes in einem SB-Möbelhaus zum „Abholpreis" führt zu einer Holschuld.
- Ein **Heizölhändler** erfüllt seine Lieferpflicht in der Wohnung (im Tankraum) des Käufers; aus der Eigenart des Gutes ergibt sich die Bringschuld.

Handelsgeschäfte unter Kaufleuten sind aufgrund von Handelsbräuchen Schickschulden, nicht Holschulden.

BGB § 270: Geld hat der Schuldner im Zweifel auf seine Gefahr und seine Kosten dem Gläubiger an dessen Wohnsitz zu übermitteln.

Für Geldschulden

Geldschulden sind **Schickschulden**. Zahlungsort (Erfüllungsort für die Zahlung) ist der Wohn- oder Geschäftssitz des Käufers. Dieser hat den Geldbetrag aber zum Verkäufer zu überweisen (zu schicken) und dabei das **Zahlungsrisiko** (die Gefahr) zu tragen. Aufgrund des bargeldlosen Zahlungsverkehrs spielt das Zahlungsrisiko für den Geldschuldner aber kaum eine Rolle.

Der Erfüllungsort ist wichtig für den **Leistungstermin**:

- Beim Versendungskauf erfüllt der Verkäufer seine Lieferpflicht, wenn er die Ware zum vereinbarten Termin abschickt. Die Ware darf später beim Kunden ankommen.

Beispiel

Vereinbarter Liefertermin 17.10.20(0)
Der Lieferer muss die Ware spätestens am 17.10.20(0) beim Transportunternehmen aufgeben.

- Das Gleiche gilt für den Zahlungstermin: Bis zum vereinbarten Zahlungstermin muss der Bank der Überweisungsauftrag erteilt werden.

Vertraglicher Erfüllungsort

Der Erfüllungsort kann durch vertragliche Vereinbarung festgelegt werden. Häufig bestimmt der Verkäufer in seinen Allgemeinen Geschäftsbedingungen seinen Wohnsitz zum Erfüllungsort.

Beispiel

„Erfüllungsort für beide Teile ist Düsseldorf"
Das heißt, sowohl die Lieferpflicht als auch die Zahlungspflicht wird in Düsseldorf erfüllt.

Gerichtsstand

Kommt es zu Streitigkeiten aufgrund eines Vertrages, ist die Frage zu stellen, vor welchem Gericht Klage erhoben werden kann.

Gesetzlicher Gerichtsstand

Gerichtsstand = Ort des zuständigen Gerichts

Nach gesetzlicher Regelung ist bei Streitigkeiten das Gericht zuständig, in dessen Bezirk ein **Beklagter seinen Wohnsitz** hat. Das bedeutet,

- für **Warenschulden** ist der Wohnsitz des Verkäufers maßgebend,
- für **Geldschulden** der Wohnsitz des Käufers,

also der jeweilige Erfüllungsort.

Für Nichtkaufleute gilt dieser gesetzliche Gerichtsstand. Für Privatpersonen ergibt sich ein Vorteil, weil im Falle von Zahlungsproblemen immer ein wohnortnahes Gericht zuständig ist.
Kaufleute können – neben dem Erfüllungsort – auch den Gerichtsstand frei vereinbaren. Häufig lautet die Formulierung in Allgemeinen Geschäftsbedingungen (z. B.): „Erfüllungsort und Gerichtsstand Düsseldorf". Gerichtliche Auseinandersetzungen würden dann sowohl in Bezug auf die Geldschulden als auch auf die Warenschulden in Düsseldorf ausgetragen. Der Vorteil liegt auf der Verkäuferseite, weil dieser gewöhnlich seinen Geschäftssitz als Gerichtsstand angibt.

1.4.8 Kaufvertragsarten nach dem Zeitpunkt der Zahlung

Kaufverträge lassen sich nach verschiedenen Gesichtspunkten einteilen. Betrachtet man sie danach, welcher Zahlungszeitpunkt vereinbart worden ist, ergibt sich folgende Unterscheidung:

- **Kauf gegen Anzahlung/Vorauszahlung:** Der Käufer zahlt einen Teil des Kaufpreises vor der Lieferung.

- **Barkauf:** In diesem Fall zahlt der Käufer den Kaufpreis bei der Übergabe der Ware (Zug-um-Zug-Geschäft).
- **Zielkauf:** Verkäufer und Käufer vereinbaren eine Zahlungsfrist (ein Zahlungsziel).
- **Ratenkauf:** Die Vertragspartner einigen sich darauf, dass der Käufer den Kaufpreis in mehreren, meist gleich hohen Raten bezahlt. Ist der Käufer kein Kaufmann, ist der Ratenkauf nur wirksam, wenn die Bedingungen des Abzahlungsgesetzes eingehalten werden:
  - Der Vertrag muss schriftlich abgefasst werden.
  - Im Vertrag müssen der Barzahlungspreis und der Ratenzahlungspreis aufgeführt sein (damit der Käufer den Preisunterschied erkennt).
  - Der jeweilige Betrag, die Zahl und die Fälligkeit der Raten müssen genannt sein.
  - Der Verkäufer muss den effektiven Jahreszins (einschließlich Gebühren) im Vertrag ausweisen.
  - Der Käufer kann den Vertrag innerhalb einer Woche schriftlich widerrufen.

Siehe Eigentumsvorbehalt Seite 183

- **Kommissionkauf:** Beim Kommissionsgeschäft übernimmt der Einzelhändler Ware „in Kommission", d. h. er versucht, diese Produkte an seine Kunden zu verkaufen. Der Lieferer bleibt Eigentümer der Ware. Der Einzelhändler erhält für den Verkauf eine Provision. Gelingt der Verkauf nicht, kann er die Ware zurückgeben. Auf diese Weise trägt der Einzelhändler kein Absatzrisiko und er spart Geldmittel für den Wareneinkauf.

2 Handlungsfeld Kasse

2.1 Serviceleistungen

Um sich im Wettbewerb gegenüber preisaggressiven Mitbewerbern zu behaupten, weiten zahlreiche Einzelhändler ihr Service-Angebot aus. Dabei handelt es sich um **zusätzliche Dienstleistungen**.

2.1.1 Service und Betriebsform

Art und Umfang des Service-Angebotes hängen verstärkt von der jeweiligen Betriebsform ab. So erwarten Kunden von preisorientierten Betriebsformen (z. B. Discounter) längst nicht ein so umfangreiches Service-Angebot wie beispielsweise von Warenhäusern.

Vom Discounter erwartet der Kunde z. B. große Parkplätze, einen besonders schnellen Kassiervorgang oder problemlosen Umtausch („Umtausch ohne *Wenn* und *Aber*..."). Ein besonders umfangreiches Service-Angebot erwartet die Kundschaft hingegen von Fach- oder Spezialgeschäften, die zusätzlich zu qualitativ hochwertigen Produkten anspruchsvolle Service-Leistungen anbieten sollten, wenn sie ihre Kundschaft nicht an preisaggressive Betriebsformen verlieren wollen.

Dienstleistungspolitik s. Seite 366

2.1.2 Service-Ziele

Durch ein umfangreiches Angebot von Service-Leistungen will sich der Einzelhändler von der Konkurrenz unterscheiden. Stellt er den Kunden durch Service zufrieden, wird er die Kaufentscheidung des Kunden erheblich erleichtern, und der Absatz der Produkte wird gefördert.

Beispiel

- Ein Kunde wird sich für den Kauf eines Geschenks entscheiden, wenn er weiß, dass er das Geschenk bei Nicht-Gefallen problemlos umtauschen kann.
- Bekommt ein Kunde ein Fernsehgerät mit Flachbildschirm geliefert, aufgebaut und angeschlossen, wird er eher bereit sein, das Gerät zu kaufen.

2.1.3 Kostenloser oder kostenpflichtiger Service?

Preise berechnet der Einzelhändler häufig dann, wenn die Erfüllung der Dienstleistung für ihn hohe Kosten verursacht.

Für den Einzelhändler ist es jedoch oft schwierig, dem Kunden die Kosten für Service-Leistungen zu berechnen, weil viele Kunden erwarten, dass Dienstleistungen kostenlos angeboten werden.

Die Chance zur Durchsetzung der Service-Kosten besteht für den Einzelhändler darin, die besondere Qualität der Service-Leistung (z. B. fachgerechte Installation, verlängerte Garantie, sorgfältiger und fachgerechter Transport) herauszustellen. Folglich muss der Einzelhändler mit der Ware des Kunden besonders pfleglich und sorgfältig umgehen (z. B. sicheres Verpacken), damit der Kunde sieht, dass der Einzelhändler seine Produkte wertschätzt.

Vor allen Dingen bei langlebigen und hochwertigen Artikeln empfiehlt es sich, den Kunden durch ein hohes Maß an Service-Bereitschaft zufriedenzustellen.

Siehe auch Seite 368

2.1.4 Servicearten

Serviceleistungen im Überblick

Warenunabhängige Serviceleistungen

z. B.
- Kundentoilette
- Schirmverleih
- Sitzecken
- Getränkeautomat
- Kinderbetreuung
- Kundenzeitschrift

Warenbezogene Serviceleistungen

z. B.
- Änderungsservice
- Aufbau/Montage
- Lieferdienst
- Garantie
- Umtausch
- Einpackservice
- Wartungsservice

Serviceleistungen bei der Bezahlung

z. B.
- Kundenkarte
- Gutscheine
- Kreditkarte
- Bankkarte
- Finanzkauf
- Leasing
- Inzahlungnahme

2.1.5 Zeitpunkt des Serviceangebotes

Serviceleistungen sollen jedoch nicht nur dazu dienen, Kunden zu gewinnen. Genauso wichtig ist es, einen einmal gewonnen Kunden zu binden. Dies geschieht, indem der Einzelhändler dem Kunden auch nach dem Kauf eine Reihe von Service-Leistungen anbietet.

Umtausch siehe auch Seite 172

Pre-Sale-Service
Service *vor* dem Kauf

z. B.
- Gepäckaufbewahrung
- Verkaufsberatung
- Änderungsservice
- Verpackung

Kauf

After-Sale-Service
Service *nach* dem Kauf

z. B.
- Installation, Pflege, Wartung
- Reparaturservice
- Umtausch
- Garantie

2.1.6 Serviceberatung

Häufig ist die Kasse der einzige Ort, an dem das Verkaufspersonal mit dem Kunden in Kontakt tritt. Dies trifft insbesondere auf SB-Geschäfte zu. Deshalb ist es notwendig, den Kunden an der Kasse auf die Service-Leistungen des Einzelhändlers aufmerksam zu machen. Dies geschieht noch am ehesten durch ein kurzes Gespräch, kann aber auch durch die Auslage von Service-Broschüren oder Informationsschilder (z. B. als Deckenhänger) erfolgen. Kunden, die – z. B. im Rahmen einer Fragebogenaktion – ihre E-Mail-Adresse beim Einzelhändler hinterlassen haben, können auf diesem Wege über Serviceleistungen informiert werden.

Zu viel Neugierde des Einzelhändlers bei der Erfragung von Kundendaten (z. B. für das Antragsformular einer Kundenkarte) kann sich schädlich auf die Beziehung zum Kunden auswirken. Der Kunde fühlt sich möglicherweise „ausspioniert".
Der Einzelhändler sollte sich auf persönliche Daten, wie z. B. Name, Anschrift, Geburtsdatum, beschränken. Tiefergehende Fragen, wie z. B. Beruf, Familienstand etc., sollte er vermeiden, um die Kundenbeziehung, die er durch das Angebot von Dienstleistungen mühevoll aufgebaut hat, nicht aufs Spiel zu setzen. Einen Kunden, den man durch zu große Aufdringlichkeit verloren hat, gewinnt man nur sehr schwer wieder zurück.

2.2 Problemsituationen

In vielen Einzelhandelsgeschäften des Nicht-Lebensmittelbereichs ist die Kasse zentraler Anlaufpunkt für viele kundenbezogene Aktivitäten. Hier wird nicht nur Ware eingepackt und bezahlt. Kunden wenden sich mit unterschiedlichen Problemen an das Kassenpersonal. Sie reklamieren z. B. fehlerhafte Produkte, verhandeln über Preisnachlässe und holen reparierte oder geänderte Artikel ab. Es kommen z. B. aber auch Schüler und fragen, ob sie ein Praktikum machen dürfen, andere möchten gerne ein Plakat aufhängen, führen eine Sammlung durch und vieles andere mehr. Die Kasse ist dann schon fast mit der Rezeption eines Hotels zu vergleichen.

Vom Kassenpersonal sind häufig schwierige Situationen zu meistern, die stets Freundlichkeit und Einfühlungsvermögen erfordern.

2.2.1 Kundenfreundliches Telefonieren

Oft ist die Kasse auch der Ort, an dem Telefongespräche angenommen werden. Es gelten die Regeln für kundenfreundliches Telefonieren, d. h. für die erste Kontaktaufnahme ist neben dem Gruß und der Vorstellung von Geschäft und Mitarbeiter auch eine Formulierung erforderlich, die die Dienstbereitschaft zum Ausdruck bringt.

Siehe Seite 111

Beispiel

① Guten Morgen,
② City-Warenhaus Bauer,
③ Sie sprechen mit xxx,
④ Was kann ich für Sie tun?

Auch wenn Hochbetrieb herrscht und Kunden an der Kasse warten, sind dem Kunden am Telefon die notwendigen Auskünfte in freundlicher Weise zu geben. Der Kunde spürt, ob er lästiger Bittsteller ist oder ob man sein Anliegen ernst nimmt und eine positive Lösung sucht.

Beispiel 1		Beispiel 2	
Kunde:	Haben Sie noch die Jogging-Schuhe aus dem Prospekt der letzten Woche zu 49,00 €?	Kunde:	Haben Sie noch die Jogging-Schuhe aus dem Prospekt der letzten Woche zu 49,00 €?
Mitarbeiterin:	Ich verbinde Sie mit der zuständigen Abteilung. Mal sehen, ob die Ihnen weiterhelfen können.	Mitarbeiterin:	Ich verbinde Sie mit meiner Kollegin, Frau Giese; sie wird Ihnen sofort sagen können, ob wir diese Sonderangebote noch führen. Einen kleinen Moment bitte.

Informationen zu Produkten können gewöhnlich an der Kasse nicht gegeben werden. Dazu ist eine Weiterleitung des Gespräches in die entsprechende Abteilung erforderlich.

2.2.2 Preisverhandlungen

„Jetzt habe ich für 850,00 € eingekauft. Da bekomme ich doch bestimmt einen Rabatt."

Die Kassenmitarbeiterin muss zunächst die „Linie" des Hauses kennen, wie mit Forderungen nach Preisnachlässen umzugehen ist.

- Bis zu welcher Höhe dürfen Mitarbeiter Rabatte gewähren?
- Wann ist ein Vorgesetzter bzw. der/die Geschäftsinhaber(in) hinzuzuziehen?
- Welche Vergünstigungen dürfen anstelle oder neben einem Preisnachlass gewährt werden?

Wenn diese Fragen einheitlich geregelt sind, ist jedem klar, in welchem Rahmen sich Preisverhandlungen bewegen können. Das schafft Sicherheit und Verlässlichkeit.

Preisboxen

Hauptziel muss es sein, den ursprünglich **ausgezeichneten Preis zu halten**. Kleine **Geschenke** sind daher die erste Reaktion, bevor am Preis „gerüttelt" wird. Die Kassenmitarbeiterin versucht, den Rabattwunsch des Kunden durch kleine Sonderleistungen und Zugaben aufzufangen. Die Hauszustellung, ein kostenloser Geräte-Check nach einem Monat, das Einstecktuch zum Anzug oder die ohnehin kostenlosen Werbegeschenke der Hersteller stimmen viele Kunden milde.

Wenn Kundenkarten ausgegeben werden, die automatisch mit einem Preisnachlass verbunden sind, ist es ratsam, den Kunden in das Kartensystem einzubeziehen oder – falls er bereits eine Kundenkarte hat – ihn auf den gewährten Preisnachlass aufmerksam zu machen. Ein zusätzliches (kleines) Geschenk beendet gewöhnlich auch solche Preisverhandlungen.

2.2.3 Kundenbeschwerden

„Ist hier denn keiner, bei dem ich bezahlen kann?", „Wie lange dauert das denn hier!" – Solche Aussagen von Kunden sind häufig im Einzelhandel zu hören, wenn plötzlich sehr viele Kunden im Geschäft sind und das Stammpersonal vielleicht gerade durch Krankheit, Urlaub oder Berufsschulbesuch unterbesetzt ist. In solchen Situationen gilt es, die Ruhe zu bewahren und den Kunden freundlich Auskunft zu geben. Die Ja-aber-Methode ist hier sehr gut einsetzbar.

Ja-aber-Methode siehe Seite 162

Beispiel

Kundenberaterin: Ich verstehe, dass die Wartezeit für Sie unangenehm ist. Aber zwei Kolleginnen sind plötzlich krank geworden, sodass wir heute leider personell unterbesetzt sind. Ich bemühe mich aber, die Verkäufe so schnell wie möglich zu erfassen.

Kassenmitarbeiter sind nicht Ansprechpartner für jegliche Art von Beschwerden. Klagen über das Geschäft als Ganzes, das Sortiment, die Öffnungszeiten u. Ä. sind häufig vom Geschäftsinhaber oder der Geschäftsführung zu beantworten. Auch in diesen Fällen ist an der Kasse aber bereits Gelegenheit, den Kunden zu besänftigen und die Situation zu entspannen.

Beispiel

Kundenberaterin: Ich verstehe Ihren Ärger. Auch anderen Kunden ist das schon aufgefallen. Ich führe Sie zu unserer Filialleiterin, Frau Ewald. Die wird Ihnen den Sachverhalt genau erklären. Würden Sie mir bitte folgen?

2.2.4 Umgangston mit Mitarbeitern

Ein freundlicher Ton gegenüber Kunden verlangt auch eine insgesamt positive Verkaufsatmosphäre an der Kasse. Wenn sich Mitarbeiter gegenseitig „angiften", überträgt sich das auf das Verhältnis zum Kunden. Ein freundlicher Umgangston unter den Mitarbeitern ist daher unabdingbar. Nur so entsteht ein Klima, in dem den Kunden echte Freundlichkeit entgegengebracht werden kann. Ein positives Klima an der Kasse erfordert:

- gegenseitige Information über alle wichtigen Vorgänge.
- gegenseitige Anerkennung der Leistungen der Mitarbeiter.
- die Bereitschaft, Kritik anzunehmen und konstruktive, das heißt nicht verletzende Kritik zu üben.

2.3 Zusatzangebote

Während Ergänzungsangebote die sinnvolle Zuempfehlung zum Hauptprodukt darstellen, sind **Zusatzangebote** gesonderte Kaufanreize, die mit dem Hauptkauf nicht in Verbindung stehen und die der Umsatzerhöhung dienen. Im Lebensmitteleinzelhandel wird die Wartezeit an der Kasse und vor Bedienungstheken genutzt, um die Kleinigkeiten des täglichen Bedarfs (z. B. Zigaretten, Süßigkeiten), Sonderangebote oder auch Saisonartikel anzubieten.

Siehe Ergänzungsangebote auf Seite 165

Der Kassenbereich ist auch gut geeignet, neue Produkte vorzustellen oder auf Trendprodukte aufmerksam zu machen (z. B. die DVD, das Buch, das bedruckte T-Shirt zur aktuellen Fernsehserie). Für Mütter mit Kindern wird der Aufenthalt an der Kasse oft zur Geduldsprobe, weil Kinder in besonderer Weise auf diese Zusatzangebote reagieren. Der Begriff „Quengelprodukte" für Artikel in Kassennähe verdeutlicht die Situation. Manche Einzelhändler, die kundenorientiert denken, verzichten daher auf Zusatzangebote im Kassenbereich oder bieten „quengelfreie" Kassen für Mütter mit Kindern an.

Zusatzangebote werden in der Regel passiv dargeboten, d. h. man wartet darauf, dass sie dem Kunden ins Auge fallen und er sich spontan zum Kauf entschließt. Aus diesem Grunde werden an der Kasse auch Hauszeitschriften und Prospekte ausgelegt, damit sie das Interesse des Kunden finden. Sollen Kunden aktiv auf diese Angebote aufmerksam gemacht werden, sind allgemeine Aussagen zu vermeiden („Brauchen Sie noch eine …", „Darf ich Sie auf unsere neue … aufmerksam machen?"), weil sie von Kunden als aufdringlich empfunden werden. Ergeben sich jedoch Anhaltspunkte aus dem Hauptkauf oder aus einem Gespräch an der Kasse, ist ein Hinweis auf Zusatzangebote angebracht.

Beispiel

Kundenberaterin:	Das Kaffeeservice wird Ihrer Mutter bestimmt gut gefallen.
Kundin:	Ja, das denke ich auch. Es wird allerdings immer schwieriger, ihr etwas Originelles zu schenken. Sie hat einfach alles.
Kundenberaterin:	Wir haben seit neuestem die ungarische Traditionsmarke Herend im Sortiment. Da werden Sie sicher wunderschönes Porzellan für Ihre Mutter finden. Neben Ihnen im Ständer liegt der Prospekt des Herstellers.
Kundin:	Das ist eine gute Idee. Den nehme ich mit und schaue ihn mir zu Hause an. Vielen Dank.

Angebotserweiterung

- **Ergänzungsangebot**: Zu einem Hauptartikel wird ein (sinnvoller) Ergänzungsartikel angeboten.
- **Zusatzangebote**: Zusätzliche Kaufanreize, die mit dem Hauptkauf nicht in Verbindung stehen und der Umsatzsteigerung dienen.

Siehe Seite 165 und 196

3 Bezahlung des Kaufpreises

3.1 Barzahlung

Obwohl heutzutage immer mehr Kunden mit einer Plastikkarte ihre Einkäufe bezahlen, hat das Bargeld weiterhin die größte Bedeutung beim Zahlungsverkehr an der Kasse. Die meisten Kunden sind es immer noch gewohnt, bar mit Geldmünzen oder Geldscheinen (Banknoten) zu bezahlen. Es besteht jedoch die Gefahr, dass Falschgeld in Umlauf ist!

Wer wie eine Kassiererin mit Geld arbeitet, braucht also die Gewissheit, dass er kein falsches Geld annimmt. Deshalb ist es für eine Kassierkraft unbedingt notwendig, darauf zu achten, dass das eingenommene Bargeld echt ist. Da eine Kassierkraft jedoch nicht endlos Zeit hat, jeden einzelnen Geldschein genau zu prüfen, muss man echte Banknoten ganz leicht von falschen Banknoten unterscheiden können.

■ Neues Geld für Europa

Am 31. Dezember 2001 verloren die nationalen Währungen der europäischen Länder ihre Bedeutung als gesetzliche Zahlungsmittel. DM, Franc oder Lire wurden von Euro und Cent abgelöst. Die Verantwortung für die Umstellung auf Euro und Cent trägt die Europäische Zentralbank in Frankfurt.

Seit dem 01.07.2002 ist der Euro das **alleinige** gesetzliche Zahlungsmittel in den Teilnehmerländern der Währungsunion.

Fälschungsschutz

Mit der Einführung der neuen Währung steigt jedoch das Fälschungsrisiko, weil die technischen Möglichkeiten, Banknoten zu fälschen, immer besser werden. Deswegen muss eine Kassierkraft beim Kassiervorgang in wenigen Sekunden prüfen können, ob die neuen Euro-Geldscheine echt oder falsch sind.

Allgemeine Sicherheitsmerkmale aller Euro-Banknoten

Diese Sicherheitsmerkmale sind für alle Euro-Banknoten gleich und werden nachfolgend am Beispiel des 50-€-Scheins deutlich gemacht.

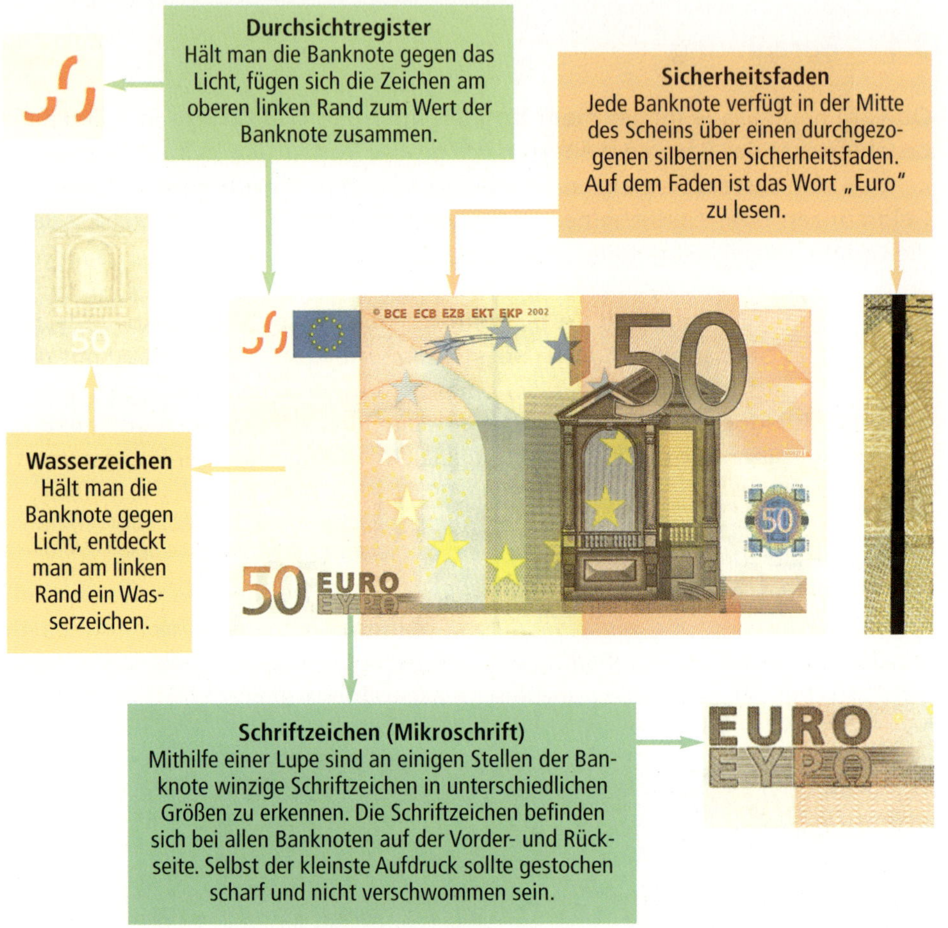

Weitere Sicherheitsmerkmale

Bei der Differenzierung der weiteren Sicherheitsmerkmale unterscheidet man die Euro-Banknoten in eine **kleine** Stückelung und eine **große** Stückelung.

Kleine Stückelung

Vorderseite
Wenn man die Banknoten kippt, kann man auf dem silbrigen Streifen am rechten Rand (Spezialfolienstreifen) das Euro-Symbol oder die Wertzahl als Hologramm in wechselnden Farben erkennen.

Rückseite
Wenn man die Rückseite der Banknoten aus der kleinen Stückelung kippt und gegen das Licht hält, erscheint in der Mitte ein goldfarbener Perlglanzstreifen, der das Euro-Symbol und die Wertzahl der Banknote anzeigt.

Große Stückelung

Vorderseite
Durch Kippen der Banknote wird am rechten unteren Rand die Wertzahl oder das jeweilige Architekturmotiv in wechselnden Farben sichtbar (Spezialfolienelement).

Rückseite
Die Wertzahl erscheint bei Aufsicht purpurrot und unter einem anderen Betrachtungswinkel olivgrün oder in brauner Farbe (Farbwechsel).

Kassenverhalten bei Barzahlung

Kassenanweisung

Für den Kunden sieht es in der Regel einfach aus: Die Kassierkraft zieht einen Artikel über den Scanner, nennt den Preis, kassiert und gibt Wechselgeld heraus. Dass dies nicht so ist, weiß jede Kassierkraft aus eigener Erfahrung, weil sie in der Regel bei Arbeitsantritt eine Kassenanweisung mit umfangreichen Verhaltensregeln bekommen, durchgelesen und unterschrieben hat. Natürlich hat jedes Einzelhandelsunternehmen eigene Regeln. Hier werden einige wichtige Verhaltensregeln für ein Selbstbedienungsgeschäft mit Scannerkassen aufgeführt:

Tätigkeiten vor Kassierbeginn

- Zuerst muss die Kassierkraft den Wechselgeldbestand übernehmen, prüfen und bestätigen.
- Anschließend legt sie die Kassenschublade ein und meldet sich an der Kasse an.
- Die Bonrolle muss ordnungsgemäß eingelegt werden. Anschließend sollte man durch einen Bondruck prüfen, ob der Bon leserlich ist.
- Generell gilt, dass jeder Kassenplatz in Ordnung gebracht werden muss:
  - Ist das Lesefeld des Scanners sauber?
  - Ist das Transportband richtig eingestellt?
  - Ist der Kassenbereich sauber?
  - Ist das Geldscheinfach ordnungsgemäß abgedeckt?

Tätigkeiten beim Kassieren

- Begrüßen Sie jeden Kunden freundlich. Damit zeigen Sie ihm, dass Sie ihn wahrgenommen haben.
- Bevor man damit beginnt, zu kassieren, müssen die Kunden alle Waren auf das Band gelegt haben.
- Die Kassierkraft muss auf jeden Fall in den Einkaufswagen blicken, ob auch tatsächlich die gesamte Ware auf dem Band liegt.
- Alle Einkäufe sind nun zum Verkaufswert zu erfassen.
- Die meisten Artikel werden über EAN-Code gescannt.
- Manche Warengruppen sind auf der Tastatur festgelegt und werden über die Festtaste registriert. Für manche gibt es die PLU-Nummer.
- Versehentlich nicht erfasste oder nachgekaufte Artikel sind getrennt zu registrieren.
- Kann man einen EAN-Code nicht lesen, so muss der Preis bei der Filialleitung erfragt werden.
- Preisrückfragen bei Kunden sind nicht zulässig!
- Nach der Registrierung den Kaufbetrag deutlich nennen!
- Das Geld des Kunden wird unter Nennung des Betrags auf das Zahlbrett gelegt und der Betrag in die Kasse eingegeben.
- Das Rückgeld wird der Schublade entnommen und dem Kunden ausgehändigt (Rückbetrag nennen!)
- Das vom Kunden abgegebene Geld wird nun in die Kassenschublade einsortiert und die Geldschublade sofort verschlossen.

PLU = Price-Look-Up-Verfahren siehe Seite 234

- Häufig werden 50-€-Scheine und 100-€-Scheine gefälscht.
- Prüfen Sie mindestens jeden 50-€-Schein auf Echtheit (einige Echtheitsmerkmale stehen am Anfang des Kapitels).
- Nehmen Sie große Geldscheine (200-€-Scheine und 500-€-Scheine) immer nur in Gegenwart des Abteilungsleiters oder Filialleiters an.

TIPPS

Sicherheitsmerkmale, siehe Seite 198

3.2 Halbbare Zahlung

Angenommen, zwischen einem Kunden und einem Händler besteht eine Geldschuld, die noch nicht bezahlt wurde. Für den Fall, dass der Kunde kein eigenes Girokonto hat, kann er das Geld in Form von Bargeld bei einer Bank oder Sparkasse seiner Wahl einzahlen, die es wiederum dem Konto des Händlers gutschreibt.
Das heißt, dass bei halbbarer Zahlung nur der Zahlungsempfänger ein Konto bei einer Bank oder Sparkasse haben muss, während der Einzahler kein Konto benötigt.

Zahlung mit Zahlschein
Wenn ein Kunde eine Geldschuld auf diese Weise begleichen will, so muss er zu einer Bank gehen und dort ein Zahlschein-Formular ausfüllen.

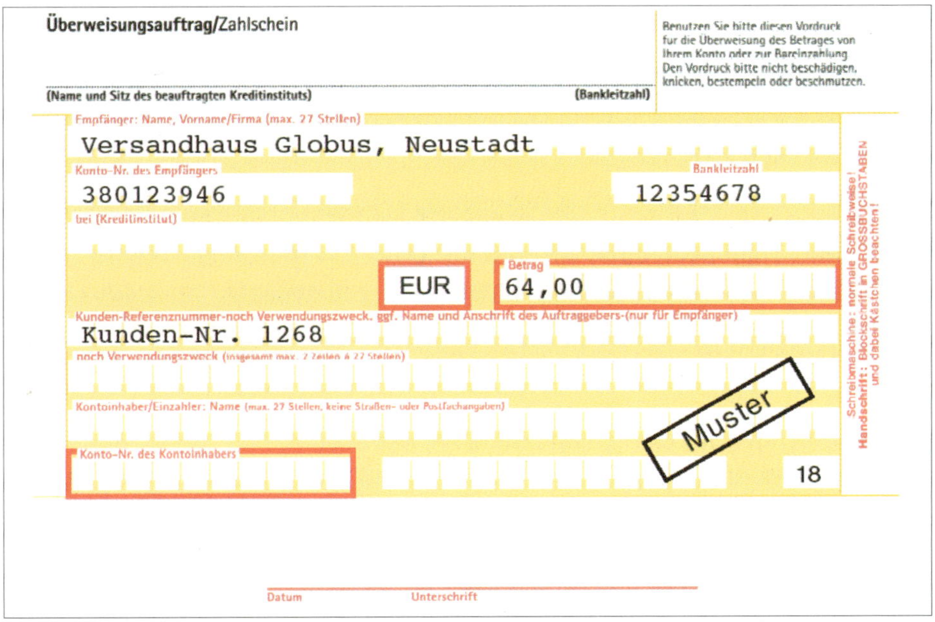
Überweisungsauftrag/Zahlschein

Benutzen Sie bitte diesen Vordruck für die Überweisung des Betrages von Ihrem Konto oder zur Bareinzahlung. Den Vordruck bitte nicht beschädigen, knicken, bestempeln oder beschmutzen.

(Name und Sitz des beauftragten Kreditinstituts) (Bankleitzahl)

Empfänger: Name, Vorname/Firma (max. 27 Stellen)
Versandhaus Globus, Neustadt

Konto-Nr. des Empfängers: 380123946 — Bankleitzahl: 12354678

bei (Kreditinstitut)

EUR — Betrag: 64,00

Kunden-Referenznummer-noch Verwendungszweck, ggf. Name und Anschrift des Auftraggebers-(nur für Empfänger)
Kunden-Nr. 1268

noch Verwendungszweck (insgesamt max. 2 Zeilen à 27 Stellen)

Kontoinhaber/Einzahler: Name (max. 27 Stellen, keine Straßen- oder Postfachangaben)

Konto-Nr. des Kontoinhabers

Muster

18

Schreibmaschine: normale Schreibweise! Handschrift: Blockschrift in GROSSBUCHSTABEN und dabei Kästchen beachten!

Datum Unterschrift

Überweisungsauftrag/Zahlschein

An dem abgebildeten Formular erkennt man, dass man solche Vordrucke als Überweisungs- und als Zahlschein-Formular verwenden kann. Bei einem Zahlschein lässt der Zahler die entsprechenden Felder für das Konto des Einzahlers/Kontoinhabers einfach frei.

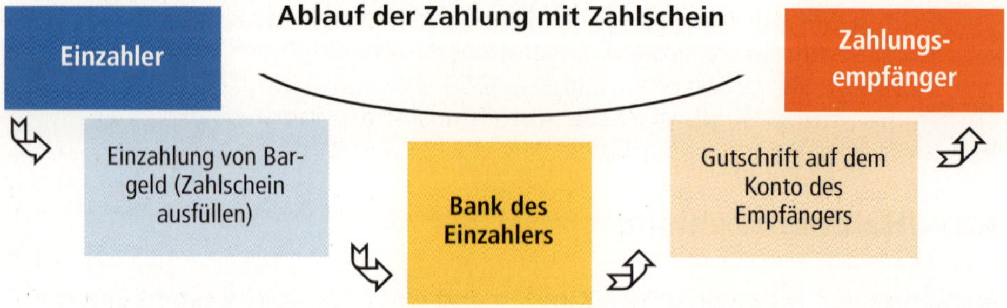

halbbare Zahlung

Die halbbare Zahlung mit Zahlschein ist sehr teuer. Für jede Bareinzahlung auf das Konto eines Zahlungsempfängers muss der Einzahler hohe Gebühren bezahlen. Es kann passieren, dass er für eine einzelne Zahlung eine Gebühr von 5,00 € zusätzlich bezahlen muss. Wenn er also eine Geldschuld in Höhe von 50,00 € mit einem Zahlschein bezahlt, so muss er tatsächlich 55,00 € einzahlen.

Aus diesem Grund kommt die halbbare Zahlung mit Zahlschein heutzutage nur noch sehr selten vor. Außerdem haben die meisten Personen, die Zahlungsgeschäfte tätigen, ein Girokonto.

3.3 Zahlung mit Scheck

3.3.1 Der Barscheck

Ein Scheck ist eine Art Brief, in welchem der Inhaber eines Girokontos seiner Bank oder Sparkasse eine Anweisung erteilt, von seinem Konto einen bestimmten Geldbetrag zu entnehmen und jemand anderem auszuzahlen. Dazu verwendet man einen Scheck-Vordruck, auf dem der Text „Zahlen Sie gegen diesen Scheck ...“ steht.

→ **Voraussetzungen für die Ausstellung eines Schecks**

- Der Scheckaussteller muss auf seinem Konto mindestens ein Guthaben in Höhe des Scheckbetrags haben oder über einen entsprechenden Kredit verfügen.
- Die Unterschrift auf dem Scheck muss mit der Unterschrift übereinstimmen, die der Scheckaussteller bei der Bank hinterlegt hat.

Barauszahlung des Scheckbetrages

Derjenige, der einen unterschriebenen Scheck bei einer Bank oder Sparkasse vorlegt, bekommt den Geldbetrag, wenn die obigen Voraussetzungen für die Ausstellung des Schecks erfüllt sind.

Das heißt, dass der Scheckaussteller den Scheck bei seiner „eigenen" Bank am Schalter vorlegen kann, wenn er den Geldbetrag bar ausgezahlt bekommen möchte.

Ein Scheck ist jedoch nur gültig, wenn er bestimmte Bestandteile aufweist, die im *Scheckgesetz* genau vorgeschrieben sind (**gesetzliche Bestandteile**). Oft hat der Scheck noch viele andere Bestandteile, die jedoch gesetzlich nicht vorgeschrieben sind (**kaufmännische Bestandteile**).

Scheckbestandteile

Gesetzliche Bestandteile	Kaufmännische Bestandteile
1. Die Bezeichnung „Scheck"	1. Die Schecknummer
2. Die Anweisung, eine Geldsumme zu zahlen	2. Die Kontonummer des Ausstellers
3. Die zahlende Bank (= bezogenes Geldinstitut)	3. Die Bankleitzahl (BLZ)
4. Zahlungsort	4. Der Betrag in Zahlen
5. Ort und Tag der Ausstellung	5. Die Überbringerklausel
6. Unterschrift des Ausstellers	

Muster eines Schecks

3.3.2 Der Verrechnungsscheck

Nur zur Verrechnung

Zur Bezahlung einer Geldschuld kann man einen Scheck an einen Gläubiger weitergeben (z. B. wenn ein Kunde seinen Einkauf mit Scheck bezahlen möchte). Der Scheckaussteller oder der Scheckempfänger muss dazu den Vermerk „Nur zur Verrechnung" auf den Scheck schreiben. Der Empfänger des Schecks (also beispielsweise ein Händler) muss den Scheck nun bei **seiner** Bank einreichen. Dazu ist es erforderlich, ein spezielles Formular, den sogenannten „Scheckeinreicher", auszufüllen.

Der Geldbetrag wird dann auf dem Konto des Scheckempfängers gutgeschrieben.
Der Verrechnungsscheck ist sicherer als ein Barscheck; denn wenn ein Verrechnungsscheck gestohlen würde, müsste der Dieb den Scheck unter Angabe seines Namens auf einem Konto einreichen.

3.3.3 Die Einlösung eines Schecks

Wenn jemand einen Scheck erhält, kann er ihn direkt nach Erhalt der Bank vorlegen, die die Geldschuld bezahlen soll. Diese Bank nennt man auch *bezogene Bank*, weil das Geld aus ihr „herausgezogen" wird. Wenn auf einem Scheck ein Datum eingetragen worden ist, das in der Zukunft liegt, so kann der Scheck auch schon vor diesem Datum der Bank vorgelegt werden.

Beispiel Ein Kunde zahlt am 01. Oktober 20(0) mit einem Euroscheck. Der Euroscheck ist auf den 10. Oktober 20(0) ausgestellt. Der Händler kann also schon am 01. Oktober 20(0) zur Bank gehen und den Scheck vorlegen, damit er sein Geld bekommt, obwohl der Euroscheck auf den 10. Oktober ausgestellt ist.

Der Händler kann den Scheck jedoch nicht einfach liegen lassen. Er hat nur eine bestimmte Anzahl von Tagen, um den Scheck der Bank vorzulegen, die die Geldschuld bezahlen soll.

Vorlegefristen

Die Vorlegefristen bei einer Bank in Deutschland betragen für

- Schecks, die im Inland ausgestellt wurden:
  8 Tage

Beispiel Ein Scheck, der am 10. August in Hamburg ausgestellt worden ist, muss einer Bank in Deutschland spätestens am 17. August vorgelegt werden.

- Schecks, die innerhalb von Europa ausgestellt wurden:
  20 Tage

Beispiel Ein Scheck, der am 10. August in Paris ausgestellt worden ist, muss einer Bank in Deutschland spätestens am 29. August vorgelegt werden.

- Schecks, die außerhalb von Europa ausgestellt wurden:
  70 Tage

Beispiel Ein Scheck, der am 10. August in New York ausgestellt worden ist, muss einer Bank in Deutschland spätestens am 19. Oktober vorgelegt werden.

Wenn ein Scheck erst dann einer Bank vorgelegt wird, **nachdem** die Vorlegefrist schon abgelaufen ist, dann darf die Bank den Scheck trotzdem einlösen. Wenn der Scheckaussteller den Scheck allerdings gesperrt hat, darf die Bank den Scheck **nicht** einlösen. Löst die Bank den Scheck dennoch ein, muss sie dem Kunden den gleichen Betrag wie auf dem Scheck gutschreiben und unter Umständen sogar Schadenersatz zahlen.

3.4 Bargeldloser Zahlungsverkehr

3.4.1 Die Überweisung

Zahler und Zahlungsempfänger

Um einen Geldbetrag zu überweisen, müssen der Zahler und der Zahlungsempfänger ein Konto bei einer Bank, einer Sparkasse oder bei der Postbank haben. Mit einer Überweisung wird ein Geldbetrag vom Konto des Zahlers (Auftraggebers) abgebucht (Lastschrift) und auf dem Konto des Zahlungsempfängers gutgeschrieben.

Wenn Zahler und Zahlungsempfänger ihre Konten bei **demselben** Kreditinstitut haben, handelt es sich lediglich um eine **Umbuchung** des Geldbetrags von einem Konto zum anderen. Die Gutschrift auf dem Konto des Empfängers erfolgt hierbei meistens noch am selben Tag.

Zahler und Zahlungsempfänger haben ihre Konten bei derselben Bank **Beispiel**

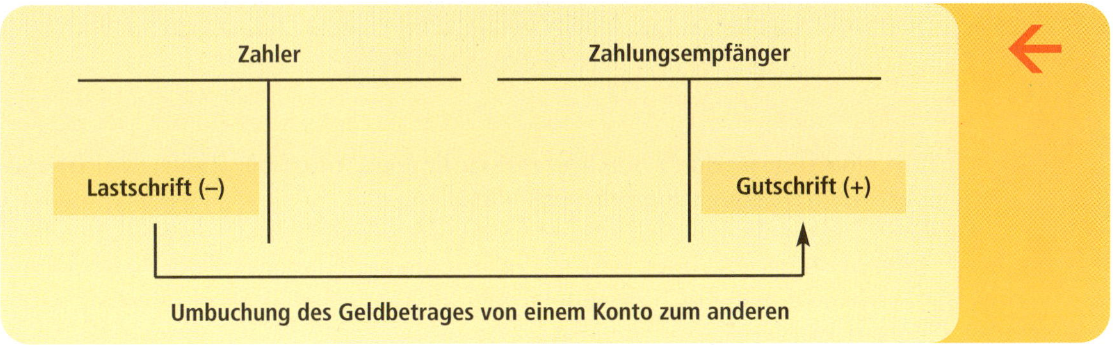

Das Konto des Zahlers wird durch die Überweisung auf der Sollseite *belastet*, während das Konto des Zahlungsempfängers auf der Habenseite eine Gutschrift über den überwiesenen Betrag erhält.

Ein Zahler überweist einen Betrag von 500 € auf das Konto eines Zahlungsempfängers, der sein Konto bei derselben Bank hat. **Beispiel**

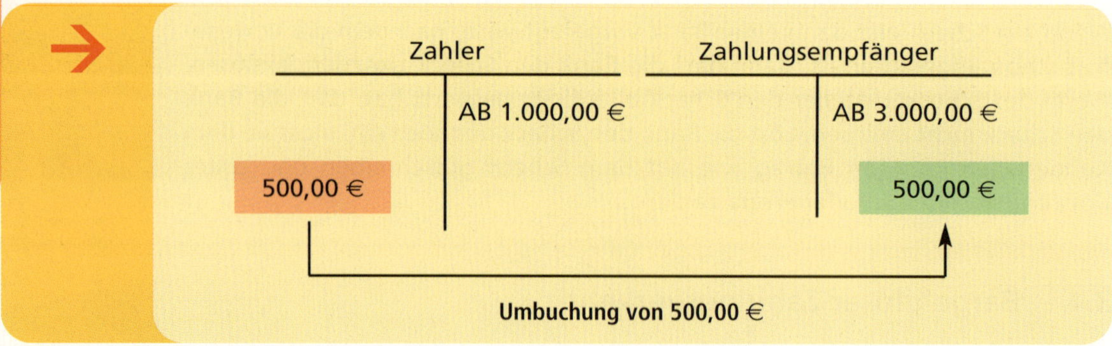

Wenn der Zahler und der Zahlungsempfänger ihre Konten jedoch bei **unterschiedlichen** Kreditinstituten haben, wird der Geldbetrag über **Gironetze** (Giro = Kreis) umgebucht. Darunter versteht man, dass unterschiedliche Banken über eine **zentrale Verrechnungsstelle** miteinander in Verbindung stehen. Hierüber werden die Geldbeträge verrechnet.

Es dauert oft mehrere Tage, bis der Geldbetrag auf dem Konto des Zahlungsempfängers gutgeschrieben worden ist.

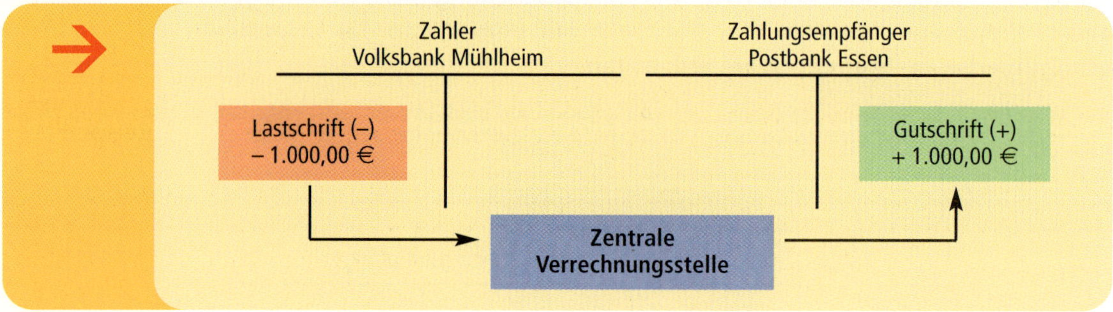

Um eine Überweisung durchführen zu können, muss der Zahler (Auftraggeber) einen Überweisungsvordruck ausfüllen.

Überweisungsvordrucke sind bei allen Banken, Sparkassen oder Postbanken weitgehend einheitlich gestaltet. Jeder Inhaber eines Girokontos erhält solche Vordrucke.

Ein Überweisungsvordruck besteht nur aus einem Teil, der vom Zahler ausgefüllt und von der Bank über Computer erfasst wird.

Auf einem herkömmlichen Überweisungsvordruck muss der Zahler folgende Angaben machen:

- den **Namen/Vornamen** des Zahlungsempfängers,
- die **Konto-Nummer** des Zahlungsempfängers,
- **Bankleitzahl** und **Kreditinstitut** des Zahlungsempfängers,

- den **Überweisungsbetrag** und den **Verwendungszweck**,
- seinen eigenen **Namen** (Name des Auftraggebers) und seine **Konto-Nummer**,
- das **Ausstellungsdatum** und seine **Unterschrift**

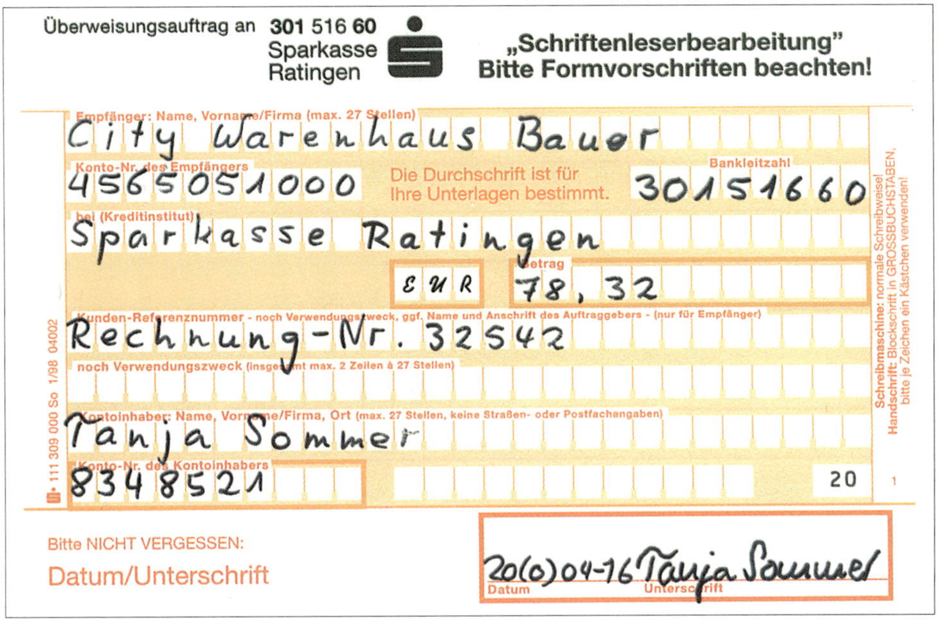
Überweisungsauftrag an 301 516 60 Sparkasse Ratingen

„Schriftenleserbearbeitung" Bitte Formvorschriften beachten!

Empfänger: Name, Vorname/Firma (max. 27 Stellen): City Warenhaus Bauer

Konto-Nr. des Empfängers: 4565051000

Die Durchschrift ist für Ihre Unterlagen bestimmt.

Bankleitzahl: 30151660

bei (Kreditinstitut): Sparkasse Ratingen

EUR Betrag: 78,32

Kunden-Referenznummer - noch Verwendungszweck, ggf. Name und Anschrift des Auftraggebers - (nur für Empfänger): Rechnung-Nr. 32542

noch Verwendungszweck (insgesamt max. 2 Zeilen à 27 Stellen)

Kontoinhaber: Name, Vorname/Firma, Ort (max. 27 Stellen, keine Straßen- oder Postfachangaben): Tanja Sommer

Konto-Nr. des Kontoinhabers: 8348521

20

Schreibmaschine: normale Schreibweise! Handschrift: Blockschrift in GROSSBUCHSTABEN, bitte je Zeichen ein Kästchen verwenden!

111 309 000 So 1/98 04002

Bitte NICHT VERGESSEN: Datum/Unterschrift

Datum: 20(0)04-16 Unterschrift: Tanja Sommer

3.4.2 Sonderformen der Überweisung

Wenn ein Einzelhändler eine einzelne Zahlung durchführen möchte (z. B. Bezahlung einer Rechnung), kann er dies am besten mit einer Überweisung tun.

Es gibt jedoch Fälle, in denen es aus wirtschaftlichen Gründen nicht sinnvoll ist, einen einzelnen Überweisungsvordruck zu verwenden.

Die Sammelüberweisung

Würde ein Einzelhändler beispielsweise die Gehälter mit einer Einzelüberweisung auf die Konten seiner Mitarbeiter überweisen, müsste er für jeden Mitarbeiter einen eigenen Überweisungsvordruck ausfüllen und für jeden Überweisungsvorgang Gebühren zahlen.

Ein Einzelhändler kann mehrere Einzelüberweisungen auch in einer Sammelüberweisung zusammenfassen.

1. Der Zahlungspflichtige muss für jeden einzelnen Empfänger einen eigenen Überweisungs-/Lastschriftvordruck ausfüllen (Da der Zahlungspflichtige immer derselbe ist, muss er also nur die verschiedenen Zahlungsempfänger eintragen).

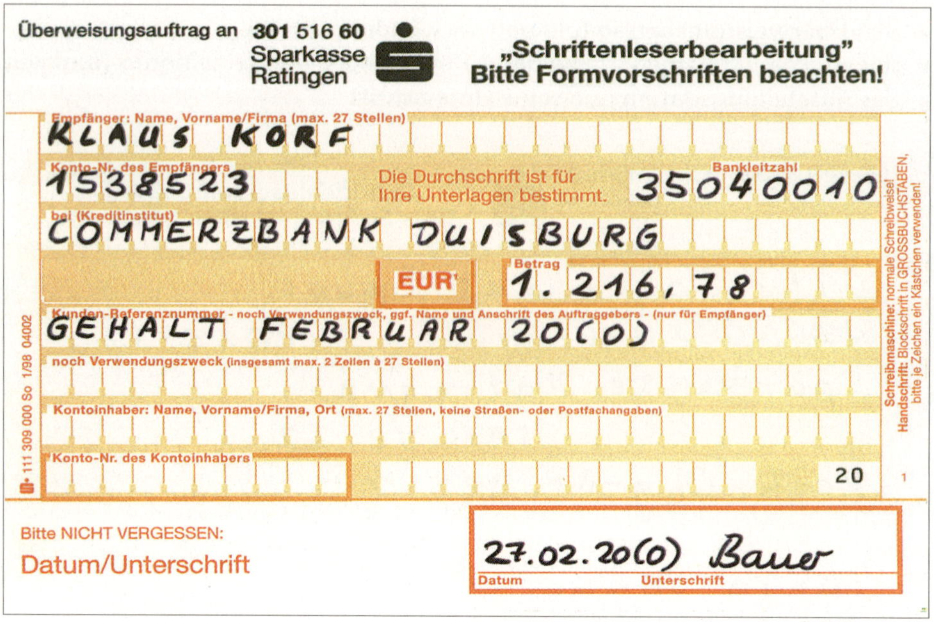

Überweisungsauftrag an 301 516 60 Sparkasse Ratingen

„Schriftenleserbearbeitung" Bitte Formvorschriften beachten!

Empfänger: Name, Vorname/Firma (max. 27 Stellen): KLAUS KORF

Konto-Nr. des Empfängers: 1538523

Die Durchschrift ist für Ihre Unterlagen bestimmt.

Bankleitzahl: 35040010

bei (Kreditinstitut): COMMERZBANK DUISBURG

EUR Betrag: 1.216,78

Kunden-Referenznummer - noch Verwendungszweck, ggf. Name und Anschrift des Auftraggebers - (nur für Empfänger): GEHALT FEBRUAR 20(0)

noch Verwendungszweck (insgesamt max. 2 Zeilen à 27 Stellen)

Kontoinhaber: Name, Vorname/Firma, Ort (max. 27 Stellen, keine Straßen- oder Postfachangaben)

Konto-Nr. des Kontoinhabers

20

Schreibmaschine: normale Schreibweise! Handschrift: Blockschrift in GROSSBUCHSTABEN, bitte je Zeichen ein Kästchen verwenden!

111 309 000 So 1/98 04002

Bitte NICHT VERGESSEN: Datum/Unterschrift

Datum: 27.02.20(0) Unterschrift: Bauer

2. Der Zahlungspflichtige muss anschließend den Sammel-Überweisungsauftrag ausfüllen und die fortlaufenden Nummern der vorher ausgefüllten Lastschriften eintragen

Sammel-Überweisungsauftrag 301 516 60

Sparkasse Ratingen

von Nr. 01 bis Nr. 15 von Nr. bis Nr.

Überweisen Sie zu Lasten des unten angegebenen Kontos an die Empfänger der anliegenden Überweisungen. Beigefügt sind Anlagen zum Sammel-Überweisungsauftrag.

Datum: 27.02.20(0) Stempel und Unterschrift des Kontoinhabers: Bauer

Stückzahl: 15 EUR Gesamtbetrag: 22.738,74

Kontoinhaber: Name, Vorname/Firma (max. 27 Stellen): CITY WARENHAUS BAUER

Konto-Nr. des Kontoinhabers: 4565051000

30

111 471 000 4/98 11009

30H

Vorteile der Sammelüberweisung:

- Der Einzelhändler spart Zeit, wenn er mehrere Überweisungen zusammenfassen kann.
- Der Einzelhändler bezahlt nur für eine Sammelbuchung Gebühren an seine Bank.

Die Sammelüberweisung wird von vielen kleinen Einzelhandelsgeschäften genutzt, während große Unternehmen ihre Überweisungen beleglos über Computernetze an ihre Bank weiterleiten.

Dauerauftrag

Ein Einzelhändler, der seine Geschäftsmiete mit einer Einzelüberweisung bezahlt, müsste jeden Monat einen eigenen Überweisungsvordruck für die Bezahlung der Miete ausfüllen. Auch dies ist sehr zeitaufwendig und teuer.

Daher kann der Einzelhändler seinem Kreditinstitut den Auftrag erteilen, den Betrag **regelmäßig** zu einem bestimmten Termin (z. B. am Monatsanfang) in immer **gleicher Höhe** von seinem Konto abzubuchen.

Ein Dauerauftrag wird von einem Kreditinstitut so lange ausgeführt, bis der Zahler seinem Kreditinstitut einen **neuen** Dauerauftrag erteilt. Da der Geldbetrag vom Konto des Zahlers abgebucht und per Überweisung dem Zahlungsempfänger gutgeschrieben wird, spricht man auch von einem Dauerüberweisungsauftrag.

Dauerauftrag für
- Mietverträge
- Versicherungsbeiträge
- Sparverträge usw.

Lastschriftverfahren

Im Rahmen des Lastschriftverfahrens veranlasst der Zahlungsempfänger sein Kreditinstitut (Inkassostelle), vom Konto des Zahlungspflichtigen bei dessen Bank (Zahlstelle) fällige Forderungen abzubuchen. Das Lastschriftverfahren eignet sich zur Abbuchung von laufend anfallenden Zahlungen zu bestimmten, regelmäßigen oder unregelmäßigen Zeitpunkten in gleicher oder wechselnder Höhe.

Man unterscheidet zwei Formen des Lastschriftverfahrens:

Einzugsermächtigung

Bei der Einzugsermächtigung erlaubt der Zahlungspflichtige dem Zahlungsempfänger, dass er fällige Geldbeträge von seinem Girokonto per Lastschrift *einzieht*.

Der Zahlungsempfänger darf allerdings nur Geldbeträge einziehen, wenn er eine schriftliche Erlaubnis vom Zahlungspflichtigen dazu hat. Die Bank hat das Recht, vom Zahlungsempfänger die Vorlage dieser schriftlichen Ermächtigung zu verlangen.

Wenn ein Einzelhändler der Meinung ist, dass der Zahlungsempfänger einen zu hohen Geldbetrag von seinem Konto eingezogen hat, kann er der Einziehung innerhalb von 6 Wochen bei seiner Bank oder Sparkasse widersprechen. Der beanstandete Geldbetrag wird dann **sofort** wieder auf seinem Konto gutgeschrieben.

Einzugsermächtigung für
- Telefonrechnung
- Stromrechnung
- Wasserrechnung
- Zeitungs-Abo

usw.

> Einzugsermächtigung
>
> Hiermit ermächtige ich Sie, die unten stehenden Zahlungen
>
> BEITRAG VERSICHERUNG NR. 118932
>
> Von Konto-Nr. 131 471 72
> BLZ 362 500 00 (Stadtsparkasse Mülheim)
>
> per Lastschrift einzuziehen.
> Diese Ermächtigung gilt bis auf Widerruf.
>
> Duisburg, den 20(0)-04-07
>
> (Unterschrift)

Abbuchungsauftrag

Im Unterschied zur Einzugsermächtigung **beauftragt** der Zahlungspflichtige hierbei seine Bank oder Sparkasse, alle eingehenden **Lastschriften** von seinem Konto **abzubuchen**, die von einem bestimmten Gläubiger ausgestellt wurden. Wenn der Zahlungspflichtige mit einer Lastschrift nicht einverstanden ist, kann er die Belastung nicht einfach bei seiner Bank beanstanden, sondern er muss sich mit dem Zahlungsempfänger darüber auseinander setzen, ob der Geldbetrag zu Recht abgebucht wurde. Im Unterschied zur Einzugsermächtigung bucht die Bank den abgebuchten Betrag hierbei nicht sofort zurück.

Der Abbuchungsauftrag eignet sich genauso wie die Einzugsermächtigung zur Bezahlung von regelmäßigen Forderungen, deren Höhe unterschiedlich sein kann (z. B. Telefongebühren, Strom-, Wasser- oder Heizkosten, Zeitungskosten, Versicherungsbeiträge, Fernsehgebühren, etc.).

Elektronisches Lastschriftverfahren siehe Seite 215

Vergleich der Lastschriftverfahren

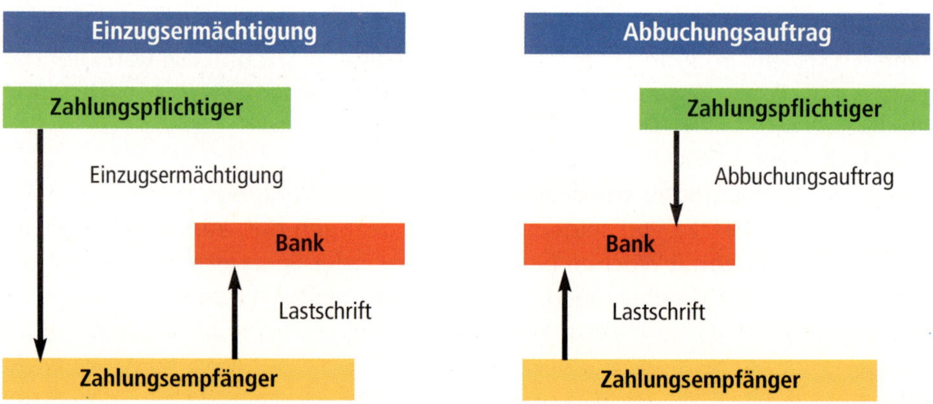

3.5 Elektronischer Zahlungsverkehr mithilfe der Bankkarte

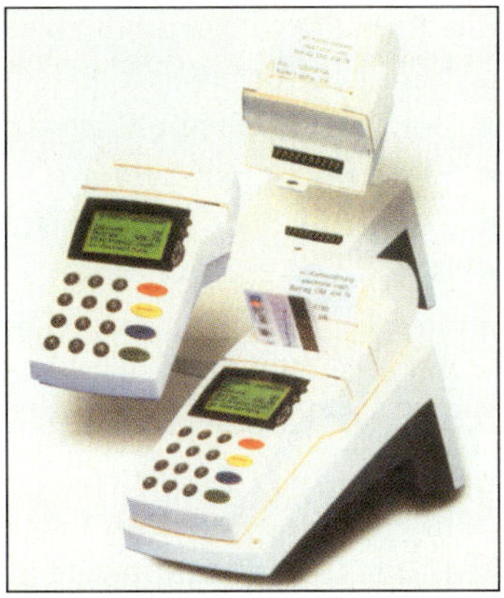

Während man bis in die frühen 70er Jahre den gesamten Zahlungsverkehr bei Banken und Sparkassen von Hand abwickelte und z. B. das Geld für die Bezahlung von Löhnen am Bankschalter bar abholte, hat sich der Anteil des bargeldlosen Zahlungsverkehrs am gesamten Zahlungsverkehr vervielfacht.

Durch die rasante Entwicklung neuer Technologien hat sich auch der Zahlungsverkehr stark verändert. Er wird heute weitgehend beleglos und elektronisch durchgeführt. Nicht nur große Unternehmen wickeln ihren Zahlungsverkehr durch Datenaustausch mit der Bank ab, auch der normale Kontoinhaber wird heute ermuntert, seine Geldgeschäfte mit Kartensystemen oder zu Hause vom PC aus abzuwickeln.

Einzelhandelsgeschäfte, die den Zahlungsverkehr ihrer Kunden elektronisch durchführen möchten, benötigen ein Zahlungsterminal, das mit der Geschäftskasse verbunden wird. In den Terminal steckt der Kunde seine Karte (Bank-, Kreditkarte) ein, damit die Zahlungsdaten des Kunden ausgelesen werden können.
Für die Übermittlung der Daten zum Kreditinstitut ist ein ISDN-Telefonanschluss notwendig.

3.5.1 Bankkarte (ec-Karte)

Aus der Garantiekarte für den ehemaligen Euroscheck entwickelte sich im Laufe der Zeit ein Zugangsmedium für verschiedene Bankdienstleistungen. Sie erleichtern es dem Kontoinhaber vor allem, im In- und Ausland über sein Girokonto zu verfügen.

ec = eurocheque
Ursprünglich ein Scheck, der mit einer besonderen Bankgarantie ausgestattet war. Die Garantie wurde 2001 abgeschafft.

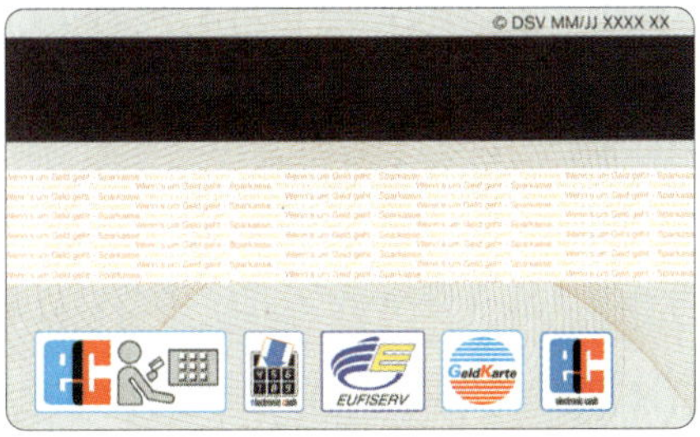

Rund 50 Millionen Bankkarten haben deutsche Banken und Sparkassen an ihre Kunden ausgegeben. Allein in Deutschland wird die Karte an mehr als 350.000 Händlerkassen akzeptiert. In mehr als 80 Ländern innerhalb und außerhalb

Europas gibt es ca. 5 Millionen Akzeptanzstellen (Einzelhändler, Hotels, Restaurants u. a.), bei denen man mit Bankkarte zahlen kann. Im Einzelnen bietet die Bankkarte Zugang zu folgenden Bankdienstleistungen, die nachfolgend näher erläutert werden:

- Bedienung des ec-Geldautomaten
- Electronic-Cash-System
- Elektronisches Lastschriftverfahren (ELV)
- GeldKarte

3.5.2 ec-Geldautomat

Banken und Sparkassen werben für das System der Geldausgabeautomaten. Sie ermöglichen es jedem Kunden, der über eine mit einem Magnetstreifen ausgestattete ec-Karte verfügt, mittels Eingabe einer PIN (**P**ersönliche **I**dentifikations-**N**ummer) Bargeld von seinem Girokonto abzuheben, ohne dass man an einem Bankschalter warten muss.

WOLLEN SIE AUCH UNABHÄNGIG SEIN?

"Für Bargeld brauchen Sie nicht mehr am Schalter zu warten oder auf Öffnungszeiten zu achten.

Denn Sie haben die Möglichkeit, nur mit Ihrer Bankkarte und Geheimzahl (PIN) an allen ec-Geldautomaten Geld abzuheben. Rund um die Uhr, im In- und Ausland. Eine Unabhängigkeit, die sich jeder leisten kann."

Vorteile der Geldausgabe am Automaten

- Bankkunden können rund um die Uhr Bargeld abholen.
- Bankschalter werden entlastet.
- Bei Nutzung von Automaten der eigenen Bank kostet die Abhebung nichts.

Während man Geldausgabeautomaten früher vor allen Dingen in der Nähe von Banken fand, findet man heutzutage immer mehr Automaten in unmittelbarer Nähe von Einkaufszentren. Auf diese Weise profitieren die Kunden davon, schnell über Bargeld für Einkäufe zu verfügen, die Einzelhändler von der besseren Zahlungsfähigkeit ihrer Kunden und die Kreditinstitute von der Häufigkeit der Bargeldabhebungen.

POS = Point of Sale
Ort des Verkaufs

3.5.3 electronic cash (POS-Zahlungen)

Wenn man in einem Geschäft das nebenstehende Zeichen entdeckt, bedeutet das, dass man hier mit seiner Bankkarte bargeldlos bezahlen kann, ohne dass man einen Beleg unterschreiben muss.

1. Wenn ein Kunde mit dem gewünschten Artikel zur Kasse geht, um dort zu bezahlen, ermittelt die Kassiererin per Scanner den Kaufbetrag. Der Betrag wird dem Kunden auf dem Kassendisplay angezeigt und von der Kassiererin deutlich genannt.

2. Der Kunde händigt der Kassiererin seine Bankkarte aus, sodass die Kassiererin die Karte durch ein Lesegerät ziehen kann.

3. Die Kassiererin bittet den Kunden, den auf dem Lesegerät erscheinenden Kaufbetrag mit „OK" zu bestätigen (grüne Taste). Anschließend wird der Kunde aufgefordert, zusätzlich auch noch seine 4-stellige PIN (**P**ersönliche **I**dentifikations-**N**ummer) in das Lesegerät einzugeben.

4. Über das Datennetz einer Verrechnungszentrale (Autorisierungsstelle) wird nun geprüft, ob auf dem Konto des Kunden genügend Geld vorhanden ist, um den gewünschten Artikel zu bezahlen und ob die Karte nicht wegen Verlust oder Diebstahl gesperrt ist.

5. Wenn das Konto des Kunden genügend Deckung aufweist, wird es mit dem Betrag belastet und auf dem Kassen-Display des Geschäftes erscheint der Hinweis „Zahlung erfolgt". Anschließend erhält der Kunde einen Bon. Der Bezahlungsvorgang ist damit abgeschlossen. Die **Zahlung** wird durch die kartenausgebende Bank **garantiert**.

POS mit Zahlungsgarantie der Bank

Mit electronic cash kann ein Kunde täglich Waren bis zu einem Verfügungslimit einkaufen, das vom kartenausgebenden Kreditinstitut festgelegt ist (z. B. bis zu 2.000,00 €). electronic cash wird den Unternehmen heute in zwei Varianten angeboten:

electronic cash online

Es wird eine direkte Verbindung zur Bank des Kunden hergestellt. PIN und Verfügungsrahmen werden sofort geprüft.

online: Es wird eine telefonische Verbindung zur Bank des Kunden aufgebaut.

electronic cash mit Chip

Im Chip der Bankkarte sind PIN und Verfügungsrahmen gespeichert. Deshalb können diese Daten offline geprüft werden. Der größte Teil des Zahlungsvorgangs wird ohne Telefonverbindung abgewickelt. Nur wenn der Verfügungsrahmen aufgebraucht ist, muss die Zahlung online autorisiert werden. Das Unternehmen spart auf diese Weise Verbindungskosten.

offline: Eine Telefonverbindung zur Bank ist während des Zahlungsvorgangs nicht erforderlich.

Zahlungen mit der Bankkarte sind heute weit verbreitet:

- im Inland als ec-cash-System
- im europäischen Ausland als **edc-Verfahren** (electronic debit card)
- weltweit als **Maestro-System**

Maestro IHR GELD WELTWEIT JEDERZEIT.

Im Maestro-Verfahren beträgt die Gebühr 0,95 % vom Umsatz.

Vorteile für den Kunden:

- Er kann weniger Bargeld mitnehmen.
- Das Diebstahlrisiko ist geringer.

Vorteile für den Einzelhändler:

- weniger Kassendifferenzen (weniger Bargeldbestand),
- geringeres Beraubungsrisiko („Griff in die Kasse"),
- mehr Spontankäufe durch Kunden,
- mehr Service für den Kunden durch eine moderne, bargeldlose Zahlungsform,
- schnelle Verfügbarkeit über Geld durch tägliche Überweisung,
- weniger Aufwand und mehr Sicherheit durch die elektronische Abwicklung.

Grundsätzlich empfiehlt sich ec-cash bei hohen Einkaufsbeträgen und hochwertigen Sortimenten, z. B. in Schmuckgeschäften, beim Verkauf von Pelzen, Lederwaren, Elektronik-Artikeln, Markenbekleidung) sowie bei anonymem Kundenkreis (z. B. Geschäfte in Flughäfen und Bahnhöfen).

Nachteile für den Einzelhändler:

- Der Einzelhändler muss für jeden Umsatz mit electronic cash Gebühren bezahlen (zurzeit 0,3 % vom Umsatz, mindestens 0,08 €). Hinzu kommen die Verbindungskosten per ISDN.
- Die technische Ausstattung muss angeschafft werden.

Und wenn die Zahlung mit electronic cash mal nicht klappt?

Aus zahlreichen Gründen kann es passieren, dass die Zahlung mit electronic cash an der Kasse Probleme bereitet:

Möglicher Fehler:	Mögliches Kassierer-Verhalten:
Wurde möglicherweise eine falsche PIN eingegeben?	Den Kunden bitten, die PIN erneut einzugeben.
Ist die Bankkarte vielleicht beschädigt oder zerkratzt?	Den Kunden bitten, es noch einmal zu probieren.
Ist die Bankkarte vielleicht nicht mehr gültig?	Den Kunden bitten, sich an seine Bank zu wenden.
Weist die Bankkarte eventuell nicht genügend Deckung auf?	Auch in diesem Fall den Kunden bitten, dass er sich an seine Bank wendet.
Ist das Datennetz möglicherweise überlastet?	In solchen Fällen (häufig in Stoßzeiten) reicht meistens schon ein zweiter Versuch.

3.5.4 Elektronisches Lastschriftverfahren (ELV)

Beim ELV-Verfahren handelt es sich um eine Zahlung mit Bankkarte. Das Kassensystem erstellt aufgrund der Bankkarte und der Verkaufsdaten eine Einzugsermächtigung, die der Käufer zu unterschreiben hat. Der Verkäufer kann den Kaufbetrag aufgrund der Einzugsermächtigung vom Konto des Käufers per Lastschrift einziehen. Der Betrag wird aber **nicht** von der Bank **garantiert**. Wird die Lastschrift nicht eingelöst, ist die Bank – durch die Einzugsermächtigung, siehe obenstehenden Text – verpflichtet, dem Gläubiger Name und Adresse des Schuldners mitzuteilen. Besondere Kosten entstehen nicht.

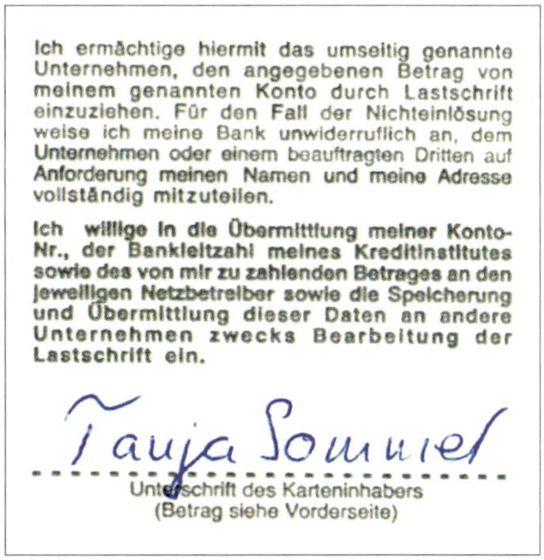
Ich ermächtige hiermit das umseitig genannte Unternehmen, den angegebenen Betrag von meinem genannten Konto durch Lastschrift einzuziehen. Für den Fall der Nichteinlösung weise ich meine Bank unwiderruflich an, dem Unternehmen oder einem beauftragten Dritten auf Anforderung meinen Namen und meine Adresse vollständig mitzuteilen.

Ich willige in die Übermittlung meiner Konto-Nr., der Bankleitzahl meines Kreditinstitutes sowie des von mir zu zahlenden Betrages an den jeweiligen Netzbetreiber sowie die Speicherung und Übermittlung dieser Daten an andere Unternehmen zwecks Bearbeitung der Lastschrift ein.

Unterschrift des Karteninhabers
(Betrag siehe Vorderseite)

Einzugsermächtigung siehe Sonderformen der Überweisung auf Seite 209

■ Ablauf des Zahlungsverkehrs mit ELV

- Zuerst muss man auf der Kassentastatur die Taste „EC“ drücken.
- Anschließend wird die Bankkarte durch den Kartenleser gezogen.
- Die Kasse druckt zunächst den Kassenbon aus.
- Der Kassenbon wird dem Kunden ausgehändigt.
- Anschließend wird der Lastschriftbeleg ausgedruckt und dem Kunden gegeben.
- Der Lastschriftbeleg wird vom Kunden unterschrieben.
- Anschließend prüft die Kassierkraft die Bankkarte:
  - Stimmt die Unterschrift auf dem Beleg mit der Unterschrift auf der Karte überein?
  - Ist die Karte noch gültig (Das Verfallsjahr steht im Mittelbalken auf der Rückseite und ist durch Kippen der Karte im silbernen Bankkartenfeld auf der rechten Vorderseite zu erkennen)?
- Erst nach dem Prüfvorgang darf die Bankkarte dem Kunden wieder ausgehändigt werden.
- Stimmen die Unterschriften auf Lastschriftbeleg und Karte nicht überein, darf keine ec-Kartenzahlung durchgeführt werden.

■ POS oder ELV?

Moderne Kartenterminals bieten die Möglichkeit, zwischen den verschiedenen Verfahren zu wählen. Dies kann individuell, z. B. in Abhängigkeit von der Bonität des Zahlenden geschehen. Es ist auch möglich, das Verfahren automatisch von der Höhe des Zahlungsbetrages abhängig zu machen. Ein Unternehmer könnte z. B. alle Beträge bis 30,00 € mit ELV und alle Käufe über 50,00 € mit dem POS-Verfahren abwickeln.

POZ = Sonderform des ELV; lief am 31.12.2006 aus.

Bank-Karte auf dem Vormarsch

Im deutschen Einzelhandel wird zwar immer noch gerne mit Bargeld bezahlt, die Zahl der Kartenzahlungen nimmt aber von Jahr zu Jahr zu. Auch große Handelshäuser, die bisher einen größeren Aufwand und damit höhere Kosten bei Kartenzahlungen befürchteten, stellen sich mittlerweile um. Im Jahre 2005 wurden bereits rund 36 % aller Einkäufe im Einzelhandel bargeldlos durchgeführt.

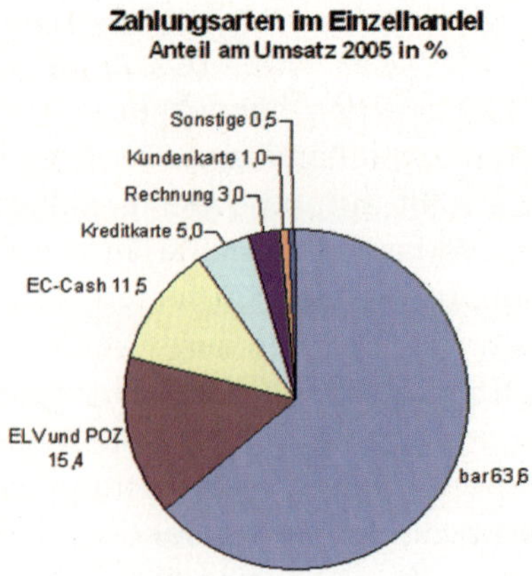

Quelle: EHI Köln 2006

3.5.5 Die Geldkarte

Chip statt Münzen!

Die GeldKarte – immer passend – immer flüssig
Die GeldKarte macht unabhängig von abgezähltem Kleingeld

Die GeldKarte ist von Banken und Sparkassen als „elektronische Geldbörse" eingeführt worden. Hierbei handelt es sich um eine Erweiterung der „normalen" Bankkarte um einen auf der Karte aufgebrachten Mikrochip.

Chip = Speicherbaustein

Dieser Mikrochip kann vom Inhaber einer Bankkarte an einem speziellen Ladeterminal bei einer Bank oder einer Sparkasse bis zu einem Betrag von 200,00 € aufgeladen werden. Das heißt jedoch nicht, dass der Mikrochip auf jeden Fall bis zu 200,00 € aufgeladen werden muss. Er kann auch mit kleineren Geldbeträgen versehen werden.

Der Aufladevorgang der GeldKarte

- Der Kunde gibt seine GeldKarte in ein Kartenterminal ein.
- Er gibt seine PIN im Kartenterminal ein.
- Das Kartenterminal zeigt an, welcher Restbetrag auf dem Chip enthalten ist.
- Der Kunde gibt den gewünschten Aufladebetrag ein.
- Der Aufladebetrag wird auf dem Mikrochip gebucht.
- Das Girokonto des Kunden wird mit dem Ladebetrag belastet.

Der Bezahlungsvorgang mit der GeldKarte

- An der Kasse wird der Kaufbetrag ermittelt.
- Der Kunde bestätigt den Kaufbetrag.
- Der Kunde steckt seine GeldKarte in das Lesegerät.

- Die Karte wird in der Kasse des Händlers gelesen und geprüft.
- Die Daten der GeldKarte werden zusammen mit dem Kaufbetrag auf die Karte des Händlers übertragen.
- Der aufgeladene Betrag wird von der GeldKarte abgebucht.

Solche Zahlungsvorgänge kann ein Kunde so lange durchführen, wie sein Mikrochip Guthaben aufweist. Ist der Mikrochip leer, muss er ihn wieder an einem Ladeterminal aufladen. Auf diese Weise erhält die GeldKarte die Funktion einer „elektronischen Geldbörse“ und der Mikrochip ähnelt im Prinzip einem eigenen „Konto“ auf der Bankkarte.

Was muss ein Einzelhändler haben, um die Zahlung mit GeldKarte zu ermöglichen?

- Kassenterminal mit GeldKarten-Funktion
- ISDN-Telefon-Anschluss (um die Daten übermitteln zu können)

Dies hat zur Folge, dass das Kassieren wesentlich schneller geht als mit der herkömmlichen Barzahlung (eine Eingabe der PIN ist bei der GeldKarten-Zahlung für den Kunden nicht mehr nötig). Außerdem hat die Kassiererin weniger Bargeld in der Kasse, sodass das Kassenberaubungs-Risiko erheblich vermindert wird. Eine der größten Sorgen an der Kasse wird auf diese Weise ebenfalls vermindert: Es entstehen durch die Abbuchungen auf dem Mikrochip weniger Kassendifferenzen.

Vor- und Nachteile der Geldkarte

Damit solch ein Abrechnungssystem von den Banken und Sparkassen finanziert werden kann, müssen Einzelhändler auch eine Gebühr in Höhe von 0,3 % von jedem Kaufbetrag (allerdings mindestens 0,01 €) an die Kreditinstitute bezahlen. GeldKarten-Terminals gibt es jedoch nicht nur in Geschäften des Einzelhandels, sondern auch in Restaurants, Hotels, an Tankstellen, Spielsalons, Museen, Kiosken oder im Taxi.

Elektronischer Zahlungsverkehr mit der Bankkarte

Funktion der ec-Karte	Legitimation des Zahlungspflichtigen	Zahlungsgarantie für den Zahlungsempfänger	Kosten für den Zahlungsempfänger
ec-cash	PIN	Ja	0,3 % vom Umsatz mindestens 0,08 €
Geldkarte	Chip	Ja	0,3 % mindestens 0,01 €

3.5.6 Kundenkarten

Kundenkarte

Heutzutage wird es für einen Einzelhändler immer schwerer, Stammkunden zu halten. Kunden kaufen die gewünschten Waren nicht mehr nur bei einem Händler, sondern sie vergleichen überall, wo man am besten einkaufen kann. Die Kunden verschaffen sich heutzutage einen genauen Überblick über den Markt. Wenn ein Stammkunde einem Einzelhändler einmal verloren geht, muss der Einzelhändler sich sehr viel Mühe geben, den Kunden wiederzubekommen.

Es ist leichter, einem Stammkunden etwas zu verkaufen, als einen neuen Kunden zu gewinnen!

Viele Einzelhändler versuchen, ihre Stammkunden durch Kundenkarten an sich zu binden. Dadurch soll dem Kunden das Gefühl vermittelt werden, sehr wichtig zu sein. Ein Kunde, der eine Kundenkarte besitzt, ist etwas Besonderes, er wird gerne gesehen. Einzelhändler geben Kundenkarten nicht nur aus, um Kunden zu binden, sondern sie wollen auch so viele Informationen wie möglich über ihre Kunden bekommen. Diese Daten wollen Einzelhändler auswerten, um das Einkaufsverhalten ihrer Kunden genau untersuchen zu können.

→ Ein geschickter Einzelhändler sollte einem Kunden möglichst früh eine Kundenkarte geben, um ihn so schnell wie möglich zu binden. Denn für den Kunden bedeutet die Kundenkarte eine Art „Mitgliedschaft". Als Mitglied fühlt er sich bevorzugt.

Einzelhändler geben Kundenkarten nicht nur aus, um Kunden zu binden, sondern sie wollen auch so viele Informationen wie möglich über ihre Kunden bekommen. Diese Daten wollen Einzelhändler auswerten, um das Einkaufsverhalten ihrer Kunden genau untersuchen zu können.

Mögliche Kundendaten auf Kundenkarten	
Persönliche Angaben	Name/Vorname, Adresse, Geburtsdatum, Nationalität etc.
Berufliche Angaben	Ausgeübter Beruf, Arbeitgeber, Branche, Adresse des Arbeitgebers
Zahlungstechnische Angaben	Bankverbindung, Besitz einer Bankkarte

Ablauf der Zahlung mit Kundenkarte

1. Der Karteninhaber legt beim Kauf seine Kundenkarte vor.
2. Der Einzelhändler ermittelt den Kaufbetrag. Der Betrag wird über das Kassenterminal auf einem Konto des Karteninhabers beim Einzelhändler erfasst.
3. Gegen eine geringe Service-Gebühr erhält der Kunde am Ende des Monats eine Rechnung über die gesamte Summe seiner Einkäufe bei diesem Einzelhändler.
4. Der Kunde begleicht die Rechung innerhalb einer vereinbarten Frist, oder der Betrag wird per elektronischem Einzug direkt von seinem Konto einbehalten.

Serviceleistungen

Einkaufen und Sparen

Für jeden Einkauf erhalten Kunden häufig einen Bonus in % vom Kaufbetrag, der einem persönlichen Kundenkonto gutgeschrieben wird. Manche Einzelhändler schreiben ihren Kunden für einen bestimmten Einkaufswert Punkte auf dem persönlichen Kundenkonto gut. Wenn ein bestimmter Wert auf dem Kundenkonto erreicht ist, kommen die Kunden beispielsweise in den Genuss von Sonderrabatten.

Geld-zurück-Garantie

Besitzer einer Kundenkarte können die erworbene Ware häufig anstandslos umtauschen und erhalten den bereits gezahlten Kaufpreis problemlos wieder zurück.

Info-Service

Mit einem regelmäßigen Info-Service werden Besitzer einer Kundenkarte häufig bevorzugt über Top-Angebote oder Sonderaktionen informiert, sodass sie zeitlich vor der übrigen Kundschaft profitieren können.

Gewinnspiele

Als Kundenkarten-Besitzer nimmt man häufig automatisch an Glücksverlosungen oder Gewinnspielen teil. Darüber hinaus halten Einzelhändler auch Überraschungs-Geschenke bereit.

Auswertung der gespeicherten Daten

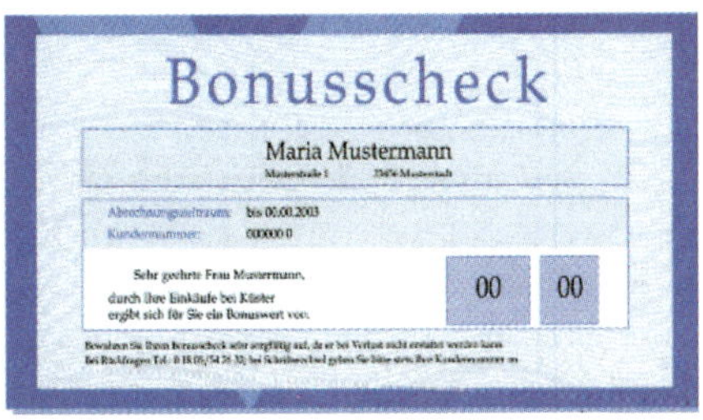

Moderne EDV-Programme sind heute in der Lage die gespeicherten Adressen nach verschiedenen Gesichtspunkten auszuwerten, z. B. nach Alter, eingekauften Artikeln, Bon-Datum, Postleitzahl und Straße. Bonus-Gutscheine können von diesen Programmen z. B. völlig automatisch erstellt und abgewickelt werden. Die regelmäßig gekauften Produkte in Kombination mit den persönlichen Daten des Kunden zeigen ein genaues Bild von den Ansprüchen des jeweiligen Kunden.

Kundenkarten aus Sicht des Einzelhändlers

Kunden, die im Besitz einer Kundenkarte sind, nutzen diesen Service gerne und kaufen häufiger ein. Auf diese Weise kann der Einzelhändler seinen Umsatz steigern und die Kundenkarte gleichzeitig als Instrument der Kundenbindung nutzen. Dadurch vergrößert er den Kreis seiner Stammkunden. Allerdings muss sich der Einzelhändler regelmäßig mit attraktiven Kaufanreizen beim Kunden in Erinnerung bringen, da dieser sonst das Interesse an der Nutzung der Kundenkarte verliert. Dies bedeutet für den Einzelhändler einen erhöhten Werbeaufwand.

Kundenkarten aus Sicht des Kunden

Kunden kommen leicht in den Genuss der zahlreichen Vorteile, die ihnen in Verbindung mit der Kundenkarte geboten werden. Als bevorzugte Kunden erhalten sie Sonderrabatte oder werden bevorzugt über Angebote und Aktionen informiert. Allerdings besteht die Gefahr, dass sie durch die angebotenen Kaufanreize so häufig einkaufen, dass sie den Überblick verlieren und über ihre Verhältnisse einkaufen. Für den Einzelhändler steigt somit das Risiko des Zahlungseingangs.

3.6 Kreditkarte

Kreditkarten werden von Kreditkartenorganisationen oder Banken an Kunden herausgegeben. Die bekanntesten Kreditkartenorganisationen auf dem deutschen Markt sind Eurocard, Visa, Diners Club und American Express. Allerdings bekommt man eine Kreditkarte nicht ohne Weiteres. Eine Kreditkarte erhält man auf Antrag bei entsprechend ausreichender Zahlungsfähigkeit des Kunden.
Diese Kreditkartenorganisationen schließen Verträge mit Einzelhändlern und Dienstleistungsunternehmen (sogenannte Vertragsunternehmen) und vereinbaren, dass ein Kunde, der im Besitz einer entsprechenden Kreditkarte ist, dort problemlos bezahlen kann.

■ Zahlungsabwicklung per Kreditkarte

- Erstellen des Leistungsbelegs.
  Für die Zahlungsabwicklung benötigt der Einzelhändler die Kreditkarte des Kunden. Aufgrund der Kaufdaten und der Kartenangaben erstellt der Einzelhändler elektronisch oder mechanisch einen **Leistungsbeleg** in dreifacher Ausfertigung. Dieser enthält vor allem folgende Angaben:

- Name des Kreditkarteninhabers
- Kartennummer
- Verfalldatum der Kreditkarte
- Rechnungsbetrag
- Rechnungsdatum

Die Leistungsbelege sind für den Kreditkarteninhaber, den Einzelhändler und die Kreditkartenorganisation bestimmt.

- Der Einzelhändler setzt sich in der Regel elektronisch mit der Kreditkartenorganisation in Verbindung, die feststellt, ob die Karte gesperrt ist und ob sich die Zahlung im Verfügungsrahmen des Kunden bewegt. Ist alles in Ordnung, wird die Zahlung genehmigt (Autorisierung der Zahlung).
- Der Karteninhaber überprüft den Leistungsbeleg und unterschreibt ihn.
- Der Kontakt mit dem Kunden wird abgeschlossen, indem der Kunde eine Kopie des Leistungsbelegs, seine Karte und die Ware erhält.

Leistungsbeleg

MASTERCARD
GZS GmbH

City-Warenhaus Bauer
Oberstraße 17
40878 Ratingen

VU-Nr.	1528198874
TERMINAL-IO	433588717
TRANS-ART	00 013 01
BELEG-NR.	745
MASTERCARD	
5233434322384	MAN
REFERENZ-NR.	285503
KARTE GÜLTIG BIS	09/20(+2)
BEZAHLUNG	
BETRAG €	226,81
POS-Nr.	1002756
REFERENZ-NR.	368504
GENEHMIGUNGS-NR.	304493

Bitte Beleg aufbewahren und die Kopie an den Kunden aushändigen.

Unterschrift:

20(0)-12-14 0075 14:09

■ Kreditkartenabrechnung

Die Kartengesellschaften zahlen normalerweise wöchentlich, d. h. der Einzelhändler sammelt alle Leistungsbelege einer Woche und sendet sie an die Kartenorganisation. Über die Gesamtsumme der Leistungsbelege, abzüglich der vereinbarten Provision, erhält der Einzelhändler von der Organisation rund eine Woche später eine Gutschrift. Für ihre Leistungen berechnet die Kartenorganisation dem Einzelhändler eine Provision, die heute zwischen 2–5 % beträgt. Da alle Lieferungen und Leistungen umsatzsteuerpflichtig sind, stellt die Kartenorganisation auch für ihre Provision Umsatzsteuer in Rechnung. Dabei handelt es sich jedoch um Vorsteuer, die für den Einzelhändler kalkulationsneutral ist. Der Karteninhaber erhält gewöhnlich einmal im **Monat** eine Abrechnung von der Kreditkartenorganisation und sein Bankkonto wird mit dem aufgelaufenen Betrag belastet. Der Karteninhaber zahlt einmal im Jahr seine Gebühr an die Kartenorganisation.

Wirtschaftliche Bedeutung der Kreditkarte

Vorteile der Kreditkarte

a) für den Karteninhaber

- **Ansehen:** Nur solche Personen, die von den Kartenorganisationen als zahlungskräftig eingeschätzt werden, erhalten Kreditkarten.
- **Flexibilität:** Kreditkarten großer Organisationen werden in der ganzen Welt anerkannt und sind betragsmäßig nicht begrenzt (allenfalls durch den Verfügungsrahmen, den die Kreditkartenorganisation ihrem Kunden einräumt).
- **Liquidität:** Rechnungen werden einmal monatlich zusammengefasst und dann erst belastet. Dadurch entstehen Zinsvorteile.
- **Sicherheit:** Bei Verlust bzw. Diebstahl der Kreditkarte haftet der Kunde nicht oder nur in geringem Umfang.
- **Sonderleistungen:** Häufig enthalten Kreditkarten auch den Anspruch auf Versicherungsschutz, z. B. Reisegepäckversicherung, Auslands-Reise-Krankenversicherung.

b) für den Einzelhändler

- **Umsatzsteigerung:** Karteninhaber gehören eher zu den besonders ausgabefreudigen Kunden.
- **Sicherheit:** Wenn der Händler die vorgeschriebenen Prüfungen durchgeführt hat, bekommt er von der Kartenorganisation sein Geld, auch wenn die Karte missbräuchlich verwendet wurde.

Nachteile der Kreditkarte

a) für den Karteninhaber

- **Kosten:** Er muss eine Jahresgebühr bezahlen, unter Umständen Sondergebühren bei bestimmten Leistungen, z. B. Bargeldauszahlungen oder Begleichen von Rechnungen in ausländischer Währung.

b) für den Einzelhändler

- **Kosten:** Vom Rechnungsbetrag wird die Provision abgezogen.
- **Arbeitsaufwand**: Der Verwaltungsaufwand für die Kreditkartenzahlung ist größer als bei Barzahlung.

3.7 Gutscheine

Mit hohen Rabatten sowie Gutscheinen versucht der Einzelhändler, neue Kunden zu gewinnen und die „alten" Kunden zu binden.
Eine besonders beliebte Form des Gutscheins ist der sogenannte Media-Coupon, der über Zeitschriften, Zeitungsinserate oder Anzeigen an die Kundschaft weitergeleitet werden kann. Auf diese Weise wird ein breites Publikum erreicht, das für die eigentliche Werbung des

Einzelhändlers angesprochen werden soll. Der Gutschein wird als „Mittel zum Zweck" genutzt.

Gutschein-Formen

Gutscheine finden sich auch in Prospekten und auf Handzetteln. Manchmal werden sie vom Hersteller auf die Packung aufgedruckt oder aufgeklebt. Darüber hinaus können sie als persönlich adressierte Werbebriefe oder Postwurfsendungen verschickt werden. Neuerdings werden Gutscheine auch per E-Mail (E-Coupons) oder SMS (M-Coupons) verschickt. Dies ermöglicht dem Einzelhändler die gezielte Ansprache einer ausgewählten Kundengruppe.

Besonderheiten bei Geschenk-Gutscheinen

Häufig werden Gutscheine in Form von Geschenk-Gutscheinen ausgestellt. Wenn Kunden den Wert eines Geschenk-Gutscheins nicht in voller Höhe einlösen, wollen sie die Differenz häufig bar ausgezahlt bekommen. Da dies den Zielen des Einzelhändlers widerspricht, kann man dem Kunden den noch nicht eingelösten Wert erneut als Geschenk-Gutschein einlösen. Handelt es sich um geringfügige Differenzbeträge, so können sie ausgezahlt werden. Reicht hingegen der Wert des Gutscheines noch nicht aus, um den Kaufbetrag für den gewünschten Artikel vollständig zu bezahlen, so wird der Gutschein auf den Gesamtbetrag angerechnet, und die noch fehlende Differenz kann vom Kunden bar entrichtet werden.

4 Verabschiedung des Kunden

Sobald der Kunde den Kaufpreis bezahlt hat, wird ihm die Ware mit einem freundlichen Lächeln übergeben und die letzte Phase des Verkaufsgespräches eingeleitet, die Verabschiedung. Grundsätzlich sollte nach dem Bezahlen nicht der Eindruck beim Kunden aufkommen, dass er nun für das Geschäft nicht mehr interessant ist. Freundlichkeit sollte ihm für die gesamte Dauer seines Aufenthalts im Geschäft entgegengebracht werden. Für die eigentliche Verabschiedung ist in Abhängigkeit von der Verkaufsform folgende Vorgehensweise angebracht:

① Man bedankt sich beim Kunden für den Einkauf (z. B. „Vielen Dank für Ihren Besuch.").
② Man verabschiedet sich mit einem freundlichen „Auf Wiedersehen" (oder einer regional üblichen Verabschiedungsformel); bei jüngeren Kunden oder Stammkunden darf es auch salopper sein (z. B. „Tschüss").
③ Man beobachtet den Kunden weiterhin, ob noch irgend welche Serviceleistungen sinnvoll sind:
- Findet der Kunde zum Ausgang, zum Fahrstuhl, zur Treppe oder ist noch ein kurzer Hinweis notwendig?
- Kann der Kunde die Ausgangstür alleine öffnen (oder ist er vielleicht mit Ware voll gepackt, älter oder behindert?)
- Sollte man dem Kunden wegen der aktuellen Wetterlage den vorhandenen Leih Schirm anbieten?

Situation im SB-Geschäft

Bei Selbstbedienung kommt der Kunde eventuell an der Kasse zum ersten Mal mit Verkaufspersonal in Kontakt. Wesentliche Erwartungen des Kunden, z. B. ihn wahrzunehmen und zu begrüßen, lassen sich daher erst an der Kasse verwirklichen. Folgende grundlegende Verhaltensweisen sind – unabhängig von den betriebsinternen Bestimmungen der Kassieranweisung – angebracht:

Siehe Kassieranweisung Seite 200 und „Kundenfreundlichkeit an der Kasse in Lernfeld 2, Seite 208

- durch Blickkontakt Servicebereitschaft signalisieren
- den Kunden begrüßen
- Produkte einscannen
- Kaufbetrag nennen
- sich für das angenommene Geld bedanken
- Rückgeld mit einem freundlichen „Bitteschön" übergeben
- immer, wenn die Zeit es zulässt, nach Anlässen für freundliche Worte zu den eingekauften Produkten suchen, um ein stummes „Abkassieren" zu vermeiden
- sich vom Kunden verabschieden

5 Kassensysteme

Siehe Abschluss und Erfüllung des Kaufvertrages Seite 179 und Seite 108

Arbeitsschritte beim Kassieren siehe Seite 200

Die Kasse ist der Ort, an dem Kunden die eingekauften Produkte bezahlen. Rechtlich gesehen wird in Geschäften mit Bedienung und Vorwahl der Kaufvertrag an der Kasse erfüllt (Übergabe der Ware, Bezahlung). In SB-Geschäften wird zunächst durch die Registrierung der Waren die zweite Willenserklärung abgegeben, die zum Abschluss des Kaufvertrages führt.

5.1 Anforderungen an Kassen

Stornierung = Eine falsche Registrierung (Buchung) wird rückgängig gemacht.

Wartezeiten an der Kasse sind bei Kunden äußerst unbeliebt. Neben einer ausreichenden Zahl von geöffneten Kassen muss auch die Kasse selbst bestimmte Anforderungen erfüllen, damit ein reibungsloser Geschäftsablauf gesichert ist.

- Die Kasse muss **bedienerfreundlich** sein, damit schnell und fehlerfrei kassiert werden kann. Auch Sonderfälle (Stornierung, Warenrückgabe, Fremdwährung, elektronische Zahlung u. Ä.) dürfen keine Warteschlangen hervorrufen, weil die Kassenbedienung mit der Technik nicht fertig wird. Es ist Aufgabe des Kassenherstellers, die Bedienungsabläufe überschaubar und logisch nachvollziehbar zu gestalten. Der Einzelhändler muss das Kassenpersonal ausreichend schulen, damit genügend Sicherheit in der Bedienung der Technik vorhanden ist.

- Ebenso wichtig ist es, eine **kundenfreundliche** Kasse im Geschäft einzusetzen. Dazu gehört eine gut lesbare Kundenanzeige, die es dem Kunden ermöglicht, den Kassiervorgang zu überschauen. Außerdem muss der Kunde einen Kassenbon erhalten, der leicht verständlich und einfach zu kontrollieren ist.

5.2 Bestandteile einer Kasse

Trotz äußerst großer Typenvielfalt auf dem Markt für Kassen lassen sich bestimmte Bauteile einer Kasse immer wieder feststellen:

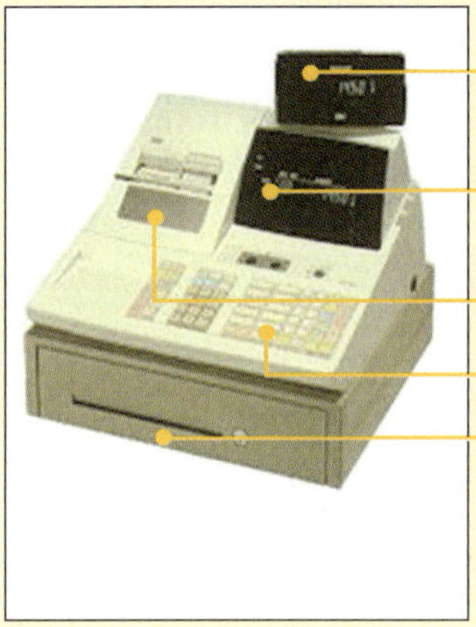

Kundenanzeige: Informiert den Kunden über den Kassiervorgang.

Bedieneranzeige: Ermöglicht dem Kassenpersonal eine Kontrolle der eingegebenen Daten.

Drucker: Er gibt den Bon und die Berichte (siehe unten) aus.

Tastatur: Mit ihr werden die Daten in die Kasse eingegeben.

Kassenschublade: Sie nimmt das Geld (Wechselgeld und Kundenzahlungen) auf.

Im Inneren: **Zentraleinheit** mit der Mechanik und Elektronik der Kasse.

Zusatzgeräte sind für den elektronischen Zahlungsverkehr oder wenn die Artikeldaten eingescannt werden sollen erforderlich.

Zu den Zahlungsarten siehe Seite 197

Barcode = maschinenlesbare, verschlüsselte Darstellung der Artikelnummer

Steckkartenleser für Bankkarten im Lastschriftverfahren, Kreditkarten und Kundenkarten.

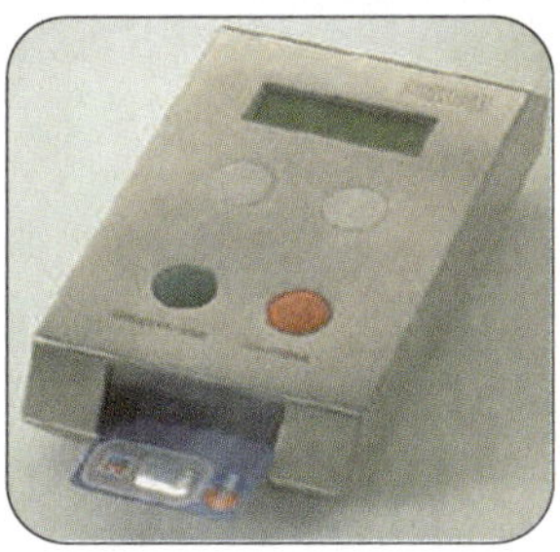

PIN-Pad für electronic-cash und Geldkarte

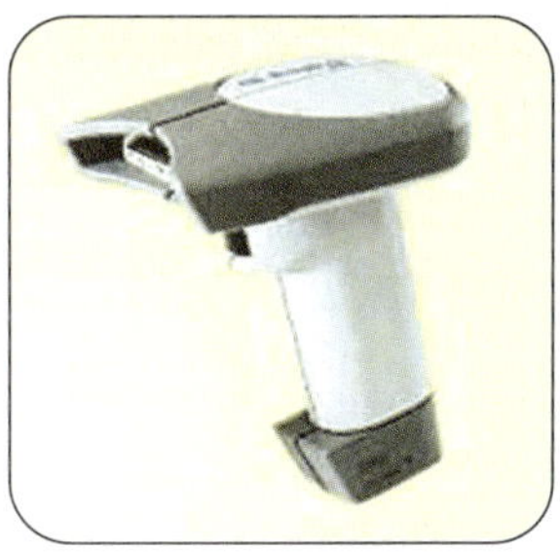

Hand-Scanner für das Erfassen von Artikel-Daten über den Barcode.

Scanner-Waage: Der Artikel wird eingescannt und gleichzeitig gewogen.

Stationärer (ortsgebundener) Scanner, bei dem die Ware nicht mehr gezielt ausgerichtet werden muss. Der Scanner liest waagerecht und senkrecht (untere und hintere Seite).

5.3 Kassenarten

Kassen unterliegen dem technischen Wandel. Während in der Vergangenheit mechanische Registrierkassen die Regel waren, bevorzugt der Handel heute Computerkassen. Die Entwicklung lässt sich wie folgt darstellen:

Mechanische Registrierkassen

Der Preis wird in die Kasse eingegeben und im Speicher der Kasse festgehalten. Auf dem Kassenbon werden im Wesentlichen die Preise ausgedruckt. Auswertungen sind bei diesen Kassen kaum möglich.

Auswertungen elektronischer Registrierkassen siehe unten

Elektronische Registrierkassen

Elektronische Registrierkassen sind in der Lage, die gespeicherten Verkäufe nach verschiedenen Gesichtspunkten (Warengruppen, Zahlungsarten, Verkäufer) zusammenzufassen.

Warenwirtschaftssystem siehe Seite 244

Datenkassen

Datenkassen sind Computer. Sie erfassen die Verkaufsdaten (in Form von Artikelnummern) und verarbeiten sie. Von der eingesetzten Software ist es abhängig, welche Auswertungen möglich sind. Eventuell werden an den Datenkassen lediglich die Verkäufe erfasst und in das Warenwirtschaftssystem des Einzelhandelsgeschäftes eingespeist.

Einzelkassen – Verbundkassen

In kleineren Einzelhandelsgeschäften ist oft nur eine einzige Kasse vorhanden, über die alle Verkäufe abgewickelt werden. Aber auch in größeren Geschäften mit mehreren Kassen, kann jede Kasse für sich arbeiten ohne mit anderen Geräten verbunden zu sein. Am Ende des Geschäftstages werden die Daten der **Einzelkassen** gesammelt und in der Verwaltung des Betriebes ausgewertet.

Von **Verbundkassen** spricht man, wenn alle Kassen mit einem zentralen Datenspeicher verbunden sind. Die Zentraleinheit ist heute gewöhnlich ein Computer. In ihm werden die Artikeldaten für alle Kassen gemeinsam verwaltet. Im Regelfall verfügt der zentrale Rechner auch über geeignete Sicherungssysteme (Batteriepuffer für Stromausfall, elektronisches Journal, das alle Abläufe doppelt aufzeichnet).

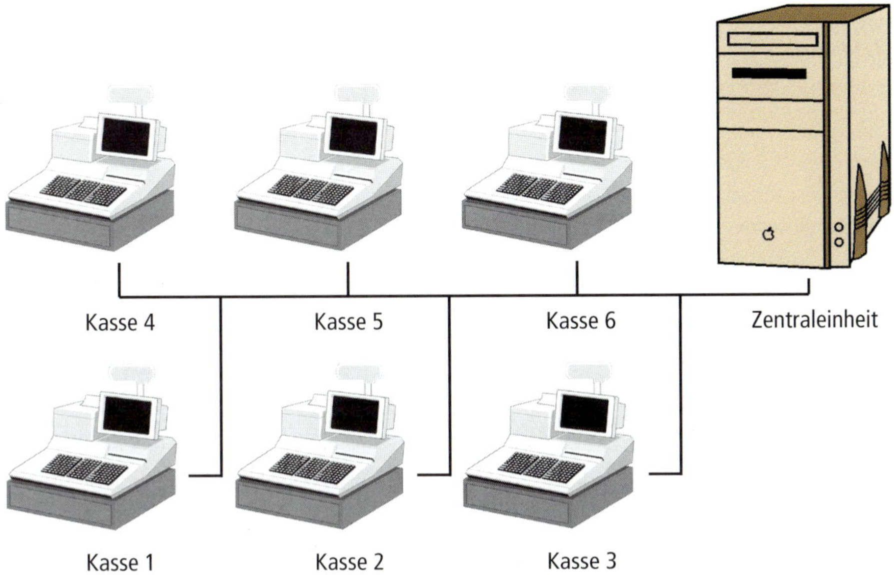

5.4 Kassenauswertungen und -leistungen

An dieser Stelle soll vor allem die elektronische Registrierkasse näher betrachtet werden. Datenkassen werden weiter unten dargestellt.

Siehe Seite 233

■ Traditioneller Kassenbericht

Die Abgabenordnung, die der korrekten Ermittlung der Steuern dient, sagt aus, dass Kasseneinnahmen und -ausgaben täglich aufgezeichnet werden sollen. Kleinere Einzelhandelsbetriebe kommen dieser Aufforderung nach, indem sie am Ende eines Geschäftstages einen Kassenbericht erstellen. Darin werden alle Verkäufe des Tages, aber auch sonstige Einnahmen und Ausgaben, die über die Kasse abgewickelt werden, festgehalten.

Abgabenordnung § 146 (1) Ordnungsvorschriften für die Buchführung und für Aufzeichnungen

■ Aufbau eines Kassenberichts

Der Kassenbericht hat die Aufgabe, die Barverkäufe eines Tages zu ermitteln.

Einnahmen aus Dienstleistungen sind z. B. Reparaturen, die gegen Bezahlung durchgeführt werden.

Barverkäufe

Alle Verkäufe von Waren und Dienstleistungen gegen Bargeld, die an einem Geschäftstag an der Kasse registriert werden, stellen die Barverkäufe eines Tages dar. Diese lassen sich wie folgt berechnen:

Als **Einnahmen** werden alle Geldzugänge in einem Einzelhandelsgeschäft bezeichnet. Entsprechend stellen alle Geldabgänge **Ausgaben** dar.

Kassenabschöpfungen: Bargeldentnahmen, die zur Bank gebracht werden, um den Geldbestand niedrig zu halten (siehe unten).

Ausgehend vom Kassen-Schlussbestand am Ende des Geschäftstages werden die aus der Kasse getätigten Ausgaben wieder hinzugerechnet, alle Einnahmen des Tages, die nicht aus Warenverkäufen entstanden sind, werden abgezogen. Diese Überlegungen ergeben folgendes Grundschema eines Kassenberichts:

Kassenbericht	€
Kassenschlussbestand	2.500,00
+ **Ausgaben**	
• für Wareneinkäufe	200,00
• für Geschäftsausgaben	100,00
• Privatentnahmen	100,00
• sonstige Ausgaben	2.000,00
– **Wechselgeld**	200,00
= **Kasseneingang**	4.700,00
– **sonstige Einnahmen**	100,00
= **Barverkäufe des Tages**	**4.600,00**

Kassenschlussbestand

Bestand an Bargeld in der Kasse zum Geschäftsschluss. **Ausgaben** sind aus der Kasse bezahlt worden. Sie müssen rechnerisch rückgängig gemacht werden (durch Hinzurechnung), weil die Barverkäufe des Tages ermittelt werden sollen.

Privatentnahmen sind Entnahmen des Geschäftsinhabers aus der Kasse. Zu den sonstigen Ausgaben zählen vor allem die Kassenabschöpfungen.

Das **Wechselgeld** stammt vom Vortag, daher muss es vom heutigen Bestand abgezogen werden.

Kasseneingang: Dieser Betrag ist im Laufe des Tages in die Kasse geflossen.

Sonstige Einnahmen: Es handelt sich nicht um Einnahmen aus Barverkäufen, daher müssen sie vom Kasseneingang abgezogen werden.

Fasst man die Übersicht weiter zusammen, erhält man die Barverkäufe des Tages durch folgende Rechnung:

Kassenschlussbestand
\+ Ausgaben
– Wechselgeld
– sonstige Einnahmen
= Barverkäufe des Tages

Summenspalte im Kassenberichtsformular

Kaufleute bevorzugen den Ausweis von Teilbeträgen einer Summe in einer Vorspalte, um die Übersichtlichkeit von Zahlenkolonnen zu erhöhen.

	Vorspalte	Hauptspalte
Blumen	40,00	
Paketgebühren	20,50	
Hausfracht	44,00	
Reparaturmaterial	38,50	
Zwischensumme:	143,00	143,00

oder

Vorspalte	Hauptspalte
40,00	
20,50	
44,00	
38,50	143,00

Berichte elektronischer Registrierkassen

Mit einer elektronischen Kasse oder Datenkasse lässt sich der Kassenbericht automatisch erstellen, z. B. in Form eines Finanzberichts. Man kann aber auch einen handschriftlichen Kassenbericht anfertigen oder automatische und handschriftliche Aufzeichnungen miteinander kombinieren.

Am Ende des Geschäftstages geht man bei der **Kassenabrechnung** in zwei Schritten vor:

1. Das vorhandene Bargeld wird gezählt, das Wechselgeld sowie sonstige Einnahmen und Ausgaben des Tages werden hinzu- oder abgerechnet und man erhält somit die tatsächlichen Barverkäufe des Tages (**Ist-Barverkäufe**).
2. Der elektronische Kassenbericht wird ausgedruckt. Das Ergebnis sind die Barverkäufe, wie sie in die Kasse eingegeben oder eingescannt worden sind (Soll-Barverkäufe).

Der Vergleich der Ist- und Sollzahlen macht Unregelmäßigkeiten beim Kassieren sichtbar.

Scannen = automatisches Erfassen eines Artikels über einen Bar-(Streifen-)Code

Kassendifferenzen

Trotz sorgsamster Kassenführung können Kassendifferenzen auftreten. Stimmen Sollbestand und Istbestand bei der Kassenaufnahme nicht überein, liegt eine Unregelmäßigkeit beim Kassieren vor. Dabei kann es sich entweder um einen **Kassenüberschuss** oder um einen **Kassenfehlbetrag** handeln. Ein Überschuss liegt vor, wenn die Ist-Zahl höher liegt als die Soll-Zahl, weil einem Kunden zum Beispiel zu wenig Wechselgeld zurückgegeben wurde. Dann weist die Kasse höhere Barverkäufe aus, als tatsächlich in der Kasse registriert wurden. Bei einem Kassenfehlbetrag ist dem Kunden z. B. zu viel Wechselgeld zurückgegeben worden. In diesem Falle sind die Ist-Barverkäufe (ermittelt durch Zählen des Bargeldbestandes und Berücksichtigung weiterer Einnahmen und Ausgaben) niedriger als die im automatischen Bericht der Kasse ausgewiesenen Soll-Barverkäufe.

Kassenabschöpfung

Aus Sicherheitsgründen wird der Bargeldbestand in den Kassen immer niedrig gehalten. Deshalb entnimmt der Einzelhändler an der Kasse in gewissen Abständen die meisten der eingenommenen Geldscheine, sodass in etwa nur noch das Wechselgeld verbleibt. Über den entnommenen Geldbetrag stellt man an der Kasse eine Quittung aus, die der abendlichen Kassenabrechnung beifügt wird.

Kassenentnahme – Einzahlungsbeleg Bank	
Kassenbedienung:	02
Filiale:	Zweirad-Center Breuer Steinstraße 24, 40212 Düsseldorf
Kreditinstitut:	Commerzbank Düsseldorf, BLZ 300 400 00 Konto-Nr. 4865051 000
Betrag/EUR	3.000,00
Datum:	25.06.20(0) 15:47 Uhr

Leistungsfähige elektronische Kassen sind in der Lage, eine Vielzahl von Berichten automatisch zu erstellen und auszudrucken. Hier sollen folgende wichtige Berichte näher betrachtet werden:

Brutto-Umsatz = Umsatz einschließlich Umsatzsteuer

Finanzbericht

Der Finanzbericht gibt an, welcher Umsatz am Berichtstag erzielt worden ist (unterteilt nach Brutto- und Nettoumsatz). Außerdem werden die Anzahl der Artikel und der Kunden sowie die Art der Kundenzahlung (bar, Kartenzahlung) ausgewiesen.[1]

Verkäuferbericht

Er macht die Leistung der Verkaufsmitarbeiter für den Abrechnungszeitraum sichtbar, aufgeteilt nach Umsatz in Euro und nach der Zahl der verkauften Produkte.

Warengruppenbericht

Bei der Erfassung der Verkäufe an der Kasse kann zusätzlich eine Warengruppentaste gedrückt werden oder ein Warengruppen-Code (Nummer der Warengruppe) wird eingegeben. Die Kasse fasst dann im Warengruppenbericht die Umsätze und die Anzahl der verkauften Artikel für jede Warengruppe zusammen. Gleichzeitig gibt sie den Anteil der Warengruppe am Gesamtumsatz in Prozent aus.

Stundenfrequenz

Für einen gewählten Zeitraum, z. B. pro Stunde, gibt die Kasse den Umsatz, die Artikelzahl und die Kundenzahl an.

Überblick über die Auswertungen (Berichte, zum Teil als Auszüge)

Bericht		Erläuterungen
Foto Sander **Oberstraße 17, 40878 Ratingen** **Tel. 02102 45362**		Logo des Einzelhandelsgeschäftes
09.11.20(0) MON		Datum/Wochentag
Finanzbericht		Art des Berichts
Gesamtbetrag brutto	1.511,10 €	Bruttoumsatz des Tages
Gesamtbetrag netto	1.269,83 €	Nettoumsatz des Tages
Gesamtbetrag USt.	241,27 €	Umsatzsteuer
Anzahl Artikel	84	Zahl der verkauften Artikel
Anzahl Kunden	32	Zahl der Käufer
Artikelzahl pro Kunde	2,6	gekaufte Artikel pro Kunde
Bruttoumsatz pro Kunde	47,22 €	Bruttoumsatz pro Kunde
Barumsatz	1.126,47 €	Verkäufe gegen Barzahlung
Kundenzahl	23	Barzahler
Kartenzahlung	384,63 v	Verkäufe gegen Karte
Kundenzahl	9	Kartenzahler
Nr.	0213	Nr. Finanzbericht
Zeit	19:05	Erstellungszeit

19 % USt.

[1] Die unten abgebildeten Berichte geben nur einen Ausschnitt der Möglichkeiten einer modernen Registrierkasse wieder. Weitere Leistungen (in Stichworten) sind z.B. Pfandabrechnung, Gutscheinzahlungen, Geldeinnahmen, Warenrücknahme, Stornierungen, Wechselgeld, Fremdwährung, Umsatzsteuerbefreiung.

Bericht		Erläuterungen
Verkäuferbericht		Art des Berichts
01 Sander		Kundenberater(in)/Nr., Name
Gesamtbetrag brutto	558,59 €	Umsatz Kundenberater(in)
Anzahl Artikel	14	verkaufte Artikel
Gesamtbetrag netto	469,40 €	Nettoumsatz
Warengruppenbericht		Art des Berichts
WG 1 Fotokameras		Warengruppen-Bezeichnung
Anzahl Artikel	13	verkaufte Produkte in Stück
Umsatz brutto	617,88 €	Umsatz der Warengruppe
Umsatz %	40,9	Umsatzanteil am Gesamtumsatz
Stundenfrequenz		Art des Berichts
09:00 – 10:00		betrachtete Zeit (09:01–10:00)
Umsatz 88,10 €, Artikel 4, Kunden 1		Umsatzhöhe, Artikelzahl, Kundenzahl im betrachteten Zeitraum

■ Auswertung von Kassenberichten

Die wesentliche Größe bei der Auswertung von Kassenberichten ist ohne Zweifel der erzielte **Tagesumsatz**. Nicht nur die Höhe an sich ist ein Erfolgsfaktor, sondern auch der Vergleich im Zeitablauf, z. B. der Vergleich mit dem Wochentag des Vorjahres.

Die Zahlen der Kassenberichte können aber auch zusammengefasst werden zu Wochen-, Monats- und Jahresumsätzen, die weitere Vergleiche ermöglichen. Es ist auch sinnvoll, Beziehungen zu Werten herzustellen, die von der Kasse nicht verwaltet werden. So lässt sich der Umsatz auf die Verkaufs- oder Geschäftsfläche und auf die Zahl der Mitarbeiter beziehen. Dadurch erhält man Werte, die wiederum mit überbetrieblichen Kennzahlen aus Fachzeitschriften des Einzelhandels verglichen werden können. Darüber hinaus lassen sich die Kassenberichte gezielt für die Marketingbemühungen des Einzelhändlers verwenden.

Marketing siehe Seite 320

■ Sortimentspolitik

Aus dem **Warengruppenbericht** wird z. B. deutlich, welche Warengruppen die Umsatzträger darstellen und welche Warengruppen sortimentspolitisch überprüft werden müssen. Warengruppen, die von Kunden besonders stark nachgefragt werden (vielleicht sogar mit deutlich steigender Tendenz), wird der Einzelhändler erweitern. Schlecht laufende Warengruppen sollten verringert oder umstrukturiert werden.

- Sortimentserweiterung
- Sortimentsbereinigung
- Sortimentsumstrukturierung

Auch die **Artikelzahl** und der **Umsatz pro Kunde** sind für den Einzelhändler wichtige Zahlen. Sinken diese beiden Werte oder sind sie im Vergleich zu Mitbewerbern deutlich niedriger, entspricht die Zusammensetzung des Sortiments offensichtlich nicht den Ansprüchen der Kunden. Sie kaufen vorwiegend gezielt ein, ohne sich vom Gesamtsortiment des Geschäftes zu weiteren Käufen (Impulskäufen) bewegen zu lassen.

Wird den **Sonderangeboten** eine eigene Warengruppennummer zugewiesen, kann der Abverkauf dieser Produkte mithilfe der Kasse verfolgt werden. Wichtig ist in diesem Zusammenhang auch eine sogenannte **Bon-Auswertung**. Dabei wird neben Artikelzahl und Umsatz ermittelt, in welcher Kombination der Kunde Waren einkauft. Typische Fragestellung: Erscheinen nur die Sonderangebote auf dem Kassenbon oder hat der Kunde auch normal kalkulierte Produkte erworben?

Bon-Auswertungen machen auch Verbundwirkungen sichtbar, die bei der **Warenpräsentation** berücksichtigt werden können.

Beispiel

Ein Einzelhändler stellt bei der Bon-Auswertung fest, dass 25 % der Kunden, die Knabbereien (Erdnüsse, Kartoffelchips, Salzgebäck usw.) einkaufen, auch Süßigkeiten erwerben. Die Süßigkeiten – bisher ein gutes Stück von den Knabbereien entfernt – werden nun in unmittelbarer Nähe der Knabbereien platziert. Ihr Abverkauf wird durch den Warengruppenbericht und durch weitere Bon-Auswertungen verfolgt, um festzustellen, ob die Umplatzierung den Verkauf von Süßigkeiten gesteigert hat.

Personalpolitik

Aus dem Bericht über die **Stundenfrequenz** ist erkennbar, wie sich der Kundenzulauf im Geschäft zeitlich verteilt. Dementsprechend sollte der **Personaleinsatz** im Laufe des Tages geplant werden. Durch den **Verkäuferbericht** kann zusätzlich die Leistungsfähigkeit der Verkaufsmitarbeiter überwacht und verglichen werden. Der Vergleich ist innerbetrieblich möglich und – über eine Zusammenfassung der Tageszahlen zu Jahreswerten – mit Branchenzahlen, die regelmäßig veröffentlicht werden.

Eventuell wird der Betrieb aufgrund der Stundenfrequenz-Auswertung auch seine Ladenöffnungszeiten verändern.

Kassenwesen

Der Finanzbericht gibt auch Aufschluss darüber, wie sich das Zahlungsverhalten der Kunden entwickelt. Wird z. B. verstärkt mit Karten gezahlt, muss das Geschäft über die entsprechende Ausstattung verfügen (Kartenleser) und Verträge mit Banken und Kreditkartenorganisationen schließen.

Grenzen der Auswertung

Mechanische und elektronische Registrierkassen sind in den letzten Jahren immer leistungsfähiger geworden. Vor allem, weil sie für den Einzelhändler nicht nur die Verkäufe erfassen, sondern darüber hinaus zahlreiche Informationen liefern. Letztlich sind die Auswertungsmöglichkeiten aber begrenzt, weil sich die Betrachtung im Wesentlichen auf die **Warengruppenebene** bezieht. Einzelne Artikel – auch bis zu 1000 Stück – können durchaus verfolgt werden; es ist aber sehr aufwendig, die Kasse entsprechend zu programmieren und eine artikelgenaue Betrachtung aufrechtzuerhalten.

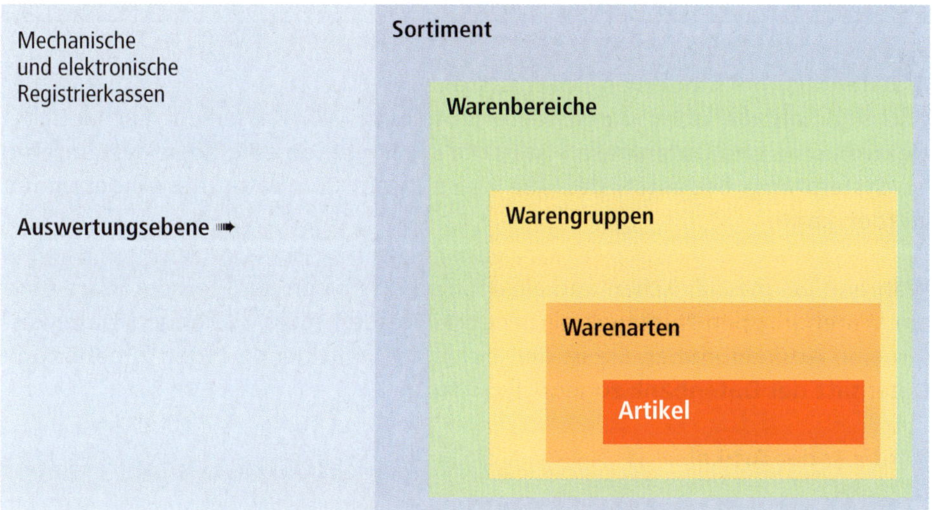

Sortimentsbaum siehe Seite 65

5.5 Datenkassen

Erst die modernen Datenkassen lassen eine artikelgenaue Betrachtung zu. Dies ist möglich, weil Datenkassen Computer mit Prozessor, Arbeitsspeicher und Laufwerken sind. Die Speichermöglichkeiten sind von der Kapazität der eingebauten Festplatte abhängig. Die Auswertungen richten sich nach der verwendeten Software, die nicht vom Hersteller der Kasse (Hardware-Hersteller) kommen muss.

Datenkasse mit Touch-Screen-Technik, Bon-Drucker und integriertem Magnetkartenleser

Ein Einzelhandelsgeschäft mit z.B. 100.000 Artikeln kann den gesamten Warenbestand in der Kasse speichern. In einem Verbundsystem würde ein zentraler Server die Artikeldaten aufnehmen. Die angeschlossenen Kassen wären dann ausschließlich für die Erfassung der Verkaufsdaten zuständig. Die Artikel werden in einer Datenbank gespeichert, die alle wichtigen Informationen über das Produkt enthält.

Beispiel für eine Artikel-Datenbank (Auszug)

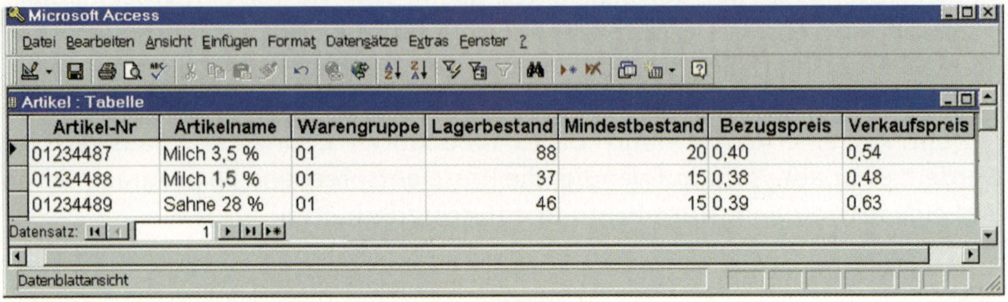

Artikel-Nr	Artikelname	Warengruppe	Lagerbestand	Mindestbestand	Bezugspreis	Verkaufspreis
01234487	Milch 3,5 %	01	88	20	0,40	0,54
01234488	Milch 1,5 %	01	37	15	0,38	0,48
01234489	Sahne 28 %	01	46	15	0,39	0,63

Datenfluss bei modernen Datenkassen

systemfähige Kassen

Wichtiger als die oben dargestellte Einteilung von Kassen in mechanische, elektronische und Datenkassen ist heute die Frage, ob eine Kasse **systemfähig** ist. Systemfähig bedeutet, dass die Kasse in ein Computernetz eingebunden werden kann.

Während bei mechanischen und elektronischen Kassen der Preis der Ware (und die Warengruppen-Nummer) eingegeben werden muss, verlangen Datenkassen eine **Artikelnummer**. Sie ist der „Schlüssel", mit dem auf den zugehörigen Datensatz der Datenbank zugegriffen wird.

Siehe Artikel-Datei oben

Wird z.B. der Artikel **01234487** (Milch, 3,5%) an der Kasse erfasst (durch Scanner, Lesepistole oder Tastatur), werden die Artikeldaten entsprechend verändert (der Bestand wird z. B. um 1 Stück verringert) und der Bonausdruck veranlasst.

Auf dem Bon erscheinen nur für den Kunden wichtige Daten.

City-Warenhaus Bauer
Oberstraße 17
40878 Ratingen

	€
Toast	0,89
Milch 3,5 %	0,54
Kochschinken	0,88
Salat	1,10
Summe	3,41
Bar	3,41

Kasse 003/005 Bon 0256
Dat. 06.05.20(0) Zeit: 10:27:23

PLU = Preisabrufverfahren

Weil der Preis (und auch die Bezeichnung des Artikels) aus dem Datenspeicher abgerufen wird (englisch look up), nennt man dieses Verfahren auch **Price-Look-Up-Verfahren**.

Maßgebend für den Bon ist demnach der im Computer gespeicherte Preis. Möchte man die Milch z.B. für eine Sonderangebotsaktion herabzeichnen, muss dies nicht nur am Produkt geschehen, sondern unbedingt auch in der Datenbank, weil sonst der ursprüngliche Preis auf dem Bon erschiene.

EAN-Code

Anstelle einer hauseigenen Artikelnummer kann auch der EAN-Code verwendet werden, der vor allem bei Lebensmitteln weit verbreitet ist.

Die Hersteller von Lebensmitteln drucken diesen Code auf die Packungen ihrer Produkte. EAN bedeutet **Europäische-Artikel-Nummerierung**.
Der Code wird von Industrie und Handel zur Kennzeichnung von Produkten verwendet, um die Warenbewirtschaftung zu erleichtern. Der EAN-Code besteht aus 13 Ziffern, die jeweils als Kombination aus einem weißen und schwarzen Balken unterschiedlicher Stärke dargestellt werden. Die Balkencodierung ist in beiden Richtungen lesbar.

Aufbau des EAN-Codes

Ziffer	Ziffern im Beispiel oben	Bedeutung
0 – 1	40	Kennzeichnen das Herkunftsland, z. B. 40 – 44 für Deutschland
3 – 7	1 2 3 4 5	Diese 5 Ziffern kennzeichnen den Hersteller.
8 – 12	0 0 3 1 5	Artikelnummer des Herstellers
13	4	Prüfziffer zum sicheren Lesen der EAN. Es handelt sich um eine mathematische Kombination der vorhergehenden 12 Ziffern. Dadurch wird eine fast 100-%ige Lesesicherheit erreicht.

Berechnungsverfahren der Prüfziffer: http://www.GS1-germany.de

Leistungen von Datenkassen

Datenkassen sind erheblich leistungsfähiger als Registrierkassen. Der große Datenbestand im Speicher lässt alle Auswertungen zu, die die vorhandene Software bewältigen kann. Vor allem aber ist eine artikelgenaue Verfolgung der Warenbewegungen möglich. Dies eröffnet völlig andere Möglichkeiten, die Verkäuflichkeit eines Artikels zu beurteilen. Ganz allgemein kann der Einzelhändler seine absatzpolitischen Maßnahmen, z.B. in Bezug auf Sonderangebotsware, viel besser in ihrer Wirkung einschätzen.

Warenwirtschaftssystem siehe Seite 244

Point of Sale = Ort des Verkaufs

Er bedient sich dazu gewöhnlich einer speziellen Software, nämlich eines **Warenwirtschaftssystems**. Dabei handelt es sich um ein Computerprogramm, das die gesamten Warenbewegungen eines Einzelhandelsgeschäftes aufnimmt und auswertet. Die Datenkasse hat in diesem System die Aufgabe, Verkaufsdaten am Point of Sale (POS) zu erfassen und dem Warenwirtschaftssystem zwecks weiterer Auswertung zur Verfügung zu stellen. Nähere Angaben finden sich im Kapitel „Warenwirtschaftssystem".

6 Belege

6.1 Aufgaben von Belegen

Nach dem Handelsgesetzbuch sind Kaufleute zur Buchführung verpflichtet, dass heißt, sie haben alle Geschäftsvorfälle im Unternehmen (z. B. Einkauf und Verkauf von Waren und Dienstleistungen, Nutzung von Gebäuden und Betriebseinrichtungen) aufzuzeichnen. Grundlage dieser Aufzeichnungen sind Belege (z. B. Rechnungen über eingekaufte Produkte und Dienstleistungen, Kassenberichte über die Barverkäufe, Rechnungen an Kunden).

Auch das Steuerrecht verlangt vom Kaufmann, dass er Bücher führt und die Vorgänge durch Belege nachvollziehbar macht.

Der Einzelhändler muss demnach für alle Geschäftsvorfälle Belege erstellen. Umgekehrt verlangen Kaufleute, die bei einem Einzelhändler einkaufen, Belege für ihre eigene Buchführung. Aber auch Privatpersonen sind häufig an einem Beleg (z. B. an einer Rechnung) interessiert.

6.2 Belegarten

Kassenbericht und der Beleg über eine Kassenabschöpfung wurden bereits oben näher erläutert. Siehe Seite 227

An dieser Stelle sollen Belege vorgestellt werden, die gewöhnlich an der Kasse erstellt oder von Kunden gewünscht werden.

6.2.1 Quittung

Die Quittung ist ein Beleg über eine geleistete Barzahlung.

Nr. 1324 ① **Quittung**

Nettobetrag		40,00	EUR	②
+ Umsatzsteuer	19 %	7,60	EUR	③
Bruttobetrag		47,60	EUR	④

von Zweiradcenter Breuer ⑤

für Fensterreinigung ⑥

dankend erhalten.

Düsseldorf ⑧ den 03. Juni 20(0)

Römer

⑦ Gebäudeservice GmbH
Nordstraße 108
40223 Düsseldorf

Buchungsvermerk: Unterschrift des Empfängers

① Laufende Nummerierung des Belegs
② Nettobetrag (ohne Umsatzsteuer)
③ Umsatzsteuer (hier 19 %)
④ Bruttobetrag (einschließlich Umsatzsteuer)
⑤ Zahler des Geldbetrages
⑥ Anlass der Zahlung
⑦ Empfänger des Geldbetrages (Stempel)
⑧ Ort, Datum, Unterschrift des Empfängers

Auch der Kassenbon ist letztlich eine Quittung über eine Barzahlung. Der Bon wird allerdings von der Kasse automatisch erstellt und enthält daher keine Unterschrift.

Sandra Sandmann
Schreibwaren – Bürobedarf – Spielwaren
Steinstraße 16
40212 Düsseldorf

Packpapier	14,50	
Packband	4,80	
Deko-Etiketten	9,70	
Bruttobetrag	**29,00**	
Enthaltene Umsatzsteuer	4,63	19 %
Datum: 21.06.20(0) Zeit:	10:32	

6.2.2 Lieferschein

Der Lieferschein ist ein Begleitpapier für eine Warenlieferung. Er enthält gewöhnlich die Adressen des Absenders und des Empfängers sowie eine Beschreibung der Ware nach Anzahl und Art. Weitere Angaben, die für die Beteiligten von Interesse sind (z. B. Bestelldatum, Liefertag, besondere Vereinbarungen und vor allem die Zahlungsbedingungen) können zusätzlich enthalten sein. Auf dem Lieferschein wird der Empfang der Ware durch den Empfänger quittiert.

<table>
<tr><td colspan="3">Rosen Bürobedarf ①</td><td colspan="2">40489 Düsseldorf
Burgallee 34
Tel.: 0211 288 47-0
FAX: 0211 288 50</td></tr>
<tr><td colspan="3">Rechtsanwaltsbüro Gerd Arnold
Dreherstraße 24 ②
40625 Düsseldorf</td><td colspan="2">Datum:
③ 07.10.20(0)
Bestellung vom:
07.10.20(0)</td></tr>
<tr><td colspan="3">Lieferschein-Nr. 2036/20(0) ④</td><td colspan="2">Kunden-Nr. 108 ⑤</td></tr>
<tr><td>Menge</td><td>Artikel-Nr.</td><td colspan="3">Bezeichnung</td></tr>
<tr><td>20</td><td>10475</td><td colspan="3">Kopierpapier Copystar 205 zu je 500 Blatt ⑥</td></tr>
<tr><td></td><td colspan="4">⑦</td></tr>
<tr><td>gepackt am</td><td colspan="2">durch</td><td colspan="2">Unterschrift des Empfängers</td></tr>
</table>

① Absender-Adresse
② Empfänger-Adresse
③ Ausstellungsdatum und Datum der Bestellung
④ Lieferschein-Nummer (laufende Nummer + Jahr)
⑤ Nummer, mit der der Kunde beim Einzelhändler geführt wird
⑥ Produktbeschreibung
⑦ Felder für Unterschriften

6.2.3 Rechnung

Mit einer Rechnung macht der Verkäufer von Waren und Dienstleistungen seinen Anspruch auf Zahlung gegenüber dem Käufer geltend.
Die Rechnung enthält im Wesentlichen die Angaben des Lieferscheins. Sie gibt dem Kunden darüber hinaus vor allem Auskunft über die Zusammensetzung des Preises. Auf der Rechnung ist ferner vermerkt, in welchem Zeitraum der

Rechnungsbetrag zu bezahlen ist. Der Zeitraum beginnt mit dem Rechnungsdatum. Rechnungen sind notwendige Belege für das Rechnungswesen; sie dienen aber auch als Nachweis gegenüber dem Finanzamt über die erbrachte Leistung.

Darüber hinaus kann eine Rechnung noch zahlreiche andere Informationen enthalten, die mit dem Verkauf der Ware oder Dienstleistung in Verbindung stehen (z. B. eine Kundennummer, ein Bestelldatum, Hinweise zu den Zahlungsbedingungen u. Ä.).

Rechnungen, die das Unternehmen dem Kunden übergibt oder zusendet, nennt man **Ausgangsrechnungen**, da sie aus dem Betrieb „herausgehen". Ausgangsrechnungen erhalten zur organisatorischen Bearbeitung und zur Überwachung der Zahlungseingänge eine fortlaufende Rechnungsnummer.

Rechnungen, die der Einzelhändler von seinen Lieferanten erhält, bezeichnet man als **Eingangsrechnungen**, da sie beim Einzelhändler „eingehen".

Rosen Bürobedarf ①	40489 Düsseldorf Burgallee 34 Tel.: 0211 288 47-0 FAX: 0211 288 50
Rechtsanwaltsbüro Gerd Arnold Dreherstraße 24 ② 40625 Düsseldorf	Datum: ③ 08.10.20(0) Bestellung vom: 08.10.20(0)
Rechnung-Nr. 2245/20(0) ④	**Kunden-Nr.** 108 ⑤

Menge	Artikel-Nr.	Bezeichnung	Einzelpreis/€	Gesamtpreis/€
20	10475	Kopierpapier Copystar 205, 500 Blatt ⑥	5,00 €	⑦ 100,00
			19 % Umsatzsteuer	19,00
			Bruttobetrag	119,00

Die Rechnung ist zahlbar innerhalb von 30 Tagen ohne Abzug oder innerhalb von 10 Tagen mit 2 % Skonto. ⑧

Bankverbindung: Stadtsparkasse Düsseldorf Konto 12844 530 000 BLZ 300 50 110 ⑨

① Absender-Adresse
② Empfänger-Adresse
③ Ausstellungsdatum und Datum der Bestellung
④ Rechnungs-Nummer (laufende Nummer + Jahr)
⑤ Nummer, mit der der Kunde beim Einzelhändler geführt wird.
⑥ Produktbeschreibung
⑦ Einzel- und Gesamtpreis der Ware (Nettobetrag, Umsatzsteuer, Bruttobetrag)
⑧ Zahlungsbedingung
⑨ Bankverbindung des Einzelhändlers

Lieferscheine und Rechnungen können von modernen Computerkassen maschinell erstellt werden. Aufgrund einer festgelegten Tastenkombination wird anstelle eines Kassenbons ein Lieferschein oder eine Rechnung ausgedruckt. Die Daten des Kunden erhält man über die Eingabe seiner Kundennummer. Wird er nicht mit einer Nummer geführt, bleibt das Anschriftenfeld leer und muss handschriftlich nachgetragen werden.

6.2.4 Auswahlschein

Der Auswahlschein wird ausgestellt, wenn ein Kunde eine Ware mit nach Hause nehmen will, um sie z. B. dem Partner zu zeigen oder sie auszuprobieren. Vom Aufbau her gleicht der Auswahlschein einer Rechnung, die die Ware begleitet. Eine Durchschrift verbleibt im Geschäft, damit die Auswahl überwacht werden kann. Kauft der Kunde die Ware, wird aus dem Auswahlschein eine Rechnung erstellt oder es wird nach einer Barzahlung ein Kassenbon angefertigt.

6.3 Vom Lieferschein zur Rechnung

Barverkäufe bilden in vielen Branchen des Einzelhandels – z. B. im Lebensmittelhandel – den Hauptumsatz.

Es kommt aber immer wieder vor, dass Kunden über ihren Einkauf eine Rechnung wünschen. In manchen Branchen – z. B. im Bürofachhandel und zum Teil auch im Möbelhandel – ist es üblich, Waren gegen Rechnung zu verkaufen. Vor allem gewerbliche Kunden (Unternehmen), freiberuflich Tätige (Rechtsanwälte, Ärzte) sowie Behörden benötigen für ihre eigene Buchführung einen Beleg über eingekaufte Produkte in Form einer Rechnung.

Der Kaufvertrag ist zustandegekommen

Wenn z. B. die Büroleiterin im Rechtsanwaltsbüro Arnold feststellt, dass der Vorrat an Kopierpapier zur Neige geht, ruft sie gewöhnlich im Bürofachgeschäft Rosen an und bestellt 10.000 Blatt Kopierpapier. Der Kundenberater des Bürofachgeschäftes sagt die Lieferung für den nächsten Tag zu. Das Papier wird am folgenden Tag mit dem eigenen Kundendienstfahrzeug des Geschäftes zum Kunden gebracht. Der Fahrer übergibt das Papier und lässt sich vom Kunden auf einem **Lieferschein** quittieren, dass die Ware ordnungsgemäß geliefert worden ist. Den quittierten Lieferschein gibt der Fahrer an den Kundenberater des Bürofachgeschäftes zurück, der daraufhin eine **Rechnung** ausstellt und sie dem Kunden per Post zusendet.

6.4 Umsatzsteuer

Auf Waren und Dienstleistungen, die ein Unternehmer in Rechnung stellt, hat er die gesetzliche Umsatzsteuer aufzuschlagen. Sie beträgt im Regelfall 19 % des Nettobetrages der Ware (Lebensmittel und Bücher/Zeitschriften 7 %). Im nachfolgend beschriebenen Fall hat die Tiemann Import und Export GmbH fünf Mountainbikes an das Zweirad-Center Breuer geliefert.

Tiemann
Import und Export GmbH

Postfach 3647
22525 Hamburg
Telefon: 040 510-0
Telefax: 040 511 200

Zweirad-Center Breuer
Steinstrasse 24
40212 Düsseldorf

Rechnung Nr.: 012788 03.11.20(0)

Kunden-Nr: 0102 Auftrag vom 02.11.20(0) Versand: Lkw-Stückgut/frei Haus
Lieferung: 02.11.20(0)

Menge/ Stück	Artikel-Nr.	Bezeichnung	Einzelpreis €	Gesamtpreis €
5	FS 2012	Mountainbike	1.000,00	5.000,00
			Nettobetrag	**5.000,00**
			19 % USt.	**950,00**
			Rechnungsbetrag	**5.950,00**

Zahlungsziel: 30 Tage ab Rechnungsdatum netto Kasse
Bankverbindung: Stadtsparkasse Hamburg (BLZ 770 308 70) Kto.-Nr. 320 87

Ein Rechnungsbetrag setzt sich aus drei Bestandteilen zusammen:

	€	
① Nettobetrag	5.000,00	Der eigentliche Warenwert
② 19 % USt.	950,00	Umsatzsteuer, die der Einzelhändler ebenfalls an den Lieferer zu bezahlen hat.
③ Rechnungsbetrag	5.950,00	Bruttobetrag als Gesamtbetrag,den der Einzelhändler letztlich dem Lieferer bezahlen muss (hier in 30 Tagen).

Die Umsatzsteuer ist vom **Endverbraucher** zu tragen, also vom Kunden des Einzelhändlers. Unternehmen müssen ihren Kunden diese Steuer berechnen und an das Finanzamt abführen. Aus Sicht des Einzelhändlers tritt die Umsatzsteuer an zwei Stellen auf: Beim **Wareneinkauf** und beim Warenverkauf. Kauft der Einzelhändler Ware ein, wird ihm Umsatzsteuer berechnet (die er aber nur vorläufig bezahlt).
Verkauft der Einzelhändler Waren an seine Kunden, berechnet er dem Endverbraucher Umsatzsteuer. Die Preise auf den Produkten und die Rechnungen, die der Einzelhändler ausstellt, enthalten demnach 19 % Umsatzsteuer (für Lebensmittel und Verlagsprodukte 7 %).

Die vom Kunden eingenommene Umsatzsteuer gehört dem Finanzamt. Weil der Einzelhändler aber seinerseits Umsatzsteuer an seine Lieferer bezahlt hat (Vorsteuer), darf er diese selbst bezahlte (vorgelegte) Umsatzsteuer von der eingenommenen Umsatzsteuer abziehen.

Die Umsatzsteuer, die der Einzelhändler dem Lieferer bezahlt (vorlegt), bezeichnet man zur besseren Unterscheidung als **Vorsteuer**. Die vom Kunden eingenommene Umsatzsteuer wird auch so bezeichnet (**Umsatzsteuer**).

→ **Vorsteuer** findet man auf Eingangsrechnungen der Lieferer (**Wareneinkauf**)
Umsatzsteuer wird dem Kunden berechnet (beim **Warenverkauf**)

Umsatzsteuer am Beispiel eines einzelnen Produktes

Einkauf von Waren

Forderung an das Finanzamt

Nettobetrag	1.000,00			
19 % Umsatzsteuer	190,00	=	Vorsteuer	190,00
Rechnungsbetrag	1.190,00			

Verkauf von Waren

Verbindlichkeit gegenüber dem Finanzamt

Nettobetrag	2.000,00			
19 % Umsatzsteuer	380,00	=	Umsatzsteuer	380,00
Rechnungsbetrag	2.380,00			

Überweisung an das Finanzamt (Zahllast) (380,00 – 190,00) 190,00

Im Beispiel oben bezahlt der Einzelhändler 190,00 € Vorsteuer an seinen Lieferer. Diesen Betrag legt der Einzelhändler nur vor, weil nicht er, sondern der Endverbraucher die Umsatzsteuer tragen soll. Der Einzelhändler kann die 190,00 € daher vom Finanzamt zurückverlangen.

Ermittlung der Zahllast

Zum 10. eines jeden Monats hat der Einzelhändler festzustellen, wie viel Vorsteuer er an seine Lieferer bezahlt und wie viel Umsatzsteuer er von seinen Kunden eingenommen hat. Den Unterschied (die sogenannte Zahllast) hat er an das Finanzamt zu überweisen.

Als Zahllast bezeichnet man die Differenz zwischen eingenommener Umsatzsteuer und vorausbezahlter Vorsteuer. Sie wird wie folgt ermittelt:

	Von Kunden eingenommene Umsatzsteuer	12.000,00
–	An Lieferer vorausbezahlte Vorsteuer	5.000,00
=	Zahllast	7.000,00

= Zahllast 7.000,00

Berechnung des Nettoverkaufspreises

Da im Einzelhandel die Ware brutto ausgezeichnet wird, muss die Umsatzsteuer von einem vermehrten Grundwert (119 % oder 107 %) berechnet werden. Der Nettobetrag entspricht dann 100 %.

Vor der Preisauszeichnung der Ware

			€
Nettobetrag der Ware	= 100 %	= **Grundwert**	2,93
+ 19 % Umsatzsteuer	= 19 %	= **Prozentwert**	0,48
Bruttobetrag der Ware	= 119 %	= **vermehrter Grundwert**	3,49

Um den Nettobetrag zu erhalten, wenn nur der Bruttobetrag bekannt ist, muss „rückwärts" gerechnet werden.

Mithilfe des Dreisatzes kann der Nettobetrag ermittelt werden:

Bruttobetrag	119 %	=	3,49 €
Nettobetrag	100 %	=	X €

$$X = \frac{3{,}49 \times 100}{119} = \mathbf{2{,}93\ €\ Nettobetrag}$$

7 Warenwirtschaftssystem

7.1 Warenwirtschaft – Warenwirtschaftssystem

Als **Warenwirtschaft** bezeichnet man die Erfassung der Warenbewegungen in einem Einzelhandelsbetrieb von der Bestellung (Wareneinkauf) bis zum Warenverkauf. Warenwirtschafts**system**: Der Begriff „System" macht eine Verbundwirkung sichtbar, weil ein Datenbestand in einem umfangreichen Beziehungsnetz verwaltet wird. Werden alle Warenbewegungen vom Bestellvorgang über den Wareneingang und die Lagerhaltung bis zum Warenausgang nach der Stückzahl und nach dem Wert der Waren lückenlos erfasst, spricht man von einem **geschlossenen Warenwirtschaftssystem**.

7.2 Aufgaben des Warenwirtschaftssystems

Warenbewegungen lassen sich heute
- aktuell (zu jeder Zeit),
- vollständig (für das gesamte Sortiment) und
- detailliert (artikelgenau) verfolgen.

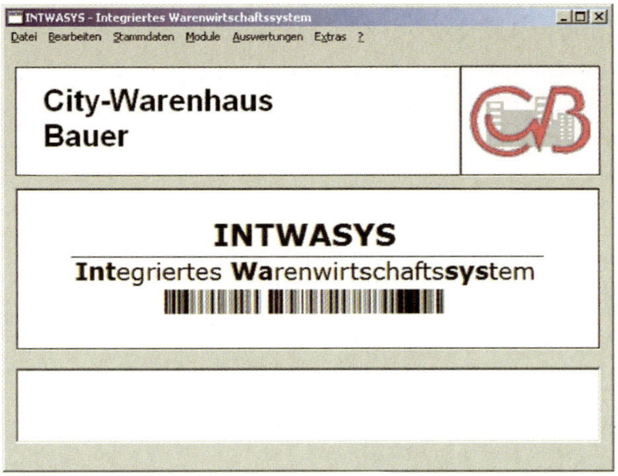

Das Warenwirtschaftssystem macht aber nicht nur die Warenbewegungen sichtbar, sondern liefert in Kombination mit anderen Daten (z. B. über Verkaufsfläche, Mitarbeiterzahl u. Ä.) wichtige Informationen zur Führung eines Einzelhandelsbetriebes. Ein Warenwirtschaftssystem gibt z. B. Antwort auf folgende Fragen:

- Wie akzeptieren die Kunden einen festgesetzten Preis?
- Welche Verkaufswirksamkeit hat eine bestimmte Art der Warenpräsentation?
- Welche Verkaufsleistung erzielt das Geschäft pro Quadratmeter und pro Verkaufsmitarbeiter?

7.3 Technische und organisatorische Voraussetzungen

Die Steuerung des Warenflusses kann heute angesichts der Vielzahl der angebotenen Artikel in einem Einzelhandelsgeschäft nur noch von einem **Computerprogramm** geleistet werden. Wichtigste Bedingung für ein Warenwirtschaftssystem ist die artikelgenaue Erfassung der Warenverkäufe an der Kasse. Leistungsfähige (systemfähige) **elektronische Kassen** und computergestützte Warenwirtschaftsprogramme gehören demnach eng zusammen.

Kassensysteme siehe Seite 224

7.4 Grundzüge eines Warenwirtschaftssystems[1]

Warenwirtschaftssysteme sind Computerprogramme auf der Basis einer Datenbank. Datenbankprogramme können große Datenmengen in Tabellen speichern, verwalten und den Zugriff auf diese Daten regeln. Der Aufbau einer Datenbank ist mit der Anlage eines Karteikastens vergleichbar.

[1] Die Leistungen eines Warenwirtschaftssystems werden beispielhaft anhand des Programms INTWASYS verdeutlicht. Installation und Handhabung siehe Anlage Seite 390

Karteikasten (Kundenkartei) **Datenbanktabelle** (Kundendatenbank)

Vorname	Name	Straße
Siegfried	Abel	Annastr. 6 …
Stefan	Anders	Heimgart 2 …
Manfred	Ansbach	Bachstraße 15 …
…	…	…

Im Gegensatz zur Datenverwaltung mithilfe eines Karteikastens ist die Datenpflege mit einer Datenbank erheblich komfortabler. Die Daten lassen sich

- auf einfache Weise bearbeiten und verändern,
- beliebig sortieren und filtern,
- durch Abfragen auswerten sowie
- mithilfe von Berichten übersichtlich ausdrucken.

7.4.1 Stammdaten eingeben

Daten, die sich im Zeitablauf gar nicht oder nur selten ändern, nennt man Stammdaten. Sie werden bei der Einrichtung eines Warenwirtschaftssystems eingegeben und stehen dem Programm für die verschiedensten Zugriffe zur Verfügung.

■ Stammdaten des City-Warenhauses Bauer (Auszug)

Stammdaten werden für verschiedene Bereiche angelegt, z. B.

- Einzelhandelsunternehmung (z. B. Adresse, Bankverbindung, Telefon-/Faxnummer)
- Lieferanten (siehe unten)
- Artikel (siehe unten)
- Kunden
- Personal
- Verkaufsfläche
- Regalplätze

Nimmt ein Einzelhändler zum ersten Mal Geschäftsbeziehungen mit einem neuen Lieferanten auf, ist es notwendig, die Stammdaten des Lieferanten in das Warenwirtschaftssystem zu übernehmen. Gewöhnlich können die Daten aus dem Schriftverkehr mit dem Lieferanten (z. B. aus seiner Rechnung) gewonnen werden.

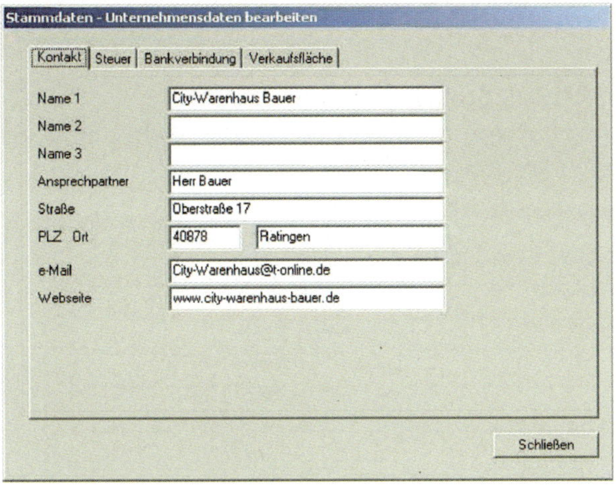

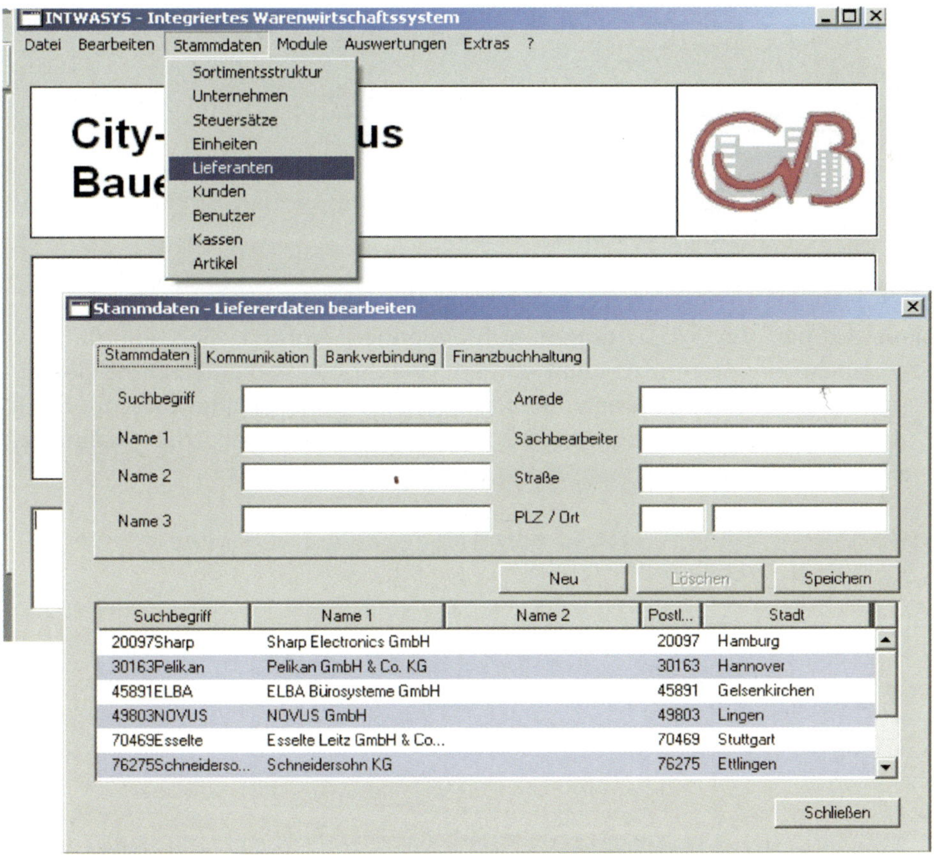

Wird in der Maske der Button „Neu" aktiviert, bietet das Programm verschiedene Untermenüs (z. B. „Stammdaten", „Kommunikation") mit Eingabefeldern an.

Lieferanten-Stammdaten

Beispiel

Stammdaten NOVUS GmbH

Im Warenwirtschaftsprogramm werden die Daten über ein Formular (Datenmaske) eingegeben und in einer Tabelle gespeichert.

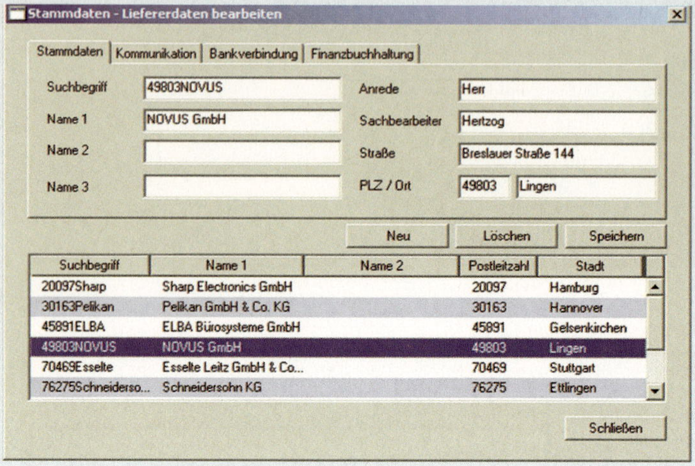

Werden die eingegebenen Daten abschließend gespeichert, sind sie dauerhaft in das Warenwirtschaftssystem eingebunden.

Stammdaten Artikel

Neue Artikel, die ins Sortiment aufgenommen werden, sind ebenfalls als Stammdaten ins System zu übernehmen. Wieder bietet die Rechnung des Lieferanten erste Informationen für die Datenerfassung (Produktbeschreibung, Daten des Lieferanten, Lagerzugang). Gleichzeitig wird der Artikel kalkuliert, weil für den Verkauf auch ein Verkaufspreis vorliegen muss.

Die grau unterlegten Felder werden vom System automatisch ergänzt.

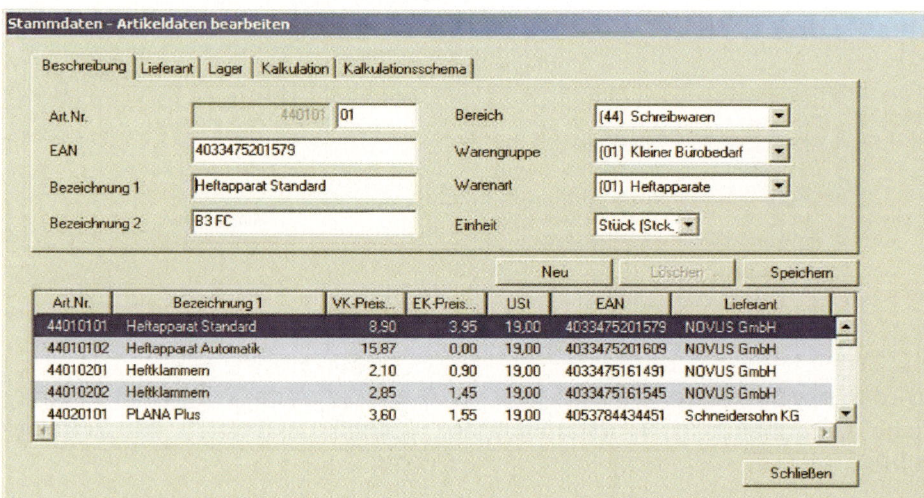

Die Neuaufnahme eines Artikels erfordert auch eine Einordnung des Produktes in das Sortiment. Dabei ist die Ware in die Sortimentsstruktur des Einzelhandelsgeschäftes einzuordnen. Dies soll am Beispiel des Artikels „Heftapparat Standard" sichtbar gemacht werden.

Im City-Warenhaus besteht – aus Sicht der Abteilung Schreibwaren – folgender Sortimentsaufbau:

Sortiment:	Das gesamte Sortiment des City-Warenhauses				
Bereich:	44	Schreibwaren (Papier/Schreibwaren)			
Warengruppe:		01	Kleiner Bürobedarf		
Warenart:			01	Heftapparate	
Artikel:				01	Heftapparat Standard B3 FC

Siehe auch Seite 14
Die Sortimentsübersicht des Basis-Datensatzes befindet sich im Anhang

Die komplette Artikelnummer lautet demnach: **44010101**. Sie ergibt sich aus dem Sortimentsaufbau des City-Warenhauses und speziell der Abteilung Papier/Schreibwaren.

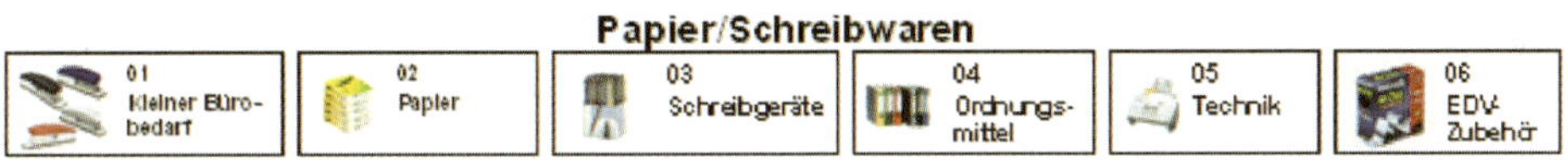

Man sieht, dass das Warenwirtschaftssystem in der Maske die ersten 6 Ziffern der Artikelnummer vorgibt (grau unterlegtes Feld). Das hat damit zu tun, dass die Sortimentsbestandteile „Bereich", „Warengruppe" und „Warenart" feststehende Größen sind, die man auf der Artikelebene nicht verändern kann. Würde z. B. ein weiterer Artikel „Heftapparate" in das Sortiment aufgenommen, so könnte er die Endziffern 03 erhalten (es gibt bereits Heftapparate mit den Endziffern 01 und 02). Ein völlig neuer Artikel, der einer bestehenden Warenart nicht zugeordnet werden könnte, müsste jedoch erst in der Maske „Sortimentsstruktur" erfasst werden.

Siehe Maske Artikeldaten bearbeiten oben

Beispiel: In der Warengruppe „Kleiner Bürobedarf" wird die Warenart „Brieföffner" aufgenommen.

Dann muss diese neue Warenart zunächst unter „Bezeichnung“ eingegeben und mit dem zutreffenden Code (= Nummerierung) gekennzeichnet werden. Da 01 (Heftapparate) und 02 (Heftklammern) bereits bestehen, erhalten alle Brieföffner die Warenarten-Nummer 03.

Für den konkreten Artikel (z. B. Brieföffner Edelstahl C44) würden dann noch zweistellige Endziffern angehängt (beginnend mit 01). Die Artikelnummer hätte dann folgendes Aussehen:

Sortiment:	Das gesamte Sortiment des City-Warenhauses				
Bereich:	44	Schreibwaren (Papier/Schreibwaren)			
Warengruppe:		01	Kleiner Bürobedarf		
Warenart:			03	Brieföffner	
Artikel:				01	Brieföffner Edelstahl C44
Zusammengefasst:	44010301				

Siehe Eingabemaske „Stammdaten – Artikeldaten bearbeiten“ unten

Nun kann ein Warenzugang für den Artikel „Brieföffner Edelstahl C44“ in die Artikelstammdaten des Warenwirtschaftssystems eingegeben werden. Dazu geht man wie folgt vor:

1. Im Feld „Bereich“ (44) Schreibwaren anklicken
2. Im Feld „Warengruppe“ die Warengruppe (01) Kleiner Bürobedarf auswählen
3. Die Warenart (03) Brieföffner festlegen

Daraufhin erscheinen im Feld „Art.-Nr.“ im grau unterlegten Teil die ersten 6 Ziffern der Artikelnummer (aus dem Menü „Sortimentsstruktur“, siehe oben). Nun können die restlichen weiß unterlegten Felder ergänzt werden.

Nach der Speicherung erscheint der Artikel unten in der Auflistung aller Artikel.

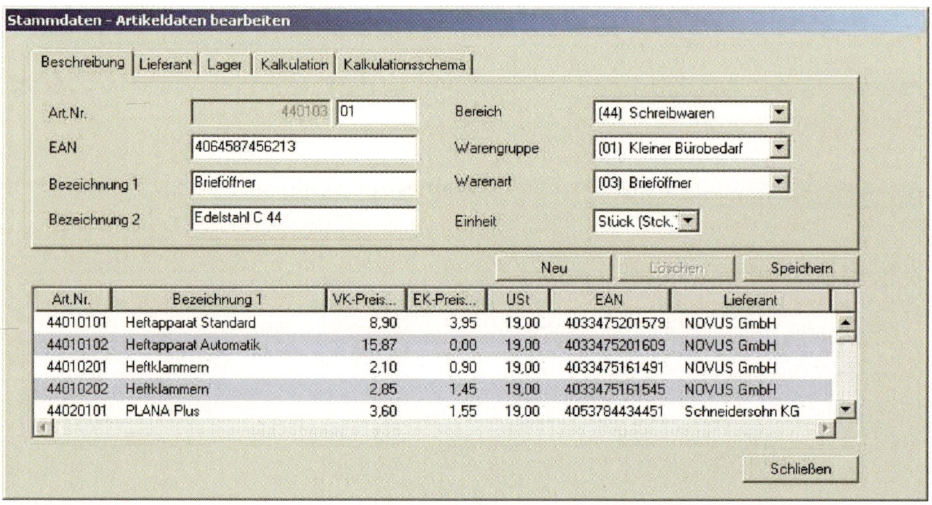

7.4.2 Bewegungsdaten

Stammdaten – Bewegungsdaten

Die Stammdaten im Warenwirtschaftssystem werden nur mittel- und längerfristig verändert, z. B. wenn ein neuer Lieferant oder neue Produkte ins Sortiment aufgenommen werden. Die täglichen Veränderungen im Datenbestand, vor allem die Warenbewegungen, bezeichnet man als Bewegungsdaten.

Planung, Überwachung und Steuerung des Warenflusses

In einem Einzelhandelsgeschäft werden regelmäßig Waren von Lieferanten eingekauft und an Kunden verkauft. Soll das Warenwirtschaftssystem den Warenbestand und seine Veränderungen artikelgenau erfassen, muss dem System auch jede Veränderung zur Verfügung gestellt werden. Letztlich ist jede Bewegung eines Artikels vom Wareneingang bis zum Warenausgang aufzuzeichnen.

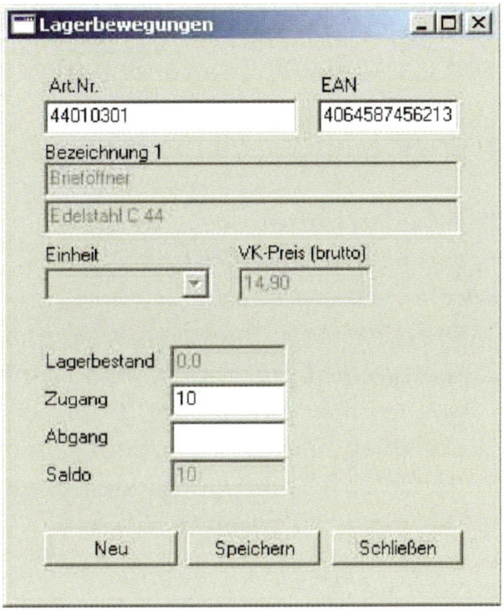

Trifft zum Beispiel bestellte Ware ein, ist der Wareneingang als Lagerzugang zu erfassen.

Der nebenstehenden Wareneingangsmaske ist zu entnehmen, dass bei den neu ins Sortiment aufgenommenen Brieföffnern 10 Exemplare eingekauft worden sind. Da kein Lagerbestand vorhanden ist, ist dies auch der aktuelle Warenbestand an Brieföffnern.

8 Kaufmännische Rechenverfahren

8.1 Runden von Nachkommastellen

Dezimalzahlen können durch das Runden einer Stelle nach dem Komma auf eine praktisch brauchbare Anzahl von Stellen gebracht werden. Im kaufmännischen Rechnen wird in der Regel nur noch die zweite Stelle hinter dem Komma benötigt.

Beispiel

Folgende Zahlen sollen auf 2 Stellen hinter dem Komma gerundet werden:

16,434	16,4351	16,4349	78,597	78,5978
16,435	16,4356	78,593	78,5972	78,5936

Lösungsweg

Die 3. Stelle hinter dem Komma entscheidet darüber, ob die 2. Stelle nach dem Komma auf die nächstgrößere Zahl aufzurunden ist oder unverändert bleibt.

- Ist die 3. Stelle eine 5 oder größer, wird aufgerundet.
- Ist die 3. Stelle eine 4 oder kleiner, wird abgerundet.

16,434	→	16,43	(Abrundung)	78,593	→	78,59	(Abrundung)
16,435	→	16,44	(Aufrundung)	78,597	→	78,60	(Aufrundung)
16,4351	→	16,44	(Aufrundung)	78,5972	→	78,60	(Aufrundung)
16,4356	→	16,44	(Aufrundung)	78,5978	→	78,60	(Aufrundung)
16,4349	→	16,43	(Abrundung)	78,5936	→	78,59	(Abrundung)

Arbeitsschritte

Runden von Nachkommastellen

1. Die dritte Ziffer hinter dem Komma entscheidet über die Rundung.
2. Die zweite Ziffer hinter dem Komma wird aufgerundet, wenn die nachfolgende Ziffer eine 5 oder größer als 5 ist.
3. Die zweite Ziffer hinter dem Komma bleibt unverändert, wenn die nachfolgende Ziffer eine 4 oder kleiner als 4 ist.
4. Die nach der zweiten Ziffer hinter dem Komma folgenden Ziffern fallen weg.

Runden mit einem Tabellenkalkulationsprogramm

In einem Tabellenkalkulationsprogramm lässt sich die gewünschte Zahl von Nachkommastellen einfach einstellen. Über

FORMAT
ZELLEN

erhält man ein Menü, in dem man die Nachkommastellen eingibt (im Beispiel unten 2). Das Programm rundet nach dem oben beschriebenen kaufmännischen Verfahren.

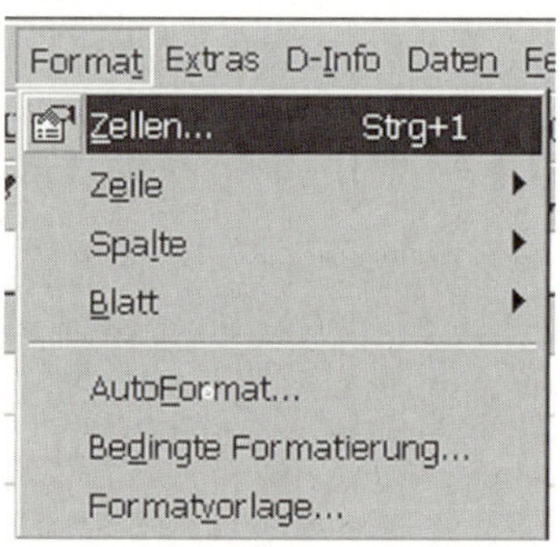

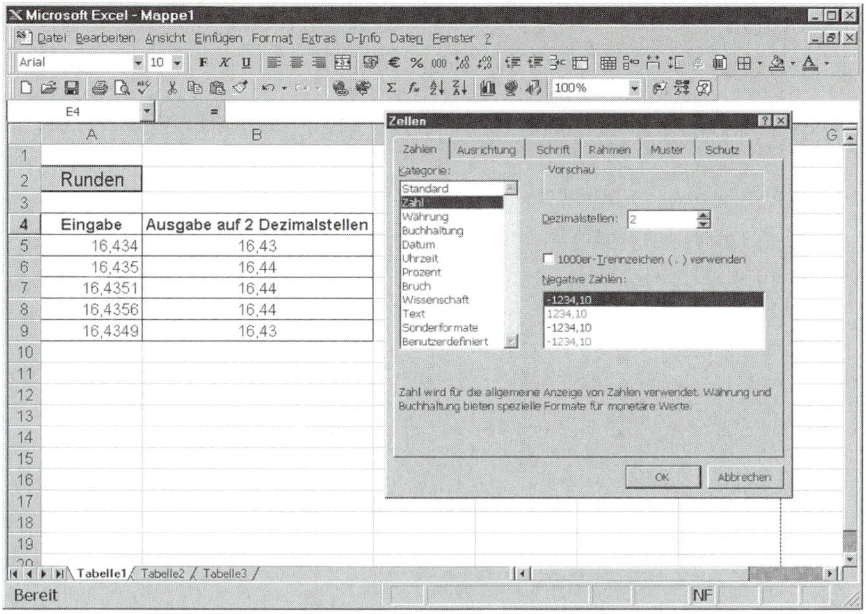

Noch schneller lassen sich Nachkommastellen und auch der Tausender-Punkt über Icons festlegen:

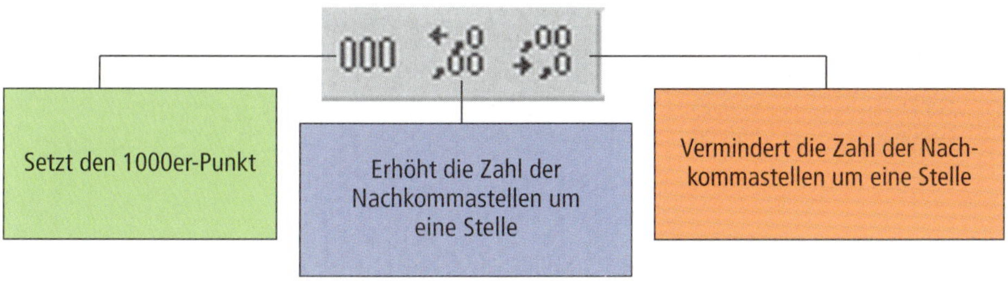

8.2 Durchschnittsrechnen

8.2.1 Der einfache Durchschnitt

Mithilfe der Durchschnittsrechnung wird aus mehreren Einzelwerten ein mittlerer Wert (= Durchschnittswert) errechnet.

Beispiel

In einer Berufsschule stellen die Schüler fest, dass ihre Ausbildungsbetriebe unterschiedliche Beträge als Ausbildungsvergütung auszahlen: 460,00 €, 480,00 €, 590,00 €, 620,00 € und 650,00 €. Die Schüler möchten wissen, wie viel ihre Betriebe im Durchschnitt vergüten.

Lösungsweg

Zunächst werden die einzelnen Werte zu einer Summe addiert:

460,00 € + 480,00 € + 590,00 € + 620,00 € + 650,00 € = 2.800,00 €

Um den Durchschnittswert aller Ausbildungsvergütungen zu berechnen, muss nun die ermittelte Summe durch die Anzahl der einzelnen Vergütungen geteilt werden.

$$\frac{2.800{,}00\ €}{5} = 560{,}00$$

Kürzer dargestellt

$$\frac{460{,}00 + 480{,}00 + 590{,}00 + 620{,}00 + 650{,}00}{5} = \frac{2.800{,}00}{5} = 560{,}00\ €$$

Kaufleute bevorzugen häufig die Staffelform als Lösungsweg

		€
	Größe 1	460,00
+	Größe 2	480,00
+	Größe 3	590,00
+	Größe 4	620,00
+	Größe 5	650,00

→ $2.800{,}00 : 5 \text{ Posten} = \frac{2.800{,}00}{5} = \mathbf{560{,}00\ €}$

Allgemein lautet die Formel zur Berechnung des einfachen Durchschnitts:

n = beliebige ganze Zahl

$$\frac{\text{Größe 1} + \text{Größe 2} + \text{Größe 3} \ldots + \text{Größe n}}{\text{Anzahl der Posten}} = \textbf{einfacher Durchschnitt}$$

Arbeitsschritte

Durchschnittsrechnen (einfacher Durchschnitt)

1. Die einzelnen Posten addieren.
2. Die Summe aus der Addition durch die Anzahl der einzelnen Posten teilen.

Durchschnittsrechnen mit einem Tabellenkalkulationsprogramm

Excel bietet für die Berechnung des Durchschnitts eine festgelegte Formel (Funktion) an. Um sie zu nutzen, ist folgende Vorgehensweise notwendig:

1. Klicken Sie mit der Maus in das Feld, in dem der Durchschnittswert erscheinen soll (hier: B11).
2. Über das Menü EINFÜGEN rufen Sie den Menüpunkt FUNKTION auf. Es öffnet sich das Fenster „Funktion einfügen". Alternativ können Sie auch den Button $f*$ klicken.
3. Im linken Bereich des Fensters wählen Sie nun die Kategorie STATISTIK und anschließend im rechten Bereich die Funktion MITTELWERT aus. Die Auswahl bestätigen Sie mit OK.
4. Im sich nun öffnenden Fenster geben Sie den Bereich an, über den der Mittelwert gebildet werden soll (hier: B5 bis B9). Excel trifft hier bereits eine Vorauswahl, die jedoch ggf. korrigiert werden muss.

Zur besseren Übersichtlichkeit wurde auch die Summe aus den 5 Größen gebildet.

Allgemein werden Formeln in Excel folgendermaßen dargestellt:

= FUNKTIONSNAME(SpalteZeile:SpalteZeile)

Der Bereich „von … bis" wird durch einen Doppelpunkt zum Ausdruck gebracht.

5. Sie können den Bereich entweder manuell eingeben (dazu tippen Sie: **B5:B9** in das Feld **Zahl1**) oder mit der Maus auswählen.

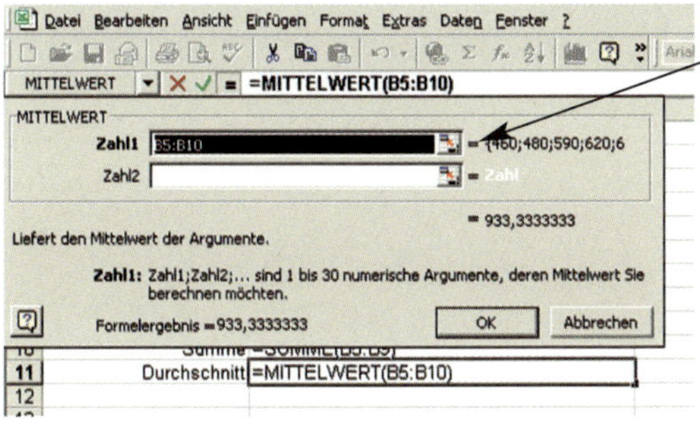

① *Um den Bereich mit der Maus auswählen zu können, klicken Sie erst auf das kleine Icon rechts neben dem Eingabefeld von **Zahl1**.*

② *Markieren Sie dann mit der Maus den gewünschten Bereich, hier die Zellen B5 bis B9.*

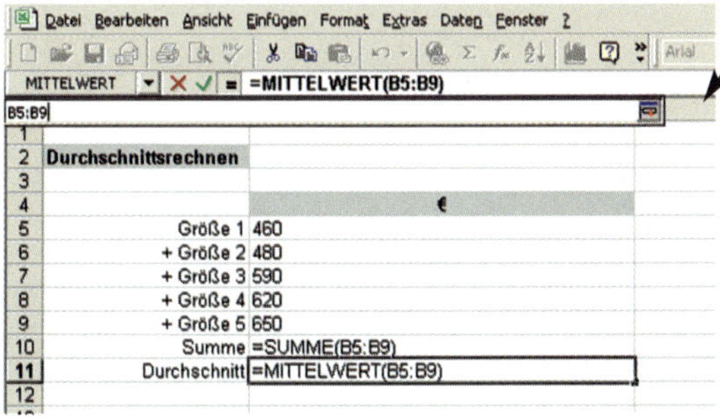

③ *Klicken Sie abschließend auf das Icon, um zum Formelfenster Mittelwert zurückzukehren. Die gewünschten Zellen wurden nun automatisch eingefügt.*

6. Bestätigen Sie Ihre Auswahl mit OK.

Wenn die Formeln sichtbar gemacht werden sollen (Menü EXTRAS – OPTIONEN – Formeln (anklicken), geht die Formatierung der Zahlen verloren (sie stellen sich linksbündig dar).

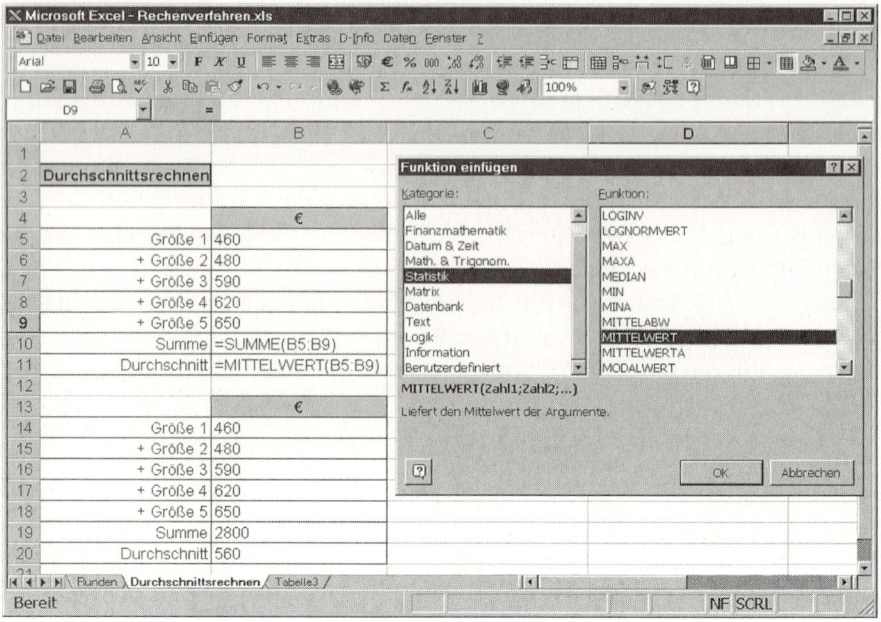

8.2.2 Der gewogene Durchschnitt

Der Durchschnitt kann auch dann errechnet werden, wenn die Größen (Einzelwerte) in unterschiedlichen Anteilen (Mengen, Gewichten) an einer Gesamtgröße (Gesamtmenge, Gesamtwert) beteiligt sind. Da in diesem Fall die verschiedenen Größen ihrem Anteil entsprechend berücksichtigt, d. h. gewogen oder gewichtet werden müssen, wird das Ergebnis gewogener Durchschnitt genannt.

Beispiel Die Schülerinnen und Schüler der oben erwähnten Berufsschule stellen fest, dass 9 Schüler von ihren Ausbildungsbetrieben 460,00 € Ausbildungsvergütung, 8 Schüler 480,00 €, 5 Schüler 490,00 €, 6 Schüler 520,00 € und 2 Schüler 550,00 € erhalten. Sie möchten die durchschnittliche Ausbildungsvergütung ermitteln.

Lösungsweg

Zunächst werden die unterschiedlichen €-Beträge mit der jeweiligen Zahl der Schüler, die eine Ausbildungsvergütung in dieser Höhe erhalten, multipliziert. Die sich daraus ergebenden Einzelergebnisse werden addiert:

(9 x 460,00 €) + (8 x 480,00 €) + (5 x 490,00 €) + (6 x 520,00 €) + (2 x 550,00 €) = 4.140,00 € + 3.840,00 € + 2.450,00 € + 3.120,00 € + 1.100,00 € = **14.650,00**

Um den gewogenen Durchschnitt zu erhalten, ist nun die Gesamtsumme durch die Zahl der Schüler zu teilen:

14.650,00 € : 30 = **488,33** €

Kürzer dargestellt:

$$\frac{(9 \text{ x } 460{,}00) + (8 \text{ x } 480{,}00) + (5 \text{ x } 490{,}00) + (6 \text{ x } 520{,}00) + (2 \text{ x } 550{,}00)}{30} = 488{,}33 \text{ €}$$

Beispiel in Staffelform

	Menge 1:	9 Schüler	x	Größe 1:	460,00	=	4.140,00
+	Menge 2:	8 Schüler	x	Größe 2:	480,00	=	3.840,00
+	Menge 3:	5 Schüler	x	Größe 3:	490,00	=	2.450,00
+	Menge 4:	6 Schüler	x	Größe 4:	520,00	=	3.120,00
+	Menge 5:	2 Schüler	x	Größe 5:	550,00	=	1.100,00 €

30 Schüler (Summe der Mengen)

14.650,00 € : 30 = **488,33** €
(gewogener Durchschnitt)

Allgemein lautet die Formel zur Berechnung des gewogenen Durchschnitts:

$$\frac{(\text{Menge 1 x Größe 1}) + (\text{Menge 2 x Größe 2}) + \ldots (\text{Menge n x Größe n}) \ldots}{\text{Summe der Mengen}}$$

= gewogener Durchschnitt

Arbeitsschritte

Gewogener Durchschnitt

1. Die unterschiedlichen Mengen (z. B. Schüler) mit den verschiedenen Größen (z. B. €-Beträge) multiplizieren.
2. Die in 1. ermittelten Zwischenergebnisse addieren.
3. Die in 2. errechnete Gesamtsumme wird durch die Summe der Mengen (z. B. 30 Schüler einer Klasse) geteilt.

Berechnung des gewogenen Durchschnitts mit einem Tabellenkalkulationsprogramm

In Excel ist zunächst die Summe der Schülerzahl und die Summe der Gesamtvergütung zu ermitteln. Anschließend ist die Gesamtvergütung durch die Anzahl der Schüler zu teilen.

* = multipliziere
A5 * B5 =
A5 mal B5

	A	B	C
1			
2	**Gewogener Durchschnitt**		
3			
4	**Schüler**	**Einzelvergütung**	**Gesamtvergütung**
5	9	460	=A5*B5
6	8	480	=A6*B6
7	5	490	=A7*B7
8	6	520	=A8*B8
9	2	550	=A9*B9
10	=SUMME(A5:A9)		=SUMME(C5:C9)
11			
12	Gewogener Durchschnitt:	**=C10/A10**	
13			
14	**Schüler**	**Einzelvergütung**	**Gesamtvergütung**
15	9	460	4140
16	8	480	3840
17	5	490	2450
18	6	520	3120
19	2	550	1100
20	30		14650
21			
22	Gewogener Durchschnitt:	**488,33**	€
23			

Runden / Durchschnittsrechnen / gew.Du

8.3 Dreisatzrechnen

8.3.1 Dreisatzrechnung mit geradem Verhältnis

Mithilfe der Dreisatzrechnung lassen sich rechnerische Probleme lösen, bei denen aus einer gegebenen Situation auf eine neue Situation geschlossen wird. Dabei sind die Werteverhältnisse der jeweiligen Größen gerade, d. h., bei Änderung einer Größe verändert sich die andere im gleichen Verhältnis.

Beispiel

Ein Arbeitnehmer erhält für durchschnittlich 167 Arbeitsstunden im Monat 1.700,00 €. Durch eine Betriebsvereinbarung wird die Stundenzahl auf 175 Stunden erhöht. Das Gehalt soll im gleichen Maße steigen; Überstundenzuschläge werden nicht bezahlt. Mit welchem Gehalt kann der Arbeitnehmer rechnen?

Lösungsweg

1. Liegt ein gerades oder ungerades Verhältnis der Zahlen vor?

Wenn der Arbeitnehmer 167 Stunden arbeitet, erhält er 1.700,00 € Monatsgehalt. Arbeitet er mehr Stunden, erhält er auch **mehr** Gehalt.

167 Stunden	–	1.700,00 €
175 Stunden	–	mehr €
mehr Stunden	–	**mehr** Gehalt
+		+

2. Berechnung

Die ursprüngliche Situation wird im *Bedingungssatz* dargestellt. Der Bedingungssatz enthält die beiden bekannten Größen:

Bedingungssatz: Für 167 Arbeitsstunden erhält er 1.700,00 €.

Die veränderte Situation wird dann im *Fragesatz* erfasst. Der Satz bezieht sich auf die gesuchte (unbekannte) Größe:

Fragesatz: Wie viel € erhält er für 175 Arbeitsstunden?

kürzer ausgedrückt:

167 Stunden ≙ 1.700,00 €
175 Stunden ≙ X €

Für das Fragezeichen kann auch die Unbekannte X verwendet werden.

Im Bruchsatz wird von der bekannten Vielheit (hier 167 Stunden) zunächst auf 1 Einheit (hier 1 Stunde) geschlossen und dann auf die gesuchte Größe (hier 175 Stunden) umgerechnet.

Bruchsatz

167 Stunden = 1.700,00 €
175 Stunden = X €

$$\frac{1.700,00 \times 175}{167} = 1.781,44\ €$$

$$\frac{1.700,00}{\searrow 167 \nearrow}$$

167 Stunden entsprechen 1.700,00 €. Teilt man 1.700,00 € durch 167 Stunden, erhält man die Vergütung für 1 Stunde. (1.700,00 : 167 = 10,18 €)

$$\frac{1.700,00 \times 175}{\searrow\ 167\ \nearrow}$$

Da man aber wissen möchte, wie hoch die Vergütung für 175 Stunden ist, multipliziert man das Zwischenergebnis mit 175 und erhält 1.781,44 €.

Die Pfeile im Bruch sollen deutlich machen, wie in der Dreisatzrechnung zu überlegen ist.

Die Aufgabe wird also in 3 Rechenschritten gelöst:
(1) Für 167 Stunden erhält er 1.700,00 €.

(2) Für 1 Stunde erhält er weniger, nämlich $\frac{1.700{,}00\ €}{167\ \text{Stunden}}$ pro Stunde.

(3) Für 175 Stunden erhält er mehr als für 1 Stunde, nämlich

$$\frac{1.700{,}00 \times 175}{167} = 1.781{,}44\ €.$$

Kürzere Darstellung

Bedingungssatz:	167 Stunden – 1.700,00 €
Fragesatz:	175 Stunden – X €
Bruchsatz:	$X = \frac{1.700{,}00 \times 175}{167} = \mathbf{1.781{,}44}$

Für 175 Stunden erhielte der Arbeitnehmer 1.781,44 € (Antwort auf die Ausgangsfrage).

Fazit:
- Je **mehr** Stunden ein Arbeitnehmer leistet, desto **mehr** Geld erhält er bzw.
- je **weniger** Stunden geleistet werden, desto **weniger** Geld wird gezahlt.

Daraus lässt sich folgende Gesetzmäßigkeit bei einem Dreisatz mit **geradem Verhältnis** ableiten:

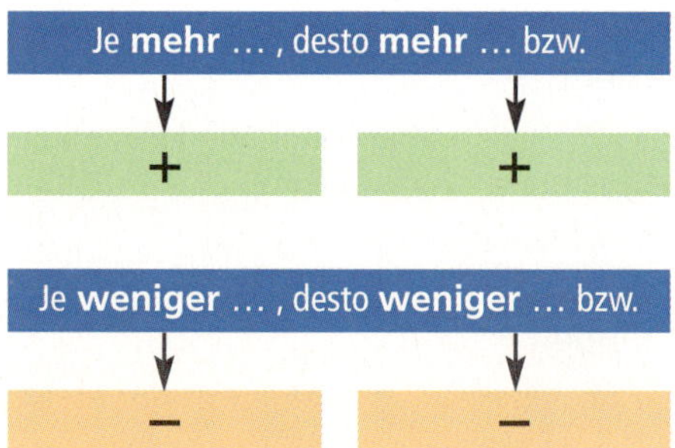

Arbeitsschritte

Dreisatzrechnen mit geradem Verhältnis
1. Was ist gegeben (= Bedingungssatz)?
2. Wie verändert sich die Situation (= Frage)?
3. Berechnung in den Schritten der Dreisatzrechnung
   - Bedingung formulieren
   - Bezug nehmen auf die Einheit
   - Bezug nehmen auf die gesuchte Größe

Dreisatzrechnen (gerades Verhältnis) mit einem Tabellenkalkulationsprogramm

In Excel werden die 3 Rechenschritte der Dreisatzrechnung als Grundlage genommen.

	A	B	C	D	E
3					
4	**Rechenschritte**		**Stunden**	**Vergütung in €**	
5	1. Bekannte Vielheit		167	1700	
6	2. Einheit		1	=D5/C5	
7	3. unbekannte Vielheit		175	=D5/C5*C7	oder D6*C7
8					
9	**Rechenschritte**		**Stunden**	**Vergütung in €**	
10	1. Bekannte Vielheit		167	1700	
11	2. Einheit		1	10,18	
12	3. unbekannte Vielheit		175	1781,44	
13					

Dreisatz_gerade / Dreisatz_ungerade / Dr

/ = dividieren
D5/C5 =
D5 geteilt durch C5

8.3.2 Dreisatz mit ungeradem Verhältnis

Bei der Dreisatzrechnung mit ungeradem Verhältnis vollziehen sich die Wertveränderungen der jeweiligen Größen im entgegengesetzten Sinn, d. h. die Vergrößerung eines Wertes führt zu einer Verringerung des anderen Wertes.

Beispiel

Die Inventurarbeiten im Warenlager werden von 6 Mitarbeitern in 12 Stunden erledigt. Wie lange dauern die Inventurarbeiten, wenn noch 2 weitere Mitarbeiter für diese Arbeiten abgestellt werden?

■ Lösungsweg

1. Liegt ein gerades oder ungerades Verhältnis der Zahlen vor?

Wenn die Inventurarbeiten von 6 Mitarbeitern in 12 Stunden erledigt werden können, brauchen **mehr** Mitarbeiter **weniger** Arbeitszeit.

6 Mitarbeiter	–	12 Stunden
8 Mitarbeiter	–	weniger Stunden
mehr Mitarbeiter	–	**weniger** Stunden
+		–

2. Berechnung

Die ursprüngliche Situation (Bedingungssatz) lautet:

Bedingungssatz: 6 Mitarbeiter sind 12 Stunden lang beschäftigt

Die veränderte Situation wird dann im *Fragesatz* erfasst:

Fragesatz: Wie viele Stunden brauchen 8 Mitarbeiter für die gleiche Arbeit?

Zusammengefasst:

6 Mitarbeiter	=	12 Stunden
8 Mitarbeiter	=	X Stunden

Die Lösung erfolgt in 3 Gedankenschritten:
(1) 6 Mitarbeiter brauchen 12 Stunden.
(2) 1 Mitarbeiter braucht länger, nämlich 12 x 6 Stunden.
(3) 8 Mitarbeiter brauchen weniger Zeit, nämlich $\frac{12 \times 6}{8}$ Stunden

Kürzere Darstellung

Bedingungssatz: 6 Mitarbeiter – 12 Stunden

Fragesatz: 8 Mitarbeiter – X Stunden

Bruchsatz: $X = \frac{12 \times 6}{8} = \mathbf{9\ Stunden}$

Fazit:
- Je **mehr** Personen mit einer Aufgabe beauftragt sind, desto **weniger** Bearbeitungszeit brauchen sie bzw.
- je **weniger** Personen zur Verfügung stehen, desto **mehr** Bearbeitungszeit brauchen sie.

Daraus lässt sich folgende Gesetzmäßigkeit bei einem Dreisatz mit **ungeradem Verhältnis** ableiten:

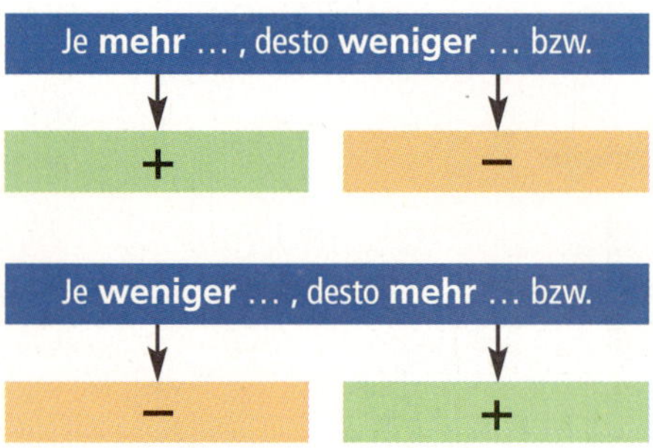

Arbeitsschritte

Dreisatzrechnen mit ungeradem Verhältnis

1. Was ist gegeben (= Bedingungssatz)?
2. Wie verändert sich die Situation (= Frage)?
3. Berechnung in den Schritten der Dreisatzrechnung
   - Bedingung formulieren
   - Bezug nehmen auf die Einheit
   - Bezug nehmen auf die gesuchte Größe

Dreisatzrechnen (ungerades Verhältnis) mit einem Tabellenkalkulationsprogramm

	A	B	C	D	E
1					
2	**Dreisatzrechnen**		**ungerades Verhältnis**		
3					
4	**Rechenschritte**		**Mitarbeiter**	**Stunden**	
5	1. Bekannte Vielheit		6	12	
6	2. Einheit		1	=D5*C5	
7	3. unbekannte Vielheit		8	=D5*C5/C7	oder D6/C7
8					
9	**Rechenschritte**		**Mitarbeiter**	**Stunden**	
10	1. Bekannte Vielheit		6	12	
11	2. Einheit		1	72	
12	3. unbekannte Vielheit		8	9	
13					

Saldieren / Dreisatz_gerade / Dreisatz_unge

8.3.3 Der zusammengesetzte Dreisatz

Mithilfe des zusammengesetzten Dreisatzes lassen sich rechnerische Probleme lösen, bei denen sich mehrere Größen gleichzeitig ändern. Wie der Name sagt, handelt es sich um *mehrere Dreisätze, die in einem Rechengang gelöst werden*. Dabei kann es sich um Dreisätze mit geradem oder ungeradem Verhältnis handeln. Der Rechenweg aus der Dreisatzrechnung wird nur unwesentlich verändert.

Beispiel

In einem Supermarkt wurde der Reinigungsdienst bisher von 5 Arbeitskräften in der Zeit von 18:30 bis 21:30 Uhr geleistet. Die zu reinigende Fläche betrug 600 m^2. Nach einem Umbau beträgt die Reinigungsfläche 800 m^2. Außerdem steht nur noch die Zeit von 19:00 bis 21:30 Uhr als Arbeitszeit zur Verfügung. Der Personalchef möchte wissen, wie viele Arbeitskräfte er unter diesen Bedingungen benötigt.

Lösungsweg

Die ursprüngliche Situation wird im Bedingungssatz dargestellt:

Bedingungssatz:

Bei 600 m^2 Fläche und 3 Stunden Arbeitszeit sind für die Reinigung 5 Arbeitskräfte erforderlich.

Die veränderte Situation wird dann im *Fragesatz* erfasst:

Fragesatz:

Wie viele Arbeitskräfte sind notwendig, wenn 800 m^2 zu reinigen sind und lediglich 2,5 Stunden Arbeitszeit zur Verfügung stehen?

Zusammengefasst:

600 m^2 ≙ 3 Stunden ≙ 5 Arbeitskräfte

800 m^2 ≙ 2,5 Stunden ≙ ? Arbeitskräfte

Für die Lösung wird der zusammengesetzte Dreisatz in einzelne Dreisätze aufgeteilt:

1. Dreisatz (gerades Verhältnis)

(1) Für 600 m^2 benötigt man 5 Arbeitskräfte.

(2) Für 1 m^2 benötigte man weniger, nämlich $\frac{5}{600}$ Arbeitskräfte.

(3) Für 800 m^2 benötigt man mehr als für 1 m^2, nämlich $\frac{5 \times 800}{600}$ Arbeitskräfte.

2. Dreisatz (ungerades Verhältnis)

(1) Bei 3 Std. Arbeitszeit benötigt man $\frac{5 \times 800}{600}$ Arbeitskräfte

(2) Bei 1 Std. Arbeitszeit benötigte man mehr, nämlich $\frac{5 \times 800 \times 3}{600}$

Arbeitskräfte (weil die gleiche Arbeit in kürzerer Zeit zu erledigen ist).

(3) Bei 2,5 Std. benötigt man weniger Arbeitskräfte als wenn nur

1 Stunde gearbeitet würde, nämlich $\frac{5 \times 800 \times 3}{600 \times 2{,}5}$ = **8 Arbeitskräfte**.

Die Aufspaltung der Ausgangsbedingungen und des Fragesatzes in einzelne Dreisätze lässt sich auch in anderer Form darstellen:

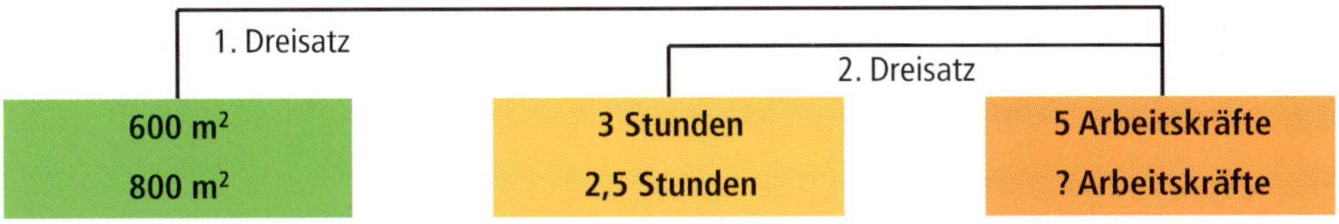

Bruchsatz: $\frac{5 \times 800 \times 3}{600 \times 2{,}5}$ = 8 Arbeitskräfte

Arbeitsschritte

Zusammengesetzter Dreisatz

1. Bedingungs- und Fragesatz formulieren.
2. Für jede Größe einen einfachen Dreisatz in folgenden Schritten aufstellen:
   - Was ist gegeben?
   - Bezug auf eine Einheit
   - Bezug auf die gesuchte Größe

Dreisatzrechnen (zusammengesetzter Dreisatz) mit einem Tabellenkalkulationsprogramm

Der zusammengesetzte Dreisatz wird in einzelne Dreisätze (hier zwei) aufgeteilt:

	A	B	C	D	E	F
1						
2	Dreisatzrechnen		zusammengesetzter Dreisatz			
3						
4	Rechenschritte					
5	1. Dreisatz		Fläche	Stunden	Arbeitskräfte	
6	1. Bekannte Vielheit		600		5	
7	2. Einheit		1		=E6/C6	
8	3. unbekannte Vielheit		800		=E6/C6*C8	oder E7*C8
9	2. Dreisatz					
10	1. Bekannte Vielheit			3	=E8	
11	2. Einheit			1	=E10*D10	
12	3. unbekannte Vielheit			2,5	=E10*D10/D12	oder E11/D12
13						
14	Rechenschritte					
15	1. Dreisatz		Fläche	Stunden	Arbeitskräfte	
16	1. Bekannte Vielheit		600		5	
17	2. Einheit		1		0,01	
18	3. unbekannte Vielheit		800		6,67	
19	2. Dreisatz					
20	1. Bekannte Vielheit			3	6,67	
21	2. Einheit			1	20	
22	3. unbekannte Vielheit			2,5	8	

Dreisatz_ungerade / Dreisatz_zusammengesetzt

8.4 Prozentrechnen

8.4.1 Rechnen mit der Vergleichszahl 100

Sind 500,00 € eigentlich viel oder wenig?

Für einen Warenhauskonzern, der im Jahr 15 Milliarden € umsetzt (ausgeschrieben 15.000.000.000,00 €) sind 500,00 € ein lächerlich kleiner Betrag. Ein Auszubildender, der im Jahr 6.000,00 € erhält, würde sich über 500,00 € zusätzlich bestimmt sehr freuen.

Eine Zahl allein sagt häufig nicht viel aus. Erst wenn man eine Vergleichszahl hinzuzieht, entsteht ein Sinn. In der Prozentrechnung werden Zahlen auf die **Vergleichszahl** 100 bezogen.

Beispiele

Anwendungsbeispiele

- Ein Einzelhändler möchte wissen, welchen Anteil am Gesamtumsatz des Geschäftes bestimmte Großkunden haben.
- Alle Mitarbeiter des City-Warenhauses Bauer sollen 3 % mehr Gehalt bekommen. Frau Yildirim, die Bereichsleiterin, erhielt bisher 2.926,00 €, Frau Esser aus der Abteilung Drogerie/Parfümerie bekam 2.276,00 €. Wie hoch sind ihre neuen Gehälter?
- Auch Sandra hat eine höhere Ausbildungsvergütung erhalten. Statt bisher 570,00 € sind es nun 593,00 €. Ob das auch 3 % zusätzlich sind?
- Sandra hat im letzten Monat für 6.500,00 € Waren verkauft, in diesem Monat waren es 6.750,00 €.
  Ihre Arbeitskollegin Christine, ebenfalls Auszubildende im 1. Ausbildungsjahr, aber in einer umsatzschwachen Abteilung tätig, hat im letzten Monat 5.250,00 € und in diesem Monat 5.480,00 € umgesetzt. Wer von beiden hat den größeren Umsatzzuwachs erzielt?

Rechenbeispiel:

Der Jahresumsatz eines Geschäftes beträgt 900.000,00 €. Daran hat der Kunde Maurer GmbH einen Anteil von 22.500,00 €. Wie hoch ist der Anteil des Umsatzes dieses Kunden am Jahresumsatz des Geschäftes in Prozent?

Der Einzelhändler will feststellen, welchen Umsatzanteil ein Kunde am Gesamtumsatz hat. Der Umsatz eines Kunden wird auf den Gesamtumsatz bezogen. Der Gesamtumsatz ist daher mit 100 % gleichzusetzen. Der Umsatz des Kunden ist als Teil der Vergleichszahl 100 auszudrücken.

Lösungsweg

In der Prozentrechnung wird die Dreisatzrechnung angewandt.

Behauptungssatz: Der Jahresumsatz des Geschäftes beträgt 100 %.

Fragesatz: Wie hoch ist der Umsatzanteil des Kunden Maurer GmbH?

Jahresumsatz des Geschäftes	=	100 %
Umsatzanteil eines Kunden	=	X %

900.000,00 € = 100 %

22.500,00 € = X %

$$\frac{100 \times 22.500,00}{900.000,00} = \mathbf{2,5\ \%}$$

900.000,00 € entsprechen 100 %.

$$\frac{100}{900.000,00}$$

Teilt man 100 % durch 900.000,00 €, erhält man den Anteil, den 1 € an 100 % hat. (100 : 900.000,00 = 0,00011111)

Bruchsatz: $$\frac{100 \times 22.500,00}{900.000,00}$$

Da man aber wissen möchte, welchen Anteil 22.500,00 € an 100 % haben, multipliziert man das Zwischenergebnis mit 22.500,00 und erhält 2,5 von 100 (2,5 %).

Kontrolle: 100 % = 900.000,00 €

2,5 % = X €

$$\frac{900.000,00 \times 2,5}{100} = 22.500,00\ €$$

Begriffe

In der Prozentrechnung werden drei Begriffe verwandt: Prozentsatz, Grundwert und Prozentwert. In der Beispielaufgabe werden sie wie folgt verwendet:

2,5 %	900.000,00 €	22.500,00 €
Prozentsatz Zahl als Teil von Hundert.	**Grundwert** Wert, der mit 100 % gleichgesetzt wird.	**Prozentwert** Teil des Grundwertes, der mithilfe des Prozentsatzes errechnet wird.

Formeln

Prozentsatz, Grundwert und Prozentwert lassen sich mithilfe der Dreisatzrechnung ermitteln. Man kann aber auch Formeln verwenden.

Prozentsatz

$$\frac{100 \text{ x Prozentwert}}{\text{Grundwert}}$$

Beispiel (siehe S. 267): Wie viel Prozent beträgt der Umsatz eines Kunden (22.500,00 €) am Gesamtumsatz (900.000,00 €)?

$$\frac{100 \text{ x } 22.500{,}00}{900.000{,}00}$$

= 2,5 %

Grundwert

$$\frac{100 \text{ x Prozentwert}}{\text{Prozentsatz}}$$

Beispiel: Der Umsatz eines Kunden (22.500,00 €) beträgt 2,5 % a, Gesamtumsatz. Wie hoch ist der Gesamtumsatz?

$$\frac{100 \text{ x } 22.500{,}00}{2{,}5}$$

= 900.000,00

Prozentwert

$$\frac{\text{Grundwert x Prozentsatz}}{100}$$

Beispiel: Ein Kunde hat am Gesamtumsatz eines Geschäftes (900.000,00 €) einen Anteil von 2,5 %. Wie hoch ist der Umsatz des Kunden?

$$\frac{900.000{,}00 \text{ x } 2{,}5}{100}$$

= 22.500,00

Prozentrechnen mit einem Tabellenkalkulationsprogramm

	A	B	C
1			
2	Prozentrechnen		
3	Prozentsatz		
4	Umsatz gesamt	Umsatz Maurer	%-Anteil Maurer
5	900000	22500	=B5/A5*100
6			
7	Prozentwert		
8	Umsatz gesamt	Umsatz Maurer	%-Anteil Maurer
9	900000	=A9/100*C9	2,5
10			
11	Grundwert		
12	Umsatz gesamt	Umsatz Maurer	%-Anteil Maurer
13	=B13/C13*100	22500	2,5
14			
15			
16	Prozentsatz		
17	Umsatz gesamt	Umsatz Maurer	%-Anteil Maurer
18	900000	22500	2,5
19			
20	Prozentwert		
21	Umsatz gesamt	Umsatz Maurer	%-Anteil Maurer
22	900000	22500	2,5
23			
24	Grundwert		
25	Umsatz gesamt	Umsatz Maurer	%-Anteil Maurer
26	900000	22500	2,5
27			

Dreisatz_zusammengesetzt | Prozentrechnen

8.4.2 Prozentrechnen bei Vergleichen im Zeitablauf

Beispiel

Rechenbeispiel 1

Die Inhaberin des SB-Marktes Gerdes möchte die Umsätze der Jahre 20(–1) und 20(0) miteinander vergleichen. Die Veränderungen in € hat sie bereits ermittelt (+ 25.000,00 €).
Sie möchte den Umsatzzuwachs nun in % ausdrücken.

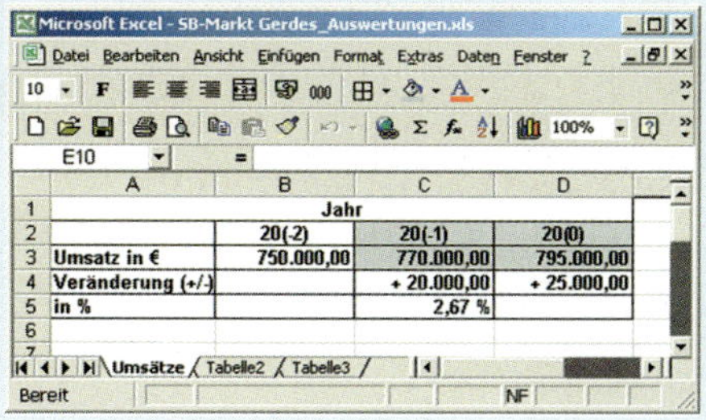

	A	B	C	D
1		Jahr		
2		20(-2)	20(-1)	20(0)
3	Umsatz in €	750.000,00	770.000,00	795.000,00
4	Veränderung (+/-)		+ 20.000,00	+ 25.000,00
5	in %		2,67 %	

■ Lösungsweg

Wird die zeitliche Entwicklung von zwei Werten verglichen, wird gewöhnlich der **alte** (vorhergehende, ehemalige, erste) **Wert** mit 100 % gleichgesetzt.

Das Ergebnis lässt sich mithilfe der Dreisatzrechnung ermitteln:

Behauptungssatz: Der Umsatz des Jahres 20(-1) beträgt 100 %.

Fragesatz: Wie viel Prozent beträgt die Steigerung des Umsatzes von 25.000,00 €?

Umsatz 20(-1)	= 100 %
Umsatzsteigerung	= X %

770.000,00 € = 100 %

25.000,00 e = X %

$$\frac{100 \times 25.000,00}{770.000,00} = \underline{\underline{\mathbf{3,25\ \%}}} \text{ (gerundet)}$$

$$\frac{100}{770.000,00}$$

770.000,00 € entsprechen 100 %.
25.000,00 € sind wie viel %?
100 geteilt durch 770.000,00 € gibt an, welchen Prozentanteil 1 € ausmacht.

Bruchsatz:

$$\frac{100 \times 22.500,00}{900.000,00}$$

Gesucht ist aber der Prozentanteil von 25.000,00 €, also ist mit 25.000,00 zu multiplizieren.

Beispiel

Rechenbeispiel 2

In der Abteilung Schuhe/Lederwaren des City-Warenhauses Bauer hatte die Abteilungsleiterin, Frau Seifert, eine zusätzliche Teilzeitkraft (0,2 Stellen) beantragt und erhalten. Nach einem Jahr vergleicht Frau Dehn in der Personalabteilung, wie sich die Umsätze pro Mitarbeiter im Jahr in der Abteilung verändert haben.

bei 3 Mitarbeitern:	78.000,00 € Umsatz pro Mitarbeiter
bei 3,2 Mitarbeitern:	74.500,00 € Umsatz pro Mitarbeiter

Behauptungssatz: Der Umsatz pro Mitarbeiter im Vorjahr beträgt 100 %.

Fragesatz: Wie viel Prozent beträgt der Umsatz pro Mitarbeiter in diesem Jahr?

Umsatz Vorjahr	=	100 %
Umsatz dieses Jahr	=	X %

Bruchsatz:

78.000,00 €	=	100 %
74.500,00 €	=	X %

$$\frac{100 \times 74.500,00}{78.000,00} = \underline{\underline{\mathbf{95,51\ \%}}} \text{ (gerundet)}$$

78.000,00 € entsprechen 100 %. 74.500,00 € sind wie viel %? 100 geteilt durch 78.000,00 € gibt an, welchen Prozentanteil 1 € ausmacht. Gesucht ist aber der Prozentanteil von 74.500,00 €, also ist mit 74.500,00 zu multiplizieren.
Ergebnis: Der Umsatz pro Mitarbeiter ist um 4,49 % zurückgegangen.

Grundsatz: Der frühere, ältere, erste Wert ist in der Regel mit 100 % gleichzusetzen.

Arbeitsschritte

Prozentrechnung mithilfe des Dreisatzes

1. Den bekannten €-Wert mit dem bekannten Prozentsatz gleichsetzen = Bedingungssatz (Häufig ist das der Grundwert, der 100 % entspricht).
2. Fragesatz entwickeln.
3. Die gesuchte Größe berechnen, indem auf die Einheit geschlossen wird.

Prozentrechnen mit einem Tabellenkalkulationsprogramm (zu Beispiel 1)

	A	B	C
1			
2	**Prozentrechnen**		100 %?
3			
4	**Jahr**	**Umsätze**	**Prozentsätze**
5	20(-1)	770000	100
6	20(0)	25000	=C5/B5*B6
7			
8	**oder**		
9	**Jahr**	**Umsätze**	**Prozentsätze**
10	20(-1)	770000	100
11	20(0)	795000	=C10/B10*B11
12			
13			
14	**Jahr**	**Umsätze**	**Prozentsätze**
15	20(-1)	770000	100
16	20(0)	25000	3,25
17			
18	**oder**		
19	**Jahr**	**Umsätze**	**Prozentsätze**
20	20(-1)	770000	100
21	20(0)	795000	103,25
22			

8.4.3 Der vermehrte Grundwert

Bei der Prozentrechnung kann nicht immer vom reinen Grundwert (100 %) ausgegangen werden, da häufig ein Wert zugrunde gelegt werden muss, der um einen bestimmten Prozentwert(-satz) über dem reinen Wert (Grundwert) von 100 % liegt. Man nennt die Rechnung vom vermehrten Grundwert daher auch Auf-Hundert-Rechnung.

Beispiel

Ein Haushaltswarengeschäft verkauft eine Küchenmaschine für 357,00 €. Der Kunde wünscht eine Quittung, auf der Nettobetrag, Umsatzsteueranteil und Gesamtbetrag getrennt angegeben sind.

■ Lösungsweg

Da im Einzelhandel die Ware brutto ausgezeichnet werden muss, hat der Händler auf Wunsch des Kunden aus diesem Betrag die Umsatzsteuer herauszurechnen. Vor der Auszeichnung der Ware wird der Bruttobetrag der Ware – vom Nettobetrag ausgehend – ermittelt. Dabei entspricht der Nettobetrag dem Vergleichswert 100 (Prozent). Der Bruttobetrag entspricht demnach 119 %.

Vor der Preisauszeichnung der Ware

						€
Nettobetrag der Ware	=	100 %	=	**Grundwert**		300,00
+ 19 % Umsatzsteuer	=	19 %	=	**Prozentwert**		57,00
Bruttobetrag der Ware	=	119 %	=	**vermehrter Grundwert**		357,00

Nach dem Verkauf der Ware, wenn eine Quittung gewünscht wird, aber nur der Bruttobetrag bekannt ist, muss „rückwärts" gerechnet werden.

Mithilfe des Dreisatzes kann entweder die Umsatzsteuer (a) oder der Nettobetrag (b) ermittelt werden:

zu a)

Bruttobetrag	119 %	=	357,00 €
Umsatzsteuer	19 %	=	X %

$$X = \frac{357{,}00 \times 100}{119} = \textbf{57,00 € Umsatzsteuer}$$

zu b)

Bruttobetrag	119 %	=	357,00 €
Nettobetrag	100 %	=	X %

$$X = \frac{357{,}00 \times 100}{119} = \textbf{300,00 € Nettobetrag}$$

Arbeitsschritte

Vermehrter Grundwert

1. Erstellung einer Übersicht:

   Grundwert
   + Prozentwert
   = vermehrter Grundwert

2. Die Prozentsätze für den Grundwert (immer 100 %), für den Prozentwert und für den vermehrten Grundwert in die Übersicht eintragen.
3. Den bekannten Betrag eintragen (z. B. den Bruttobetrag).
4. Den gesuchten Betrag (die gesuchten Beträge) mithilfe der Dreisatzrechnung ermitteln.

Berechnung des vermehrten Grundwertes mit einem Kalkulationsprogramm

	A	B	C
1			
2	**Vermehrter Grundwert**		
3			
4		**in %**	**€**
5	Nettobetrag	100	300
6	+ Umsatzsteuer	19	=C5/B5*B6
7	Bruttobetrag	119	=C5+C6
8			
9	Bruttobetrag	119	357
10	Umsatzsteuer	19	=C9/B9*B10
11			
12	Bruttobetrag	119	357
13	Nettobetrag	100	=C12/B12*B13
14			
15			
16		**in %**	**€**
17	Nettobetrag	100	300
18	+ Umsatzsteuer	19	57
19	Bruttobetrag	119	**357**
20			
21	Bruttobetrag	119	357
22	Umsatzsteuer	19	**57**
23			
24	Bruttobetrag	119	357
25	Nettobetrag	100	**300**
26			

8.4.4 Der verminderte Grundwert

Bei der Prozentrechnung vom verminderten Grundwert geht die Rechnung von einem Betrag aus, der weniger als 100 % ist. Der verminderte Grundwert liegt um einen bestimmten Prozentwert(-satz) unter dem Grundwert von 100 %. Man nennt die Rechnung vom verminderten Grundwert deshalb auch *Im-Hundert-Rechnung*.

Beispiel

Im Sommerschlussverkauf ist ein Herrenmantel mit 360,00 € ausgezeichnet. Den Preis hatte man um 20 % herabgesetzt. Wie viel € betrug die Preisherabsetzung und wie hoch war der alte Preis?

Lösungsweg

Vor dem Preisnachlass

						€
ursprünglicher Preis	=	100 %	=	**Grundwert**		450,00
– Preisnachlass	=	20 %	=	**Prozentwert**		90,00
ausgezeichneter Preis	=	80 %	=	**verminderter Grundwert**		360,00

Wenn der ursprüngliche Preis nicht mehr bekannt ist und im Nachhinein ermittelt werden soll, ist „rückwärts" zu rechnen.

Mithilfe des Dreisatzes kann entweder die Umsatzsteuer (a) oder der Nettobetrag (b) ermittelt werden:

zu a)
ausgezeichneter Preis
Preisherbabsetzung

80 %	=	360,00 €
20 %	=	X €

$$X = \frac{360{,}00 \times 20}{80}$$ = **90,00 € Preisnachlass**

zu b)
ausgezeichneter Preis
ursprünglicher Preis

80 %	=	360,00 €
100 %	=	X €

$$X = \frac{360{,}00 \times 100}{80}$$ = **450,00 € ursprünglicher Verkaufspreis**

Arbeitsschritte

Vermehrter Grundwert

1. Erstellung einer Übersicht:

   Grundwert
   – Prozentwert
   = verminderter Grundwert

2. Die Prozentsätze für den Grundwert (immer 100 %), für den Prozentwert und für den vermehrten Grundwert in die Übersicht eintragen.
3. Den bekannten Betrag eintragen (z. B. den Bruttobetrag).
4. Den gesuchten Betrag (die gesuchten Beträge) mithilfe der Dreisatzrechnung ermitteln.

Berechnung des verminderten Grundwertes mit einem Kalkulationsprogramm

	A	B	C
1			
2	**Verminderter Grundwert**		
3			
4		**in %**	**€**
5	ursprünglicher Preis	100	450
6	- Preisnachlass	20	=C5/B5*B6
7	ausgezeichneter Preis	80	=C5-C6
8			
9	ausgezeichneter Preis	80	=C7-C8
10	Preisherabsetzung	20	**=C9/B9*B10**
11			
12	ausgezeichneter Preis	80	360
13	ursprünglicher Preis	100	**=C12/B12*B13**
14			
15			
16		**in %**	**€**
17	ursprünglicher Preis	100	450
18	- Preisnachlass	20	90
19	ausgezeichneter Preis	80	**360**
20			
21	ausgezeichneter Preis	80	360
22	Preisherabsetzung	20	**90**
23			
24	ausgezeichneter Preis	80	360
25	ursprünglicher Preis	100	**450**
26			

Waren präsentieren

1 Kundenansprüche an die Warenplatzierung

Ein Kunde, der ein Einzelhandelsgeschäft betritt, erwartet in der Regel einen sauberen Verkaufsraum mit ansprechender Raumatmosphäre vorzufinden.
Er wünscht von freundlichem Personal empfangen zu werden und Waren zu bekommen, die seinen Wünschen in Preis und Qualität entsprechen. Betrachtet man speziell die Ansprüche von Kunden an die Warenplatzierung, so sind vier Ansprüche zu nennen:

① **Geringer Suchaufwand:** Der Kunde möchte nicht lange überlegen, wo er die von ihm gewünschte Ware finden kann und er möchte auch keinen langen Weg dorthin zurücklegen.

② **Einfache Vergleichbarkeit:** Dem Suchprozess folgt der Entscheidungsprozess, bei dem der Kunde das infrage kommende Warenangebot vergleicht und eine Auswahl trifft. Der Kunde wünscht eine gute Vergleichbarkeit der Produkte (die z. B. unmittelbar nebeneinanderstehen), weil das den Zeitaufwand für seine Entscheidung gering hält.

Erlebniskäufe siehe Seite 58

③ **Kaufanregung:** Vielen Kunden macht das Einkaufen Freude, vor allem bei den Erlebniseinkäufen (im Gegensatz zu den Versorgungseinkäufen). Sie möchten daher durch die Warenplatzierung (und natürlich im Beratungsgespräch) auf weitere Kaufalternativen aufmerksam gemacht werden.

④ **Ansprechendes optisches Erscheinungsbild** des Geschäftes/der Abteilung: Kunden möchten sich in einem Geschäft wohl fühlen. Das Wohlgefühl steigt, wenn sich die Kunden in einem Geschäft mit ansprechender Einkaufsatmosphäre bewegen können.

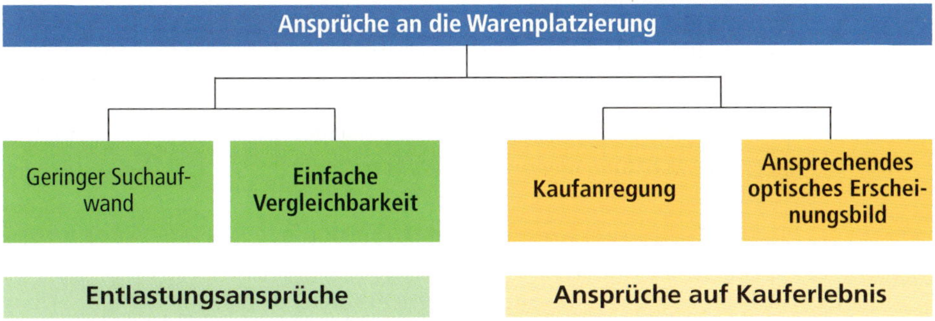

Aus Kundenbefragungen ist deutlich geworden, dass die **Entlastungsansprüche** als wesentlich wichtiger eingestuft werden als die Erlebnisansprüche.

Plankauf – Impulskauf

Entscheidet der Kunde außerhalb des Geschäftes (z. B. zu Hause), welche Produkte er einkaufen möchte, handelt es sich um einen **Plankauf**. Für Plankäufe wünscht der Kunde einen geringen Suchaufwand und einen einfachen Entscheidungsprozess (gute Vergleichbarkeit mit alternativen Produkten). Für typische Plankaufprodukte (auch **Suchkaufprodukte** oder **Mussartikel** genannt) hat der Einzelhändler demnach die Entlastungsansprüche besonders zu beachten, indem er z. B. das Auffinden der Produkte durch Orientierungs- und Informationshilfen unterstützt.

Siehe Seite 287

Entschließt sich der Kunde erst im Geschäft zum Kauf, liegt ein (ungeplanter) **Impulskauf** vor. Bei typischen Impulskaufprodukten ist der Kunde offen für eine erlebnisbezogene Warenplatzierung.

Kundenorientierte Warenplatzierung

Kundenorientierung siehe Seite 16

Werden die Ansprüche des Kunden beim Einkauf erfüllt, steigt seine Zufriedenheit mit dem Geschäft. Das verbessert die Chance auf eine langfristige **Kundenbindung**. Ein Einzelhandelsgeschäft, das die Ansprüche der Kunden an die Darbietung der Waren beachtet, erfüllt die Forderungen an eine **kundenorientierte Warenplatzierung**. Sie ist dadurch gekennzeichnet, dass Kunden in ihren Such- und Entscheidungsprozessen entlastet werden und zusätzlich erlebnisfördernde Einkaufssituationen geboten bekommen.

Die gängige Praxis, Muss- oder Suchartikel in abgelegene Bereiche des Verkaufsraumes oder an den unbequemen Stellen des Verkaufsregals zu platzieren, widerspricht daher den Grundsätzen einer kundenorientierten Warenplatzierung.

Siehe „Warenpräsentation" Seite 303

2 Verteilung von Flächen- und Regalkapazitäten

Im Rahmen der Warenplatzierung ist die Frage zu beantworten, an welchem **Ort**, in welchem **Umfang** und in welcher **Form** Warengruppen und einzelne Produkte im Verkaufsraum und im Regal (Warenträger) platziert werden.

Die **Verkaufsraumgestaltung** geht dabei der Frage nach, wie die Warengruppen und Warenträger im Verkaufsraum verteilt werden. Die **Warenpräsentation** betrachtet die Unterbringung der einzelnen Produkte im Regal. Man spricht in diesem Zusammenhang auch von **Flächen-** und **Regalmanagement**.

Warenplatzierung	
Verkaufsraumgestaltung	**Warenpräsentation**
Verteilung der Warenträger und Warengruppen im Verkaufsraum	Darbietung der Waren in Warenträgern

Ein Verkaufsraum lässt sich allgemein in drei **Funktionsflächen** aufteilen:

- **Warenfläche:** Flächen, auf denen Waren auf Warenträgern präsentiert werden.
- **Kundenfläche:** Flächen für den Kundenlauf, z. B. Eingänge, Laufwege, Treppen
- **Übrige Verkaufsfläche:** z. B. Kassenzonen, Umkleidekabinen usw.

Als **Warenträger** stehen vielfältige Modelle zur Verfügung. Beispiele:

Wandregal

Mittenregal

Ständer

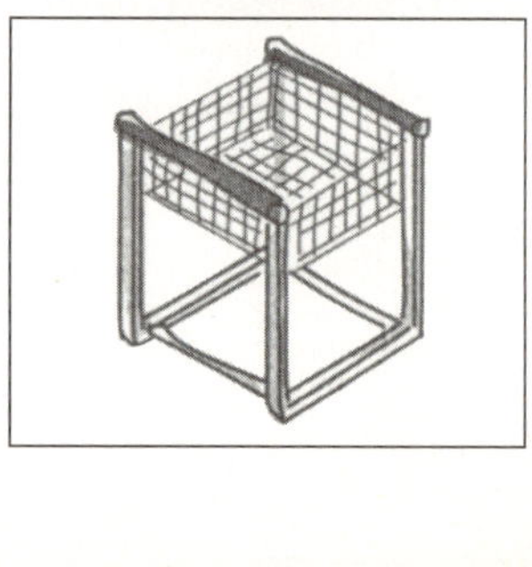

Schütte

3 Verkaufsraumgestaltung

3.1 Gestaltungsgrundsätze

Bedingt durch die Laufgewohnheiten von Kunden, werden bestimmte Zonen eines Geschäftes von Kunden häufiger besucht. Diese Zonen gelten als verkaufsstark, weil Produkte, die der Kunde sieht, eine bessere Abverkaufschance haben. Es ist verständlich, dass ein Einzelhändler an den besten Plätzen des Verkaufsraumes diejenigen Produkte unterbringt, die für ihn besonders interessant sind, weil sie z. B. mit einer hohen Gewinnspanne kalkuliert wurden.

Laufgewohnheiten siehe Seite 284

Einzelhandelsinteressante Produkte: Waren, die für den Einzelhändler vorteilhaft sind, in der Regel gut kalkulierte Produkte.

Produkte, die vor allem für den Kunden interessant sind und an denen der Einzelhändler häufig wenig oder gar nichts verdient, wird der Einzelhändler eher an den verkaufsschwachen Stellen seines Geschäftes darbieten. Ein erster Grundsatz lässt sich daher wie folgt formulieren:

Die besten Plätze im Verkaufsraum erhalten die einzelhandelsinteressanten Produkte.

Durch die Anordnung der Warenträger und die Platzierung der Warengruppen kann der Einzelhändler den Kundenlauf beeinflussen. In Beispiel 1 wird der Kunde stark durch die rechteckige Anordnung der Warenträger durch den Verkaufsraum gelenkt. In Beispiel 2 hingegen hat der Kunde an vielen Stellen die Freiheit, sich für eine bestimmte Laufrichtung zu entscheiden.

Kundeninteressante Produkte: Waren, die vom Kunden als vorteilhaft angesehen werden.

Beispiel 1

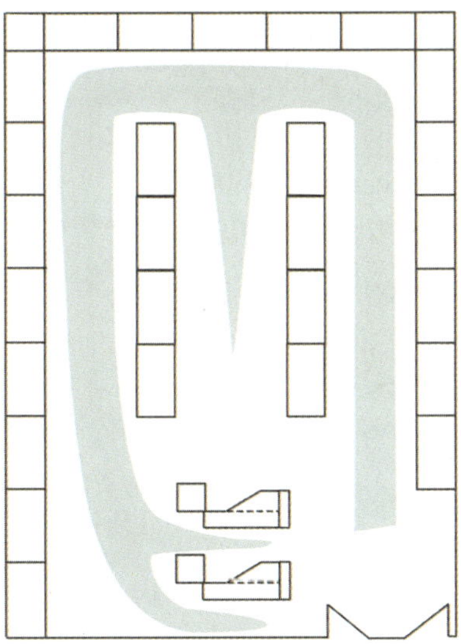

Beispiel 2

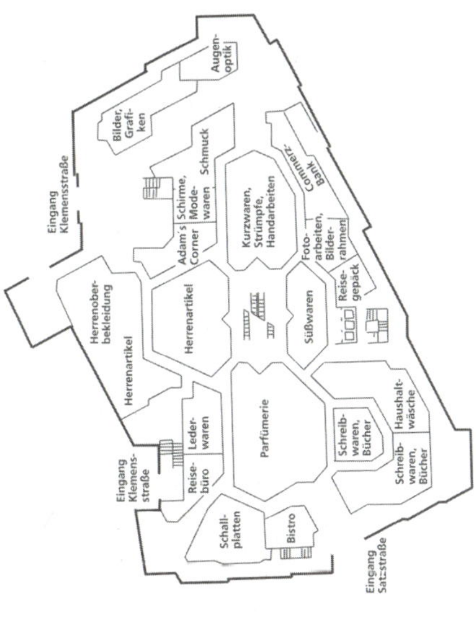

Wenn ein Einzelhändler Produkte des täglichen Bedarfs oder bei Kunden besonders beliebte Waren in den hinteren Bereich seines Verkaufsraumes unterbringt, sind die Kunden gezwungen, diesen Teil des Geschäftes aufzusuchen.
Der Einzelhändler nutzt die Lenkungsmöglichkeiten, die sich aus der Anordnung der Warenträger und der Platzierung der Warengruppen ergeben, um den Kunden in seinem Sinne durch das Geschäft zu führen. Ein zweiter Grundsatz lautet demnach:

→ Durch eine überlegte Anordnung der Warenträger und eine geschickte Platzierung der Warengruppen wird der Kundenweg im Geschäft beeinflusst.

Dabei soll der Kunde aber ohne Zwang durch den Verkaufsraum geführt werden. Es ist wirksamer, den Kunden in bestimmte Zonen des Verkaufsraumes zu locken als ihn dorthin zu drängen.

3.2 Allgemeine Gestaltungsregeln

Grundsätzlich ist es jedem Einzelhändler freigestellt, wie er seine Warenträger anordnet und die Warengruppen im Geschäft verteilt. Beachtet er allerdings die Einkaufsgewohnheiten und -vorlieben der Kunden, kann er seinen Geschäftserfolg wirksam beeinflussen.

→ **1. Kunden benötigen Orientierung**

Kunden wollen sich in einem Geschäft gut zurechtfinden. Ist dies der Fall, steigt die Stimmung des Konsumenten. Das hat viele positive Folgen:
- Einkaufswichtige Informationen werden vom Kunden besser wahrgenommen und auch besser behalten.
- Die Eigenschaften von Produkten werden positiver beurteilt.
- Die Kauffreude steigt und Kaufentscheidungen werden schneller getroffen. Dies führt zu einer höheren Einkaufssumme pro Kunde.
- Die Zufriedenheit über den Einkauf wird größer.

Wie orientieren sich Kunden in einem Geschäft? Kunden entwickeln in ihrem Kopf einen gedanklichen **Lageplan**. Der Einzelhändler kann die Speicherung dieser „Landkarte" durch verschiedene Maßnahmen verbessern:
- Ein klar gegliederter Verkaufsraum, in dem der Kunde z. B. die Hauptwege deutlich erkennen kann, lässt sich leichter einprägen.
- Ein **Kundenleitsystem** (z. B. durch Hinweisschilder) hilft dem Kunden, sich zurechtzufinden. Es führt auch dazu, dass Kunden „eingefahrene" Wege verlassen und sich in weniger besuchte Zonen des Geschäftes begeben, ohne die Orientierung zu verlieren.

- Deutlich voneinander **getrennte Warengruppen** kann der Kunde leichter in seinem inneren Lageplan abspeichern (z. B. Damen-, Herren-, Kinderschuhe).
- **„Orientierungspunkte“** wie Eingangsbereich, Kasse, Kinderspielecke oder ein Kaffeeausschank dienen der optischen Hervorhebung und schaffen Markierungspunkte in dem Bild, das sich der Kunde vom Verkaufsraum macht.

- **Niedrige Warenträger** verbessern die Sicht des Kunden über den Verkaufsraum.
- Eine Anordnung der Warengruppen, die der **Suchlogik** des Kunden entspricht, erleichtert die Orientierung.

Alle Produkte für das Frühstück werden infolge angeboten (Brot, Brötchen, Kaffee, Dosenmilch, Kaffeefilter, Marmelade, Honig) **Beispiel**

Die vielfach diskutierte Frage, ob man die Warenträger und Warengruppen regelmäßig umräumen sollte, damit der Kunde auch bisher nicht wahrgenommene Sortimentsteile aufsucht, ist unter dem Gesichtspunkt der Orientierung im Geschäft eindeutig zu klären: Der gedankliche Lageplan des Kunden verträgt keine schnellen Wechsel, sondern verlangt Beständigkeit und Vertrautheit.

2. Kunden sollen sich in einem Geschäft wohl fühlen

Wenn sich Kunden gerne in einem Geschäft aufhalten, entsteht eine verkaufsfördernde Ladenatmosphäre mit den oben beschriebenen positiven Folgen für das Einkaufsverhalten.

Damit sich Kunden im Geschäft wohlfühlen, sind einige Bedingungen zu beachten, die die **Verkaufsatmosphäre** beeinflussen.

Nicht nur in der Beziehung zwischen Menschen ist der erste Eindruck oft entscheidend („Der erste Eindruck bekommt keine zweite Chance“). Ein Kunde bekommt seinen ersten Eindruck von einem Einzelhandelsgeschäft durch die **Fassade**, die **Schaufenster** und den **Eingangsbereich**. Diese drei Elemente stellen die Visitenkarte des Unternehmens dar. Die Fassade sollte zur Größe und Art des Geschäftes passen und sich attraktiv und zeitgemäß darstellen. Die Schaufenster sollten dem Kunden eine erste Orientierung über das Sortiment ermöglichen und ihn anregen, das Geschäft zu betreten.

Der Eingang ist die Übergangszone vom Außen- zum Innenbereich. Eine großzügige, einladende Gestaltung vermindert die Schwellenangst beim Kunden. Stufen und den Weg versperrende Warenträger sind möglichst zu vermeiden. Vielfach gelingt es, den Kunden von der Schaufensterbetrachtung quasi automatisch in den Verkaufsraum zu lenken. Eine Glastüranlage mit einem tiefen Einblick in den Verkaufsraum unterstützt dieses Bemühen.

Im Geschäft sind **Sauberkeit** und **Ordnung** zentrale Erwartungen von Kunden, die auf keinen Fall missachtet werden dürfen.

Kunden zwängen sich nicht gerne durch enge und mit Waren überfüllte Gänge. Die **Gangbreite** zwischen den Warenträgern sollte daher etwa 1,80 bis 2,00 m betragen. Als Faustregel gilt, dass die Gangbreite sich nach der Höhe der umgebenden Warenträger richtet. Warenträger von 1,80 m Höhe erfordern demnach auch z. B. eine Gangbreite von 1,80 m.

Der Einzelhändler kann die **Regalhöhe** maximieren, um besonders viele Produkte unterzubringen. Der Kunde wünscht aber eher niedrige Warenträger (z. B. 1,60 m Produktoberkante), damit er einen Überblick über das gesamte Geschäft bekommt und er nicht das Gefühl hat, sich in einem Tunnel zu bewegen.

Die **Beleuchtung** im Verkaufsraum muss so beschaffen sein, dass der Kunde die Waren leicht erkennen und prüfen kann. Wichtig ist darüber hinaus ein warmes, freundliches Licht, das zum Verweilen einlädt.

Besondere Sortimentsteile können durch spezielle Lichteffekte hervorgehoben werden.

Die **Raumtemperatur** trägt ganz entscheidend zur Verkaufsatmosphäre bei. Sie sollte 18 bis 22 °C betragen. Klimaanlagen gehören heute zunehmend zur Standardausrüstung von Einzelhandelsgeschäften.

Siehe auch Warenvorlage Seite 134

Eine zurückhaltende **farbliche Gestaltung** des Verkaufsraumes, die das Produkt im Vordergrund belässt, **Hinweisschilder**, die dem Kunden die Orientierung erleichtern und eine dezente **Hintergrundmusik** runden eine gelungene Verkaufsraumgestaltung ab. Immer mehr Einzelhändler gehen dazu über, den Verkauf durch **Duftspender** zu fördern, indem z. B. im Bereich Süßwaren ein leichter Schokoladengeruch die Kaufstimmung hebt. Mit Ausstellungsstücken kann der **Tastsinn** des Kunden angesprochen werden. Es gilt also der Grundsatz, möglichst alle Sinne des Kunden bei der Verkaufsraumgestaltung zu beachten, gleichzeitig aber eine Reizüberflutung zu vermeiden, weil sie zu Stressreaktionen beim Kunden führen kann.

Beispiel

In einem Musikfachgeschäft, das vor allem von jugendlichen Kunden besucht wird, gilt eine auffällige Hintergrundmusik als verkaufsfördernd. In einem Lebensmittelsupermarkt würde die gleiche Musik die Verweildauer der Kunden eher verringern.

Visual Merchandising

Verkaufsförderung siehe Seite 251

Unter Visual Merchandising versteht man die bildhafte Information über Produkte, um den Verkauf zu fördern. „Ein Bild sagt mehr als tausend Worte" – diese Aussage gilt auch für die Verkaufsraumgestaltung und die Warenpräsentation. Produkte, die in ihrem Verwendungszusammenhang gezeigt werden (z. B. die Urlaubsgarderobe in einem Urlaubsumfeld) prägen sich beim Kunden viel schneller ein und bleiben länger im Gedächtnis haften. Außerdem entwickeln sich beim Kunden bei der Betrachtung von Warenbildern gefühlsmäßige Erlebniswerte, die die Kauflust steigern. Der Einzelhandel bemüht sich daher heute vermehrt darum, Waren nicht einfach nur im Geschäft zum Kauf bereitzuhalten, sondern er setzt Produkte in Szene, umgibt sie mit passendem Zubehör und schafft dadurch Kaufanreize.

3. Die Anzahl der Produktkontakte maximieren

In der Diskussion um die optimale Verkaufsraumgestaltung wird immer wieder gefordert, die Warenträger und Warengruppen so anzuordnen, dass der Kunde möglichst lange im Geschäft verweilt. Es ist erwiesen, dass mit einem Anstieg der Verweildauer auch der Umsatz pro Kunde zunimmt. Eine hohe Verweildauer kann allerdings auch das Ergebnis eines verwirrenden und ergebnislosen Suchprozesses aufgrund fehlender Orientierung sein, bei dem der Kunde am Ende entnervt das Geschäft verlässt. Eine verkaufswirksame Ladengestaltung sollte daher nicht nur die Verweildauer, sondern vermehrt die Steigerung der **Produktkontakte** im Auge behalten.

Eine orientierungsfreundliche Ladenumwelt und eine Geschäftsatmosphäre, in der sich der Kunde wohl fühlt, fördern die Bereitschaft des Kunden, sich längere Zeit im Verkaufsraum aufzuhalten. Hinzu treten sollten aber **Einkaufserlebnisse**, die den Kunden dazu bringen, sich aktiv mit dem Warenangebot auseinander zu setzen. Über die Verkaufsfläche verteilte Warenträger mit speziellen preislichen (Sonderangebote), saisonalen (z. B. Frühjahr) oder anlassbezogenen Angeboten (z. B. Fußballweltmeisterschaft) stoppen immer wieder den Kundenlauf und laden zum Betrachten, Ausprobieren und Prüfen der Angebote ein.

Man spricht in diesem Zusammenhang auch von Erlebnisinseln.

Danach müssen aber wieder „Ruhephasen" mit dem gewohnten Raumbild kommen, damit der Kunde nicht durch zu viele Einkaufsanreize überfordert wird.

Siehe „Arten von Warenplatzierung" Seite 290 und die Aussagen zur Suchlogik Seite 296

Eine Vermehrung der Produktkontakte lässt sich auch durch eine **Verbundplatzierung** erreichen. Zusammengehörende Produkte (z. B. „Alles zum Frühstück") verknüpft der Kunde mit dem Verwendungsereignis, sodass er auch Produkte einkauft, die nicht zu seinem Einkaufsplan gehören. Über die Vorstellung von der Verwendung der Produkte in einer konkreten Lebenssituation entsteht für den Kunden gleichzeitig ein Einkaufserlebnis, das seine Einkaufsfreude steigert und seine Ausgabebereitschaft erhöht.

Convenience = engl. Bequemlichkeit

Convenience-Einrichtungen wie z. B. Sitzgelegenheiten, Kunden-Café und Kinderspielbereiche erleichtern darüber hinaus dem Kunden den Einkauf, stärken damit seine Geduld und führen auf diese Weise zu weiteren Produktkontakten. Letztlich wird wieder die Einkaufsfreude erhöht mit der bekannten positiven Wirkung für den Einzelhändler.

4. Laufgewohnheiten der Kunden beachten

In einem Verkaufsraum zeigen Kunden bestimmte Verhaltensweisen, die ihnen offensichtlich von der Natur mitgegeben worden sind:

- Kunden bevorzugen den **Linkslauf** (Lauf gegen den Uhrzeigersinn), sind aber nach **rechts orientiert** (Blick und Griff vorzugsweise nach rechts).
- Sie durchwandern den Verkaufsraum vor allem im **Randbereich**, meiden also die Mitte des Geschäftes.
- Der **Bewegungsrhythmus** des Kunden im Geschäft lautet: schnell – langsam – schnell. Das heißt, er betritt zunächst das Geschäft mit schnellen Schritten, so wie er es von der Straße gewohnt ist. Danach verlangsamt sich sein Gang und er nimmt sich Zeit für die Betrachtung der Warenauswahl. Auf dem Weg zur Kasse nimmt das Schritttempo wieder zu.
- Der Kunde meidet **Kehrtwendungen** und **Ladenecken**

Beachtet man diese Laufgewohnheiten von Kunden, kann der Einzelhändler den Kundenweg durch die Anordnung der Warenträger und die Verteilung der Warengruppen im Geschäft steuern.

4 Verkaufsraumgestaltung bei Bedienung

In einem **Bedienungsgeschäft** wird ein Kunde, der das Geschäft betritt, sofort angesprochen und bedient. Neben dem attraktiven Sortiment entscheidet auch eine verkaufsaktive Gestaltung des Geschäftsraumes über den Erfolg des Einzelhändlers. Die Verkaufsraumgestaltung hängt nicht nur von der Art des Sortiments, sondern auch von den Kaufgewohnheiten der Kunden und den räumlichen Besonderheiten ab. Für ein Bedienungsgeschäft gelten allgemein folgende Grundsätze:

- Warenträger und Warengruppen sind so anzuordnen, dass weder der Eindruck gähnender Leere noch drangvoller Enge entsteht.
- Für Produkte, die eine ausgiebige Beratung erfordern, sollen die Warenträger so angeordnet sein, dass **Beratungszonen** entstehen. Diese sind aus dem normalen Kundenlauf (Kundenstrom) auszugliedern.

Verlaufszonen siehe Seite 286

- Eine Geschäftseinrichtung ist verkaufsaktiv, wenn sie eine **angenehme Verkaufsatmosphäre** schafft, die den Kunden zum Verweilen einlädt.

Siehe Seite 281

5 Verkaufsraumgestaltung bei Vorwahl

5.1 Vorwahl – das Prinzip

Siehe Kundengruppen auf Seite 117

In einem Geschäft mit Vorwahl sucht ein Kunde zunächst die Warengruppe selbst auf, aus der er etwas zu kaufen wünscht. Erst nachdem er eine gewisse Auswahl getroffen hat und durch Gestik, Mimik oder Worte zum Ausdruck bringt, dass er sich für einen bestimmten Artikel interessiert, tritt ein Kundenberater hinzu. Auf diese Weise wird eine Entlastung des Personals erreicht, weil

- sogenannte Sehkunden den Laden durchwandern können, ohne das Personal in Anspruch zu nehmen und
- der Verkaufsvorgang um den ersten Teil, nämlich die Eingrenzung des Kundenwunsches, verkürzt wird.

Siehe Laufgewohnheiten von Kunden Seite 284

Durch entsprechende Aufstellung der Warenträger wird dem Kunden die Vorwahl erleichtert und außerdem der Kundenstrom sinnvoll mit dem Ziel durch das Geschäft gelenkt, Kunden einen möglichst großen Teil des Sortiments zu zeigen. Bei der Kundenführung ist zu beachten, dass Kunden den Linkslauf (Lauf gegen den Uhrzeigersinn) bevorzugen, aber nach rechts orientiert sind (Blick und Griff vorzugsweise nach rechts).

5.2 Verkaufszonen

Aus der Anordnung der Warenträger und Warengruppen ergeben sich bestimmte **Verkaufszonen**, die sich vorzugsweise für den Verkauf besonderer Sortimentsteile eignen. Die wichtigsten Verkaufszonen in einem Einzelhandelsgeschäft sind die Folgenden:

Siehe auch A-, B-, C-Lagen auf Seite 295

Eingangszone	Verkaufsfläche im Eingangsbereich eines Geschäftes
Bremszone	Zone im Eingangsbereich, in der der Schritt des Kunden durch interessante Produkte oder durch Hindernisse verlangsamt wird
verkaufsstarke Zone	Zone, die von vielen Kunden aufgesucht wird
verkaufsschwache Zone	Zone mit geringer Kundenfrequenz
Beratungszone	Aus dem normalen Kundenlauf ausgegliederter Bereich, in dem stark erklärungsbedürftige Artikel angeboten werden
Bedienungszone	Bereich, in dem Waren angeboten werden, die dem Kunden nicht frei zugänglich sind
Auflaufzone	Zone im Bereich der Theken und Kassen mit wartenden Kunden
Kassenzone	Verkaufsfläche im Bereich der Kasse

Bei der Frage, ob eine Warengruppe in einer verkaufsstarken oder in einer verkaufsschwachen Zone unterzubringen ist, kann man von folgender Grundüberlegung ausgehen: Wird die Kaufentscheidung vom Kunden eher außerhalb des Geschäftes getroffen (**Plankauf**), verträgt die Warengruppe eine verkaufsschwache Zone. Trifft der Kunde die Kaufentscheidung im Geschäft (**Impulskauf**), ist die Unterbringung in einer verkaufsstarken Zone erforderlich.

5.3 Besondere Sortimentsteile

Siehe Seite 64 Sortiment

Sortimente werden gewöhnlich nach Warengruppen gegliedert, eventuell zusätzlich nach Verwendungszusammenhängen gebündelt. Für die Darbietung von Waren im Geschäft sind aber weitere Gesichtspunkte von Bedeutung, die es erforderlich machen, bestimmte Sortimentsteile an speziellen Stellen im Geschäftsraum unterzubringen.

Beispiel

Diebstahlgefährdete Produkte gehören in Raumzonen, in denen sich üblicherweise ständig Personal aufhält, z. B. in Kassennähe oder in der Nähe von Beratungs- oder Bedienungszonen.

erklärungsbedürftige Produkte	Waren, die sich nicht allein durch die Darbietung im Geschäft verkaufen lassen, sondern die Beratungsleistung des Verkaufsmitarbeiters erfordern.
diebstahlgefährdete Produkte	Produkte, die wegen ihres Wertes oder ihrer Größe einer besonderen Diebstahlsgefahr unterliegen.
Suchkaufprodukte	Produkte, die der Kunde auch selbstständig sucht, weil er sie dringend benötigt.
Impulskaufprodukte	Waren, die der Kunde beim Gang in ein Geschäft nicht zu kaufen beabsichtigt, jedoch spontan erwirbt, weil sie ihm ins Auge fallen.
Plankaufprodukte	Produkte, die der Kunde zielgerichtet einkaufen möchte und wegen derer er ein Geschäft aufsucht.
Sonderangebote	Produkte, die zu besonders günstigen Preisen angeboten werden und die dadurch für den Kunden besonders interessant sind.
Magnetangebote	Sie sollen den Kunden in das Geschäft locken. Oft befinden sich diese Produkte auf Sonderständen vor dem Geschäft.
empfindliche Produkte	Waren, die aufgrund ihrer Beschaffenheit eine besonders sorgfältige Behandlung erfordern und daher häufig dem Kunden nicht zugänglich gemacht werden dürfen.
Neuheiten	Produkte, die neu entwickelt worden sind oder die ein Geschäft neu ins Sortiment aufgenommen hat.

Diese speziellen Sortimentsteile erfordern auch eine besondere Darbietung im Geschäft. Die nachfolgende Tabelle zeigt beispielhaft, welchen Verkaufszonen diese Sortimentsteile sinnvoll zugeordnet werden können.

Beispiel (für die Zuteilung besonderer Sortimentsteile zu Verkaufszonen):

besondere Sortimentsteile	Verkaufszonen					
	Eingangszone	Beratungszone	Bedienungszone	verkaufsstarke Zone	verkaufsschwache Zone	Kassenzone
erklärungsbedürftige Produkte		x	x			
diebstahlgefährdete Produkte			x			x
Suchkaufprodukte					x	
Impulskaufprodukte	x			x		x
Sonderangebote	x				x	
Magnetangebote	x					
empfindliche Produkte		x	x			
Neuheiten	x					x

Je nach Art des Geschäftes sind weitere Besonderheiten möglich. Zum Beispiel gibt es Waren, die sich wegen des leichteren Nachräumens in der Nähe des Lagers befinden sollten (schwere oder unhandliche Artikel).

6 Verkaufsraumgestaltung bei Selbstwahl

6.1 Kundenwegplanung

In Geschäften mit Selbstwahl sucht der Kunde die gewünschten Produkte selbstständig aus. Der Einzelhändler ist aber bemüht, den Weg des Kunden durch das Geschäft über eine durchdachte **Kundenwegplanung** zu beeinflussen.

Impulskäufe siehe Seite 277

Der Kunde soll möglichst den ganzen Laden durchwandern und an einen großen Teil des Sortiments herangeführt werden. Je mehr Produkte der Kunde sieht, desto stärker sind die Verkaufschancen. Insbesondere wird er zu **Impulskäufen** angeregt.

Laufgewohnheiten siehe Seite 284

- Die Laufgewohnheiten der Kunden (Linkslauf, Rechtsorientierung, Bevorzugung der Außenwand, siehe oben) sind zu beachten.
- Durch **Stopper** kann der Schritt des Kunden im Eingangsbereich verlangsamt werden.

Beispiele für **Stopper**:
- Sonderangebote
- Saisonprodukte
- Warenträger im Gang

- Wenig verkaufswirksame Stellen des Verkaufsraumes (linke Seiten, Ecken, Mitte) sollten durch kundeninteressante Artikel **„aufgewertet“** werden, um den Kunden zu veranlassen, z. B. die Mitte des Verkaufsraumes aufzusuchen oder den Blick nach links zu wenden.
- **„Tote“ Raumzonen** (z. B. Ecken) sollten vermieden werden.
- Der Kunde läuft nicht gerne zurück, daher ist ein **fortschreitender Kundenweg** vom Eingang bis zur Kasse/Ausgang zu planen.
- Auch im Selbstbedienungsgeschäft können **Beratungszonen** erforderlich sein, vor allem für beratungsintensive Produkte, z. B. Wein und Käse.

Verkaufszonen siehe Seite 286

- Der Kunde erwartet, dass die Warenträger und Warengruppen so angeordnet sind, dass er sich leicht zurechtfindet. Das bedeutet, dass die Warengruppen nach der **Suchlogik** des Kunden anzuordnen sind.

Suchlogik siehe Seite 296

- Die **Kasse** sollte am Endpunkt des Kundenweges liegen. Durch die Platzierung kundeninteressanter Artikel können Wartezeiten beim Bezahlen zu Kaufanregungen (Impulskäufe) genutzt werden. Das Gleiche gilt für Theken, an denen die Kunden bei Hochbetrieb warten müssen.

Siehe Auflaufzone Seite 286

- Bei der Planung des Kundenweges sind häufig auch **baurechtliche Vorschriften** zu beachten, die sich nach den räumlichen Besonderheiten richten.
- Die **Wege des Personals** (z. B. für das Nachräumen der Ware) sollten kurz sein.

Sonderangebote im Eingangsbereich verlangsamen den Schritt des Kunden.

Sonderangebote auf der linken Seite des Ganges sorgen für einen Linksblick.

Frische Salate in der rechten („toten“) Ecke werten diese Stelle des Verkaufs raumes auf.

Richtig platzierte kundeninteressante Artikel können den Kunden veranlassen, langsamer zu gehen und verkaufsschwache Zonen aufzusuchen. Der Kunde bekommt dadurch ein größeres Warenangebot zu sehen und erhält mehr Gelegenheit zu Impulskäufen.

Beratungszone für Wein

Bedienungszone (Brotshop)

6.2 Arten von Warenplatzierungen

Bei der Verteilung des Sortiments auf die Verkaufsfläche kann sich der Einzelhändler von verschiedenen Gesichtspunkten leiten lassen.

- Bei der **Warengruppenplatzierung** (warenorientierte Platzierung) stellt ein Einzelhändler verwandte Produkte seines Sortiments nach Warengruppen und -arten zusammen und verteilt sie entsprechend auf Warenträger. Die Platzierung nach Warengruppen ermöglicht dem Kunden gezieltes Suchen und ist für den Einzelhändler einfacher zu handhaben.
- Bei der **Verbundplatzierung** (verwendungsorientierte Platzierung) geht ein Einzelhändler von den Wünschen der Kunden aus. Er bietet solche Produkte zusammenhängend dar, die für bestimmte Verwendungszwecke erforderlich sind. Diese Art der Platzierung ist für den Kunden bequemer, da alle Produkte eines Verwendungszwecks an einem Ort sind. Sie verlangt aber vom Einzelhändler, dass er sich in die Lage des Kunden versetzt und die Verwendungsmöglichkeiten aller Waren kennt. Dadurch ergibt sich u. U. eine dauernde Veränderung der Warenpräsentation. Andererseits schafft die Verbundplatzierung Kaufanregungen, sodass die Chance des Mehrverkaufs besteht. Die Verbundplatzierung wird daher heute als ein wichtiges Mittel angesehen, den Absatz zu fördern.

Stammplatzierung – Zweitplatzierung

- Bei der **gemischten Platzierung** geben Einzelhändler den Waren **Stammplätze** (Stammplatzierung), die nach Warengruppen gebildet werden, und – sofern dies sinnvoll ist – eine **Zweitplatzierung**, die sich an der Verwendung des Produkts orientiert. Batterien werden z. B. in der Elektroabteilung (Warengruppe Elektroartikel, Warenart Batterien) tief sortiert dargeboten. Zusätzlich erhalten Batterien überall dort einen Zweitplatz, wo sie für den Betrieb eines Produkts erforderlich sind.

7 Flächenplanung im Lebensmitteleinzelhandel

Grundsätzlich kann jeder Einzelhändler seine Verkaufsfläche nach eigenen Vorstellungen gestalten. Es ist aber sinnvoll, die Einkaufsgewohnheiten der Kunden zu beobachten und sich mit der Suchlogik des Kunden auseinander zu setzen, damit sich der Kunde im Geschäft wohlfühlt und möglichst viel einkauft. Die nachfolgenden Besonderheiten in der Verkaufsraumgestaltung sind in Lebensmittelgeschäften besonders häufig vorzufinden.

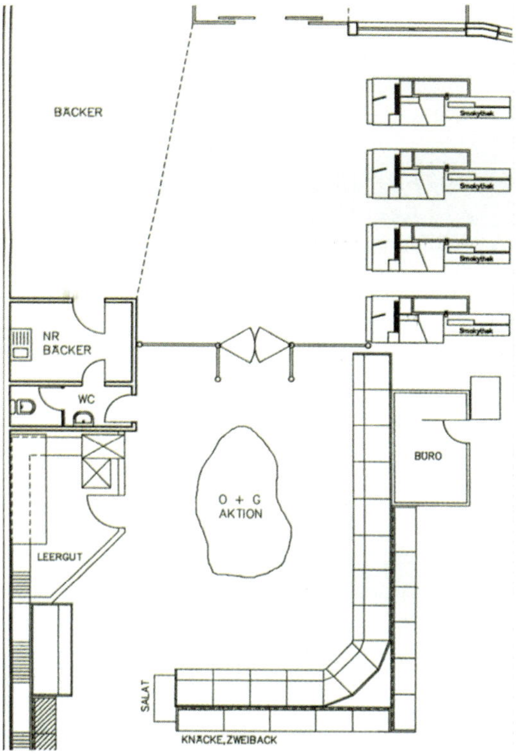

Gewöhnlich befindet sich im Eingangsbereich eines Lebensmittelgeschäftes zunächst eine Verkaufsfläche für frisches **Brot und Kuchen**. Das erste Signal, das der eintretende Kunde damit erfährt, lautet: „Hier wird Frische angeboten". In größeren Märkten wird die Bäckerei (Backshop o. Ä.) oft als selbstständige Abteilung mit eigenen Öffnungszeiten geführt, damit Kunden diesen Bereich unabhängig vom Lebensmittelgeschäft, z. B. sonntags, aufsuchen können. Aus der Empfindlichkeit der Produkte (vor allem beim Kuchen) ergibt sich eigentlich die Forderung, Brot und Backwaren an das Ende des Kundenweges zu legen. Das Frischesignal hat aber aus Sicht des Einzelhändlers Vorrang.

O + G = Obst und Gemüse

Auch die gewöhnlich folgende Warengruppe **Obst und Gemüse** signalisiert Frische. Darüber hinaus entscheidet sich an dieser Stelle der weitere Einkauf, weil Kunden bestimmte Mahlzeitenmuster im Kopf haben. Zur Entscheidung für eine bestimmte Gemüsesorte gehören Ergänzungen zur Komplettierung einer Mahlzeit (Fleisch, weitere Beilagen, Nachtisch).
Außerdem ist es sinnvoll, den Kunden frühzeitig von Leergut zu befreien, da es für ihn sehr lästig ist.

Auch hier gilt wieder: Das empfindliche Obst und Gemüse würde eigentlich zum Schluss in den Einkaufswagen gehören.

Aufgrund des Linkslaufs und der Rechtsorientierung des Kunden sind die Wandflächen besonders verkaufsstark. Es darf aber nicht der Eindruck einer „Rennstrecke" entstehen, weil der Kunde möglichst lange im Verkaufsraum verweilen soll. Attraktive Gondelköpfe, Displaymaterial, Verkostungen u. Ä. verlangsamen den Kundenlauf, verlängern die Einkaufszeit und erhöhen die Zahl der Produktkontakte.

Weinverkostung

Der Abteilung Ost und Gemüse folgt im Regelfall die Warengruppe **Brot/Kuchen in Selbstbedienung**. Diese Produkte haben beim Kunden einen hohen Stellenwert und sind häufig gut kalkuliert. Es ist daher sinnvoll, sie am Anfang des Einkaufsweges unterzubringen.

Die weitere Abfolge der Warengruppen orientiert sich an den Abläufen im Haushalt. Grundsätzlich lässt sich sagen:

→ **Von der Mahlzeitenzubereitung zur Wohnungsreinigung oder von der Küche (beginnend mit dem Frühstück) zum Bad**

Nach Brot und Kuchen sieht der Kunde demnach Kaffee, Kakao, Marmelade und weitere Frühstücksprodukte. Konserven (Gemüse, Obst, Fertiggerichte) als schnelle Alternative zur aufwendigen Zubereitung frischer Produkte folgen gewöhnlich anschließend.

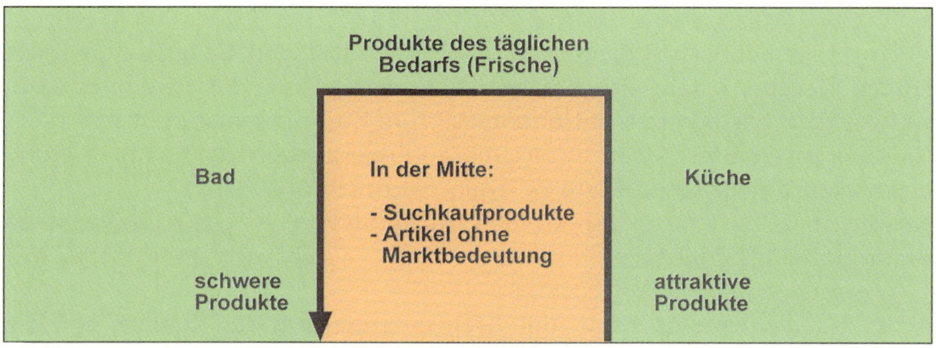

Weil Konserven in großer Vielfalt angeboten werden, ist es auch sinnvoll, die Warenträger an den Außenwänden dafür zu nutzen, damit der Kunden einen guten Überblick bekommt.

Der hintere Bereich eines Lebensmittelgeschäftes ist wieder vom Prinzip „Frische“ geprägt. Ein „Frischegürtel“, bestehend aus Tiefkühlschränken, Tiefkühltruhen und Kühltheken, nimmt **Wurst, Fleisch, Molkereiprodukte** und **Tiefkühlfertiggerichte** auf. Mit der Verlagerung in den hinteren Teil des Geschäftes sollen die Kunden einerseits angehalten werden, den ganzen Laden zu durchwandern, andererseits erfordert die Fleischtheke Nebenräume für die Lagerung und Verkaufsvorbereitung der Ware. Dies macht es sinnvoll, die Fleischtheke in die Nähe der Nebenräume zu bringen, weil das Fleisch andernfalls für das Nachräumen durch das gesamte Geschäft getragen werden müsste. Auch die notwendigen Versorgungsleitungen (z. B. für die Kühlung) verlangen aus Kostengründen eine Bündelung dieser Warengruppen an einer Stelle des Verkaufsraumes.

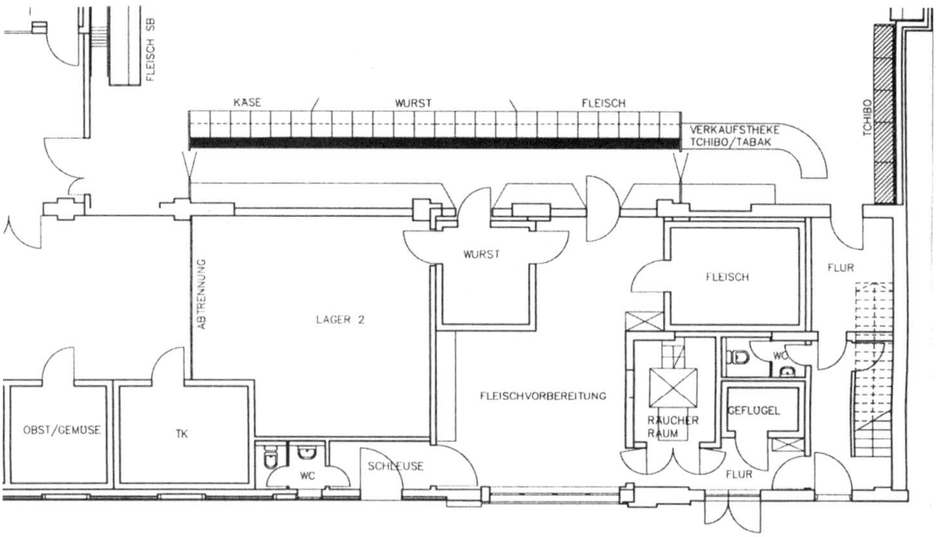

Im Einzelnen sind aber noch weitere Überlegungen zu beachten.

- **Schwere Produkte** (z. B. Mehrweggetränke) gehören grundsätzlich an das Ende des Kundenweges, damit der Kunde mit dem Warentransport durch das Geschäft nicht unnötig belastet wird.
- Auch **Genussmittel** gehören an den Schluss des Kundenweges, weil es sich um Impulskaufprodukte handelt, die am Ende des Einkaufs noch zusätzlich erworben werden.
- Generell sollten Impulskaufprodukte und Aktionsware über die gesamte Ladenfläche verteilt werden. Auch an der Kasse sollten diese Produkte dargeboten werden, um die Wartezeit des Kunden zu nutzen.
- Für die **Mitte** des Verkaufsraumes sind Suchkaufprodukte geeignet (z. B. Tiernahrung) oder Produkte, die für das Geschäft keine große Bedeutung haben.
- **Zeitschriften** sind aus dem Hauptlauf herauszunehmen, weil der Kunde in ihnen ungestört blättern will.

Aktionswaren sind Orientierungspunkte und Erlebnisinseln für den Kunden, siehe allgemeine Regeln zur Verkaufsraumgestaltung auf Seite 280

- Es ist nicht nur der Hauptkundenlauf zu beachten (Außengänge), sondern auch der Weg von Kunden in die Regalreihen. Ist Tee z. B. ein gut kalkuliertes Produkt, während Kaffee nur mäßigen Gewinn erbringt, sollte der Tee auf einer sogenannten **„Auflauffläche"** untergebracht werden, weil er dann von Kunden besser wahrgenommen wird. Für den Kaffee muss sich der Kunde umwenden.

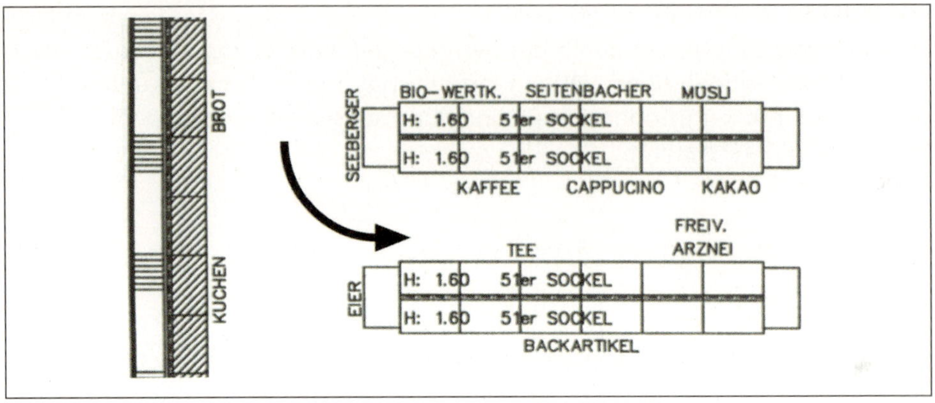

Längs- oder Queranordnung der Warenträger?

Die Vorgehensweise ist im Lebensmittelhandel nicht einheitlich. Die querstehenden Warenträger auf der Innenseite verlangen vom Kunden, dass er sich in die Regalreihen bewegt. Damit sieht er einen größeren Teil des Sortiments. Andererseits betrachtet er im Hauptlauf zunächst nur die Regalköpfe.

Stehen die Warenträger längs zur Laufrichtung, ergibt sich leicht ein Tunneleffekt. Der Kunde durchwandert schnell die Hauptstrecke und missachtet die weiter innen liegenden Regale weitgehend.

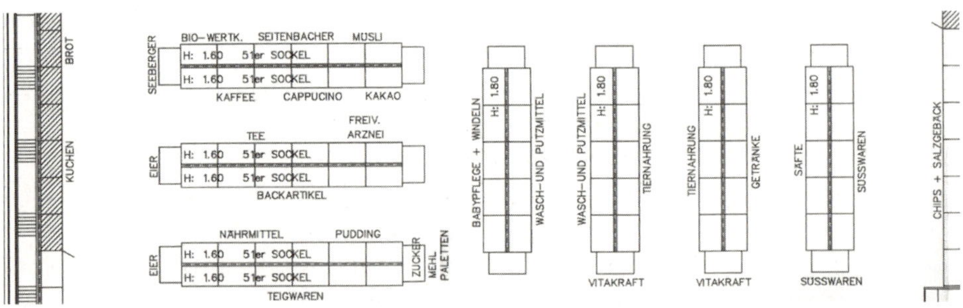

Orientierungshilfen

Siehe Seite 280

Kunden wollen bequem einkaufen. Daher möchten sie die gesuchten Produkte schnell finden und ihre Einkaufszeit kurz halten. Der Einzelhändler kommt diesem Wunsch entgegen, indem er die Stammplatzierung der Waren längerfristig beibehält und dem Kunden zusätzliche Orientierungshilfen gibt, z. B. durch Hinweisschilder (Deckenabhänger) oder Lautsprecherdurchsagen.

Auch Hinweise auf Sonderangebote, Angebotsware oder Saisonprodukte helfen dem Kunden, sich im Geschäft zurechtzufinden – führen den Kunden aber durchaus auch in Verkaufszonen, die er zunächst nicht aufsuchen wollte.

Die untenstehende Abbildung zeigt Orientierungshilfen, die an der Decke angebracht sind. Eine Faustregel lautet, dass dem Kunden etwa alle **zehn Meter** eine solche Hilfe geboten werden sollte.

Darüber hinaus wird durch die großzügige Breite des Ganges sichtbar, dass sich der Kunde leichter einen Überblick verschaffen kann, wenn die Warenträger nicht zu hoch und zu eng gestellt sind.

Breite Gänge fördern auch die Bequemlichkeit des Einkaufens, weil man den Einkaufswagen angenehmer durch die Gänge manövrieren kann.

8 Flächenplanung bei modisch orientierten Sortimenten

Geschäfte mit modisch orientierten Sortimenten werden heute in verschiedenen Verkaufsformen geführt. Oft liegt auch – je nach Warengruppe – eine Mischung aus Selbstwahl, Vorwahl und Bedienung vor. Dort wo die Selbst- und Vorwahl überwiegen, hat die Anordnung der Warenträger und die Verteilung der Warengruppen eine besondere Bedeutung für den Verkaufserfolg.

8.1 A-, B-, C-Zone

Siehe auch die Verkaufszoneneinteilung auf Seite 286

Ein Verkaufsraum lässt sich nach der Verkaufswirksamkeit in Zonen einteilen. Die A-Zone ist besonders verkaufsstark.

A-Zone

Die Außenwände und (aus der Sicht des Kunden) alle rechten Seiten sind verkaufsstark, weil sich die Kunden bevorzugt im Randbereich des Geschäftes bewegen und sich nach rechts orientieren. Die Außenwände gehören daher zur A-Zone.

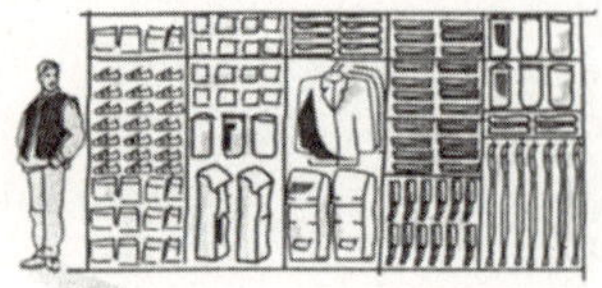

Auch der Kassenbereich ist eine A-Zone, weil die Wartezeit des Kunden für Impulskäufe genutzt werden kann.

B-Zone

Der Mittelraum gehört zur B-Zone, weil Kunden diesen Bereich zunächst meiden. Sie können aber durch kundeninteressante Warengruppen und attraktive Warenpräsentationen auf diese Zone aufmerksam gemacht werden.

Aus einer B-Zone kann also durchaus eine A-Zone entstehen.

C-Zone

Wenig verkaufswirksam ist z. B. der Eingangsbereich. Die Kunden müssen hier zunächst „abgebremst" und in Kaufstimmung versetzt werden.

Auch Ecken, die von Kunden nicht wahrgenommen werden, gehören zur C-Zone.

8.2 Kunden-Suchlogik

Die Warengruppen müssen so angeordnet werden, dass sie aus der Sicht des Kunden eine logische Abfolge bilden.

In einem Sportfachgeschäft mit Sportbekleidung, Sportgeräten und Schuhen steht im Winter die Warengruppe „Schnee & Eis" im Mittelpunkt. Sie bildet den Anfang des Kundenweges und ist besonders tief sortiert. Nach den Produkten für den Wintersport folgen die Outdoor-Sportarten sowie der Radsport usw.

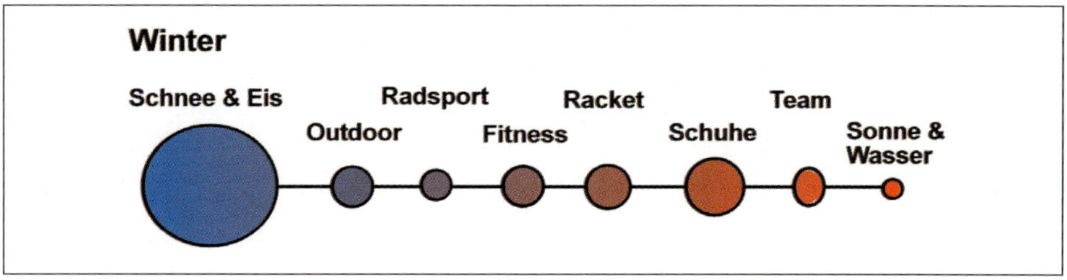

Stellung der Warenträger zum Kundenlauf

Kunden werden vielfach nicht an der Außenwand entlang geführt, sondern in einem Innenweg. Der Raum zwischen dem Hauptkundenlauf und der Außenwand bietet Platz für attraktive Warenträger und Warengruppen.

Durch die Anordnung der Warenträger zum Hauptkundenlauf sollten Anreize geschaffen werden, damit der Kunde den Hauptweg verlässt, sich in die Mittelräume begibt und auch die Produkte an der Außenwand betrachtet. Vielfach ist es sinnvoll, die Warenträger nicht rechtwinklig (90 Grad), sondern in einer Schrägstellung (45 Grad) zum Hauptlauf anzuordnen. Dies erleichtert es dem Kunden, den Hauptlauf zu verlassen und die Mittelräume zu betreten.

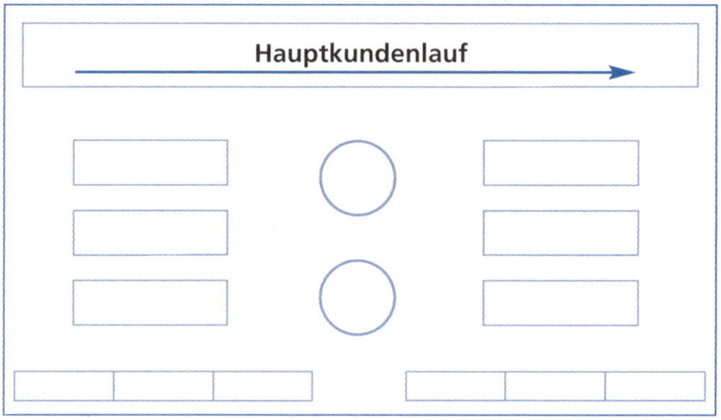

Abbildung 1: Warenträger im 90-Grad-Winkel

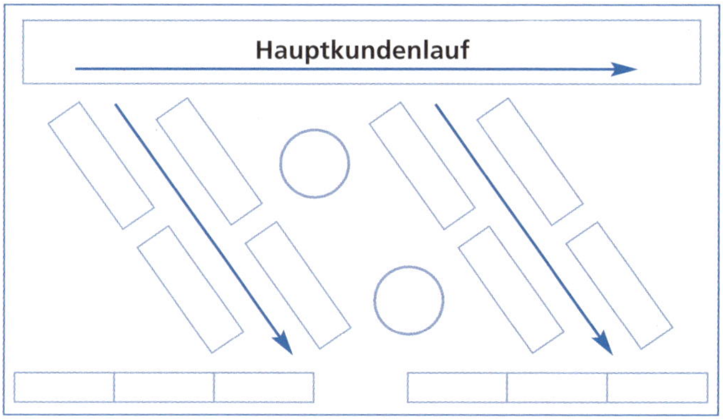

Abbildung 2: Warenträger im 45-Grad-Winkel

8.3 Arenaprinzip

Damit der Kunde vom Hauptlauf aus einen ungehinderten Blick bis auf die Wanddekoration hat, wird für den Zwischenraum das Arenaprinzip angewendet. Dabei werden Warenträger – wie in einer Sportarena die Sitzreihen – in unterschiedlicher Höhe angeordnet. Üblich sind drei Ebenen.

1. Ebene

Das ist die niedrigste Ebene, vorzugsweise mit flachen Tischen, Schütten oder Podesten gestaltet. Sie befindet sich unmittelbar am Hauptgang, in dem sich viele Kunden bewegen. Die 1. Ebene ist daher verkaufsstark.

2. Ebene

In dieser Ebene überragen die Warenträger die erste Ebene. Es werden vor allem Ständer eingesetzt.

Verkaufsstärke
1. Ebene
⇩
3. Ebene
⇩
2. Ebene

Hier sollten jene Produkte attraktiv dargeboten werden, auf die der Kunde durch die 3. Ebene aufmerksam gemacht worden ist. Auch kundeninteressante Produkte gehören in die Ebene, um Kunden in den Mittelraum zu „ziehen".

3. Ebene

Der Kunde, der durch den Hauptgang wandert, sieht die 3. Ebene als oberen Streifen der Rückwand. Interessante Fotos und aktuelle Modethemen – unterstützt durch intensive Beleuchtung – machen den Kunden auf die Rückwand aufmerksam. Diese Ebene ist daher verkaufsstärker als die 2. In der 2. Ebene und im unteren Bereich der Rückwand findet der Kunde die zugehörigen Produkte.

Wendet man das Arenaprinzip im gesamten Geschäft an, wird der Kunde regelmäßig angehalten, in die Mittelräume zwischen Hauptlauf und Rückwand zu gehen.

Der Abstand zwischen Hauptlaufgang und der Rückwand sollte acht Meter nicht übersteigen. Auch zwischen zwei Gängen sollte der Abstand nicht mehr als **acht Meter** betragen.

Zusammenfassung

Fasst man die Aussagen zur Verkaufswirksamkeit bestimmter Raumzonen zusammen, ergibt sich folgende Übersicht:

Verkaufsstarke Zonen	Verkaufsschwache Zonen
• Verkaufsflächen, die in Kundenlaufrichtung rechts liegen • Flächen an der Außenwand • Auflaufflächen, auf die der Kundenstrom gelenkt wird • Kassen- und Bedienungszonen	• Verkaufsflächen, die links vom Kundenstrom liegen • Flächen in der Mitte des Geschäftes • der Eingangsbereich • Ecken und andere „tote" Raumzonen (z. B. Sackgassen)

9 Flächenkonzepte

9.1 Grundüberlegung

Zunehmend bietet der Einzelhandel der Industrie partnerschaftliche **Vertragsflächen** an. Darunter versteht man optisch abgegrenzte Verkaufsflächen, auf denen ein Hersteller seine Produkte gebündelt präsentiert und verkauft. Oftmals wird die Fläche durch spezielle Ladenbauelemente ergänzt, die den **Wiedererkennungswert** der Herstellermarke verstärken. Hersteller und Einzelhändler verfolgen mit diesen Flächenkonzepten bestimmte Ziele:

■ Ziele des Herstellers (Lieferanten)

- Der Hersteller möchte seine Marke aus der Masse der Anbieter hervorheben und das eigene Produktprogramm verkaufsfördernd am Ort des Verkaufs anbieten.
- Er ist an einem einheitlichen Auftritt seiner Marke im Handel interessiert und verfolgt das Ziel, einen hohen Bekanntheitsgrad und ein positives Image beim Verbraucher zu schaffen.

point of sale = POS = Ort des Verkaufs

- Außerdem stellt er sich dem Einzelhändler als kompetenter Partner dar und sichert sich eine bestimmte Verkaufsfläche für seine Produkte. Je nach Konzept kann der Hersteller auch direkt mit den Kunden in Kontakt treten und dadurch z. B. Informationen über die Konsumgewohnheiten der Endverbraucher gewinnen.
- Letztendlich erhofft er sich durch die Nutzung des Händler-Standortes und -Images bessere Verkaufszahlen.

Ziele des Einzelhändlers

- Einzelhändler hoffen auf eine größere Kundenzahl, einen höheren und schnelleren Absatz der Produkte und einen Imagegewinn für ihr Geschäft.
- Durch die besondere Beziehung zum Hersteller versprechen sie sich außerdem eine Vorzugsbehandlung bei den Lieferungs- und Zahlungsbedingungen, z. B. pünktliche und vollständige Lieferung der Ware sowie ein hohes Maß an Kulanz bei Reklamationen und Rücknahmen.
- Die Reservierung eines Teils der Verkaufsfläche für einen Hersteller ist häufig mit einer Umsatz- oder Gewinn-Garantie des Lieferers verbunden. Dadurch mindert sich das wirtschaftliche Risiko des Einzelhändlers.
- Siehe Seite 320 und 351 Schließlich übernimmt der Hersteller Teilaufgaben des Einzelhändlers, indem er z. B. die Ladenrichtung auf seiner Fläche bereitstellt und betreut. In der Regel unterstützt der Lieferer den Einzelhändler bei seinen Absatzbemühungen (Werbung, Verkaufsförderung).

Ein **Flächenkonzept** stellt für einen Händler auf der anderen Seite ein gewisses Risiko dar, weil er für eine bestimmte Mindestlaufzeit an die jeweilige Markenfläche gebunden ist und sich darüber hinaus zu bestimmten Rahmenbedingungen – z. B. hinsichtlich der Bestellmenge (Einkaufslimit) – verpflichten muss. In der Regel legen Händler und Hersteller den Lieferrhythmus sowie die Umsatz- und Limitplanung gemeinsam fest. Gegebenenfalls übergibt der Einzelhändler einige Aufgaben, die im Rahmen der Flächenbewirtschaftung anfallen, an seinen Lieferanten, z. B. die Bestückung der Warenträger mit Waren.

Siehe allgemeine Regeln zur Verkaufsraumgestaltung Seite 280

Die Vielzahl von **Flächenvereinbarungen** – die Mehrzahl der Lieferer ist an eigenen Flächen in den Einzelhandelsgeschäften sehr interessiert – führt aus Sicht des Kunden zu einer gewissen Gleichförmigkeit in der Ausstattung der Einzelhandelsgeschäfte. Beim Verbraucher macht sich zunehmend der Eindruck breit, in den Innenstädten weitgehend das gleiche Angebot der bekannten Marken vorzufinden.

Im jeweiligen Geschäft profitieren Kunden aber von Flächenkonzepten, weil die Bündelung von Produkten einzelner Hersteller auf der Verkaufsfläche zu mehr Übersichtlichkeit und Einheitlichkeit in der Produktpräsentation führt. Außerdem sind diese Flächen Orientierungspunkte für den Kunden, der sich dadurch im Verkaufsraum besser zurechtfindet.

9.2 Shop-in-Shop

Ein **Shop-in-Shop** ist eine vom übrigen Geschäft optisch abgegrenzte Fläche, auf der eine spezielle Marke präsentiert und verkauft wird. Die Größe der Fläche liegt z. B. bei Textilien häufig zwischen 40 und 100 m^2. Charakteristisch ist, dass eine Shop-in-Shop-Fläche mit speziellen Ladenbauelementen (z. B. Fußboden, Regale, Theke, Tische, Schränke) des Herstellers ausgestattet wird.

Häufig wird ein Shop-in-Shop in räumlicher Nähe zur entsprechenden Stammabteilung präsentiert und stellt zu ihr eine Art Gegenpol dar, welcher der Aufwertung der Stammabteilung dienen kann. Da ein Shop-in-Shop dem Konsumenten Fachkompetenz verspricht, sind hohe Erwartungen hinsichtlich eines vollständigen und optisch ansprechend dargebotenen Sortiments zu erfüllen. Auch die Qualität des Verkaufspersonals stellt einen wichtigen Erfolgsfaktor dar.
Angestrebt wird auf Shop-in-Shop-Flächen ein höherer Umsatz als auf Stammabteilungsflächen. Auch die Lagerumschlagsgeschwindigkeit (LUG) sollte in Shops deutlich höher liegen als in Stammabteilungen.
Die Zusammenarbeit zwischen Einzelhändler und Lieferer wird vertraglich geregelt und kann unterschiedlich aussehen. Häufig werden die Bestückung der Regale mit Waren, Lieferzeiten und Umsätze gemeinsam geplant. Werbung und Verkaufsförderung liegen weiterhin in der Hoheit des Einzelhändlers. Typischerweise muss sich der Einzelhändler bei Shops aber verpflichten, eine bestimmte Warenmenge vom Lieferanten der Vertragsfläche zu beziehen. Im Extremfall ist es auch üblich, dem Hersteller die Warenbestückung der Regale innerhalb bestimmter Grenzen (Limits) zu überlassen.

9.3 Corner

Ein **Corner** unterscheidet sich von einer Shop-in-Shop-Fläche durch eine kleinere Grundfläche. Ein Corner liegt etwa in einer Größenordnung zwischen 5 bis 40 m^2. Folglich werden lediglich Ausschnitte aus dem Hersteller-Lieferprogramm gebündelt präsentiert. Grundsätzlich bleiben auch bei diesem Flächenkonzept Warenversorgung und Marketing (Werbung, Verkaufsförderung) in der Zuständigkeit des Händlers.

9.4 Concessions

Der selbständige Feinkosthändler im Eingangsbereich eines SB-Warenhauses wird z.B. als Konzessionär bezeichnet

Das Flächenkonzept **„Concessions"** beinhaltet, dass ein Händler seinem Lieferanten gegen Entrichtung einer meist umsatzabhängigen Miete eine bestimmte Fläche seines Geschäfts überlässt. Der Lieferant verkauft die Ware auf einer mit eigenen Ladenbauelementen ausgestatteten Fläche mit eigenem Personal und auf eigene Rechnung. Das Personal kann bei entsprechender Vereinbarung auch vom Händler gestellt werden. Der Einfluss des Händlers auf das Management seiner Fläche ist bei dieser Regelung sehr begrenzt. Der Hersteller kann seine Marken-Handschrift zu 100 % im Sortiment, der Warenpräsentation und der Verkaufsförderung durchsetzen. Zudem hat er die volle Preishoheit, andererseits aber auch die volle Verkaufsverantwortung.
Concessions sind in Deutschland nicht sehr verbreitet, weil die Händler befürchten, in ihrem eigenen Geschäft das Sagen zu verlieren. Andererseits wollen die Hersteller oft nicht die typischen Risiken eines Einzelhändlers eingehen.

9.5 Franchising

Im Rahmen einer **Franchise-Kooperation** übernimmt der selbstständige Händler (Franchise-Nehmer) vom Lieferanten (Franchise-Geber) eine komplette Geschäftsidee inklusive Ladengestaltung und Vermarktungskonzept gegen Entrichtung einer meist umsatzabhängigen Franchise-Gebühr. Der Franchise-Nehmer profitiert auf diese Weise vom Marken-Namen und Know-how des Franchise-Gebers, arbeitet dafür aber auch auf eigenes Risiko. Franchising ist eine Idee aus Amerika, die in den letzten 30 Jahren großen Erfolg im Dienstleistungssektor, vor allem in der Gastronomie – Beispiel McDonald's – erzielt hat.

9.6 Category Management

Flächenvereinbarungen zwischen Einzelhändler und Hersteller gehen heute auch so weit, dass beide eine bestimmte Warengruppe (Category) gemeinsam planen. Man spricht dann von **Category Management**. Häufig wird dabei sogar einem Hersteller die Betreuung der Warengruppe, die sich aus Produkten unterschiedlicher Hersteller zusammensetzt, übertragen (Category Captain).
Unter einer Warengruppe werden in diesem Fall Produkte verstanden, die für eine bestimmte Zielgruppe oder einen speziellen Verwendungszweck zusammengehören.

Warengruppe Babypflege
Die Warengruppe kann Nahrung, Bekleidung, Spielzeug u. Ä. für Babys enthalten. Ein führender Hersteller aus dieser Warengruppe sorgt – in Abstimmung mit dem Einzelhändler – für die Bestückung der Warenträger, Preisgestaltung, Abschriften, Dekoration, Werbung und Verkaufsförderung.

Beispiel

10 Warenpräsentation

10.1 Grundsätze

In Übereinstimmung mit den oben formulierten Grundsätzen zur Verkaufsraumgestaltung wird auch bei der Warenpräsentation einzelner Artikel im Warenträger davon ausgegangen, dass der Einzelhändler
- die besten Regalplätze mit den einzelhandelsinteressanten Produkten bestückt,
- die Suchgewohnheiten der Kunden nutzt, um die Kaufentscheidung des Kunden zu beeinflussen.

Der Einzelhändler kann aber spezielle Marketingziele verfolgen, die er auch durch eine entsprechende Warenpräsentation unterstützt:

Beispiel

- Bestimmte Artikel müssen unbedingt abgesetzt werden (z. B. wegen drohender Überschreitung des Mindesthaltbarkeitsdatums). Diese Waren erhalten dann eine besondere Platzierung.
- Hersteller zahlen dem Einzelhändler Werbekostenzuschüsse, damit dessen Produkte an bevorzugter Stelle platziert werden.
- Saisonartikel und Produkte, die neu eingeführt werden sollen, verlangen eine Präsentation an den verkaufsstarken Plätzen eines Regals.
- Ein Einzelhändler ist vor allem an hohen Umsätzen interessiert, z. B. in der Anfangsphase einer Geschäfts- oder Filialgründung. Umsatzstarke Produkte werden daher bevorzugt präsentiert.

Die weiteren Überlegungen gehen davon aus, dass Waren heute vor allem in Vor- und Selbstwahl präsentiert werden. In beiden Verkaufsformen ist eine für den Kunden übersichtliche Warenpräsentation erforderlich: Für den Kunden im Geschäft mit Vorwahl, damit er auch tatsächlich eine Vorauswahl treffen kann, bevor der Kundenberater hinzutritt; im Geschäft mit Selbstwahl, weil Übersichtlichkeit hier eine wesentliche Voraussetzung für die Selbstwahl der Produkte durch den Kunden darstellt.

10.2 Kundenansprüche an die Warenpräsentation

Siehe Seite 276

Oben wurden die Kundenansprüche an die Warenplatzierung (Verkaufsraumgestaltung und Warenpräsentation) näher betrachtet. Diese Überlegungen kann man auch speziell auf die Warenpräsentation ausweiten und darstellen, wann die Unterbringung von Waren im Warenträger als kundenfreundlich anzusehen ist. Ausgangspunkt sind die vier Platzierungsansprüche der Kunden:

Verbundpräsentation: Bündelung von Waren, die der Kunde häufig gemeinsam einkauft.
Alternativprodukte: Waren, deren Kauf ein Kunde wechselseitig in Erwägung zieht. Siehe auch Seite 167

① **Geringer Suchaufwand:** Dieser Anspruch wird erfüllt, wenn die Anordnung der Waren dem Suchverhalten des Kunden entspricht. Untersuchungen, die das Blickverhalten von Kunden vor einem Regal näher betrachten, hatten zum Ergebnis, dass sich Kunden in der **Senkrechten** (Vertikalen) orientieren (der Blick geht von oben nach unten). Waren, die in senkrechten Blöcken gegliedert sind, entsprechen demnach den Wünschen der Kunden am besten. Der Suchaufwand wird weiterhin verringert, wenn der Kunde Artikel, die er häufig gemeinsam einkauft, auch in räumlicher Nähe zueinander findet. Dies spricht für eine Stärkung der **Verbundpräsentation**.

② **Einfache Vergleichbarkeit:** Kunden wünschen, dass sie Produkte, die sie vor der Kaufentscheidung miteinander vergleichen möchten, möglichst nahe beieinander finden. Dies verlangt eine waagerechte (horizontale) Darbietung von **Vergleichs-** oder **Alternativprodukten**.

③ **Kaufanregung:** Wenn Kunden offen sind für Kaufanregungen, kann diesem Wunsch entsprochen werden, indem Waren im **Verbund** präsentiert werden (z. B. die Soße zu den Nudeln, Filtertüten, Milch, Zucker, Gebäck zum Kaffee). Der Kunde wird dadurch an den Kauf der Verbundartikel erinnert oder auf zusätzliche Kaufmöglichkeiten aufmerksam gemacht.

④ **Ansprechendes optisches Erscheinungsbild:** Diesem Kundenwunsch wird entsprochen, wenn die Verbundpräsentation durch **zusätzliche Gestaltungselemente** aufgewertet wird.

Beispiel

Zu den italienischen Nudeln wird nicht nur eine Auswahl italienischer Soßen präsentiert; sondern dekorative Fähnchen, das Foto eines Kochs und Bilder von Italien erzeugen zusätzlich eine gewisse Urlaubsstimmung, die natürlich auch die Kaufentscheidungen der Kunden beeinflusst.

Zu beachten ist, dass Kunden vorzugsweise auf die ersten beiden Ansprüche Wert legen. Kaufanregung und optische Verschönerungen werden mehr als zusätzliche Anreize hingenommen.

Betrachtet man die oben formulierten Präsentationsgrundsätze des Einzelhändlers und die Präsentationsansprüche der Kunden, so wird ein **Gegensatz** sichtbar:

Der Einzelhändler möchte mit der Präsentation der Waren seinen Erfolg maximieren, indem er z. B. die gut kalkulierten Produkte in der Sichtzone platziert. Der Kunde hat vor allem Entlastungsansprüche (leichte Suche, gute Vergleichbarkeit). Die Erfolgsorientierung des Einzelhändlers steht demnach schnell im Widerspruch zu einer kundenorientierten Warenpräsentation.

Regalzonen siehe Seite 310

Der Einzelhändler muss sich entscheiden, ob er eine langfristig hohe Kundenzufriedenheit (und damit Kundentreue) anstrebt oder ob ihm eine kurz- bis mittelfristige Maximierung seines Geschäftserfolges wichtiger ist.

Erfolgsorientierung	⟷	Kundenorientierung
• Hohe Verweildauer des Kunden im Geschäft • Möglichst viele (ungeplante) Impulskäufe		• Geringer Suchaufwand und damit kurze Verweildauer • Schnelle Kaufentscheidung

10.3 Ordnungsregeln

Ein geordneter und sauberer Verkaufsraum hat für Kunden allergrößte Bedeutung. Das Gleiche gilt für das einzelne Regal. Auch dort wünscht der Kunde eine übersichtliche und geordnete Warendarbietung.

Der Kunde erwartet außerdem gut gefüllte Regale, weil sie ihm ausreichende Auswahl signalisieren. Eine kleine **„Grifflücke"** ist normal. Sie zeigt dem Kunden, dass sich andere hier bedienen – ein positives Zeichen.

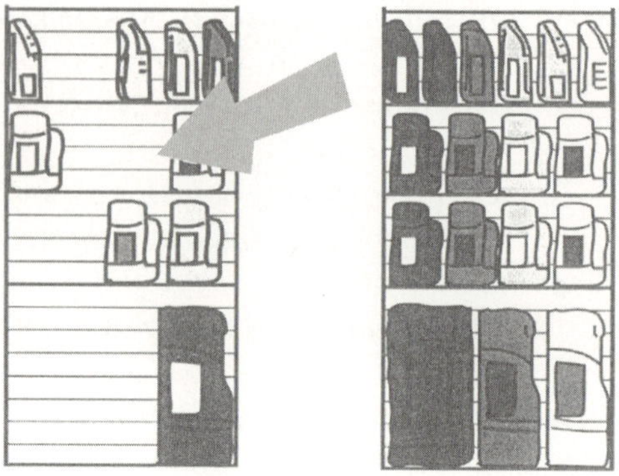

Die **Produktbeschriftung** muss von der Zugriffsseite gut lesbar sein. Kleinere Produkte gehören in Laufrichtung vor die größeren.

Produkte, die nach Art, Größe und Farbe zusammengehören, sollten nicht getrennt präsentiert werden. Kunden und Mitarbeiter erhalten dadurch einen besseren Überblick. Mehrfachplatzierungen innerhalb eines Regals irritieren den Kunden. Produkte immer mit der attraktivsten Seite **(Schauseite)** präsentieren.

Gleiche Behältergrößen und -farben – wie im nebenstehenden Bild dargestellt – sorgen außerdem für ein ruhiges Warenbild. Die Waren sollten auch in klar gegliederten Blöcken angeordnet werden. Beides erleichtert dem Kunden die Orientierung.

Diagonale (schräge) und überlappende (aus dem Block überstehende) Präsentationen hingegen erschweren den Überblick.

Folgende typische **Präsentationsfehler** sind zu vermeiden:
- Unordnung
- zu große Grifflücken
- Mehrfachplatzierung innerhalb des Regals
- unruhige Darbietung
- diagonale Warenpräsentation
- überlappender Aufbau
- zu hoher Aufbau

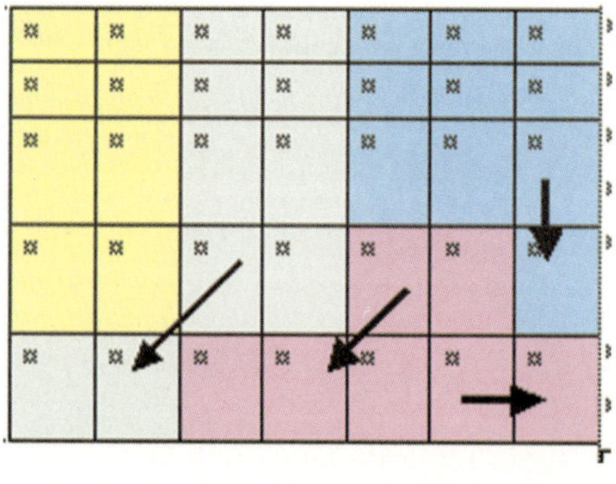

10.4 Gesetzliche Vorschriften

Preisangabenverordnung

Wer Endverbrauchern Waren oder Dienstleistungen sichtbar anbietet (im Geschäft, im Schaufenster, in Schaukästen, in der Werbung), hat diese nach der Preisangabenverordnung

- mit dem **Bruttoverkaufspreis** (Preis einschließlich Umsatzsteuer),
- mit dem **Grundpreis** (Preis für 1 Kilogramm, 1 Liter, 1 Kubikmeter oder 1 Quadratmeter der Ware), wenn Ware nach Gewicht, Volumen, Länge oder Fläche angeboten wird

und – soweit üblich –

- mit der **Gütebezeichnung** (z. B. Handelsklasse A) sowie

} vorzugsweise im Lebensmitteleinzelhandel

- mit der **Verkaufseinheit** (z. B. 250 g, 5 kg, 0,7 l) auszuzeichnen.

Detailliertere Informationen zur Preisangabenverordnung siehe Seite 359

Bei loser Ware genügt die Angabe des Grundpreises.

Lebensmittelrecht

Der Lebensmitteleinzelhandel unterliegt beim Umgang mit Lebensmitteln vielfältigen Vorschriften. So schreibt die Lebensmittel-Hygieneverordnung z. B. vor, dass Warenträger und Boden sauber sein müssen und dass die persönliche Hygiene der Mitarbeiter gewährleistet sein muss.

11 Warenpräsentation in Geschäften mit Bedienung

Die Anordnung der Waren in den Warenträgern ist auf die Ansprüche des Kundenberaters auszurichten (**verkäufergerechte** Warenpräsentation). Die Ware muss für die Verkaufsmitarbeiter leicht erreichbar sein. Allerdings werden die Waren heute nicht mehr vor dem Kunden in Schubladen und Schränken versteckt, sondern dem Kunden zumindest optisch zugänglich gemacht. Daher ist eine attraktive Darbietung der Waren ebenfalls bedeutsam.

Regeln

- Die Waren werden verkäufergerecht präsentiert.
- Die Waren sind so in den Warenträgern unterzubringen, dass umsatzstarke Sortimentsteile leicht zu erreichen sind.

Warenvorlage siehe Seite 134

- Bei der Unterbringung der Artikel ist die Reihenfolge der Warenvorlage im Verkaufsgespräch zu beachten.
- Vom Grundsatz verkäufergerechter Darbietung wird abgewichen, wenn der Kunde auf Ware aufmerksam gemacht werden soll.

12 Warenpräsentation bei Vorwahl

In Geschäften mit Vorwahl wird dem Kunden die Gelegenheit gegeben, sich zunächst selber im Geschäft umzusehen und die Produktauswahl einzugrenzen. Neben der Verkaufsraumgestaltung, die der Groborientierung des Kunden dient, kann auch die Warenpräsentation die Vorauswahl des Kunden unterstützen. Dazu sind die Waren so auf den Warenträgern zu verteiln, dass dem Kunden die Suche nach seinem Wunschprodukt erleichtert wird.

Wie der Verkaufsraum eines Schuhgeschäftes zeigt, wird dem Kunden zunächst Orientierung durch die Warenpräsentation nach Schuhgrößen innerhalb einer Marke (Lloyd) geboten. In den einzelnen Regalen kann die Vorauswahl dann noch verfeinert werden, indem wesentliche Überlegungen des Kunden zur Kaufentscheidung beachtet und in die Warenanordnung umgesetzt werden.

Beispiel Geht man davon aus, dass sich männliche Kunden beim Schuhkauf zunächst an der Schuhgröße und der Marke orientieren, folgt in ihrer Entscheidungsabfolge die Frage nach der Schuhfarbe. Eine Warenpräsentation, die innerhalb der Schuhgröße deutliche Farbblöcke bildet, unterstützt den Kunden in seiner Vorauswahl, weil der größte Teil seines Kaufentscheidungsprozesses bereits durch die Warenpräsentation abgebildet wird (Größe – Marke – Farbe).

Selbstwahl siehe Seite 63

Grundsätzlich erleichtern klar gegliederte Produktblöcke die Vorauswahl des Kunden, weil sie ihm die Orientierung erleichtert. Die gilt nicht nur für die Vorwahl, sondern auch für Geschäfte mit Selbstwahl

Käufer-Entscheidungsbaum

Kundenbefragungen zeigen, dass Kaufentscheidungsprozesse bestimmte Reihenfolgen durchlaufen, die sich an den Vorlieben (Präferenzen) des Kunden ausrichten.

Käufer-Entscheidungsbaum beim Kauf von Zahncreme

1. Präferenz	Format (Tube, Spender)
2. Präferenz	Grundnutzen (Kariesschutz, Zahnfleischschutz etc.)
3. Präferenz	Marke
4. Präferenz	Geschmack

Ein Kunde, der seine bisher gekaufte Zahncreme nicht findet oder ein neues Produkt ausprobieren möchte, sucht also zunächst das von ihm bevorzugte Format (vor allem Zahncreme in der Tube). Danach bemüht er sich darum, eine Zahncreme zu finden, die den für ihn wichtigsten Grundnutzen (z.B. Schutz vor Karies, Zahnfleischschwund) sicherstellt. Nun erst sind für ihn die Marke und der Geschmack von Interesse. Die Wahl des Kunden wird erleichtert, wenn er im Regal mit Zahncreme eine Anordnung vorfindet, die sich an der Abfolge seiner Entscheidungen orientiert.

13 Warenpräsentation bei Selbstwahl

Siehe Seite 63

In Geschäften mit Selbstwahl kommt der Kundenwegplanung im Rahmen der Verkaufsraumgestaltung und der selbstwahlgerechten Warenpräsentation eine besondere Bedeutung zu. Schließlich müssen die Produkte auch so angeordnet sein, dass dem Kunden eine echte Selbstwahl ermöglicht wird und er nicht ständig beim Personal nachfragen muss, um sich zurechtzufinden.

Dem Kunden wird Orientierung gegeben, wenn er im Regal eine überschaubare Ordnung vorfindet, das geschieht vor allem durch Blockbildung.

Darüber hinaus sind Regeln zu beachten, die sich aus bestimmten Verhaltensweisen ergeben, die Kunden vor einem Regal zeigen.

13.1 Regalzonen

Regalzonen entstehen zunächst durch die Unterteilung eines Regals mit Regalböden. Darüber hinaus werden bestimmte Bereiche eines Regals von Kunden unterschiedlich beachtet. Dadurch ergeben sich abgestufte Verkaufswirksamkeiten (verkaufsstarke, verkaufsschwache Zonen) innerhalb eines Regals.

13.1.1 Senkrechte (vertikale) Betrachtung

Teilt man ein Regal in senkrechte Blöcke, wird der Kundenlauf gestoppt und das Interesse des Kunden auf den jeweiligen Regalausschnitt gelenkt. Bei waagerechter Blockbildung würde der Blick des Kunden hingegen entlang des Blocks weitergeführt. Zeigte der Kunde nun für den Inhalt eines weiteren horizontalen Blocks dieses Regals Interesse, müsste er sich wieder zurück an den Ausgangspunkt des Regals begeben. Dazu sind Kunden aber in der Regel nicht bereit. Daher herrscht im Einzelhandel die senkrechte Blockbildung vor. Werden innerhalb eines Blocks auch Alternativprodukte angeboten, kann sich der Kunde nicht nur leicht orientieren, sondern er kann auch eine einfache Kaufentscheidung treffen. Seine Ansprüche auf geringen Suchaufwand und einfache Vergleichbarkeit erfüllt daher der senkrechte Block in besonderer Weise.

Die **Blockbreite** sollte bei ca. einem Meter liegen, weil dieses Maß dem Blickausschnitt eines Menschen entspricht, der vor einem Regal steht. In der Praxis sind aber auch kleinere und größere Breiten üblich. Vielfach entspricht die Blockbreite der Regalbreite, weil – gerade in größeren Einzelhandelsgeschäften – standardisierte Regale von z. B. 1,20 m Breite verwendet werden.

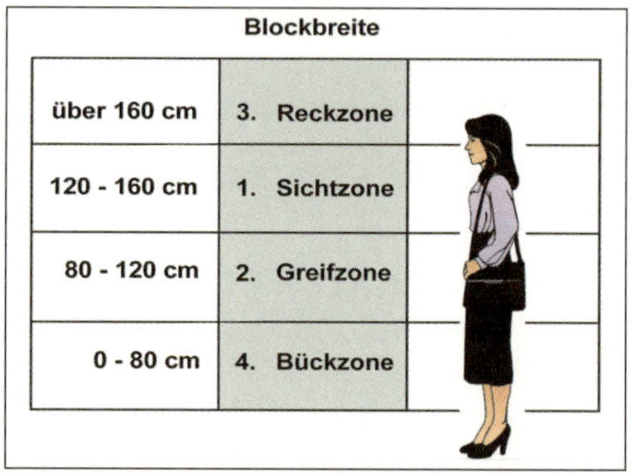

Der **oberste Boden** eines Regals sollte nicht höher liegen als 1,60 m, weil dann die darauf befindlichen Produkte für die meisten Menschen noch erreichbar sind. Die Produktoberkante liegt dann häufig im Bereich von 1,80 m.

Sehgewohnheiten

Ein Kunde, der vor einem Regal steht, betrachtet zunächst die Produkte in Sichthöhe, anschließend wandert sein Blick nach unten. Weil sich der Kunde zunächst in Sichthöhe orientiert, ist diese Zone des Regals auch für die Warenpräsentation besonders wichtig; Artikel, die dort platziert sind, werden von den Kunden am häufigsten betrachtet. Damit ist die Wahrscheinlichkeit besonders groß, dass diese Produkte auch gekauft werden.

■ Verkaufswirksamkeiten (Regalwertigkeiten)
Aus den Sehgewohnheiten ergeben sich die unterschiedlichen Regalwertigkeiten (verkaufsstarke, verkaufsschwache Flächen).
Die größte Verkaufswirksamkeit hat die Sichtzone (1.). Der zweitbeste Regalplatz ist die Greifzone (2.), gefolgt von der Reckzone (3.). Die Bückzone (4.) ist bei den Kunden wenig beliebt und damit verkaufsschwach.

13.1.2 Waagerechte (horizontale) Betrachtung

Kundenlaufstudien zeigen, dass Kunden lange Regale ohne optische Trennlinien meiden und nach den ersten Metern wieder zum Hauptweg zurückkehren.

Steht ein Kunde vor einem senkrechten Block, orientiert er sich – wie oben dargestellt – in senkrechter Betrachtung. Für die Kaufentscheidung sucht er nach Alternativprodukten in waagerechter Sicht. Dabei zeigt sich, dass die besten Regalplätze in Form einer bauchigen, liegenden Flasche verlaufen, die die Rechtsorientierung des Kunden zum Ausdruck bringen.

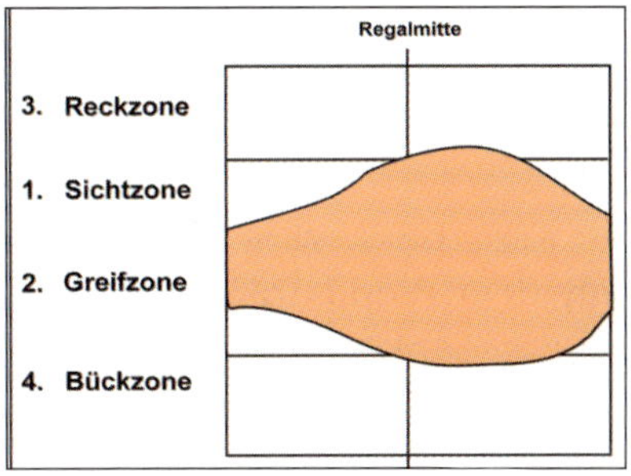

13.2 Blockbildung

Dem Einzelhändler stehen im Wesentlichen drei Möglichkeiten zur Verfügung, vertikale Blöcke im Regal zusammenzustellen.

13.2.1 Herstellerblock

In der Vergangenheit wurden vielfach Produkte eines Herstellers im Regal als Block dargeboten. Oftmals war der Außendienst des Herstellers an der Einrichtung und Betreuung dieses Blocks beteiligt.

Beispiel
Suppen von Maggi oder Knorr, Backzutaten von Dr. Oetker, Spülmittel von Henkel

Der Vorteil des Herstellerblocks liegt in der Übersichtlichkeit im Regal. Der Kunde findet die Produkte eines Herstellers zu einer Warenart in verschiedenen Variationen. Gleichzeitig demonstriert der Einzelhändler Markenkompetenz, weil er diese Marke führt und weil sie im Regelfall gut sortiert ist.

Der Maggi-Block könnte aber neben Suppen auch Soßen und Fertiggerichte enthalten. Die Bündelung verschiedener Warenarten verschlechtert die Übersicht für den Kunden. Vor allem wird ihm ein Preis- und Artikelvergleich erschwert.

13.2.2 Produktblock

Handelsmarken = eigene Marken großer Handelsunternehmen wie Aldi, REWE, Edeka

Im Zuge zunehmenden Wettbewerbs entwickelt der Handel eigene Konzepte und orientiert sich mehr am Verbraucher. Im Produktblock werden zusammengehörige Artikel unterschiedlicher Hersteller in vertikalen Blöcken zusammengefasst, z. B. Suppen von Maggi, Knorr und weiteren Herstellern (vor allem auch die eigenen Handelsmarken). Produktblöcke können nach Preislagen, Materialien, Farben, Formen, Verwendungszwecken u. Ä. gebildet werden.

Kunden, die eher markenorientiert sind, haben in diesem Fall aber mehr Schwierigkeiten den Überblick zu behalten, vor allem, wenn der Handel den Konsumenten vorzugsweise zum Kauf der Handelsmarke anhalten will.

13.2.3 Kreuzblock

Im Kreuzblock wird der Hersteller- mit dem Produktblock kombiniert. In der Senkrechten (zur Orientierung des Kunden) befindet sich der **Marken- oder Herstellerblock**. In der Waagerechten (um dem Kunden den Produktvergleich zu erleichtern) entstehen **Produktblöcke**.

Im nebenstehenden Beispiel erkennt man einen vertikalen Markenblock von Henkel (Pril). Im zweiten bis vierten Block befinden sich weitere Marken. In der Horizontalen sind die verschiedenen Produktlinien für Handgeschirrspülmittel (Balsam, Citrus usw.) angeordnet (Produktblöcke).

Kreuzblock am Beispiel von Handgeschirrspülmittel

Die Markenblöcke schaffen durch ihr einheitliches Verpackungsbild Übersicht. Der Kunde orientiert sich zunächst anhand des Markenblocks und kann dann in der Waagerechten z. B. einen Preisvergleich anstellen oder auch die Inhaltsstoffe der verschiedenen Produkte überprüfen.

Nicht markenorientierte Kunden wenden sich gleich dem horizontalen Produktblock zu.

Damit verbindet der Kreuzblock die wichtigsten Ansprüche der Kunden an die Warenpräsentation: die einfache Suche und den geringen Entscheidungsaufwand.

13.3 Regeln für die Regalbelegung

Wenn man weiß, wie sich Kunden vor einem Verkaufsregal verhalten und welche Ansprüche sie vor allem an die Such- und Entscheidungsprozesse bei ihrem Einkauf haben, kann der Einzelhändler mit einer entsprechenden Präsentation seiner Waren reagieren. Er kann dabei

- ausschließlich die Kundenansprüche beachten, um eine möglichst kundenorientierte Warenpräsentation zu erreichen mit dem Ziel langfristiger Kundenbindung und langfristiger Gewinnmaximierung,
- die Verhaltsvorlieben der Kunden dazu benutzen, allein seine Ertragsziele kurzfristig umzusetzen oder
- eine Mischform verfolgen, bei der die Kundenansprüche zwar im Vordergrund stehen, das Ertragsinteresse des Einzelhändlers aber auch kurz- und mittelfristig nicht aus den Augen verloren wird.

Die nachfolgenden Präsentationsregeln sind vorzugsweise aus der Interessenslage des Einzelhändlers formuliert worden. Wird eine hohe Kundenorientierung angestrebt, sind die Regeln im Einzelfall zu überprüfen.

Kundenverhaltensweisen/ -einstellungen	Präsentationsregeln
Das Blickfeld des Kunden, der im üblichen Abstand vor einem Regal steht, erstreckt sich auf rund einen Meter; die Augenhöhe eines Menschen liegt durchschnittlich bei ca. 160 cm.	• Senkrechte Blöcke sollten ca. 1 m breit sein. • Der oberste Regalboden sollte höchstens auf einer Höhe von 160 cm liegen. Niedrige Regale sind für den Kunden besser zu überschauen. Auch für das Personal sind niedrige Regale günstig, weil sie leichter einzuräumen und zu überwachen sind.
Die obere Regalmitte (Sicht-, Greifzone) besitzt für den Kunden eine hohe Wertigkeit.	• Hochwertige Produkte gehören auch an hochwertige Plätze. • Preiswerte Ware kann auch in Zonen mit geringer Wertigkeit angeboten werden.
Ein Kunde schaut zunächst in die Sichtzone, von dort in die Greifzone; Produkte aus der Reckzone zu holen ist mühsam, Bücken empfindet er als störend.	• Gut kalkulierte Waren sind dort zu platzieren, wo sie leicht gesehen und für einen bequemen Zugriff zur Verfügung stehen. • Um den Vorteil eines günstigen Preises (mit niedriger Gewinnspanne für den Einzelhändler) zu erhalten, ist es für den Kunden zumutbar, sich zu recken und zu bücken. • Lebensmittel: Ware nicht unmittelbar auf dem Fußboden platzieren; der Boden ist für den Kunden unsauber.
Ein Kunde, der vor einem Regal steht, schaut und greift eher nach rechts als nach links.	• Werden ähnliche Produkte nebeneinander angeboten, sollte das teurere (besser kalkulierte) nach rechts gestellt werden.

Kundenverhaltensweisen/ -einstellungen	Präsentationsregeln
Der Kunde orientiert sich durch senkrechtes Blickverhalten; bevor er sich entscheidet, vergleicht er die waagerecht angebotenen Produkte. Das heißt: Blöcke sind für den Kunden auffälliger als „Bänder."	• Zusammengehörende Produkte zu senkrechten Blöcken anordnen. In der Waagerechten Alternativangebote präsentieren. • Waren im Kreuzblock anbieten. • Auch innerhalb der Blöcke sind die Waren zusammengehörig darzubieten, z. B. nach Farben oder Formen. • Sollen Waren als zusammengehörige Serien erkannt werden (z. B. eine Topfserie), ist eine waagerechte Präsentation angebracht. • Der Kunde muss die Ware aus seiner Laufrichtung erkennen können. Bei verpackten Waren muss eventuell ein Musterexemplar ausgepackt präsentiert werden.

Topfserien werden im Band präsentiert

Kunden suchen kundeninteressante Produkte (Saisonwaren, Neuheiten, Sonderangebote) sowie Suchkauf- und Plankaufprodukte.	• Mit kundeninteressanten Artikeln können schwache Regalplätze aufgewertet werden, weil sie den Kundenzustrom erhöhen. • Mussartikel mit Impulsartikeln kombinieren.
Das Suchverhalten des Kunden kann durch auffälliges Dekorationsmaterial, Informationen u. Ä. beeinflusst werden.	• Verkaufsschwache Regalzonen können durch zusätzliche Gestaltungselemente aufgewertet und damit für höherwertige Produkte geöffnet werden.

Kundenverhaltensweisen/ -einstellungen	Präsentationsregeln
Kunden wünschen reichhaltige Auswahl.	• Volle Regale sind verkaufsaktiv; eine Grifflücke lockert auf und lädt zum Zugreifen ein. • Leere Regale sofort wieder auffüllen. Nicht den Eindruck eines Ausverkaufs entstehen lassen.
Waren in Mengen bedeutet für den Kunden preisgünstige Ware; Einzelstücke signalisieren Kostbarkeit.	• Wertvolle Produkte erfordern auch eine den Wert demonstrierende Präsentation (z. B. als Einzelstück und im oberen Regalbereich). • Preisgünstige Ware sollte in großer Menge (z. B. in einer Schütte) angeboten werden.
Aber: Reste (übrig gebliebene Einzelstücke) schrecken den Kunden ab.	• Schwere und große Artikel gehören in den unteren Regalbereich; kleine und zerbrechliche nach oben (aber nicht über Kopfhöhe). 

Optimierung der Bück- und Reckzone

Da die Sicht- und Greifzone ohnehin verkaufsstark sind, muss der Bück- und Reckzone besondere Aufmerksamkeit gewidmet werden. Dem Einzelhändler stehen dafür verschiedene Möglichkeiten zur Verfügung.

Man kann die Reckzone z. B. von der Warenplatzierung aussparen und die Regale niedriger machen, um den Kunden eine bessere Übersicht über die gesamte Verkaufsfläche zu geben.

Bei den Regalen an der Außenwand lässt sich die Reckzone für Kundeninformationen und für Kaufanregungen nutzen.

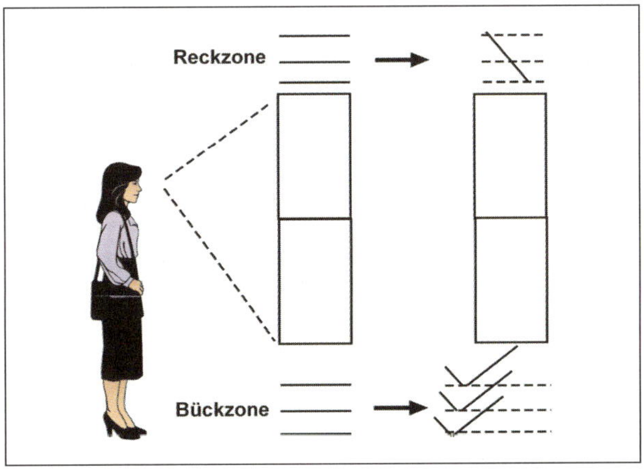

Arenaprinzip siehe Seite 298

Die Bückzone kann insbesondere für Schüttware verwendet werden. Sinnvollerweise vergrößert man die Tiefe des Regals und sorgt für eine Draufsicht.

Letztlich wird über breitere Böden im unteren Regalbereich das Arenaprinzip auch bei der Warenpräsentation umgesetzt.

Warenpräsentation in Seitengängen

Die Kunden bewegen sich gewöhnlich entlang des Hauptweges.

Positionen 1 bis 6: Der Kunde macht einen Schritt in den Gang, dadurch wird die Regalzone 6 übergangen. Damit der Kunde angehalten wird, dem Gang weiter zu folgen, sollten die Positionen 3 bis 5 mit kundeninteressanten Waren aufgewertet werden.

Position 7: Am Ende des Seitengangs muss ein Blickpunkt geschaffen werden, damit der Kunde in den Gang hineinläuft.

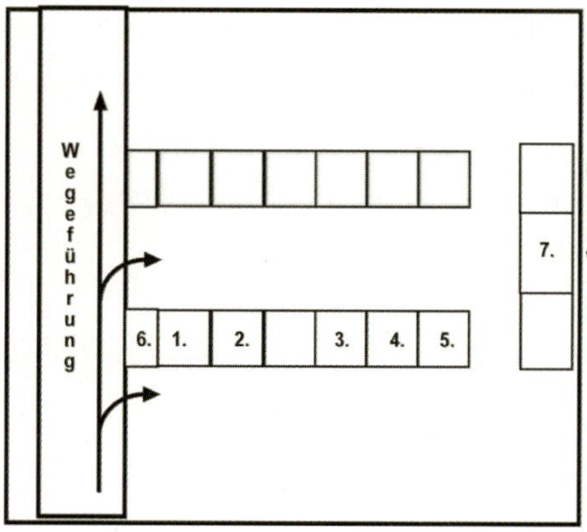

Die Verkaufswirksamkeit der Regalplätze nimmt von 1 bis 7 ab.

Warenträger frontal

Geht der Kunde auf die Längsseite eines freistehenden Regals zu, ist die Mitte verkaufsstärker als es die Seiten sind. Die Regalenden (vor allem auf der linken Seite) müssen daher durch kundeninteressante Produkte aufgewertet werden, damit der Kunde möglichst das gesamte Warenangebot sieht.

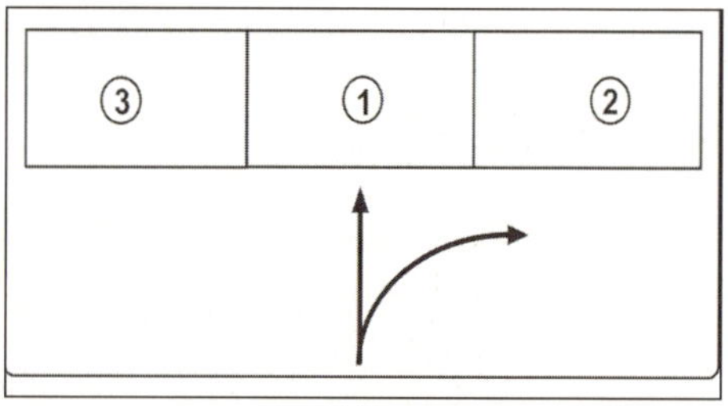

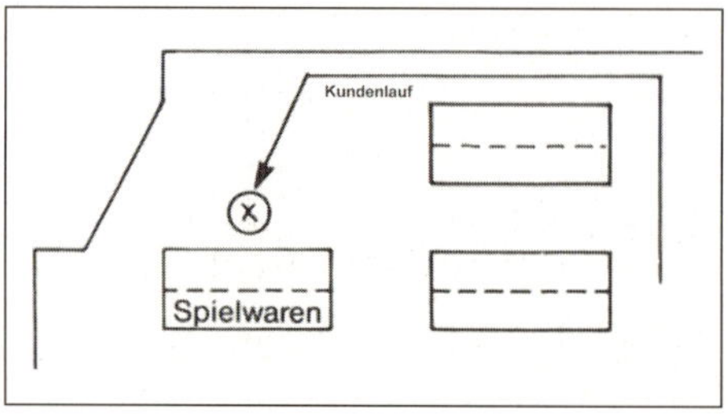

14 Computergestützte Regaloptimierung (Space Management)

Für die Warenpräsentation kann der Einzelhändler heute auch auf spezielle Software zurückgreifen, die ihn bei der Optimierung der Regalbelegung unterstützt.

Ausgangspunkt sind die Zielvorgaben des Einzelhändlers, die dem Programm mitgeteilt werden müssen, damit es seine Optimierungsaufgabe erfüllen kann. Der Einzelhändler kann verschiedene Größen in den Vordergrund stellen und sie als Maximierungsaufgabe formulieren, z. B.

- Gewinn/Rohergebnis
- Absatz (Stückzahl)
- Umsatz (Stückzahl mal Preis)

Die Nebenbedingung, unter der das Programm seine Auswahlentscheidungen zu treffen hat, ist der beschränkt zur Verfügung stehende Platz im Regal. Wird einem Produkt mehr Platz eingeräumt, muss die Stückzahl eines anderen Produktes zwangsläufig verringert werden.

Darüber hinaus berücksichtigt das Programm auch die durchschnittlichen Absatzzahlen für die Vorratsverwaltung im Regal. Es überwacht also die Regalbelegung, damit es nicht zu Leerständen kommt („Out of Stocks“).

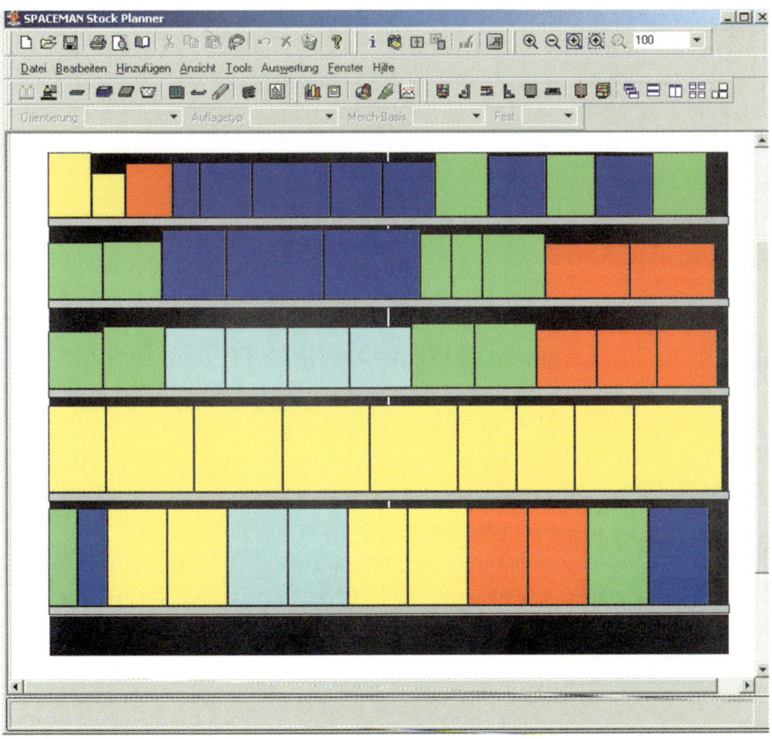

Das Programm gibt Empfehlungen, welche **Produkte** in welcher **Frontstückzahl (Facings)** zu platzieren sind. Dazu erstellt es Belegungspläne, sogenannte **Planogramme**. Das sind Abbildungen des Regals mit dem exakten Platzbedarf der Produkte.

Planänderungen lassen sich mit dieser Software auf einfache Weise durchführen, weil die Folgen sofort am Bildschirm sichtbar werden.

Das Programm kann auch die aus dem Planogramm sich ergebende Regalbelegung durch entsprechende **Regaletiketten** dokumentieren. Diese Etiketten lassen sich in die Regalschienen einfügen und bilden die Vorlage für die Bestückung mit den jeweiligen Produkten. Voraussetzung ist, dass jedes der gelisteten Produkte exakt vermessen und in das Programm eingegeben worden ist.

Beispiel **Regaletikett aus einem Space-Management-Programm**

Regal : **7711 - Basis, Abt: 066** **Boden-Nr.** : 2 **Breite** : 58,50 cm **Datum** : 30.09.2003	SWISS-O-PAR AUGENBR7WIMPERNFARB 6 129,50 € 7.99 €	SWISS-O-PAR AUGENBR7WIMPERNFARB 6 129,50 € 7.99 €	CILOREAL AUG UND WIMPERNFARBE 13 91,53 € 11.99 €

Dem Regaletikett sind zu entnehmen:

- Angaben zum Regal (Regal-Nummer, Boden-Nummer, Breite)
- Datum der Erstellung
- Beginn der Bestückung von Boden 2 mit Swiss-O-Par Augenbrauen/Wimpernfarbe
- Zahl der Facings (2) und der Produkte hintereinander (jeweils 6)
- Stückpreis (7,99 €)
- Grundpreis für ein 1 kg/1 Liter (129,50 €)
- Fortsetzung der Bestückung mit Ciloreal Augen- und Wimpernfarbe zum Preis von 11,99 €

Die senkrechten Striche geben exakt die Breite der Produktpackung wieder.

Der Warenvorrat für Swiss-O-Par Augenbrauen-/Wimpernfarbe beträgt zwölf Stück. Jeder Verkauf wird an der Kasse registriert und dem Warenwirtschaftssystem weitergeleitet, sodass der Einzelhändler jederzeit einen Überblick über den Bestand dieses Produktes hat. Aus der Vergangenheit können **durchschnittliche Abverkaufszahlen** bestimmt werden. Erhält der Einzelhändler z. B. jede Woche Ware von diesem Hersteller (oder von einem zentralen Warenlager) nachgeliefert, muss der Vorrat für diese Woche (einschließlich eines gewissen Sicherheitsbestandes) reichen.

Es ist aber auch möglich, weitere Randbedingungen in das Programm einzugeben:

Beispiele

- Eigenmarken sollen neben dem Marktführer platziert werden.
- Mit einem Lieferanten ist eine bestimmte Zahl von Frontstücken vereinbart worden.
- Jedes Produkt soll mindestens zwei Facings erhalten.
- Ein Lieferant soll nicht mehr als 20 % Regalanteil bekommen.

Ziele der Regaloptimierung

Mithilfe von Space-Mangement-Programmen versuchen Einzelhändler:

- die vorhandene Regalfläche möglichst intensiv zu nutzen,
- eine vollständige Warenpräsenz zu erreichen und
- Sortimentsveränderungen leichter durchzuführen.

Eine wesentliche Hilfe ist dabei die bildliche Darstellung der Warenträgerbelegung, die es ermöglicht, die Auswirkungen von Belegungsänderungen frühzeitig zu erkennen.

Werben und den Verkauf fördern

1 Werbung

Die Situation des deutschen Einzelhandels ist durch äußerst starken Wettbewerb geprägt. Man sieht das z. B. an der rasanten Zunahme der Verkaufsfläche in den letzten Jahrzehnten. Dabei ist die Flächenexpansion vor allem den preisaggressiven Großbetriebsformen zuzuschreiben. Hinzu kommt, dass die Sortimente immer vergleichbarer werden. Über das Internet kann sich der Verbraucher heute sehr leicht einen Preisüberblick verschaffen und jederzeit bei unterschiedlichsten Anbietern einkaufen.

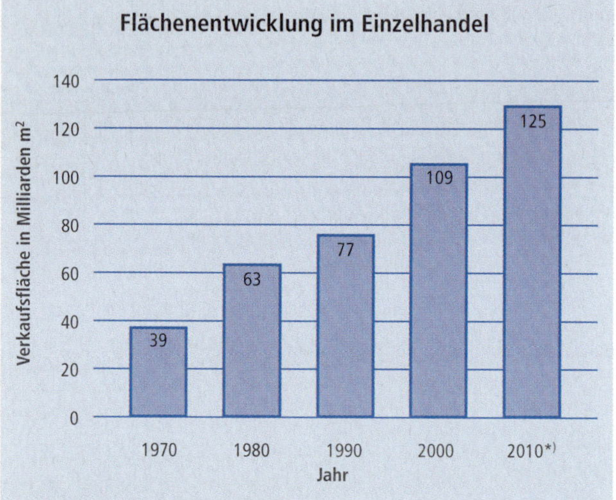

Quelle: HDE, Zahlenspiegel 2005

**) geschätzt*

Einzelhändler, die unter solchen Marktbedingungen erfolgreich sein wollen, müssen sich von ihren Mitbewerbern unterscheiden und die kritischen und preisempfindlichen Kunden dazu bewegen, gerade im eigenen Geschäft zu kaufen – eine zunehmend schwierigere Aufgabe.

Der Einzelhändler muss den Kunden von der Vorteilhaftigkeit seines Sortiments überzeugen. Dazu stehen ihm verschiedene **Kommunikationsmittel** zur Verfügung. Er kann sich z. B. über Anzeigen, Prospekte und Kinospots an seine Kunden wenden.

Spricht der Einzelhändler seine Kunden mit Kommunikationsmitteln vorzugsweise außerhalb des Geschäftes an, spricht man von **Werbung**. Versucht er den Kunden innerhalb des Geschäftes von den Vorteilen seiner Produkte zu überzeugen, handelt es sich um **Verkaufsförderung**. In diesem Zusammenhang gehört auch jedes **Verkaufsgespräch** zu den Kommunikationsmitteln des Einzelhändlers. Schließlich ist jedes Einzelhandelsunternehmen darauf bedacht, in der Öffentlichkeit ein bestimmtes Bild abzugeben (Corporate Identity). Die Bemühungen, in der Öffentlichkeit um Anerkennung, Vertrauen und Interesse zu werben, bezeichnet man als **Publicrelations**. Publicrelations-Tätigkeiten erstrecken sich z. B. auf Öffentlichkeitsarbeit in Massenmedien oder Veröffentlichungen in eigenen Hauszeitungen, Betriebsbesichtigungen oder Verbindungen zu wichtigen Behörden. Das Hauptmotto der **PR** (Publicrelations) lautet: „Tue Gutes und rede darüber".

kommunizieren = miteinander in Verbindung stehen

Corporate Identity siehe Seite 18

Der Einsatz dieser Kommunikationsmittel zur Beeinflussung des Kunden wird als **Kommunikationspolitik** bezeichnet.

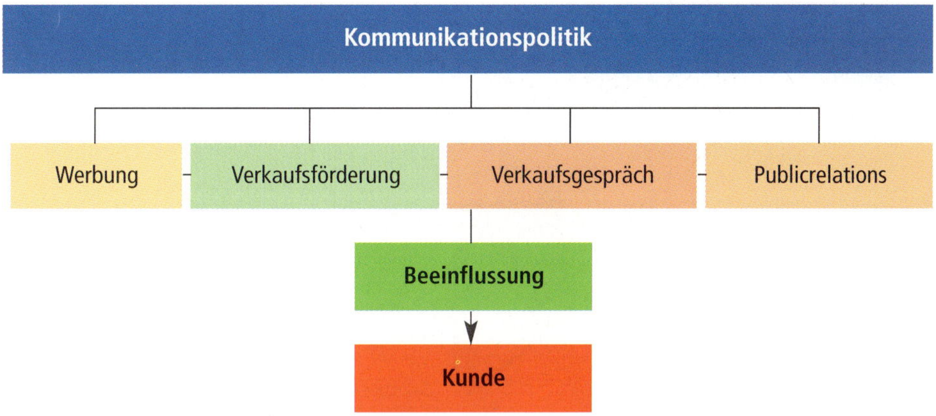

1.1 Anforderungen an Werbung

Werbung soll den Kunden beeinflussen, darf ihn aber nicht ungerechtfertigt manipulieren. Aus diesem Grunde stellen sowohl der Einzelhändler als auch der Kunde gewisse Anforderungen an die Werbung.

Siehe Wettbewerbsrecht Seite 354

- **Wirtschaftlichkeit:** Die Kosten der Werbung müssen im richtigen Verhältnis zur Absatzsteigerung stehen.
- **Wahrheit:** Die Werbeaussage muss der Wahrheit entsprechen, unwahre Werbebotschaften verärgern die Kunden und stellen einen Verstoß gegen das Wettbewerbsrecht dar.
- **Wirksamkeit:** Die Werbemaßnahme soll den geplanten Erfolg bringen.
- **Klarheit:** Die Werbebotschaft muss für Kunden verständlich sein.
- **Rechtmäßigkeit:** Der Werbende muss sich in seinen Werbeaussagen an die geltenden Gesetze, vor allem an das Gesetz gegen den unlauteren Wettbewerb halten.

1.2 Werbearten

Die **Werbearten** beschreiben die verschiedenen Erscheinungsformen der Werbung. Man unterscheidet sie wie folgt:

Siehe Werbeobjekte Seite 324

1. nach dem Werbegegenstand **(Werbeobjekt)**:
- **Produktwerbung** (Werbung für ein bestimmtes Einzelprodukt)
- **Sortimentswerbung** (Werbung für ein Sortiment oder auch für einzelne Warengruppen)
- **Firmenwerbung** (Ein Betrieb stellt sich in der Werbung als Ganzes dar.)

2. nach dem Werbenden **(Werbesubjekt)**:
- **Einzelwerbung** (Das Geschäft wirbt für sich allein.)
- **Sammelwerbung** (Geschäfte verschiedener Branchen, z. B. in einem Stadtteil oder einer Straße, werben zusammen, wobei aber jeder namentlich erwähnt wird.)

Sammelwerbung

- **Gemeinschaftswerbung** (Geschäfte der gleichen Branche werben für eine bestimmte Produktgruppe oder Dienstleistung.)

Gemeinschaftswerbung

- **Herstellerwerbung** (Der Hersteller wendet sich direkt an die Verbraucher.)

3. nach der Häufigkeit:
- **Gelegenheitswerbung** (z. B. Weihnachtswerbung)
- **Dauerwerbung** (z. B. Anzeigenserie über einen längeren Zeitraum)

4. nach dem Wirkungsbereich:
- **Innenwerbung** (z. B. Verkaufsraumgestaltung)
- **Außenwerbung** (z. B. Leuchtreklame an der Fassade)

Wer wirbt	Wofür	Häufigkeit	Wirkungsbereich
Einzelwerbung	Produktwerbung	Gelegenheitswerbung	Innenwerbung
Sammelwerbung	Sortimentswerbung	Dauerwerbung	Außenwerbung
Gemeinschaftswerbung	Firmenwerbung		
Herstellerwerbung			

1.3 Prozess der Werbung

Moderne Werbestrategien zielen auf eine möglichst starke Beeinflussung des Verbrauchers ab. Werbewirkung ist in einem gewissen Maß steuerbar, sodass eine sorgsame **Werbeplanung** erforderlich ist. Um planvoll und nicht willkürlich vorzugehen, ist es wichtig, zuerst die **Werbeziele** zu bestimmen. Alle weiteren Aktivitäten sind anschließend daran auszurichten. Die gesetzten Werbeziele sind allerdings nur zu erreichen, wenn ausreichend finanzielle Mittel für die geplanten Werbemaßnahmen zur Verfügung stehen. Durch die Festlegung eines **Werbeetats** wird der finanzielle Rahmen abgesteckt.
Sind nun die **Werbeobjekte** ausgewählt, also die Waren, die beworben werden sollen, müssen in einem nächsten Schritt die **Werbesubjekte** bestimmt werden. Hierbei handelt es sich um die Zielgruppe, die durch die Werbung angesprochen werden soll. Auch bei der Ansprache der Zielgruppe wird nichts dem Zufall überlassen. Es ist eine **Werbebotschaft** zu formulieren, die genau zur Zielgruppe passt. Die Art sowie der Einsatz von **Werbemitteln** und **Werbeträgern**, mit deren Hilfe die Werbebotschaft zu den Kunden gelangen soll, wird in einem Werbeplan festgehalten.
An die Planung schließt sich die Phase der **Werbedurchführung** an. Die Werbemittel werden gestaltet, produziert und gestreut, das heißt an die eigentlichen Adressaten herangetragen.
Wie wirksam die Werbemaßnahmen letztendlich waren, zeigt sich erst später bei der **Werbeerfolgskontrolle**. Mittels spezieller Verfahren wird gemessen, inwieweit die vorab festgelegten Werbeziele erreicht wurden.

Prozess der Werbung	am Beispiel eines Baucenters (Fliesenabteilung)
Werbeziele	Was soll die Werbung bewirken?
	Gewinnung von Neukunden – Kunden sollen erstmals bei uns ihre Waren kaufen (Kleber, Estriche, Fugenmaterial usw.)
Werbeetat	Wie viel finanzielle Mittel stehen zur Verfügung?
	Festlegung eines Werbeetats in Höhe von 10.000,00 €.
Werbeobjekt	Was soll beworben werden?
	Gegenstand der Werbung sind Produkte der Marke PCI. Das sind Baustofffe, um Fliesen und Platten zu verlegen und zu verfugen.
Werbesubjekt	Welche Zielgruppe soll umworben werden?
	Mit der Werbung sollen selbstständige Handwerker, insbesondere Fliesenleger, angesprochen werden.
Werbebotschaft	Was soll der Zielgruppe mitgeteilt werden?
	Information über Neu- und Weiterentwicklungen im Bereich der PCI-Produkte.
Werbemittel	In welcher Form soll geworben werden?
	In einem Text mit Abbildungen sollen die Neuheiten der PCI-Produkte angepriesen werden.
Werbeträger	Welche Medien sollen genutzt werden?
	Die ausgewählten Kunden sollen einen Werbebrief zugeschickt bekommen, dem ein Flyer beigelegt wird.
Werbedurchführung	Wie sind die Werbemaßnahmen umzusetzen?
	Grafische Gestaltung eines Flyers, der die Aufmerksamkeit des Betrachters erregt. Anschließend wird der Flyer mit dem begleitenden Werbebrief per Post verschickt.
Werbeerfolgskontrollle	Wie wirksam war die Werbung tatsächlich?
	Prüfung, wie viele Neukunden gewonnen wurden. Dazu wird der Flyer mit einem Gutschein ausgestattet. Die Anzahl der eingelösten Gutscheine gibt dann Auskunft über den Erfolg der Werbemaßnahme.

1.3.1 Werbeziele

Die Werbung hat einen grundsätzlichen Zweck: Sie soll beim Kunden den Kaufwunsch wecken und somit die Nachfrage steigern. Dabei wird zwischen nichtökonomischen und ökonomischen Werbezielen unterschieden.

ökonomisch = wirtschaftlich

Nichtökonomische Werbeziele

- Bekanntheit steigern (Die Kenntnis eines Produktes bei den Kunden erhöhen.)
- Einstellung ändern (Kunden sollen ein Prokukt positiver bewerten.)
- Image verbessern (Das Vorstellungsbild von einem Produkt absatzfördernd beeinflussen.)
- Anspruchsweckung (Verbraucher für neue Produkte oder Trends interessieren.)
- Anspruchssteigerung (Kunden sollen höherwertige Produkte erwerben.)
- Einkaufstättentreue fördern (Verbraucher sollen wiederholt im selben Geschäft einkaufen.)

Ökonomische Werbeziele

- Umsatz steigern
- Gewinn erhöhen
- Marktanteil sichern bzw. vergrößern (Vorhandene Kunden erhalten bzw. neue dazugewinnen.)
- Einkaufsbetrag pro Kundenkontakt erhöhen

Allerdings sind nur die nichtökonomischen Ziele durch Werbung **direkt** zu beeinflussen. Beispiel: Ein Kosmetikkonzern setzt mit peppiger Werbung eine neue Haarstyling-Serie in Szene. Aber erst wenn die Kunden auf das Produkt aufmerksam werden, es besitzen wollen und dann auch tatsächlich kaufen, ist das ökonomische Werbeziel Umsatzsteigerung erreicht. Die Werbung kann also nur **indirekt** auf die ökonomischen Werbeziele einwirken.
Bei den nichtökonomischen Werbezielen spielt das Image (festes Vorstellungsbild der Kunden von einem Produkt, einer Verkaufsstelle oder Dienstleistung) eine immer größere Rolle. Grund ist die Austauschbarkeit (Homogenität) der Produkte. Um beim Beispiel Haarstyling zu bleiben: Die Kunden haben eine große Auswahl an Artikeln, mit denen sie ihre Frisur in Form bringen können. Das Produkt muss sich also vorteilhaft von der Konkurrenz abheben und ein eigenes Profil haben, damit die Verbraucher gezielt danach greifen.

Zielformulierung:

Um festzustellen, ob die gesetzten Ziele durch die Werbung tatsächlich erreicht werden, sind sie präzise und messbar zu formulieren. Dazu muss die Zielformulierung aus drei Teilen bestehen:

Zielinhalt (Was erreicht werden soll.)	Erhöhung des durchschnittlichen Einkaufsbetrags pro Kundenkontakt
Zielausmaß (Wie viel erreicht werden soll.)	von derzeit 9,75 € auf 11,00 €
Zielzeitraum (Wann das Ziel erreicht werden soll.)	nach Ablauf des folgenden Halbjahres.

1.3.2 Werbeetat

Erfolgreiche Werbung kostet Geld. Der **Werbeetat** fasst die finanziellen Mittel zusammen, die für einen festgelegten Zeitraum für die Durchführung der Werbemaßnahmen zur Verfügung stehen. Um den Werbetat festzulegen, gibt es verschiedene Methoden:

- **Erfolgsorientierte Methode:** Der Werbetat wird als Prozentwert vom vergangenen oder des für das nächste Jahr geplanten Umsatzes oder Gewinns errechnet.

Beispiel Ein Einzelhändler aus der Spielwarenbranche legt fest, dass er 2,5 % des Vorjahresumsatzes für Werbung ausgeben möchte.

- **Ausgabeorientierte Methode:** Die zur Verfügung stehenden finanziellen Mittel bestimmen die Höhe des Werbeetats. Ausgangspunkt ist hierbei die Frage: „Was können wir uns überhaupt leisten?“

Beispiel Für Werbezwecke stehen dem Einzelhändler im nächsten Jahr maximal 45.000,00 € zur Verfügung.

- **Konkurrenzorientierte Methode:** Die Höhe des eigenen Werbeetats orientiert sich am Werbeetat der Konkurrenzunternehmen bzw. des Branchendurchschnitts.

Beispiel Die Werbekosten eines Drogeriemarktes liegen bei 60.000,00 € und entsprechen damit dem Durchschnittswert in der Drogeriebranche.

- **Zielorientierte Methode:** Nachdem die Werbeziele festgelegt sind, werden die finanziellen Mittel bestimmt, um diese Ziele zu erreichen. Dazu müssen die geplanten Werbemaßnahmen und deren Kosten genau errechnet werden.

Beispiel Der Einzelhändler errechnet die Gesamtkosten für sämtliche geplante Werbemaßnahmen und setzt diese als Werbeetat fest.

1.3.3 Werbeobjekt und Werbesubjekt

Die **Werbeobjekte** sind die Gegenstände, die beworben werden. Bei einem Handelsbetrieb können dies das Unternehmen selbst, bestimmte Dienstleistungen, Sortimentsteile oder einzelne Artikel sein.

Siehe Werbearten Seite 322

Je nach Werbeobjekt lassen sich verschiedene **Werbearten** unterscheiden. Die **Firmenwerbung** rückt den gesamten Handelsbetrieb in den Vordergrund. Das Ziel: Den Bekanntheitsgrad der Firma steigern und den umworbenen Kunden das gesamte Leistungsspektrum des Betriebes verdeutlichen. Die **Sortiments-**

werbung stellt das komplette Produktangebot oder einzelne Warengruppen heraus. Beschränkt sich die Werbung auf einzelne Artikel, liegt eine **Produktwerbung** vor. Häufig tritt diese in Form einer Sonderangebotswerbung auf, bei der bestimmte Markenartikel für kurze Zeit im Preis herabgesetzt werden.

Die **Werbesubjekte** sind die Personen, auf die die Werbeaktivitäten zielen. Um hier erfolgreich zu sein und bestenfalls einen Kaufwunsch zu wecken, ist es sinnvoll, die Werbemaßnahmen möglichst zielgruppenspezifisch zu gestalten. Nur so ist es möglich auf bestehende Bedürfnisse beim Käufer zu stoßen.

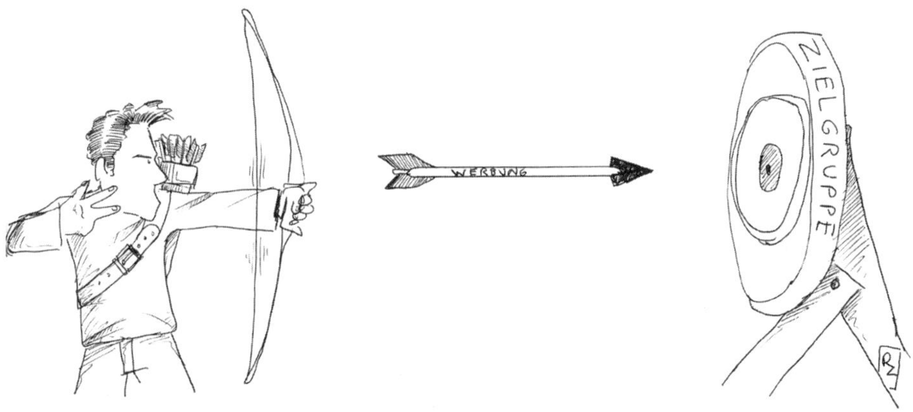

Die Beschreibung der **Zielgruppe** kann anhand unterschiedlicher Merkmale erfolgen. Allgemeine Merkmale wie Alter, Geschlecht, Familienstand, Beruf und Einkommen sorgen für eine erste grobe Einteilung der Kunden. Persönlichkeitsmerkmale wie Freizeitinteressen und Lebensstil beschreiben mehr die individuellen Eigenschaften der Kunden. Von besonderem Interesse für den Einzelhändler sind die Kaufverhaltensmerkmale, die den Kunden als Konsument charakterisieren. Alle Informationen zusammen zeichnen ein relativ genaues Bild von der Zielgruppe, die mit der Werbung erreicht werden soll.

Ein Problem im Einzelhandel besteht allerdings darin, dass die Kunden häufig aus allen Bevölkerungsgruppen stammen und oftmals anonym bleiben. Eine exakte Charakterisierung der Zielgruppe ist so nur sehr schwer möglich. Die Werbung kann sich dann nur in Form einer **Massenwerbung** an die Allgemeinheit richten und verliert an Treffsicherheit.

1.3.4 Werbebotschaft

Die **Werbebotschaft** ist die Aussage, die in der Werbung über das Werbeobjekt gemacht wird. Damit die Kunden die Werbebotschaft auch wahrnehmen, wird sie häufig kurz und einprägsam als **Slogan** formuliert. Auch hierbei spielt die Zielgruppe eine zentrale Rolle.

Slogan = Werbeparole

Beispiel Haarstyling: Werbung für Jugendliche soll oft ein flippiges und modernes Lebensgefühl transportieren. Für Käufer, die ein paar Jahre älter sind, werden eher die Pflegewirksamkeit eines Produkts oder der Erhalt der Jugendlichkeit in Szene gesetzt. Die Werbebotschaft soll die Zielgruppe von der Qualität eines bestimmten Werbeobjekts überzeugen. Dabei kommt auch wieder das Image ins Spiel, hat es doch erheblichen Einfluss auf das Konsumentenverhalten. Weil die bei den Werbezielen bereits beschriebene Homogenität der Produkte es oft schwer macht, eine besondere Leistung hervorzuheben, treten emotionale Aspekte in den Vordergrund.

Homogenität = Gleichartigkeit

Die Werbebotschaft setzt sich deshalb oft aus zwei Teilen zusammen, die in der Regel kombiniert werden. Der **rationale**, verstandesmäßige **Teil** transportiert sachliche Informationen, die beim Kunden ein bewusstes Verhalten bewirken. Der **emotionale**, gefühlsmäßige **Teil** soll die Aufmerksamkeit steigern und eine innere Erregung auslösen.

Die Wirkung, die die Werbebotschaft erzielen soll, lässt sich durch die **AIDA-Formel** darstellen:

Attention	**A**ufmerksamkeit erregen! Die Werbebotschaft soll die Aufmerksamkeit des Kunden finden.
Interest	**I**nteresse wecken! Die flüchtige Wahrnehmung einer Werbebotschaft erzielt keine Wirkung. Erst wenn das Interesse des Kunden sich auf den Inhalt der Werbung konzentriert, besteht eine Chance zum Kauf.
Desire	**D**rang zum Kauf schaffen! Der Kunde muss den Wunsch verspüren, das Produkt zu besitzen, weil es seinen Ansprüchen gerecht wird.
Action	**A**bschluss herbeiführen! Der Kunde kauft das Produkt. Das Ziel der Werbemaßnahme ist erreicht.

1.3.5 Werbemittel und Werbeträger

Werbemittel sind alle Möglichkeiten, mit denen eine Werbebotschaft an den möglichen Kunden herangetragen werden kann (z. B. Filme, Plakate, Schrift usw.). Die Medien, über die man das jeweilige Werbemittel der Öffentlichkeit zugänglich macht, werden als **Werbeträger** bezeichnet (z. B. Kino, Plakatwand, Flyer usw.).

Werbemittel	Werbeträger
Anzeigen, Beilagen	Tageszeitungen, Anzeigenblätter, Zeitschriften, Internet
Plakate	Litfaßsäulen, Plakatwände, Hausfassaden, Schaufenster
Werbeschriftzüge	Lkw, Pkw, Bahn und Bus, Einkaufstaschen, Menschen, Verpackungen
Spot (Bild und Ton)	Radio, Lautsprecher, Fernsehen, Kino, Internet
Dekoration, Display	Schaufenster, Vitrine, Verkaufsraum

■ Beschreibung gängiger Werbemittel

Werbemittel Anzeige

Eine Anzeige, auch **Inserat** genannt, ist eine Werbung, die in gedruckten Medien erscheint (Zeitungen, Zeitschriften, Anzeigenblätter, aber auch Vereinsschriften und Programmhefte).

Gerade für den Einzelhandel zählt die Anzeige in der Tageszeitung zu den wichtigsten Werbemitteln, weil sie eine große Leserschaft vor Ort erreicht und auch sehr kurzfristig einsetzbar ist. Zu berücksichtigen ist dabei allerdings, dass die Leser auch zur Zielgruppe des Inserenten gehören sollten.

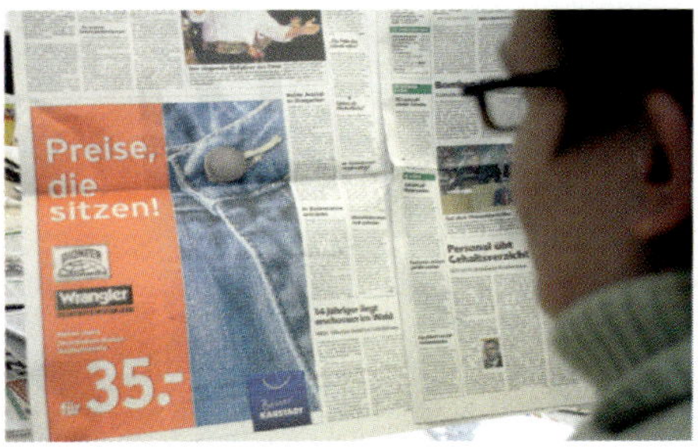

Gestaltung von Anzeigen siehe Seite 337

Die **Kosten** für die Veröffentlichung von Anzeigen hängen ab von der Anzeigengröße und dem Millimeterpreis. Der Millimeterpreis gibt an, wie teuer ein Anzeigenmillimeter ist. Ab einem bestimmten Umfang der Veröffentlichung werden in der Regel Preisnachlässe gewährt. Diese beziehen sich bei der sogenannten Malstaffel auf die Anzahl der geschalteten Anzeigen. Bei der Mengenstaffel richtet sich der Nachlass nach der Anzeigengröße.

Anzeigenkosten siehe ausführlich Seite 335 „Kostenvergleich von Werbemitteln"

Werbemittel Beilage

Beilagen sind mehrseitige, oft farbige **Prospekte**. Sie haben ihren Namen daher, dass sie Zeitungen, Zeitschriften oder Anzeigenblättern beiliegen. Prospekte können aber auch an die Haushalte verteilt, als Rundschreiben verschickt oder vor und in den Geschäften ausgelegt werden. Die Beilage bietet die Möglichkeit, ausführlich über Neuheiten, z. B. etwa die aktuelle Saisonmode, oder Sonderangebote und Aktionen zu informieren.

Eine Zeitungsbeilage wird nach ähnlichen Gesichtspunkten gestaltet wie eine Anzeige. Dabei ist der erste Eindruck entscheidend. Somit sollte die **Titelseite** besonders sorgfältig gestaltet werden. Diese „Schokoladenseite" muss klar gegliedert sein und sollte durch die Darstellung weniger, ausgesuchter Angebote den Einstieg in den Prospekt erleichtern und einen Überblick verschaffen. Hinweise oder Symbole machen den Leser auf die Innenseiten aufmerksam.

Eye-Catcher = Blickfang

Bewährt hat sich vor allem die **Hervorhebung** eines einzelnen Angebotes auf der Titelseite („Eye-Catcher", Aufreißangebot). Auch hier gilt: Bilder sind leichter zu fassen als Texte, die lediglich als Erklärungszusatz sinnvoll sind. Zur **Auflockerung** der Seiten dient auch eine Leitfigur (Mitarbeiter, Kunde, Prominenter, Tier- oder Fantasiefigur), die nüchterner Sachlichkeit und Unpersönlichkeit entgegenwirkt.

Bei den **Kosten** für die Veröffentlichung von Beilagen spielt das Gewicht der einzelnen Beilagen-Exemplare eine entscheidende Rolle. Je schwerer die Beilage ist, desto teurer wird es.

Beispiel

Gewicht pro Exemplar	bis 20 g	bis 30 g	bis 40 g	bis 50 g	bis 60 g	bis 70 g
Preis pro 1.000 Exemplare	83,00	96,00	109,00	132,00	156,00	181,00

Gestaltungs- und Druckkosten: 84,00 € pro 1.000 Stück
Die Kosten für 12.000 Beilagen mit einem Gewicht von 46 g pro Exemplar betragen:

Gestaltungs- und Druckkosten	(84,00 € x 12)	1.008,00 €
Verbreitungskosten	(132,00 € x 12)	1.584,00 €
Gesamtkosten		2.592,00 €

Beispiel

Prospekt (Auszug aus Internet)

Logo auf allen 6 Seiten des Prospekts:

alles in OBI®

Werbemittel Plakate

Plakate zählen zur sogenannten Außenwerbung. Sie können, in sehr großen Formaten, auf Plakatwänden oder Litfaßsäulen angebracht werden, in etwas kleinerer Form etwa an Werbefenstern von Bushaltestellen oder auf Infotafeln im Stadtgebiet. Auch direkt in den Geschäften oder an Schaufenstern können Einzelhändler mit Plakaten werben. Das Plakat kann gezielt an bestimmten Flächen eingesetzt werden. Da sich mehr als 90 Prozent der Menschen täglich außer Haus bewegen, haben Plakate – je nach Standort – eine große Reichweite. Die Streuverluste sind jedoch hoch, da auch Plakate meist nur eine bestimmte Zielgruppe ansprechen und nicht von allen Passanten wahrgenommen werden. Die **Kosten** der Plakatierung bemessen sich nach der Anzahl der Plakate und der Dauer der Veröffentlichung.

Menge	€ pro Tag je Stück
bis 100 Plakate	31,10
bis 200 Plakate	29,50
bis 300 Plakate	28,40
über 300 Plakate	27,60

Das Angebot umfasst die Kosten für den Entwurf und Druck der Plakate. Für eine 7-tägige Plakatwerbung mit 150 Plakaten ergeben sich folgende Kosten:

Gestaltungs- und Druckkosten		–
Verbreitungskosten	(29,50 € x 7 Tage x 150 Stück)	30.975,00 €
Gesamtkosten		30.975,00 €

Werbemittel Radiospot/Fernsehspot

Werbung in Radio und Fernsehen wird als Rundfunkwerbung bezeichnet. Während der Fernsehspot sehr kostenintensiv ist und vor allem von großen, überregionalen Unternehmen eingesetzt wird, ist ein Radiospot – etwa im Lokalfunk – auch für den Einzelhändler vor Ort erschwinglich. Da der Zuhörer eine hohe Aufnahmebereitschaft für Werbespots zeigt, sind die Streuverluste gering. Die Rundfunkwerbung kann gezielt in Programme und zu Sendezeiten platziert werden, die von der gewünschten Zielgruppe gehört werden. Allerdings ist nur ein wiederholter Einsatz der Spots werbewirksam. Die Gestaltungselemente Musik, Text und Geräusche müssen so angeordnet werden, dass die Hörgewohnheiten – das Radio läuft häufig nur im Hintergrund – durchbrochen werden und der Spot beim Hörer für Aufmerksamkeit sorgt.

Die Dauer des Werbespots und die Häufigkeit mit der er wiederholt wird, bestimmen die Kosten für dieses Werbemittel.

Beispiel Die durchschnittlichen Produktionskosten eines Werbespots betragen 400,00 €. Der Sendepreis liegt bei 3,80 € pro Sekunde.

Mengenrabatt

ab	500 Sek.	2,5 %
ab	1.000 Sek.	5,0 %

Ein 20-sekündiger Werbespot, der 14 Tage lang 10-mal pro Tag gesendet wird, verursacht folgende Kosten:

Gestaltungskosten		400,00 €
Verbreitungskosten	(3,80 € x 20 Sek. x 10 x 14 Tage)	10.640,00 €
abzüglich Preisnachlass	(10.640,00 € x 5 %)	532,00 €
Gesamtkosten		10.508,00 €

Werbemittel Handzettel/Flyer

Der gute alte Handzettel, auch Flyer genannt, ist ein sogenanntes Direktwerbemittel. Meist einseitig bedruckt, leicht selbst herzustellen und zu vervielfältigen, ist der Handzettel gerade für kleine Einzelhändler ein günstiges Werbemittel. Sein Vorteil ist auch sein Nachteil:
Er kann den Kunden direkt in die Hand gedrückt, bzw. in den Briefkasten geworfen werden. Ebenso schnell können die Kunden die Botschaft aber auch ungelesen wegwerfen. Damit dies nicht geschieht, sollten bei der Verteilung und Gestaltung von Handzetteln bestimmte Aspekte beachtet werden.
Die **Verteilung** – etwa in der Fußgängerzone an Passanten – muss zu günstigen Zeitpunkten erfolgen. Der Einkaufsrhythmus der Zielpersonen ist dabei zu beachten. Besonders gern wird das Flugblatt aber auch bei Neueröffnungen oder zu besonderen Anlässen verteilt.
Bei der **Gestaltung** der Flyer gelten ähnliche Grundsätze wie bei Anzeigen und Beilagen. Damit aus dem häufig flüchtigen ersten Blick ein längeres und aufmerksames Betrachten des Flyers wird, sollten auffallende Farben und Bilder sowie knappe und eingängige Texte gewählt werden. Besondere Bedeutung kommt dem Einsatz von Wegwerfstoppern zu. Dabei kann es sich zum Beispiel um ein Preisausschreiben oder Kreuzworträtsel handeln, das das sofortige Wegwerfen des Handzettels verhindert.
Die **Kosten** für dieses Werbemittel werden wesentlich dadurch bestimmt, ob man die Erstellung und Verbreitung selbst übernimmt oder in professionelle Hände gibt.

Beispiel

	schwarz/weiß	zweifarbig	vierfarbig
Druckkosten pro Stück	0,10 €	0,16 €	0,26 €

Die Gestaltung des Flyers durch eine professionelle Werbeagentur kostet 90,00 € pro Entwurf. Ein von einer Werbeagentur entworfener vierfarbiger Flyer wird 3.000-mal gedruckt und von den Mitarbeitern des Einzelhandelsunternehmens in der Fußgängerzone verteilt.

Gestaltungskosten		90,00 €
Druckkosten	(0,26 € x 3.000 Stück)	780,00 €
Verbreitungskosten		–
Gesamtkosten		870,00 €

Verkehrsmittelwerbung

Bus, U- und S-Bahn, Taxi – auch auf und in öffentlichen Verkehrsmitteln ist die Werbung allgegenwärtig. Durch die Begrenzung der Verkehrsunternehmen auf ein bestimmtes Flächennetz ist die Verkehrsmittelwerbung auch für Einzelhändler interessant, die ein regional abgegrenztes Einzugsgebiet haben und etwa Kunden aus Nachbarstädten anlocken möchten. Wie bei der Plakatwerbung sind die Streuverluste jedoch sehr hoch.

Bei der Berechnung der **Kosten** für die Verkehrsmittelwerbung spielen das Format und der Ort der angebrachten Plakate eine wesentliche Rolle. So ist zum Beispiel ein Werbeaufkleber in einem Seitenfenster eines Busses günstiger als im Heckfenster.

Beispiel

Folienplakate	PVC-Aufkleber, Format 80 cm x 20 cm, inklusive Folienerstellung. Seitenfenster Heckfenster	pro Plakat pro Bus monatlich 8,00 € 11,00 €

Vier Aufkleber an Seitenfenstern und ein Aufkleber am Heckfenster eines Busses kosten für ein halbes Jahr:

Gestaltungs- und Druckkosten		–
Verbreitungskosten	(8,00 € x 4 Stück + 11,00 € x 1 Stück) x 6 Monate	258,00 €
Gesamtkosten		258,00 €

■ Auswahl der Werbemittel

Die Auswahl der Werbemittel hängt maßgeblich von den Entscheidungen ab, die im Rahmen der Werbeplanung bisher getroffen wurden.

Das Werbemittel muss

- zum beworbenen Produkt passsen
- die Zielgruppe ansprechen
- die Werbebotschaft optimal vermitteln

Sind diese Voraussetzungen für mehrere Werbemittel erfüllt, so fällt die endgültige Wahl häufig auf das kostengünstigste Werbemittel.

Kostenvergleich von Werbemitteln

Steht man z. B. vor der Entscheidung, ob eine Anzeige in der Tageszeitung oder einem Anzeigenblatt geschaltet werden soll, berechnet man den **Preis pro 1.000 erreichte Leser (Tausend-Leser-Preis)**. Diese Kennzahl beantwortet die Frage, mit welcher Zeitung 1.000 Leserkontakte mit den geringeren Kosten herzustellen sind. In die Berechnung des Tausend-Leser-Preies fließen folgende Faktoren ein:

Anzeigenblatt = Zeitung, die kostenlos an Haushalte verteilt und nur durch Anzeigen finanziert wird.

Anzeigenpreis
Der Anzeigenpreis ist abhängig von der Größe der Anzeige und dem Millimeter-Preis.

Wie berechnet sich die Größe einer gestalteten Anzeige?
Die Breite einer gestalteten Anzeige wird in Spalten angegeben, die Höhe in Millimeter. Beides miteinander multipliziert ergibt die Gesamtgröße.
Beispiel: Eine Anzeige ist 2 Spalten breit und 50 Millimeter hoch. Das ergibt: 2 x 50 = 100 mm Gesamtgröße.

Wie berechnet sich der Preis einer gestalteten Anzeige?
Zur Berechnung des Preises multipliziert man die Anzeigenmillimeter mit dem Millimeterpreis.
Beispiel: Eine Anzeige hat eine Größe von 100 mm, der Millimeterpreis beträgt 0,50 €. Das ergibt 100 x 0,50 = 50,00 €

Auflagenzahl
Anzahl der Zeitungsexemplare, die täglich gedruckt und verkauft werden.

Fehlstreuung
Bei der Auslieferung von Anzeigenblättern entsteht eine gewisse Fehlstreuung. Darunter versteht man die Tatsache, dass eine bestimmte Zahl von Zeitungen nicht in den vorgesehenen Haushalten ankommt. Entsprechende Studien haben gezeigt, dass bei der Verteilung eines Anzeigenblattes die durchschnitttliche Fehlstreuung etwa 10 % beträgt.

Leserkontakte
Tageszeitung und Anzeigenblatt unterscheiden sich in der Zahl ihrer Leserkontakte. Bei Tageszeitungen ist es üblich, von Lesern pro Exemplar (LpE-Wert) auszugehen. Der LpE-Wert beträgt hier 3. Anzeigenblätter erreichen nur einen Durchschnittswert von 1,5 Lesern pro Exemplar.

Beispiel

Kostenvergleich eines Anzeigenblattes mit einer Tageszeitung auf Basis des Tausend-Leser-Preises

Ein **Anzeigenblatt A** mit einer Auflage von 117.770 erreicht bei einer 10-%-igen Fehlstreuung etwa 105.930 Haushalte und damit 158.895 Leser pro Ausgabe (105.930 x 1,5 LpE). Bei einem Millimeterpreis von 1,40 € ergibt sich ein „Tausend-Leser-Preis je 1.000 mm" von 8,81 €.

$$X = \frac{(1{,}40 \times 1.000)}{(158.895 : 1.000)} = 8{,}81\ €$$

Eine **Tageszeitung B** mit 48.406 Abonnenten hat keine Fehlstreuung, denn die Auflage wird komplett verkauft. Mit einer LpE von 3,0 kommt man auf

Beispiel eine Reichweite von 145.218 Lesern pro Ausgabe. Durch den Millimeterpreis von 1,37 € beträgt der „Tausend-Leser-Preis je 1000 mm" 9,43 €.

$$X = \frac{(1{,}37 \times 1.000)}{(145.218 : 1.000)} = 9{,}43\ €$$

Somit ist ersichtlich, dass im Bezug auf den Tausend-Leser-Preis das Anzeigenblatt A kostengünstiger ist als die Tageszeitung B.

Allgemein

$$\textbf{Tausend-Leser-Preis} = \frac{(\text{Milimeterpreis} \times 1.000)}{(\text{Leser pro Ausgabe} : 1.000)}$$

Leser pro Ausgabe = (Auflagenzahl – Fehlstreuung) x LpE-Wert

Werbeplan

Um bei der Auswahl der Werbemittel die Übersicht zu behalten, empfiehlt es sich, einen Werbeplan zu erstellen. Auf einem DIN-A4-Blatt werden der geplante Einsatz aller ausgewählten Werbemittel eingetragen und anschließend die gesamten Werbekosten ermittelt.

Die **Erstellung des Werbeplans** erfolgt zweckmäßigerweise in sechs Schritten:

1. Bestimmung des Werbezeitraums.
2. Festlegung der einzusetzenden Werbemittel. Hierbei stehen eine Vielzahl an Alternativen zur Auswahl, die hinsichtlich ihrer Gestaltung und Menge zu beschreiben sind.
3. Ermittlung der Herstell- und Gestaltungskosten für die einzelnen Werbemittel (z. B. Druckkosten).
4. Bestimmung der Verbreitungskosten der Werbemittel (z. B. Sendepreis für einen Werbespot im Radio). Preisnachlässe sind in diesem Zusammenhang zu berücksichtigen.
5. Berechnung der Gesamtkosten je Werbemittel.
6. Berechnung der gesamten Werbekosten, wobei diese den vorab festgelegten Werbeetat nicht überschreiten sollten.

Werbeplan für den Zeitraum: ______________________

Nr.	Beschreibung des Werbemittels: Format/Umfang/Menge/Farbe(n)	Kosten für die Herstellung und Gestaltung des Werbemittels ①	Kosten für die Vorbereitung des Werbemittels			Gesamtkosten ①+②
			Einzelkosten	Werbehäufigkeit/-dauer	Verbreitungskosten unter Berücksichtigung von Preisnachlässen ②	
1.	Anzeigen Name der Zeitung/des Anzeigenblattes:					
1.1						
1.2						
2.	Beilagen Name der Zeitung/des Anzeigenblattes:					
2.1						
6.2						
				Werbekosten (Werbeetat)		

1.3.6 Werbedurchführung

Nachdem die Werbeplanung abgeschlossen ist, erfolgt die eigentliche Durchführung der Werbemaßnahmen. Hier kann das Unternehmen selbst tätig werden oder die Aufgabe an eine externe Werbeagentur übertragen. Die wesentlichen Tätigkeiten in dieser Phase sind die **Werbemittelgestaltung** und **Werbemittelstreuung**.

■ Werbemittelgestaltung

Von der Art und Weise, wie die Werbemittel gestaltet werden, hängt im hohen Maße die spätere Werbewirkung ab. Bei der Werbemittelgestaltung geht es darum, wie es am besten gelingen kann, die Werbebotschaft in das Bewusstsein der Konsumenten zu transportieren und dort bestenfalls einen Kaufwunsch zu wecken. In der Praxis stellt sich dieser Weg häufig als sehr schwierig dar. Schon der erste Schritt, die Gewinnung von Aufmerksamkeit durch die Werbung, ist bei der enormen Informationsflut, der jeder ausgesetzt ist, ein schwieriges Unterfangen.

Grundsätze für die Gestaltung von Anzeigen

Es gibt wenige Anzeigen, die in der Erinnerung des Betrachters bleiben und sehr viele, die trotz ihrer Veröffentlichung nicht einmal gesehen werden. Warum die Wirkung so unterschiedlich ist, kann mithilfe eines Modells untersucht werden. Werbeforscher haben dazu ein **Wirkungsmodell** entwickelt.

Bei der Gestaltung einer Anzeige ist Schritt für Schritt zu prüfen, ob bestimmte Erfolgskriterien erfüllt sind. Grundsätzlich gilt:

Damit eine Anzeige wirken kann, muss sie...
- gesehen,
- aufgenommen und gelesen,
- verstanden und geglaubt,
- erinnert,
- befolgt

... werden.

Gesehen

Bilder sind Augenfänger („Eye-Catcher"). Eine Anzeige mit Fotos oder Grafiken erregt in der Regel eine größere Aufmerksamkeit als eine reine Textanzeige. Ein weiterer Vorteil: Ein Bild spart eine komplizierte, wortreiche Produktbeschreibung.

Es gilt der Grundsatz „weniger ist mehr". Werden zu viele Bildmotive verwendet, wird die Aufmerksamkeit des Betrachters abgelenkt und das Interesse kann schnell verloren gehen. Die Reduzierung der Bildmotive führt zu einer Konzentration auf das umworbene Produkt.

Farbe ist ein wichtiges Gestaltungsmittel, allerdings sind farbige Anzeigen teurer als schwarz-weiße. Außerdem muss die gewählte Farbe zum Thema passen. Farben müssen zueinander passen. So muss die Farbe des eigentlich umworbenen Produktes zu der Farbe des Hintergrundes passen. In diesem Fall spricht man von harmonischen Kontrasten. Setzt sich die Farbe des Produktes negativ von der Farbe des Hintergrundes ab, so wird die Betrachtung gestört und die positive Auseinandersetzung mit dem Produkt verhindert.

Aufgenommen und gelesen

Bilder nimmt der Leser auf, den **Text** liest er. Zusammen bilden beide eine Einheit, die **Stimmungen** wie z. B. Spannung, Eleganz, Sportlichkeit oder Frische vermitteln. Der Text muss leicht verständliche, interessante Informationen transportieren („Alles zum halben Preis"). Lange, komplizierte Texte langweilen und überfordern den Leser. Die Sprache muss zur Zielgruppe passen. Es sind kurze, oft unvollständige Sätze, zu bilden. Die vorzugsweise Verwendung von Eigenschaftswörtern (Adjektive) und Hauptwörter (Substantive) erhöhen dabei die Reizwirkung beim Leser.

Headline = Überschrift einer Anzeige

Eine herausragende Stellung nimmt die **Headline** ein. Sie muss einprägsam sein und die wichtigste Werbeaussage tragen. Darüber hinaus soll sie Neugier erregen, um damit eine „Türöffner-Funktion" zum eigentlichen Werbetext einzunehmen.

Große Bedeutung liegt auch auf der gewählten **Schriftart**. Faustregel: gut lesbar, nicht zu klein, nicht mehr als zwei Schriftarten verwenden. Zudem sollte sich die Anzeige auf eine **Satzart** beschränken, also mittig, links- bzw. rechtsbündig oder als Block angeordnet sein.

Verstanden und geglaubt
Damit eine Anzeige verstanden wird, muss sie informieren und darf nicht überfrachtet sein. Dazu benötigt sie eine dominierende, **klare Aussage**. Wird eine interessante Aussage ergänzt um einen Zusatz wie „Wir sind die Besten, dennoch immer günstig, bieten einen tollen Service und wollen immer für sie da sein" fühlt sich der Leser überfordert und zweifelt vielleicht auch an der Glaubwürdigkeit der Anzeige („Die können mir viel erzählen").

Erinnert
Wie ein Schüler lernt auch der Kunde durch Wiederholung. Während eine einmalige Werbung kaum in Erinnerung bleibt, prägt sich eine Anzeigen-Serie gut ein. Der Betrachter erkennt sie wieder, erinnert sich an die Firma bzw. deren Produkte oder Dienstleistungen. Deshalb sollte die **Gestaltung** einer Anzeige **gleichbleibend** sein. Das gilt für Format (hoch oder quer), Schrift- und Satzart, Farben und Umrandung. Um den Wiedererkennungseffekt zu garantieren, muss auch der Text gewisse Linie aufweisen, also immer z. B. lustig, informativ, frech oder ernst sein.
Eine deutliche Abbildung des **Firmenzeichens** (Firmenname oder Logo) prägt sich nachhaltig in das Bewusstsein des Kunden ein. In die gleiche Richtung zielt auch die Darstellung **prominenter Personen**, wie z. B. Schauspieler, Sportler oder Musiker. Der Anblick der abgebildeten Person reicht dann häufig schon aus, um beim Betrachter eine Verbindung zum beworbenen Produkt herzustellen.

Befolgt
Es gibt zwei Möglichkeiten, damit Kunden einer Anzeige folgen und ins Geschäft kommen. Die eine ist die **Wiederholung**: Im Bedarfsfall erinnert sich der Kunde (Da habe ich doch was gelesen ..."). Die **gezielte Aufforderung** ist die zweite Möglichkeit. Mit Coupons, etwa für Rabatte oder Gratisbeigaben, befristeten Angeboten und Einladungen zu bestimmten Gelegenheiten wie Modenschauen oder Produktpräsentationen wird der Kunde angelockt. Diese sogenannten **Handlungsauslöser** sprechen die Gefühle der Kunden an: das Besitzstreben, die Sparsamkeit, die Angst, etwas zu verpassen. Darum sollten Handlungsauslöser immer besonders hervorgehoben werden oder auch direkt als Schlagzeile der Anzeige dienen.

An einem **Beispiel** soll die Analyse einer Werbeanzeige mithilfe des Wirkungsmodells deutlich werden. Dazu ist die Anzeige in einem Raster auf ihre Wirkung hin zu prüfen.

Wirkungsmodell aus der Werbeforschung

Damit eine Anzeige wirksam wird, muss sie:	Anzeige des Wohnstudios Fuchs
gesehen,	Rot als einzige Farbe in der schwarz-weiß gestalteten Anzeige ist ein guter Blickfänger. Das Haus „leuchtet" sozusagen, fällt dem Betrachter sofort auf und erregt direkt seine Aufmerksamkeit. Die kleinen Fotos am Rande bleiben dezent im Hintergrund, wirken nicht störend.
aufgenommen und gelesen,	„Der neue Fuchs" ist eine pfiffige Headline, die durch die andersfarbige Ergänzung „mit 1000 und einer Wohnidee" optimal komplettiert wird. Die nur in Farbe und Größe variierende Schrift und sachliche Gestaltung der Anzeige vermitteln eine Stimmung von moderner Eleganz. Die Anzeige kommt mit wenig Text aus, transportiert dennoch die entscheidenden Informationen. Die kleinen Bilder geben einen ersten Einblick, welche Art von Möbeln angeboten werden.
verstanden und geglaubt,	Der Betrachter erfasst sofort, dass es sich hier um ein neu gestaltetes Möbelhaus handelt. Das Wort „Wohnstudio", die schicke Gestaltung der Anzeige und die auf den kleinen Fotos präsentierte Modellauswahl sprechen die Zielgruppe direkt an. Der Kunde glaubt, dass er bei Fuchs hochwertige, besondere Möbel bekommt.
erinnert und	Das Schlagwort „Der Fuchs" und das rote Haus als Firmenlogo sind Merkmale, die sich gut einprägen. Auch bei früheren Anzeigen tauchten diese Aspekte auf.
befolgt werden.	Durch die gezielte Aufforderung „Osteraktion, Sa. 1. April, 10–18 Uhr" lockt diese Anzeige Kunden an. Der Begriff „Osteraktion" dient als Handlungsauslöser, macht neugierig, was das Wohnstudio wohl an diesem Tag Besonderes zu bieten hat.

Die nachfolgende Übersicht zeigt einige Gestaltungsmittel für Anzeigen sowie Programmfunktionen und Beispiele aus Text- und Bildbearbeitungsprogrammen.

Gestaltungsmittel	Programmfunktionen und Beispiele
• Farbgestaltung der Anzeige	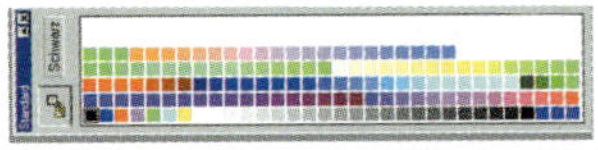
• gezeichnete (Cliparts), gemalte, fotografierte Bilder	 
• Schriftarten (z. B. Times New Roman, Arial, Courier) • Buchstabengrößen (z. B. 9 Punkt, mehr als 3 in einer Anzeige wirken aber unruhig)	
• Hervorhebungen (Fettdruck, Unterstreichung, Kursivschrift, Negativschrift)	
• Textblöcke mit bestimmter Absatzausrichtung (linksbündig, zentriert, rechtsbündig, Block)	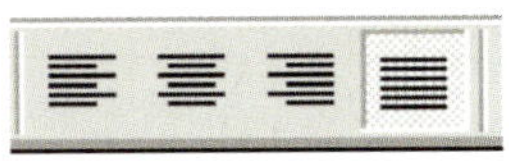
• Anordnung von Bildern und Texten	 
• Umrandung	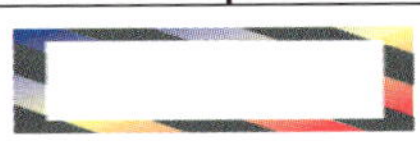

Werbemittelstreuung

Nachdem die Werbemittel gestaltet sind, müssen zwei Fragen beantwortet werden:

- Wo soll geworben werden? (Streugebiet)
- Wann und wie lange soll geworben werden? (Streuzeit)

Das **Streugebiet** ist das Gebiet, in dem die Werbemaßnahmen stattfinden und später die Waren auch abgesetzt werden sollen. Es ist abzustimmen auf die Zielgruppe, die erreicht werden soll.

Die **Streuzeit** ist der Zeitpunkt oder der Zeitraum, in dem die Werbeaktivitäten erfolgen sollen. Innerhalb der Streuzeit muss ein großer Werbedruck aufgebaut werden, der die potenziellen Kunden zum Kauf veranlasst. Zwei Strategien haben sich hierbei als erfolgreich erwiesen:

Bei der Neueinführung oder Umgestaltung eines Produktes empfiehlt sich eine **geballte Werbung**, um die Neuerung bekannt zu machen. Innerhalb kurzer Zeit wird hierbei das Produkt massiv beworben und in das Bewusstsein der Konsumenten gebracht. Langfristig sollte dann aber eine **verteilte Werbung** eingesetzt werden, damit das Produkt dauerhaft in der Erinnerung der Konsumenten bleibt.

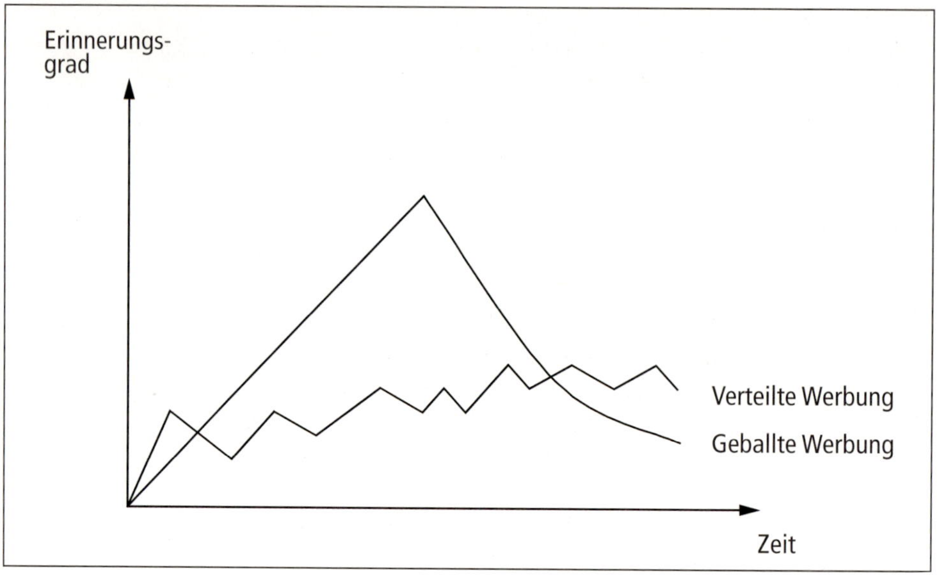

1.3.7 Werbeerfolgskontrolle

Die abschließende Phase des Werbeprozesses ist die Werbeerfolgskontrolle. Dabei wird geprüft, inwieweit die Werbemaßnahmen tatsächlich wirksam waren und die Werbeziele erreicht werden konnten.

ökonomisch = wirtschaftlich

Der Werbeerfolg lässt sich bestimmen anhand von ökonomischen und nicht-ökonomischen Erfolgskriterien.

■ Ökonomische Erfolgskriterien

Die ökonomischen Erfolgskriterien spiegeln die **direkte**, eher **kurzfristige Wirkung** der Werbung wider. Zum Beispiel könnte der Werbeerfolg gemessen werden, indem der Umsatz eine Woche vor dem Einsatz eines Werbemittels mit dem Umsatz eine Woche nach dem Erscheinungstermin verglichen wird. Das **Problem** bei dieser Art der Erfolgsermittlung liegt allerdings darin, dass eine mögliche Umsatzsteigerung häufig nicht ausschließlich auf eine Werbemaßnahme zurückzuführen ist. Andere Faktoren, wie z. B. eine Preisveränderung, ein neues Verpackungsdesign oder eine Umplatzierung der Ware, können ebenfalls für mehr Umsatz gesorgt haben. Der Anteil, den die Werbung daran hat, ist somit nicht genau zu ermitteln.

Nichtökonomische Erfolgskriterien

Die **indirekte, mittel- bis langfristige Werbewirkung** kommt durch die nichtökonomischen Erfolgskriterien zum Ausdruck. Werbung ist immer dann erfolgreich, wenn es nachhaltig gelingt, den Bekanntheits- und Erinnerungsgrad des Werbeobjektes zu erhöhen, ein positives Image zu transportieren und beim Konsumenten ein Kaufinteresse zu wecken.

Methoden zur Werbeerfolgskontrolle

Trotz der Schwierigkeiten bei der genauen Bestimmung des Gesamterfolgs der Werbung gibt es einige Methoden, die Werbewirkung zu überprüfen.

- Die Kunden vor, während und nach einer Aktion zählen, z. B. durch Strichlisten oder Kassenbon-Zählung. Festhalten, ob der Kunde das entsprechende Werbemittel erwähnt hat.
- Nur bestimmte Artikel im Werbeangebot herausstellen. Mithilfe des Warenwirtschaftssystems kann der Abverkauf der Produkte ermittelt werden. Auf diese Weise lässt sich die Wirkung eines Werbeeinsatzes bestimmen.
- Den Durchschnittswert der Kassenbons vor, während und nach einer Aktion feststellen und mit früheren Zeitabschnitten vergleichen.
- Den Durchschnittsumsatz pro Tag in der Woche vor dem Einsatz eines Werbemittels festhalten und ihn gleich 100 % setzen. Ebenso die Durchschnittsumsätze während und nach dem Werbeeinsatz berechnen und die prozentualen Unterschiede vergleichen.
- Die nach Abschluss der Werbekampagne erzielte Umsatzsteigerung ins Verhältnis zu den Kosten der Werbeaktion setzen.

Siehe Kassenauswertungen Seite 227

$$\textbf{Werberendite} = \frac{\text{Umsatzsteigerung}}{\text{Kosten der Werbeaktion}}$$

Beispiel

Ein Einzelhandelsunternehmen hat im letzten Geschäftsjahr 80.000,00 € für Werbung ausgegeben und im selben Zeitraum seinen Umsatz um 180.000,00 € steigern können.

$$\text{Werberendite} = \frac{180.000{,}00\ €}{80.000{,}00\ €} = 2{,}25$$

Die Werbung war erfolgreich. Die erreichte Umsatzsteigerung ist 2,25-mal so groß wie die anfallenden Werbekosten.

- Die zu verteilenden Handzettel fortlaufend nummerieren und aufschreiben, in welchen Straßen welche verteilt wurden. Den Handzettel gleichzeitig mit einem Gutschein für ein interessantes Angebot gestalten, damit der Kunde diesen mitbringt (Rücklaufquotenermittlung). So stellt man fest, in welchen Gebieten die Aktion den größten Erfolg hatte. Die gleiche Möglichkeit besteht auch bei Zeitungsbeilagen, da diese auch für bestimmte begrenzte Gebiete beigelegt werden können. Gutscheinaktionen können auch bei Zeitungsanzeigen und Werbebriefen durchgeführt und durch Strichlisten überprüft werden.
- Besondere Kontrollmethoden wie Kunden-, Passanten- oder Haushaltsbefragungen durchführen. Diese sind besonders geeignet, durch gezielte Fragen die Wirksamkeit verschiedener Werbemittel zu erkunden. Die Befragungen können entweder direkt am Verkaufsort durch Interviewer erfolgen. Um den Einkauf der Kunden nicht zu stören und objektivere Ergebnisse zu erhalten, bietet sich aber häufig eine andere Methode an. Dabei erhalten die Kunden einen Fragebogen, den sie anonym zu Hause ausfüllen und anschließend z. B. in eine im Verkaufsraum aufgestellte Rückgabebox werfen. Um die Rücklaufquote zu erhöhen, ist es sinnvoll, die Kunden durch ein kleines Dankeschön-Geschenk zu motivieren.

→

Grundsätze für den Aufbau eines Fragebogens
- Der Fragebogen muss übersichtlich gestaltet sein.
- Der Inhalt darf nicht mehr als ein einseitig bedrucktes DIN-A4-Blatt umfassen.
- Stellen Sie den Kunden klare Fragen und beschränken Sie sich dabei auf die wichtigen Sachverhalte.
- Die Beantwortung sollte möglichst per Ankreuzen vorgegebener Antworten möglich sein, z. B. „Ja“ und „Nein“, Bewertungen etwa durch Schulnoten oder Varianten von „sehr zufrieden“ bis „unzufrieden“ etc.

Mögliche Fragen:
- nach Alter und Geschlecht des Kunden
- ob sie die Werbemaßnahmen bemerkt haben
- ob sich dadurch ihre Einstellung zum Produkt verändert hat (Fragen nach den Imagemerkmalen)
- ob und warum sie auch in anderen Geschäften der Branche einkaufen

2 Schaufenstergestaltung

Das Schaufenster ist das **Gesicht des Einzelhandelsgeschäftes**. Die Kunden können die ausgestellten Waren ungestört, unbeeinflusst und beliebig oft betrachten und sich über das Warenangebot und die Leistungsfähigkeit des Unternehmens unverbindlich informieren. Übersichtliche Anordnung, richtige Raumaufteilung, geschmackvolle Dekoration, saubere Scheiben und wirkungsvolle Beleuchtung rücken die Ware ins rechte Licht.
Darüber hinaus sollte die Schaufensterauslage stets in einem einwandfreien Zustand sein und regelmäßig erneuert werden.

Grundtypen der Schaufenstergestaltung

Schaufenster können auf verschiedene Weise dekoriert werden:

- Das **Übersichtsfenster** stellt das gesamte Sortiment des Geschäftes vor.
- Das **Stapelfenster** zeigt die ganze Fülle einer Warengruppe. Menge und Preis der dargebotenen Ware (Kaffee, Konserven, Flaschen, Waschmittel, Haushaltsartikel) sollen die Aufmerksamkeit der Passanten erregen.

Themenfenster: „Alles rund um Marilyn Monroe"

- Das **Themenfenster** (Fantasiefenster) soll durch Anlehnung an bestimmte Motive („Alles für den Urlaub", „Silvesterparty") besondere Stimmung erzeugen.
- **Qualitätsfenster** zeigen wenige erlesene Stücke, **Markenartikelfenster** präsentieren die Erzeugnisse eines namhaften Herstellers.
- **Sonderfenster** werden zu besonderen Anlässen gestaltet. Solche Anlässe können z. B. sein besondere Tage (Feiertage, Valentinstag, Karneval), lokale Ereignisse (Stadtjubiläum, Kirmes) oder sportliche Großereignisse (Olympische Spiele, Fußballweltmeisterschaft).

Grundsätze der Schaufenstergestaltung

- **Blickfang**

  Ein noch so perfekt gestaltetes Schaufenster verfehlt seine Wirkung, wenn die Passanten achtlos daran vorübergehen. Ein geeignetes Mittel, die Aufmerksamkeit auf das Schaufenster zu lenken, ist ein **Blickfang in Augenhöhe** des Kunden. Dabei handelt es sich häufig um verschiedenartige Dekorationsrequisiten, aber auch Farben oder Lichteffekte können den Betrachter für einen kurzen Augenblick fesseln.

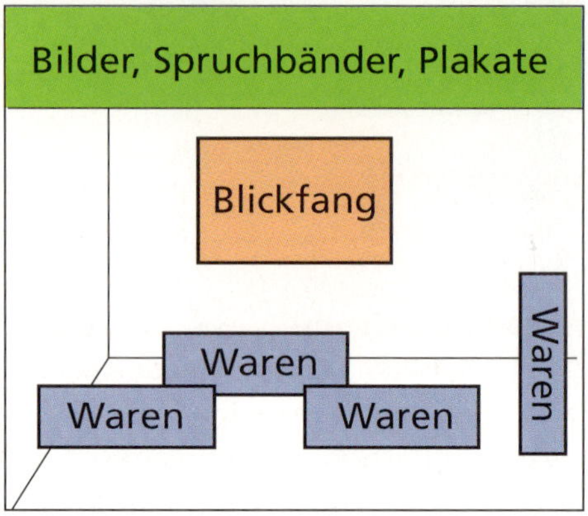

- **Produkterlebnis**

  Hat der Blickfang seine Wirkung erzielt, muss nun die Aufmerksamkeit des Kunden zur Ware herübergeführt werden. Dies gelingt in der Regel nur, wenn die Schaufenstergestaltung über das reine Darbieten der Waren hinausgeht. Insbesondere bei Themenfenstern wird deshalb versucht, das Produkt in eine **Szene** einzubetten. Die Kunden verbinden mit jedem Produkt bestimmte Vorstellungen, z. B. lässt der Anblick von Bademode in uns das Bild von Sonne, Strand und Meer erscheinen. Häufig sind mit diesen Vorstellungen auch **Wünsche und Sehnsüchte** verbunden, z. B nach Urlaub, Erholung und Spaß. Gelingt es nun durch die Schaufenstergestaltung entsprechende Szenen darzustellen, z. B. eine Poolparty, betrachten die Kunden das Produkt nicht nur, sondern erleben es in ihren Vorstellungswelten. Durch die Auswahl passender Farben, Materialien und Requisiten sprechen die Szenen die Fantasie des Betrachters an. Der **Kaufanreiz** wird somit gesteigert.

Requisiten = Zubehör

Das Produkt in Szene setzen	
Produkt/e	Bademode
Vorstellungswelt der Kunden	Sonne, Strand, Meer, Urlaub, Erholung, Spaß
Szene	Poolparty
Farben	blau, grün, gelb
Materialien	Sand, Wasser, farbige Stoffe
Requisiten	Planschbecken, Luftmatratze, Liegestuhl, Sonnencreme, Cocktail, Hängematte, Schwimmring, Badehandtuch

- **Anordnung der Ware**
  In der Regel wird die Ware in den Schaufenstern in einer der folgenden drei Variationen räumlich angeordnet.

  Am häufigsten findet sich in den Fenstern eine **Gruppenbildung**. Dazu wird zunächst etwa in der Mitte der Dekoration ein Schwerpunkt gesetzt, rechts und links davon stehen einzelne Gruppen. Um beim Beispiel Poolparty zu bleiben, könnten zwei Schaufensterpuppen in Badekleidung den Mittelpunkt bilden. Rechts davon steht ein Liegestuhl, auf dem Badetücher oder -mäntel, darunter Flip-Flops platziert werden. Die linke Gruppe könnte ein Tischchen sein, auf dem zwei Badetaschen stehen, aus denen rein zufällig weitere Badeanzüge schauen. Dazu ein Tablett mit Cocktails, etc.
  Die Waren können auch in **Reihen** und damit optisch gleichwertig präsentiert werden. Bei Bademode würde sich da etwa anbieten, mehrere Schaufensterpuppen in Absprungposition nebeneinander zu stellen. Interessante Hintergrundflächen oder Podeste, beim Thema Poolparty würde sich ein Sprungbrett anbieten, sorgen für einen optischen Ausgleich.
  Die **Häufung** zeigt viele Waren auf kleinem Raum, indem sie etwa in Pyramiden, Stapeln oder Blöcken angeordnet werden. Diese Methode wird oft genutzt, um Schnäppchen anzubieten. Ein Einkaufswagen voller Handtücher, eine Kleiderstange voller Bademäntel, eine Pyramide aus Badeschuhen lösen einen Eindruck von „Schlussverkauf" aus.

- **Beleuchtung**
  Die Schaufensterbeleuchtung muss die Ware ins rechte Licht setzen und eine möglichst große Aufmerksamkeitswirkung erzielen. Sie kann Stimmungen vermitteln und die dargestellte Szene unterstützen.
  Es lassen sich drei Beleuchtungsarten unterscheiden:
  - **Direkte Beleuchtung:** Bestimmte Teile des Schaufensters werden gesondert angestrahlt, um ihnen eine auffallende Wirkung zu verschaffen.
  - **Indirekte Beleuchtung:** Gleichmäßige Ausleuchtung des gesamten Schaufensterraumes.
  - **Kombinierte Beleuchtung:** Direkte und indirekte Beleuchtung werden miteinander kombiniert.

Grundsätzlich lautet die Regel: Akzentbeleuchtung statt Lichtsoße

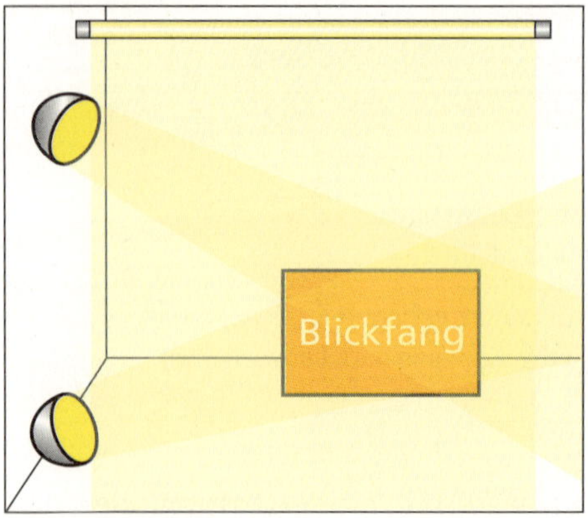

Direkt/Indirekt

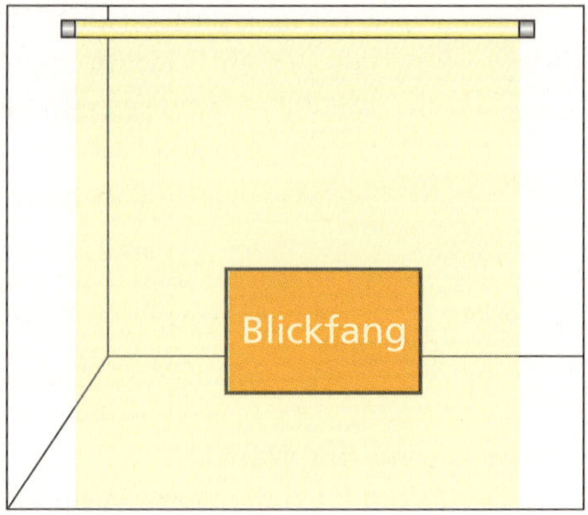

Indirekt

3 Direktwerbung

3.1 Kundendatenerfassung

Kundendatei

Warenwirtschaftssystem siehe Seite 244

Um die Direktwerbung wirkungsvoll durchführen zu können, ist es ratsam, **Dateien** über die **Stammkunden** anzulegen. Durch Verlosungen oder Preisausschreiben, bei denen man Adresskarten auslegt und die Kunden bittet, ihre Anschrift zu hinterlassen, lässt sich leicht eine solche **Kundendatei** erstellen. Besondere **Vorteile** bietet heute ein **Warenwirtschaftssystem**, das eine **Kundenverwaltung** enthält, weil damit die Einrichtung und Verwaltung einer Kundendatei erleichtert wird. Neben der reinen **Adressdatei** sollte man versuchen, möglichst viel über den Kunden zu erfahren, z. B. während eines Verkaufsgespräches, ohne ihn jedoch mit einer Fragenlawine zu überrollen. Je mehr **Auskünfte** man über die **Kunden** sammelt, um so **gezielter** kann man sie **umwerben**. Ein Textverarbeitungsprogramm ist für das Erstellen von **Serienbriefen** hilfreich.

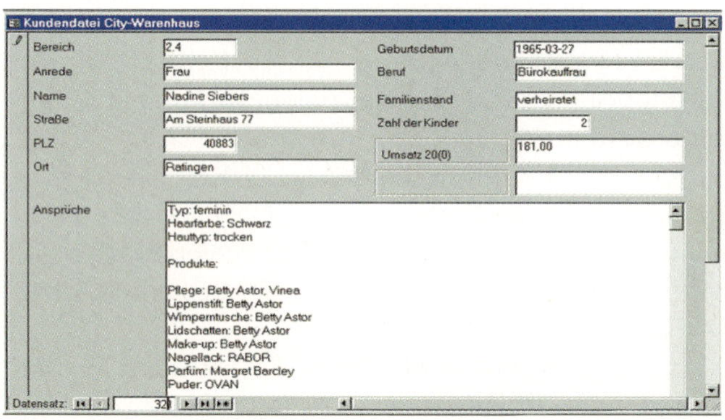

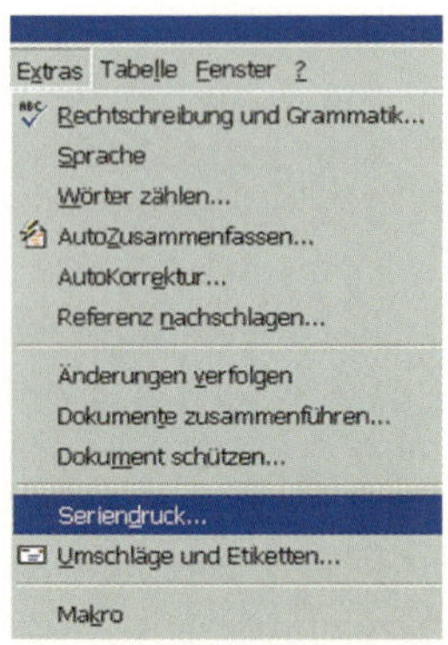

3.2 Gestaltungsgrundsätze für einen Werbebrief

Wenn von **Direktwerbung** gesprochen wird, so ist hiermit in der Regel die Direktwerbung im engeren Sinne gemeint, und zwar die **adressierte Werbung**, die auf dem Postwege den Empfänger erreicht. Um diesen persönlichen Charakter auch tatsächlich zu vermitteln, kommt es insbesondere bei **Stammkunden** entscheidend auf die individuelle Form der Direktwerbung an.

Dies erreicht man durch **persönliche Anrede**, aktuelle Datierung und handschriftliche, gut leserliche Unterschrift. Diese Mittel wirken dem negativen Eindruck der Massenwerbung entgegen. Außerdem ist aus verschiedenen Untersuchungen bekannt, dass ein **Postscriptum (PS)** sinnvoll ist, da dieses oft zuerst gelesen wird.
Von besonderer Wichtigkeit ist natürlich die **Eröffnung** des Briefes, denn sie muss die Aufmerksamkeit erwecken, wobei sich der Werbebrief auch im weiteren Verlauf an der **„AIDA-Formel"** orientieren sollte.

AIDA-Formel siehe Seite 328

Für den **Brieftext** gilt die grundsätzliche Empfehlung, ihn so zu gestalten, dass ein zwölfjähriges Kind beim Lesen des Briefes keine Verständnisprobleme hat. Die Zielgruppe ist allerdings zu beachten. **Mehrzeilige Absätze** wirken auflockernd. Dabei sollten insbesondere die letzten Worte vor einem Absatz optisch am ehesten auffallen und darum einen positiven Inhalt haben („Ihr Vorteil", „... können Sie profitieren", u. Ä.).

Inhalt und Sprache von Werbebriefen

- Positiv schreiben, z. B. „preisgünstig" anstelle von „nicht teuer".
- Vorteile für den Kunden nennen (sparen, gewinnen, gratis, sofort, neu, individuell, Erfolg, einfach, schnell, Service, Leistung usw.).
- Kurze Sätze schreiben; pro Satz ein Gedanke, wenige Nebensätze, keine „dass-Sätze"
- Einfache Wörter verwenden, z. B. statt „Besuch abstatten" besser „besuchen".
- Aktive Verben benutzen und diese möglichst an den Satzanfang stellen, z. B. „Kommen Sie ...", „Nutzen Sie ...", „Probieren Sie ..."
- Persönlich schreiben (wenig „ich", „wir", „uns", dafür häufig „Sie", „Ihnen", „Ihr").
- Übertreibende Eigenschaftswörter (z. B. „super", „spitze", „unerreichbar") und abgedroschene Phrasen vermeiden.
- Bei der Wahrheit bleiben.
- Hilfsverben wie „möchte", „können", „dürfen" sparsam verwenden (nicht: „Darf ich Sie bitten ...", sondern „Probieren Sie bitte ...")

Am **Briefschluss** ist es sinnvoll, den Kunden zu einem Geschäftsbesuch einzuladen. Diese Einladung erhält mehr Nachdruck, wenn man dem Kunden ein **Vorzugsangebot** reserviert und dies mit einer Antwortkarte verbindet. Der Empfänger wird zu einer Reaktion aktiviert und näher an den **Kaufabschluss** herangeführt.

Muster für einen **Werbebrief-Text**

Überschrift/Betreff	**Wir wollen, dass Sie bei jeder Gelegenheit die richtige Kleidung tragen!**
Anrede	Sehr geehrter Herr Schmidt,
Einleitung	wir wenden uns heute an einen ausgewählten Kundenkreis, von dem wir wissen, dass er preis- und qualitätsbewusst einkauft und sich nicht mit Billigware von der Stange begnügen will.
Angebot	Für jede Gelegenheit die richtige Kleidung! Auf diesen Wahlspruch haben wir auch diesmal wieder unsere neue Herren-Frühjahrsmode abgestimmt. Abwechslung bietet Ihnen beispielsweise der Modehit dieser Saison: sportlich-elegante Seidenanzüge zum sportlich-fairen Preis.
Kundenvorteil	Selbstverständlich können Sie wie bisher in allen Kleidungsfragen mit unserer fachmännischen Unterstützung rechnen: Bei uns verlässt jeder das Geschäft mit Mode, die sitzt. Dafür steht nicht zuletzt unser preiswerter Änderungsservice gerade.
Beweis	Änderungen werden bei uns durch einen erfahrenen Schneidermeister vorgenommen. Hier hat sich unser Qualitätsstandpunkt durchgesetzt. Das zeigt sich auch im reichhaltigen Bekleidungssortiment unseres Hauses, das durch renommierte Modeunternehmen wie „…" vertreten wird.
Kaufaufforderung	Aber Schluss der vielen Worte. Besuchen Sie uns doch einfach mal in den nächsten Tagen. Sehen Sie selbst, was es Neues gibt bei: Lebing, Ihrem Herrenausstatter Nr. 1!
Schluss	Mit freundlichen Grüßen
Persönliche Unterschrift	*Bernd Lebing*
Postskriptum	PS: Und noch etwas Neues: Während Ihrer Anprobe steht frischer Kaffee für Sie und Ihre Begleitung in unserer gemütlichen Sitzecke bereit!

4 Verkaufsförderung

Untersuchungen haben ergeben, dass mehr als die Hälfte aller Kaufentscheidungen im Geschäft fallen. Für den Einzelhändler ist daher die Frage von besonderer Bedeutung, wie er die Kaufentscheidung des Kunden im Geschäft beeinflussen kann.

Alle zeitlich befristeten Aktivitäten zur Beeinflussung des Kunden vorzugsweise im Geschäft bezeichnet man als **Verkaufsförderung (Sales Promotion)**. Als Verkaufsförderung werden aber auch alle Maßnahmen angesehen, die dem Verkäufer das Verkaufen und dem Käufer das Kaufen erleichtern. Damit wird deutlich, dass Verkaufsförderung sowohl auf den Einzelhändler als auch auf den Kunden gerichtet ist.

Promotion = (engl.) Förderung; sale = (engl.) Verkauf

Händler-Verkaufsförderung

Hierbei handelt es sich um eine einzelhandelsbezogene Verkaufsförderung. Sie liegt z. B. vor, wenn der Hersteller **Werbematerial** für seine Produkte zur Verfügung stellt (Displays, Deckenhänger, Plakate). Vielfach gewähren Hersteller auch **Werbekostenzuschüsse** dafür, dass der Einzelhändler Waren des Herstellers ins Sortiment aufnimmt und auf seinen Warenträgern präsentiert. Zur Verkaufsförderung zählen aber auch zeitlich begrenzte **Einkaufsvergünstigungen** (z. B. Rabatte, kostenlose Zurverfügungstellung von Produkten), **Kundendienstinformationen**, **Schulungen** der Kundenberater, **Zeitschriften** sowie Unterstützung bei der **Regalpflege**. Diese Maßnahmen des Herstellers haben zum Ziel, Produkte in das Sortiment des Einzelhändlers hineinzubringen („Reinverkauf").

Display (engl.) = zur Schau stellen

Verbraucher-Verkaufsförderung

Diese Formen der Verkaufsförderung wenden sich direkt an den Kunden. Sie existieren in großer Zahl und sind sehr vielfältig. Die bekanntesten Formen der Verbraucher-Verkaufsförderung sind folgende:

- **Probenverteilung/Verkostung**
  Der Hersteller schickt eigene Mitarbeiter (**Propagandisten**) in das Einzelhandelsgeschäft und lässt durch sie Proben seiner Produkte an Kunden verteilen. Die Initiative kann sowohl vom Hersteller als auch vom Einzelhändler ausgehen (der Hersteller fragt an oder der Einzelhändler fragt nach). Der unmittelbare Kontakt zum Endverbraucher ist für den Hersteller vorteilhaft, weil der Kunde das dargebotene Produkt intensiv kennenlernt. Für den Einzelhändler sind diese Stände attraktive Inseln auf seiner Verkaufsfläche, die seine Warenpräsentation auflockern.

- **Vorführungen**
  Der Hersteller zeigt dem Kunden die Verwendung seiner Produkte. Dies geschieht im Regelfall durch ein Video, vielfach mit schriftlichen Informationen kombiniert. Die Vorführung kann aber auch von Mitarbeitern des Herstellers durchgeführt werden. Videogestützte Demonstrationen sind leicht zu organisieren und kostengünstig. Sie werden vor allem im Non-Food-Bereich und bei erklärungsbedürftigen Produkten eingesetzt.

  Moderne Videovorführungen sind interaktiv, d. h. sie geben dem Kunden Gelegenheit, sich gezielt Informationen zu suchen.

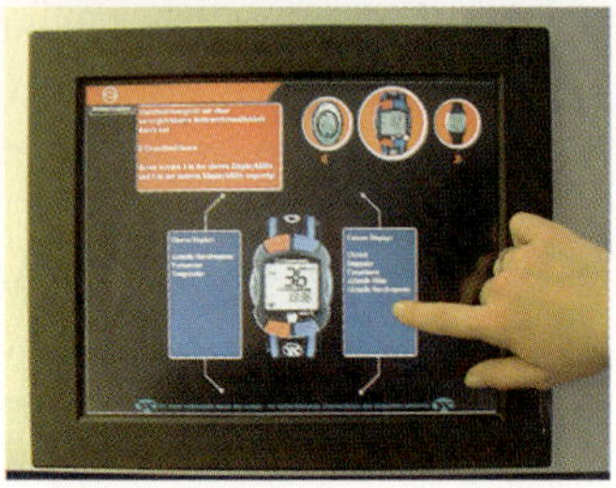

- **Sonderverpackungen mit Zugaben**
  Der Hersteller präsentiert seine Produkte in besonderer Aufmachung und eventuell mit Abweichungen beim Gewicht oder der Stückzahl, sodass sich für den Kunden besondere Kaufvorteile ergeben. Häufig ist die Sonderverpackung auch noch mit einer kleinen Zugabe verbunden (Dosierlöffel zum Kaffee, ein Spielzeug zu den Cornflakes usw.) oder dem Kunden wird angeboten, nur einen Teil der gekauften Produkte zu bezahlen (On-Pack-Promotion), z. B. „5 kaufen, 4 bezahlen".

On-Pack = als Pack

- **Gutscheine/Gewinnspiele**
  Den Kunden werden Gutscheine (z. B. über die Tageszeitung, Prospekte oder als Handzettel) angeboten, die zum Einkauf spezieller Produkte zu besonderen Bedingungen berechtigen. Oder den Kunden wird die Teilnahme an einem Gewinnspiel ermöglicht. Der Kunde soll sich auf diese Weise mit dem geförderten Produkt näher auseinandersetzen, um es besser kennenzulernen.

Regelungen des Wettbewerbsrechts Seite 354

- **Prominenten-Aktionen**
  Hersteller (aber auch Einzelhändler) engagieren Prominente und lassen sie vor Ort die Ware vorstellen, Autogramme geben oder künstlerische Darbietungen aufführen. Für Kunden ist es äußerst attraktiv, z. B. bekannte Künstler oder Sportler persönlich zu erleben. Der Einzelhändler erhofft sich von diesen Aktionen, dass das positive Image des Prominenten auf sein Geschäft übertragen wird.

Kundenbezogene Verkaufsförderung hat zum Ziel, den Abverkauf von Produkten zu steigern („Rausverkauf").

Die Bedeutung der Verkaufsförderung hat in letzter Zeit stark zugenommen. Als Ursachen sind die zunehmende Selbstbedienung, das gewachsene Preisbewusstsein der Verbraucher und vor allem die abnehmende Wirkung der klassischen Werbung über die Massenmedien zu nennen. Weil auf den Konsumenten Werbebotschaften in großer Zahl einwirken, gewinnt die unmittelbare

Ansprache des Kunden am Ort des Verkaufs (**Point of Sale**) immer größere Bedeutung.

■ Verkaufsförderaktivitäten des Handels

Grundsätzlich werden verkaufsfördernde Maßnahmen mit dem Hersteller in Verbindung gebracht, der seine Verkaufsförderung auf den Einzelhandel oder direkt auf den Endverbraucher bezieht. Der Handel kann aber durchaus auch Verkaufsförderaktivitäten ohne Unterstützung der Hersteller durchführen, indem er z. B. eine Verlosung mit eigenen Mitteln organisiert oder schlecht laufende Produkte auf einem Sonderstand mit zusätzlichen Informationen attraktiv präsentiert. Aus dieser Sicht können auch Kundenberatung, Verkaufsraumgestaltung und Warenpräsentation als Verkaufsförderaktivitäten des Handels angesehen werden.

■ Interessenunterschiede

Hersteller und Handel haben bei der Verkaufsförderung oft unterschiedliche Interessen. Der Hersteller hat vor allem sein Produkt im Auge, das er bei Kunden bekannt machen und dessen Verkauf er beschleunigen möchte.

Der Einzelhändler hingegen betrachtet mehr sein Sortiment als Ganzes und das Image seines Geschäftes. Verkaufsförderaktionen sollen das Geschäft für Kunden interessant machen und alte wie neue Kunden durch einen hohen Erinnerungswert langfristig an das Unternehmen binden. Eine kurzfristige Umsatzerhöhung wird natürlich gerne gesehen. Der Handel betrachtet aber auch die längerfristige, imagefördernde Wirkung von gelungenen Verkaufsfördermaßnahmen. Daher sind diese Aktionen („Events") auch oft gar nicht mit einem Warenangebot verbunden, sondern reine Kundenunterhaltung (wenn z. B. eine Hüpfburg für Kinder auf dem Kundenparkplatz aufgestellt wird). Allerdings sind viele Verkaufsförderaktivitäten des Handels auch reine „Rausverkaufsaktionen", um Waren abzuverkaufen, die zu veralten drohen, oder um das Sortiment zu bereinigen. Trotzdem sind gerade Verkaufsfördermaßnahmen von großer Wirkung, die von Hersteller und Handel gemeinsam durchgeführt werden (Cross-Promotion). Ideal ist z. B. die Kombination aus Fernsehwerbung des Herstellers mit einer Verkostung oder Probenverteilung in den Einzelhandelsgeschäften. Es kommt auch vor, dass Hersteller in den Massenmedien werben und auf eine bestimmte Handelskette verweisen: „Dieses Produkt erhalten Sie in allen Filialen von ...".

Cross-Promotion = Überkreuz-Verkaufsförderung

■ Erfolgsmessung

Verkaufsförderung kostet Geld. Daher sollten die Maßnahmen auf ihre Wirksamkeit hin überprüft werden. Der Erfolg von Verkaufsförderungsaktionen lässt sich an bestimmten Größen rechnerisch ermitteln:

- **Absatz**: Wie stellt sich der Abverkauf der geförderten Artikel in Stückzahlen dar?
- **Umsatz**: Welcher Umsatz wurde mit den geförderten Produkten erzielt, welche Auswirkungen hat die Maßnahme auf den Umsatz des gesamten Geschäftes?

- **Kundenfrequenz**: Wie viele Kunden besuchten das Geschäft an den Tagen der Verkaufsfördermaßnahme?
- **Durchschnittsbon**: Welchen Betrag hat jeder Kunde im Durchschnitt während der Aktionszeit ausgegeben?

Durch Vergleiche mit den Tageszahlen des Vorjahres ergibt sich für den Einzelhändler ein Bild vom Aktionserfolg. Nicht unmittelbar messbar sind die Auswirkungen der Verkaufsförderung auf das Image des Geschäftes. Dazu müssten Kundenbefragungen durchgeführt werden, die allerdings aufwendig sind, während die oben genannten Größen jederzeit aus dem Warenwirtschaftssystem ermittelt werden können.

5 Gesetzliche Rahmenbedingungen

5.1 Gesetz gegen den unlauteren Wettbewerb (UWG)

„lauter" = ehrlich, fair, klar, aufrichtig,

Nach dem Leitbild des deutschen Wettbewerbsrechts sollen Einzelhändler mit der Qualität und dem Preis ihrer Produkte um Kunden werben. Damit dies nach fairen Regeln geschieht, hat der Gesetzgeber Wettbewerbsvorschriften erlassen. Das wichtigste Regelwerk ist das **Gesetz gegen den unlauteren Wettbewerb (UWG)**. Es hat eine Schutzaufgabe gegenüber

- den **Mitbewerbern** (z. B. anderen Einzelhändlern, die sich mit ihrem Warenangebot an die gleichen Kunden richten),
- den **Verbrauchern** (das sind die Käufer der Produkte) und
- der **Allgemeinheit** (die bei unverfälschtem Wettbewerb von einem reichhaltigen Warenangebot bei niedrigen Preisen profitiert).

Große Inspektion

79,00 €*

Autohaus Wels
Augustastraße 5

*zuzüglich Materialkosten

Das UWG verbietet unlautere Wettbewerbshandlungen, die geeignet sind, den Wettbewerb zum Nachteil der übrigen Marktteilnehmer zu verfälschen.

Nach § 13 BGB ist Verbraucher, wer Rechtsgeschäfte (z. B. einen Kaufvertrag) für private Zwecke (und nicht etwa für gewerbliche Zwecke) abschließt.

5.1.1 Unlautere Handlungen

Als **unlauter** sind z. B. folgende Handlungen anzusehen:

■ Die Entscheidungsfreiheit des Verbrauchers wird beeinträchtigt

Der Konsument muss frei entscheiden können, ob er ein Produkt kaufen will. Einzelhändler dürfen keinen psychologischen Druck (Kaufzwang) auf den Kunden ausüben. Gefühlsbetonte („Ihrer Familie zuliebe"), befristete („Nur in dieser Woche") und Vorratswerbung („Nur so lange der Vorrat reicht.") sind aber immer mit einem gewissen Kaufdruck verbunden.

■ Die geschäftliche Unerfahrenheit von Verbrauchern wird ausgenutzt

Werbung darf nicht die geschäftliche Unerfahrenheit, insbesondere von Kindern und Jugendlichen, ausnutzen sowie Leichtgläubigkeit, Angst oder eine Zwangslage von Kunden missbrauchen.

Beispiel

Es ist nicht gestattet in Kinder- und Jugendzeitschriften für Handy-Klingelton-Dateien zu werben, die über eine kostenpflichtige 190-Nummer herunterzuladen sind. Weil die Dauer des Herunterladens und damit die Kosten für die Nutzer nicht abschätzbar sind, handelt es sich um eine Werbung, die die geschäftliche Unerfahrenheit von Kindern und Jugendlichen ausnutzt. Zulässig ist hingegen die Bestellung einer solchen Datei per SMS.

■ Die Kunden werden nicht ausreichend informiert

Werden den Kunden Preisnachlässe, Zugaben oder Geschenke gewährt oder Preisausschreiben sowie Gewinnspiele angeboten, sind die Teilnahmebedingungen klar und eindeutig anzugeben. Es ist auch verboten, die Teilnahme an einem Preisausschreiben/Gewinnspiel vom Kauf einer Ware oder Dienstleistung abhängig zu machen.

Beispiele

- In der Werbung wird ein besonders günstiges Angebot herausgestellt: „Fernseher für nur 1 €". Erst bei genauerem Hinsehen muss der Kunde allerdings feststellen, dass mit dem Kauf ein langfristiger Stromliefervertrag kombiniert ist.
- Um an einem Preisausschreiben teilnehmen zu können, muss ein Kassenbon des Geschäftes (über einen Kauf) vorgelegt werden.

■ Mitbewerber werden herabgesetzt

Über Mitbewerber (Waren, Dienstleistungen, das Unternehmen selbst, Mitglieder der Unternehmensleitung) dürfen keine unwahren Behauptungen ehrverletzend verbreitet werden.

5.1.2 Irreführende Werbung

Von verbotener **Irreführender Werbung** spricht das UWG z. B. in folgenden Fällen:

■ Falsche Angaben über Waren und Dienstleistungen

Wenn ein Einzelhändler für seine Produkte wirbt, müssen die Angaben über den Preis, die Produktmerkmale (Material, Herstellung, geografische Herkunft usw.), den Verwendungszweck, die Liefermöglichkeiten usw. den Tatsachen entsprechen.

Beispiele

- Ein Einzelhändler darf nicht mit dem Begriff „Discount-Preise" werben, wenn das Preisniveau seines Sortiments nicht deutlich unter dem der Mitbewerber liegt.
- Werbung für ein Schlankheitsmittel: "Garantiert in 16 Wochen 16 Kilogramm abnehmen."
  Diese Werbung ist irreführend und damit unzulässig, weil dieser Erfolg tatsächlich nicht garantiert werden kann.

Grundsätzlich ist bei gesundheitsbezogener Werbung besondere Vorsicht geboten, weil Gerichte im Streitfall hier sehr strenge Maßstäbe an die Werbeaussage stellen.

■ Missbräuchliche Werbung mit Preissenkungen („Mondpreise")
Dem Einzelhändler ist es untersagt, mit einer Preissenkung zu werben, wenn der ursprüngliche Preis nur für eine kurze Zeit gefordert wurde.

Beispiel Ein Einzelhändler wirbt mit einer Halbierung des Preises („Alle Sommerhosen zum halben Preis"), hat aber die Preise für Sommerhosen kurz zuvor verdoppelt.

■ Unzureichende Bevorratung von Werbeware
Wirbt ein Einzelhändler für den Verkauf einer bestimmten Ware, so erwartet der Verbraucher, dass die beworbene Ware auch für ihn zur Verfügung steht. Als angemessen wird ein Warenvorrat angesehen, der im Regelfall die Nachfrage von **zwei Tagen** deckt. Dies gilt auch, wenn ein Einzelhändler von vornherein auf einen begrenzten Warenvorrat aufmerksam macht, z. B. mit dem Hinweis „Solange der Vorrat reicht." Im Einzelfall kann der Einzelhändler den Nachweis erbringen, dass diese Bevorratung nicht möglich war, z. B. wegen einer unerwarteten außergewöhnlich hohen Nachfrage oder aufgrund von Lieferschwierigkeiten, die der Einzelhändler nicht zu vertreten hat.
Wird mit Dauerniedrigpreisen geworben, muss die Ware nach einer Gerichtsentscheidung mindestens für einen Monat vorrätig sein. Wird einem Einzelhändler hinsichtlich der Bevorratung ein Wettbewerbsverstoß vorgeworfen, sollte er die Einkaufsmengen und Umsätze vergleichbarer Sonderangebotsaktionen als Beweis vorlegen können.

5.1.3 Vergleichende Werbung

Werbung, die einen Mitbewerber oder die von ihm angebotenen Waren oder Dienstleistungen erkennbar macht, wird als vergleichende Werbung bezeichnet.

Direkte Werbevergleiche mit dem Konkurrenten sind erlaubt. Es sind aber gewisse Grenzen zu beachten, z. B.:

- Die vergleichenden Aussagen müssen nachprüfbar sein. Die Behauptung „Unsere Mitarbeiter sind freundlicher als die Mitarbeiter des Einrichtungshauses xy" ist z. B. nicht beweisbar und damit unzulässig.
- Preisvergleiche müssen sich auf dieselbe Maßeinheit (z. B. Preis pro Kilogramm) beziehen. Eventuelle Zusatzkosten müssen erwähnt werden.

Beispiel

Beispiel für eine zulässige vergleichende Werbung:
„Bei Hertie kostet die 100 g Milka-Nuss 0,65 € - bei uns aber nur 0,60 €"

- Bezieht sich der Vergleich auf ein Sonderangebot, müssen Zeitpunkt und Ende des Angebotes genannt werden.
- Grundsätzlich gilt: Pauschale Herabsetzungen und Verunglimpfungen fremder Waren, Dienstleistungen oder gar des Mitbewerbers persönlich sind verboten.

Diese Grenzen lassen nur einen geringen Spielraum für vergleichende Werbung. In Deutschland kommt der direkte Vergleich mit einem Mitbewerber daher nur selten vor.

5.1.4 Unzumutbare Belästigungen

Werden den Empfängern Werbehandlungen aufgedrängt, spricht das UWG von unzumutbaren Belästigungen. Dazu gehören z. B.:

■ Werbung, die der Empfänger erkennbar nicht wünscht

Verbraucher dürfen nicht telefonisch, per Fax oder E-Mail (SPAM) ohne ihre Einwilligung mit Werbung angesprochen werden. Im Falle elektronischer Nachrichten (E-Mail, Internet) muss der Absender seine gültige Adresse angeben und dem Empfänger Gelegenheit geben, die Werbemitteilung abzubestellen. Für die Übermittlung dieser Abbestellung dürfen nur Kosten in Höhe eines Basistarifs (z. B. normales Telefongespräch) anfallen, nicht etwa die oft sehr hohen Telefongebühren von Mehrwertdiensterufnummern (0190/0900er Nummern).

Sie haben 158 neue E-Mails

Als aufdringlich wird auch die Ansprache von Kunden außerhalb der Geschäftsräume angesehen.

Beispiel

Ein Einzelhändler spricht einen Kunden an, der vor seinem Schaufenster steht (oder gar vor dem Schaufenster eines Mitbewerbers) und fordert ihn auf, in das Geschäft zu kommen.

■ **Unzulässige Verwendung von Empfängeradressen**

Hat ein Einzelhändler die elektronische Adresse eines Kunden im Zusammenhang mit dem Verkauf einer Ware oder Dienstleistung erhalten (z. B. dessen E-Mail-Adresse), kann er diese Adresse zur Direktwerbung für eigene ähnliche Waren oder Dienstleistungen nutzen. Bei der Erfassung der Adresse und bei jeder werblichen Verwendung muss der Kunde aber klar und deutlich darauf hingewiesen werden, dass er diese Nutzung jederzeit untersagen kann. Die dafür entstehenden Übermittlungskosten dürfen nur zu Basistarifen anfallen.

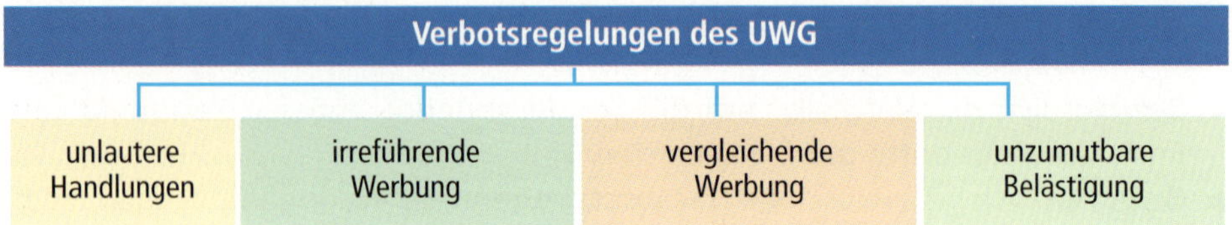

5.2 Liberalisierung des Wettbewerbsrechts

In den vergangenen Jahren sind vom Gesetzgeber viele Schritte unternommen worden, gesetzliche Vorschriften zum Wettbewerbsrecht abzubauen. Heute darf ein Einzelhändler z. B.

- jederzeit mit **Sonderangeboten** werben. Dabei handelt es sich um einzelne, nach Güte und Preis gekennzeichnete **Produkte**, die werblich herausgestellt werden. Sonderangebote können zeitlich begrenzt werden (z. B. „Angebot der Woche", „nur drei Tage"). Der Verbraucher weiß, dass diese Produkte nicht dauernd angeboten werden (es sind **Sonder**-Angebote). Auch den Verkauf der Sonderangebote an den einzelnen Kunden kann der Einzelhändler begrenzen, z. B. durch den Zusatz „Abgabe nur in haushaltsüblicher Menge" oder „Kein Verkauf an Wiederverkäufer". Der Einzelhändler schützt sich dadurch vor Mitbewerbern, die seine Sonderangebote „aufkaufen" könnten.

Preisempfehlungen siehe unten

- **Preise gegenüberstellen**, indem ein bisher geforderter Preis durchgestrichen und der neue Preis hinzugefügt wird. Der eigene Preis darf auch mit einer unverbindlichen Preisempfehlung des Herstellers verglichen werden. Der Kunde wird aber getäuscht, wenn der alte Preis nicht für eine angemessene Zeit ernsthaft gefordert worden ist.

- Jederzeit **Sonderveranstaltungen** (Saisonschlussverkäufe, Räumungsverkäufe, Jubiläumsverkäufe) durchführen. Darunter versteht man Verkaufsveranstaltungen im Einzelhandel, die **außerhalb** des **regelmäßigen Geschäftsverkehrs** stattfinden (d. h. die als besondere Aktion anzusehen sind) und eine zeitliche Befristung enthalten (z. B. „Sonderaktion vom ... bis ...", „Ferien-

Preise", „Sonderpreise zum langen Samstag" u. Ä.)

- **Preisempfehlungen** von Herstellern übernehmen oder ablehnen: Den Herstellern von Markenwaren ist es gestattet, **unverbindliche** Preisempfehlungen an den Einzelhandel zu geben. Der Einzelhändler kann den empfohlenen Preis unter- oder überschreiten. Weil die Hersteller ihre Empfehlungen nach Durchschnitts-Kalkulationszahlen ausrichten, sind die empfohlenen Preise häufig großzügig kalkuliert, sodass sie für den Einzelhändler überdurchschnittliche Gewinne erbringen. Daher sind Einzelhändler gerne bereit, solche Produkte in ihr Sortiment aufzunehmen.
  Das entspricht auch den Interessen der Hersteller. Preisabweichungen (nach unten) werden daher häufig von den Herstellern – verbotenerweise – geahndet, z. B. durch zögernde Belieferung mit Ware.

5.3 Preisangabenverordnung

§ 1 PAngV
Preisangabenverordnung = PAngV

Wer Endverbrauchern Waren oder Dienstleistungen sichtbar anbietet (im Geschäft, im Schaufenster, in Schaukästen, in der Werbung), hat diese nach der Preisangabenverordnung

Bruttoverkaufspreis = Preis einschließlich Umsatzsteuer

- mit dem **Bruttoverkaufspreis,**
- mit dem **Grundpreis** (Preis für 1 Kilogramm, 1 Liter, 1 Kubikmeter oder 1 Quadratmeter der Ware) und – soweit üblich –
- mit der **Gütebezeichnung** (z. B. Handelsklasse A) und
- mit der **Verkaufseinheit** (z. B. 1 kg, pro Meter, 0,7 l) auszuzeichnen.

Der Grundpreis ist anzugeben, wenn Ware nach Gewicht, Volumen, Länge oder Fläche angeboten wird. Bei loser Ware genügt die Angabe des Grundpreises.

Auch weitere Preisbestandteile (z. B. Pfand) sind bei der Preisangabe zu berücksichtigen. Es ist demnach der Preis anzugeben, den der Kunde letztlich zahlen muss.

Ausnahmen

- Bei zeitlich begrenzten Rabattaktionen mit generellen Preisnachlässen, die zudem werblich herausgestellt werden, ist keine Umzeichnung jedes einzelnen Artikels erforderlich. Auf dem Preisschild verbleibt vielmehr der ursprüngliche Preis und an der Kasse wird der angekündigte Rabatt berücksichtigt. Von generellen Preisnachlässen spricht man, wenn ein bestimmter Kundenkreis diesen Preisnachlass erhält (z. B. die Inhaber von Kundenarten) oder jeder Kunde ihn bekommt. Eine Werbung, in der z. B. „Vom 01. bis 15.

August auf alle Artikel 20 % Rabatt" verkündet wird, erfordert demnach keine Neuauszeichnung der Artikel.
- Kunstgegenstände, Sammlerstücke, Antiquitäten sowie Blumen und Pflanzen im Freiland oder Treibhaus müssen nicht ausgezeichnet werden.

Die Angaben müssen den Grundsätzen von **Preisklarheit** und **Preiswahrheit** entsprechen. Sie müssen dem Produkt eindeutig zuzuordnen, leicht erkennbar und deutlich lesbar sein.

§ 5 PAngV

Preise für Dienstleistungen sind z. B. durch einen Aushang an der Kasse sichtbar zu machen.
Durch die Preisangabenverordnung soll den Kunden der Preisvergleich erleichtert werden.

5.4 Maßnahmen gegen Wettbewerbsverstöße

Unterlassungs- und Schadenersatzanspruch nach §§ 8 und 9 UWG

Ein Einzelhändler, der gegen Wettbewerbsvorschriften verstößt, kann verpflichtet werden,
- seine wettbewerbswidrigen Handlungen zu unterlassen und
- einen entstandenen Schaden der Mitbewerber zu ersetzen.

Wettbewerbszentralen = Organisationen, in denen Wirtschaftsverbände und auch die Industrie- und Handelskammern vertreten sind.

Der Anspruch auf Unterlassung wird in der Praxis gewöhnlich von drei Seiten geltend gemacht:
- **Mitbewerber**, die von dem Wettbewerbsverstoß direkt betroffen sind,
- **Industrie- und Handelskammern**, die sich im Interesse ihrer Mitglieder für einen fairen Wettbewerb einsetzen,
- **Wettbewerbszentralen**, die in dieser Hinsicht wie die Kammer tätig werden.

Bevor jedoch gerichtliche Schritte ergriffen werden, ist das wettbewerbswidrige Verhalten zunächst abzumahnen.

■ Abmahnung

Verstößt ein Einzelhändler nach Meinung eines Mitbewerbers (oder z. B. der IHK) gegen Wettbewerbsvorschriften, so kann der Mitbewerber den Einzelhändler auffordern, diesen (tatsächlichen oder nur vermuteten) Wettbewerbsverstoß zu unterlassen. Diese Aufforderung nennt man Abmahnung. Reagiert der Abgemahnte nicht, so wird gewöhnlich die Hilfe von Gerichten in Anspruch genommen, damit der Wettbewerbsverstoß abgestellt wird.

Die Abmahnung muss folgende Punkte enthalten:
- Genaue Beschreibung der unzulässigen Wettbewerbshandlung (z. B.: „Am ... kündigten Sie in einer Anzeige im ... eine ... an.").
- Begründen, warum das Verhalten wettbewerbswidrig ist (z. B. „Bei dieser Maßnahme handelt es sich um einen Verstoß gegen ..., weil Sie ...").
- Die Aufforderung, innerhalb einer bestimmten (gewöhnlich sehr kurzen)

Frist eine Unterlassungserklärung (siehe unten) abzugeben (z. B.: „Ich fordere Sie auf, spätestens bis zum ... die in der Anlage beigefügte Unterlassungserklärung unterschrieben zurückzusenden.").

- Kostenersatz verlangen (z. B.: „Für die mir entstandenen Kosten berechne ich Ihnen eine Kostenpauschale von ...").

Kosten der Abmahnung

Wer abmahnt, kann vom Abgemahnten eine Kostenpauschale als Aufwendungsersatz verlangen. Diese Pauschale beträgt zurzeit etwa 170,00 €. Der Mitbewerber kann aber auch einen Rechtsanwalt beauftragen, den Wettbewerbsverstoß abzumahnen. Ein Rechtsanwalt berechnet etwa 500,00 €. Treffen mehrere Abmahnungen ein, hat nur der erste Abmahnende Anspruch auf Kostenersatz.

Unterlassungserklärung

Darin verpflichtet sich der Betroffene, für den Wiederholungsfall eine Vertragsstrafe (in der Regel ca. 5.000,00 €) an den Abmahnenden zu zahlen. Bei mehreren Abmahnungen hat nur der erste Anspruch auf die Unterlassungserklärung.

Muster

Unterlassungserklärung

Hiermit erkenne ich an, dass ich am ... gegen (hier wird das Gesetz genannt, gegen das verstoßen worden ist, eventuell auch der Paragraf) verstoßen habe.

Ich verspreche dem/der ..., bei jeder Zuwiderhandlung sofort eine Vertragsstrafe in Höhe von ...€ an ... zu zahlen.

____

Ort Datum Unterschrift

Ein Einzelhändler, der eine Abmahnung erhält, muss sehr besonnen reagieren. Er prüft zunächst, ob der Absender überhaupt berechtigt ist abzumahnen. Wenn der Einzelhändler erkennt, dass er gegen Wettbewerbsrecht verstoßen hat, sollte er die Unterlassungserklärung abgeben und die Kostenpauschale zahlen. Andernfalls muss er mit einem gerichtlichen Nachspiel rechnen, das gewöhnlich höhere Kosten verursacht. Auch nach Abgabe der Unterlassungserklärung drohen erhebliche finanzielle Gefahren: Wird der Wettbewerbsverstoß nicht abgestellt, ist die Vertragsstrafe zu zahlen. Außerdem muss mit einer weiteren Abmahnung gerechnet werden, in der dann fünf- bis sechsstellige Vertragsstrafen angedroht werden können.

6 Bewertung von Werbemaßnahmen

Werbung ist teuer – vor allem wenn in Massenmedien mit einem großen Verbreitungsgebiet geworben wird. Die Werbeagenturen, die die Werbemaßnahmen erstellen, testen daher häufig geplante Werbeprojekte zunächst bei einer ausgewählten Zahl von Personen, die als Zielgruppe für die Werbung in Frage kommt. Die nachfolgenden Fragen werden Lesern von Zeitungsanzeigen vorgelegt, um die Wirksamkeit einer Anzeigenwerbung zu testen. Die Fragen können auch auf andere Werbemaßnahmen übertragen werden.

Fragen an die Betrachter von Werbeanzeigen

Weckt die Anzeige meine Aufmerksamkeit?	Der normale Leser liest sehr flüchtig, in Bruchteilen von Sekunden entscheidet sich, ob er eine Werbanzeige wahrnimmt oder nicht. Ein Anzeige benötigt daher einen Ankerpunkt für den Blick des Lesers, einen Blickfang („Eye-Catcher"). Bilder erfüllen diese Aufgabe besonders gut.
Fällt die Anzeige auf?	Hier sind vor allem Größe, Farbgebung und Platzierung angesprochen. Die kleine, schwarzweiße und am unteren Zeitungsrand platzierte Anzeige hat geringere Chancen wahrgenommen zu werden als die große, farbige und zentral platzierte.  *7-spaltige Anzeige, Höhe 98 mm*  *1-spaltige Anzeige, Höhe 30 mm*
Wirkt sie freundlich und sympathisch?	Menschen schätzen freundliche Bilder und den sympathischen Anblick. Der italienische Textilhersteller Benetton erregte Aufsehen durch seine Schockwerbung, die Aufmerksamkeit erzielte, indem sie die Menschen betroffen machte.  Sympathisch: freundlich-freche Kinder mit ernstem Hintergrund (unterschiedliche Hautfarben, aber gleiche Farbe der Zunge)  Schockierend: Kleidung eines toten Soldaten (Krieg im ehemaligen Jugoslawien, 1994)

Ist sie informativ?

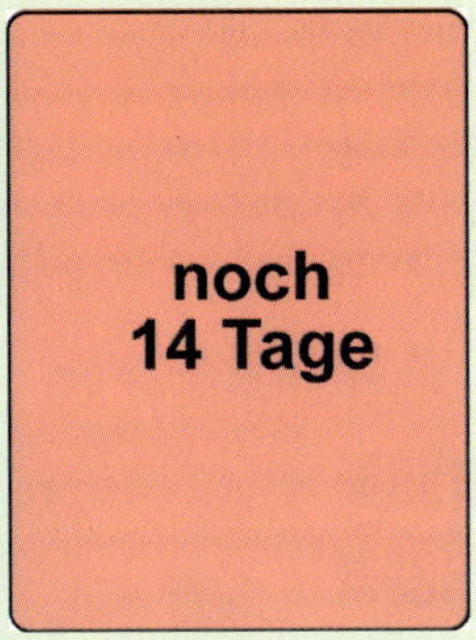

Der Einzelhändler möchte den Umsatz seiner Produkte steigern. Folglich muss er mit seiner Anzeige die richtigen Kunden mit ihren Ansprüchen erreichen und sie über die Vorteilhaftigkeit seiner Ware informieren. Werbung kann aber auch (zunächst) dazu dienen, den Kunden neugierig zu machen.

Beispiel: In regelmäßigen Abständen werden die Leser in ganzseitigen Anzeigen auf ein nahes Ereignis (Geschäftseröffnung) hingewiesen.

Vermittelt sie etwas Neues?

„Neu", „modern" sind Schlüsselwörter der Werbesprache. Der Mensch ist interessiert an Neuem. Die Werbung sollte dem Wunsch des Lesers entgegenkommen und die Neuerungen des Sortiments in der Werbung herausstellen.

Weckt die Anzeige Vertrauen?

Niemand möchte „über's Ohr gehauen" werden oder hinter jedem Angebot eine Falle wittern. Eine faire Information des Lesers, bei der die Versprechungen auch eingehalten werden, schaffen beim Kunden ein Gefühl des Vertrauens. Beispiel: 100 % oder 10 % Rabatt?

Passt sie zum Image des Werbenden?

Wer immer die neueste Technik im Angebot hat, wirbt zu Recht mit einem futuristisch gekleideten Model und mit einem lockeren Appell an den Leser („Go!"). Ein Möbelhaus mit hochwertigen Stilmöbeln wird weniger marktschreierisch werben, damit es Erfolg hat.

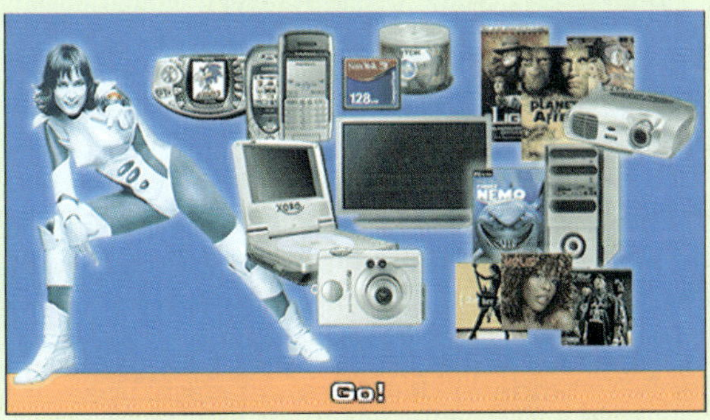

<table>
<tr><td>Passt die Werbung zum dargestellten Produkt?</td><td>Ein Geschäft, das für junge Mode wirbt, sollte seine Anzeigen auch frisch und locker texten und bebildern. Angebote, die sich an ein älteres Publikum richten, wirken seriöser, wenn sie eher den Verstand ansprechen und in der Aufmachung zurückhaltender sind. Beispiel: Gleitsichtgläser sind ein typisches Produkt für über 50-Jährige. Text und Bild passen zum Produkt.

</td></tr>
<tr><td>Hebt sich die Werbung von anderen Anzeigen ab?</td><td>Die teuere 4-Farb-Anzeige an zentraler Stelle auf einer Zeitungsseite platziert hat gut Chancen, auch gelesen zu werden. Wenn aber viele attraktive Anzeigen auf einer Seite stehen, geht dieser Vorteil verloren. Trotzdem lohnt es sich oft, beim Anzeigenpreis nicht zu sparsam zu sein (und mehr aufzufallen), weil eine nicht gelesene Werbung wirklich eine Geldverschwendung darstellt.</td></tr>
<tr><td>Ist sie originell und einzigartig?</td><td>„Geiz ist geil" war das Motto eines Anbieters von Unterhaltungselektronik. Dieser Slogan traf die Einstellung der deutschen Konsumenten in der Zeit der Euro-Umstellung und in einer wirtschaftlichen Krisenzeit ganz besonders gut. Entsprechend erfolgreich war die Werbung. Überraschende, witzige, interessante Texte und Abbildungen steigern die Wirkung einer Anzeige sehr.

</td></tr>
</table>

7 Grenzen der Werbung

Zunehmender Wettbewerb führt häufig dazu, dass Unternehmen sich unlauterer Mittel bedienen, um durch Werbung auf ihre Produkte aufmerksam zu machen. Dadurch werden leicht die Grenzen des Anstands und Respekts überschritten.

Aus diesem Grund wurden 1972 der **Deutsche Werberat** gegründet. Hierbei handelt es sich um eine Organisation des „Zentralverbandes der deutschen Werbewirtschaft" (ZAW), deren Aufgabe es ist, Beschwerden der Öffentlichkeit über Missstände in der Werbung nachzugehen und zu untersuchen, ob man an einer Werbung Anstoß nehmen kann. Die strafrechtliche Verfolgung von Rechtsverstößen in der Werbung durch den Deutschen Werberat hat nur eine untergeordnete Bedeutung. In gemeinsamer Arbeit mit Werbetreibenden und Werbeagenturen entwickelt der Deutsche Werberat Grundsätze, mit denen er prüft, ob eine zur Beschwerde vorgebrachte Werbung anstößig ist. Kommt er zu dem Schluss, dass die Beschwerde berechtigt ist, so kann der Werbetreibende öffentlich kritisiert werden (Rüge). Verhindern kann der Werberat die Werbung jedoch nicht. Der Werbetreibende muss selbst entscheiden, ob er die Werbung absetzt oder beibehält. Dabei ist der Werberat auf die freiwillige **Selbstkontrolle** der Unternehmen angewiesen, sich an die Grundsätze des Werberates zu halten. Setzt er eine anstößige Werbung jedoch nicht ab, so kann der Imageschaden in der Öffentlichkeit sehr groß sein.

Grundsätze des Deutschen Werberates — Beispiel

Missbrauch alkoholischer Getränke

1. Es soll nicht zu übermäßigem oder missbräuchlichem Konsum alkoholischer Getränke aufgefordert und ein solcher Konsum nicht als nachahmenswert dargestellt oder verharmlost werden.
2. Es soll nicht durch Hinweis auf einen niedrigen Alkoholgehalt der Eindruck erweckt werden, dass ein Missbrauch ausgeschlossen ist. Unberührt davon bleibt eine Kennzeichnung des Alkoholgehalts.

Jugendliche und Leistungssportler

3. Es sollen keine Aufforderungen zum Trinken an Jugendliche ergehen und keine trinkenden oder zum Trinken auffordernde oder aufgeforderte Jugendliche dargestellt werden.
4. Es sollen keine Aussagen erfolgen, in denen Jugendliche als noch nicht reif genug für den Genuss alkoholischer Getränke angesprochen und dadurch zum Trinken provoziert werden oder die besagen, dass eine dargestellte Person schon als Jugendlicher alkoholische Getränke genossen hat.
5. Es sollen keine trinkenden oder zum Trinken auffordernde Leistungssportler dargestellt werden.

8 Konditionen- und Dienstleistungspolitik

Preiswettbewerb – Leistungswettbewerb

Im deutschen Einzelhandel herrscht intensiver Preis- und Qualitätswettbewerb. Vor allem der mittelständische Fach-Einzelhandel hat es schwer, sich gegenüber den Großbetriebsformen und Filialsystemen zu behaupten. Die Einkaufsmacht verschafft dem großen Anbieter günstige Bezugspreise. Sie ermöglichen eine Niedrigpreispolitik, bei der viele Mitbewerber chancenlos sind.

Kundenorientierung

Die Antwort auf Preiswettbewerb ist **Leistungswettbewerb**: Mit einer Vielzahl von Vergünstigungen und Serviceleistungen gelingt es Einzelhandelsgeschäften, Kunden an sich zu binden und ein eigenständiges Profil gegenüber den Mitbewerbern zu entwickeln. Jeder Einzelhändler hat ein Paket von kundenfreundlichen Dienstleistungen zu entwickeln.

Es ist abhängig von der Kundenzielgruppe, die angesprochen werden soll, von den Ansprüchen dieser Kunden und auch von den betrieblichen Gegebenheiten (Betriebsform, Verkaufsform, Branche, finanzielle Möglichkeiten). Letztlich ist eine bestimmte Denkweise entscheidend, die den Kunden in den Mittelpunkt aller Bemühungen stellt (Kundenorientierung).

Das Hauptziel des Einzelhandels ist es allerdings, Waren zu verkaufen. Die Konditionen- und Dienstleistungspolitik ist auf **Nebenleistungen** gerichtet, die den Warenverkauf unterstützen. Es sind aber häufig gerade diese Nebenleistungen, die einem Einzelhandelsgeschäft ein bestimmtes Profil geben.

Ziele der Konditionen- und Kundendienstpolitik

- Kunden dauerhaft erhalten: Kunden kaufen oft nicht einfach nur Produkte, sondern Problemlösungen. Produkt und zugehörige Dienstleistungen gehen eine enge Verbindung miteinander ein.

- Den Umsatz mit bestehenden Kunden erhöhen. Wer nicht nur ein Einzelprodukt verkauft, sondern dem Kunden umfassende Problemlösungen bietet, erhöht das Einkaufsvolumen der Kunden.
- Zu Wiederholungskäufen anregen: Kunden schätzen Geschäfte, in denen sie hochwertige Produkte und guten Service erlebt haben. Sie kommen gerne wieder, um ein positives Einkaufserlebnis zu wiederholen.
- Neue Kunden gewinnen: Sonderkonditionen geben dem Kunden das Gefühl, etwas Besonderes zu sein, Service schafft Bequemlichkeit. Beides spricht Kunden an. Ein servicestarkes Unternehmen hat eine größere Chance, neue Kunden zu gewinnen.
- Den Preiswettbewerb umgehen: Insbesondere Fachgeschäfte wollen sich durch Dienstleistungen gegenüber den preisaggressiven Großbetriebsformen des Einzelhandels behaupten.
- Die Leistungsfähigkeit und damit das Profil des Unternehmens durch umfassende Dienstleistungen gegenüber dem Kunden darstellen.

8.1 Konditionenpolitik

Als Konditionen bezeichnet man die Lieferungs- und Zahlungsbedingungen des Einzelhändlers. Dabei geht es nicht allein um rechtliche Fragen. Sind die Konditionen für den Kunden günstig, unterstützen sie die Absatzbemühungen des Einzelhandelsbetriebes.

Beispiel

Verkaufsaktive Lieferungs- und Zahlungsbedingungen
- Waren werden dem Kunden kostenlos ins Haus gebracht („Frei-Haus-Lieferung").
- Der Kunde kann gegen Rechnung einkaufen, mit einer Bank- oder Kreditkarte sowie in Raten bezahlen.

Die Konditionenpolitik kann auch als Teil der Kundendienstpolitik aufgefasst werden, weil kundenfreundliche Lieferungs- und Zahlungsbedingungen zum Kundenservice eines Einzelhandelsgeschäftes gehören.

8.2 Kundendienstpolitik

Mit der Kundendienstpolitik gestaltet der Einzelhändler alle Nebenleistungen, die den Warenverkauf begleiten. Die Kundendienstpolitik unterstützt demnach die eigentliche Hauptleistung des Einzelhändlers, den Verkauf von Waren.

Kundendienstleistungen können vor, während und nach dem Kauf erbracht werden.

Beispiele

- **Vor dem Kauf:** Der Kunde kann einen festen Beratungstermin für das Verkaufsgespräch vereinbaren.
- **Während des Kaufs:** Kundinnen können ihr Kind im hauseigenen Kindergarten zur Betreuung abgeben. Mit einem elektronischen Rufgerät stehen sie mit ihrem Kind in dauerhafter Verbindung.
- **Nach dem Kauf:** 14 Tage nach dem Kauf eines Pkw ruft der Kundenberater beim Kunden an und erkundigt sich nach der Zufriedenheit mit dem Produkt. Bei Problemen wird eine kostenlose Reparatur angeboten.

Der Kunde kann sich zusätzliche Informationen aus dem Internet holen.

*Sie finden uns auch im **Internet** unter: **www.jako-o.de***
Hier geben wir Ihnen Tipps und Tricks – jeden Monat neu – zu den Themen Kinderfest, Basteln, Gesundheit und vielem mehr. Natürlich finden Sie dort auch eine Auswahl von Produkten.

Grundsätzlich besteht in der Kundendienstpolitik eine unüberschaubare Fülle von Möglichkeiten. Geschäfte suchen sich heute in ihrem Dienstleistungsangebot zu übertreffen, um eine möglichst intensive Kundenbindung zu erreichen. Der kreative Einzelhändler wird belohnt.
Kundendienstleistungen lassen sich auch nach ihrer Nähe zum Produkt einteilen.

Kundendienstleistungen

Gliederung von Kundendienstleistungen

1. **Warenabhängige Nebenleistungen**
   (Sie stehen in unmittelbarem Zusammenhang mit dem Produkt.)
   1.1 Technische Kundendienstleistungen

Beispiele z. B. Reparatur, Ersatzteilversorgung, Installation usw.

   1.2 Kaufmännische Kundendienstleistungen

Beispiele z. B. Zustellung, Geschenkverpackung, Auswahlsendung, Mietwagen

2. **Warenunabhängige Nebenleistungen**
   (Hier besteht kein unmittelbarer Zusammenhang mit der Ware.)
   2.1 Leistungen, die die Bequemlichkeit des Kunden fördern

Beispiele Parkplätze, Kinderhort, Gepäckaufbewahrung

2.2 Selbstständige Dienstleistungen als Angebotsergänzung

Restaurant, Bank, Frisör, Reisebüro — **Beispiele**

Für die selbständigen Dienstleistungen als Angebotsergänzung muss der Kunde gewöhnlich bezahlen, während die übrigen Dienstleistungen in den meisten Fällen kostenlos zur Verfügung gestellt werden.

Gestaltung der Kundendienstpolitik
Der Einzelhändler muss sich zunächst über seine Zielrichtung im Klaren sein. Zwei Gestaltungsalternativen stehen ihm zur Verfügung:

- Er stellt ein Sortiment zusammen, das aus problemlosen, kaum erklärungsbedürftigen Produkten besteht. Kundendienstleistungen wie Beratung und technische Unterstützung können dann stark eingeschränkt werden. Die Kosten für die Kundendienstpolitik bleiben auf einem sehr niedrigen Niveau.
  Diese Strategie wird vielfach von Verbrauchermärkten und anderen preisbetonenden Betriebsformen gewählt.
- Der Einzelhändler setzt die Kundendienstpolitik bewusst als wirksames Mittel ein, um sich am Markt zu profilieren. Das Sortiment und die Nebenleistungen der Kundendienstpolitik werden eng miteinander verzahnt, um sich von den Mitbewerbern abzuheben.

Siehe „sortimentspolitische Richtung" Seite 68

Gegenwärtig ist vor allem im Facheinzelhandel, aber auch bei den Kauf- und Warenhäusern der Trend festzustellen, die Kundendienstleistungen immer stärker auszuweiten. Der Bezug zum Produkt besteht oft nur in lockerer Form. Unter dem Stichwort **„Events"** werden Einkaufserlebnisse organisiert, die mehr als Freizeitvergnügen anzusehen sind, die aber letztlich dem Umsatzziel dienen.

Beispiele

- Ein Bekleidungshaus organisiert die Aktion „Traumschiff". Auf einer großen Projektionsfläche werden Kreuzfahrtschiffe auf ihren Reisen gezeigt, auf dem (provisorisch eingerichteten) „Promenadendeck" findet eine Modenschau statt, die „Bordküche" liefert kleine Snacks, zu gewinnen gibt es (natürlich) eine Traumreise.
- Die Wohnabteilung eines Kaufhauses veranstaltet einen Kreativ-Wettbewerb für Teppich-Designer. Die besten Entwürfe werden in Marokko handgeknüpft hergestellt und den Gewinnern geschenkt.

Grundlegend ist auch die Frage, ob der Einzelhändler die Serviceleistungen in **eigener Regie** erbringen soll oder ob es besser ist, einen **Fremdunternehmer** mit der Aufgabe zu betrauen.
Eine Bäckerei für frisches Brot und Backwaren in einem Verbrauchermarkt wird häufig in fremder Regie betrieben. Reparaturen können in der hauseigenen Werkstatt oder durch selbstständige Unternehmen erledigt werden. Geschenkverpackungen wird man im eigenen Hause durchführen, weil sie eng

Siehe auch Seite 172

mit dem Verkauf verbunden sind. Kundendienstleistungen kosten im Regelfall Geld. Sie können aber auch eine Verdienstquelle sein.

Kulanz: Zeigt der Einzelhändler gegenüber seinen Kunden großzügiges Entgegenkommen, ohne dass er rechtlich dazu verpflichtet wäre, spricht man von **Kulanz**.

Sie ist vor allem im Zusammenhang mit Reklamationen von Bedeutung. Kundenorientiertes Verhalten des Einzelhändlers zeigt sich z. B., wenn er

- die gesetzliche Gewährleistungsfrist verlängert,
- mangelfreie Ware umtauscht.

Grenzen des Service-Angebotes

Ein Einzelhändler sollte seine Service-Leistungen nicht wahllos ausweiten, weil er dem Kunden gegenüber die Fehlerlosigkeit der Leistungen gewährleisten muss. Andernfalls stellt sich Kundenverärgerung anstelle von Kundenzufriedenheit ein. Es ist daher sinnvoll, sich auf Kern-Serviceleistungen zu konzentrieren, die auch zum Sortiment passen und von den Kunden in hohem Maße geschätzt werden. Gleichzeitig muss ein günstiges Verhältnis zwischen Aufwand und Ertrag gesichert sein.

9 Verpackung

9.1 Aufgaben von Verpackung

Ein attraktives Äußeres kann den Verkaufserfolg eines Produktes ganz entscheidend bestimmen. Hersteller wenden daher viel Geld und Kreativität auf, um ein Produkt ansprechend zu verpacken. Gerade hochwertige Produkte verlangen eine entsprechende Umhüllung, damit die Wertigkeit der Ware nach außen signalisiert wird (Absatzfunktion der Verpackung, siehe unten).

Die wichtigsten Aufgaben (Funktionen) der Verpackung sind folgende:

- **Schutzfunktion:** Die Verpackung schützt die Ware vor Transport- und Lagerschäden, aber auch vor Fremdeinflüssen wie Feuchtigkeit, Luft oder Licht sowie vor Berührung durch Kunden.
- **Informationsfunktion:** Die Verpackung nimmt z. B. Angaben über die Zusammensetzung, den Preis, die Haltbarkeit, die Herkunft und die Bedienung der Ware auf.

- **Gebrauchsfunktion:** Die Verpackung erleichtert dem Kunden die Handhabung und Lagerung der Ware.

Beispiel

Schrauben werden in Haushaltsmengen verpackt angeboten. Der Kunde erhält so eine anspruchsgerechte Menge in lagerfreundlicher Klarsichtbox.

- **Absatzfunktion:** Die Verpackung schafft häufig einen Mengenzwang, der den Verkauf unwirtschaftlicher Kleinstmengen verhindert. Sie ermöglicht auch eine regalgerechte Lagerung und erspart kostenaufwändiges Abpacken (Abwiegen, Abzählen). Außerdem können Verpackungen absatzfördernde Werbeaussagen aufnehmen und dem Produkt eine Identität (ein „Gesicht“) verleihen (siehe oben). Viele Produkte werden erst durch eine Verpackung für die Präsentation in Selbstbedienung geeignet.

9.2 Verpackungsverordnung

Eine Verpackungsflut und ein sorgloser Umgang mit Verpackungsabfällen haben den Gesetzgeber in der Vergangenheit veranlasst, Regeln für den Umgang mit Verpackungen aufzustellen. Er hat dazu eine Verpackungsverordnung erlassen mit folgender Zielsetzung:

- Abfälle möglichst **vermeiden**,
- wenn Abfälle nicht vermeidbar sind, sie **wiederverwenden** (das gelingt besonders bei umweltverträglichen Materialien wie Papier, Pappe oder Weißblech),
- wenn sie nicht wiederverwendbar sind, sie **beseitigen (verwerten)**.

Verpackungsverordnungen von 1991 und 1998 (VerpackV = Verordnung über die Vermeidung und Verwertung von Verpackungsabfällen)

Aus diesen Zielen ergibt sich ein sogenannter **Abfall-Dreischritt**:

Vermeidung – Verwendung – Beseitigung

Der **Abfall-Dreischritt** zielt darauf ab, Rohstoffe zu schonen, Deponieraum zu sparen und den Bedarf an Verbrennungsanlagen zu reduzieren.
Die Verpackungsverordnung legt zu diesem Zweck konkrete Ziele fest. Von allen Verpackungsabfällen sind

- 65 % wiederzuverwenden und
- 35 % zu verwerten (zu beseitigen).

Hersteller = Hersteller der Verpackungsmittel (auch der Hersteller der [verpackten] Ware wird als Hersteller im Sinne der Verordnung aufgefasst)

Vermeidung von Verpackungen

Für das Vermeiden von Verpackungsabfällen ist vorzugsweise der **Hersteller** der Verpackungsmittel verantwortlich. Er ist nach der Verordnung verpflichtet, Verpackungen so zu erzeugen, dass Volumen und Materialverbrauch auf ein Mindestmaß begrenzt werden.
Auf Umverpackungen kann z. B. häufig verzichtet werden:

Vertreiber ist derjenige, der Verpackungen oder Waren in Verpackungen in Umlauf bringt, z. B. Einzelhändler, Versandhandel, Warenhersteller

Verwenden und Verwerten von Verpackungen

Diese beiden Aufgaben sind – neben dem Hersteller – vor allem dem Vertreiber von Verpackungen zugewiesen worden.

Die Verpackungsverordnung unterscheidet drei Verpackungsarten:

- **Transportverpackungen:** Sie schützen die Ware beim Transport. Diese Verpackungsart fällt beim Vertreiber an.

Beispiele Kanister, Säcke, Paletten, Kartonagen, Einsätze aus geschäumtem Kunststoff, Schrumpffolien.

Die Transportverpackung kann der Hersteller aber bereits so gestalten, dass die Produkte in der Originalverpackung im Verkaufsraum präsentiert werden können und weiterer Verpackungsaufwand dadurch zu vermeiden ist.

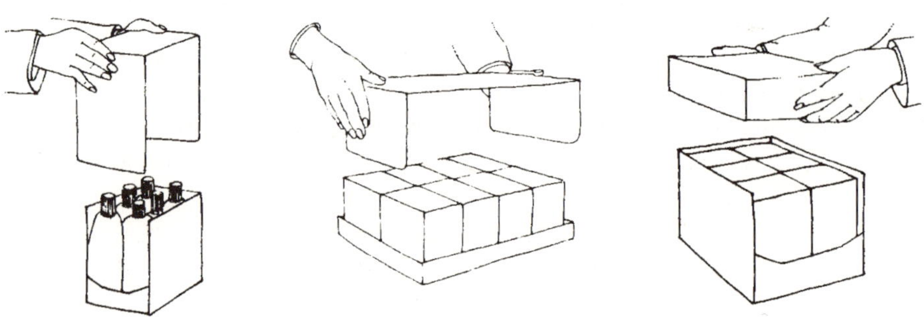

- **Umverpackungen:** Sie werden als zusätzliche Verpackungen zu Verkaufsverpackungen verwendet. Es handelt sich um „Überverpackungen“, z. B. zur Verkaufsförderung und Diebstahlsicherung.

Vermeidbare Umverpackungen siehe oben

Beispiele

Faltschachtel um ein Kosmetikprodukt in der Tube. Getränkedosen werden durch eine Kartonverpackung zu einem Sechser-Pack gebündelt. Vier Klebestifte werden von einer Blisterverpackung umschlossen.

Blister siehe Seite 377

- **Verkaufsverpackungen:** Verpackungen, die als eine Verkaufseinheit angeboten werden und beim Endverbraucher anfallen. Verkaufsverpackungen umgeben die Ware.

Beispiele

Joghurtbecher, Zahnpastatuben, Glasflaschen, aber auch Kunststoff- und Papiertüten, Tragetaschen.

Endverbraucher ist derjenige, der die Ware in der ihm gelieferten Form nicht weiter veräußert.

Die Verpackungsverordnung will ihre Ziele vor allem durch zwei Verpflichtungen erreichen:

- **Rücknahmepflicht:** Je nach Verpackungsart ist sie wie folgt formuliert:
  - **Transportverpackung:** Der Lieferant der Ware (Hersteller, Vertreiber) muss die Transportverpackung nach Gebrauch zurücknehmen.
  - **Umverpackung:** Der Vertreiber (also z. B. der Einzelhändler) muss die Umverpackung beim Verkauf der Produkte an den Endverbraucher entfernen oder er muss dem Kunden die Möglichkeit verschaffen, die Umverpackung – getrennt nach Wertstoffgruppen – zurückzugeben. Deutlich lesbare Schrifttafeln müssen den Kunden über diesen Sachverhalt aufklären.

Transportverpackung: Schützt die Ware während der Beförderung
Umverpackung: Zweitverpackung
Verkaufsverpackung: Umhüllt die Ware

Beispiel **Rücknahmemöglichkeit in einem Lebensmittelsupermarkt**

GRS Batterien

Aufgrund der Batterieverordnung muss der Verbraucher gebrauchte Batterien zurückgeben. Die Stiftung GRS Batterien sammelt und entsorgt die Batterien

Duales System, z. B. DSD = Duales System Deutschland AG

Das Zeichen für das Duale System Deutschland ist der Grüne Punkt. Siehe unten.

DER GRÜNE PUNKT

– **Verkaufsverpackung:** Der Einzelhändler (als Vertreiber) ist verpflichtet, die Verkaufsverpackung im Verkaufsraum oder in unmittelbarer Nähe unentgeltlich zurückzunehmen. Der Kunde ist auf diese Möglichkeit mithilfe von Schrifttafeln deutlich hinzuweisen.

- Die Verpflichtung entfällt für Verpackungen, die von einem sogenannten Dualen System entsorgt und verwertet werden. Hersteller oder Vertreiber haben zu diesem Zweck mit einem dualen System einen entsprechenden (kostenpflichtigen) Vertrag abgeschlossen.
- **Verwertungspflicht:** Die zweite wesentliche Verpflichtung der Verpackungsordnung verlangt von Herstellern und Vertreibern Transport-, Um- und Verkaufsverpackungen erneut zu **verwenden** oder zu **verwerten**.
  Für Hersteller und Vertreiber, die an einem dualen System beteiligt sind, übernimmt das System diese Verpflichtung.

Wichtige Pflichten aus der Verpackungsverordnung: Rücknahmepflicht, Verwertungspflicht

Selbstentsorger oder duales System

Die Verpackungsordnung stellt es Herstellern und Vertreibern frei, ob sie ihre Verpackungen in eigener Regie entsorgen oder ob sie sich einem dualen System anschließen, das diese Aufgabe übernimmt. Entscheidend ist, dass bestimmte Verwertungsquoten mindestens eingehalten werden.

Mindest-Verwertungsquoten für Selbstentsorger im Jahresmittel (gültig seit 01.01.2000)

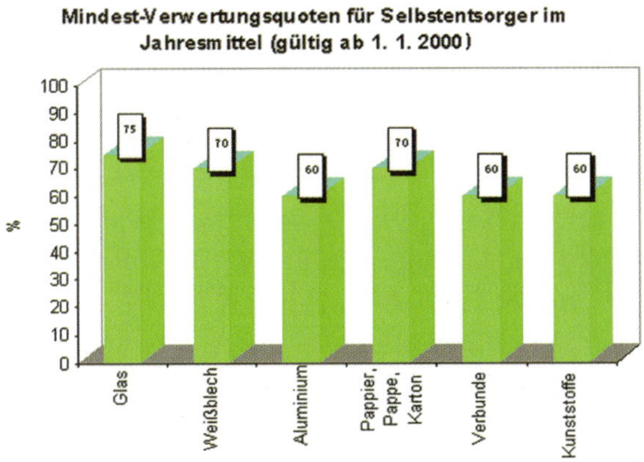

Quelle: Landesgewerbeanstalt Bayern, http://www.lga.de/deutsch/u/verpack.hlm

Verbunde = Verbundverpackungen, die aus mehreren Materialien bestehen und die von Hand nicht trennbar sind.

Die Verwertungsquote (Mehrwegquote) beträgt im durchschnitt 72 %.

Dosenpfand

Die Verpackungsverordnung verpflichtet den Einzelhändler, Einwegverpackungen für Getränke (vor allem Dosen und Einwegflaschen) mit einem Pfand von 25 Cent zu belegen. Ausgenommen sind Weinflaschen und Spirituosen sowie umweltfreundliche Schlauchbeutel für Milch und Getränkekartons. Kunden können, Pfandverpackungen in jedem beliebigen Geschäft zurückzugeben. Ausnahmen gelten für Geschäfte mit weniger als 200 m^2 Verkaufsfläche.

Weitere Ausnahme: Wenn nur bestimmte Arten von Einwegverpackungen, z. B. Dosen, ausgegeben werden.

9.3 Duales System Deutschland („Grüner Punkt")

http://www.gruener-punkt.de/d/index.htm

Die Duales System Deutschland AG ist ein privatwirtschaftliches Unternehmen ohne Gewinnabsicht. Es erfüllt für Industrie und Handel die Verpflichtungen aus der Verpackungsverordnung von 1998. Das Unternehmen besitzt selbst keine Sortier- oder Verwertungsanlagen, sondern organisiert die Sammlung, Sortierung und Verwertung von Verkaufsverpackungen nach den Vorgaben der Verpackungsverordnung. Entsorgungsunternehmen werden – in Abstimmung mit den Städten und Gemeinden – für das Duale System tätig.

Der Begriff „dual" steht für ein zweites, zur kommunalen Abfallentsorgung hinzukommendes System.

Es gibt verschiedene Sammelsysteme:

- Glasverpackungen: farbgetrennte Containersammlung („Bringsystem")
- Papier/Pappe/Karton: Papiercontainer am Straßenrand, Bündelsammlungen oder die Blaue Tonne
- Leichtverpackungen aus Kunststoffen, Verbunden, Weißblech und Aluminium: gelbe Sammelbehälter (Säcke, Tonnen, Container)

Sekundärrohstoffe = Rohstoffe, die durch Recycling (ein zweites Mal) wiedergewonnen werden

Die gesammelten Verpackungen werden von spezialisierten Recyclingunternehmen zunächst sortiert (Glas, Papier/Karton, Kunststoff usw.) und anschließend verwertet. Die Unternehmen verpflichten sich gegenüber dem Dualen System, Sortierung und Verwertung nach den Vorschriften der Verpackungsverordnung durchzuführen. Das Ergebnis des Recyclingprozesses sind sogenannte Sekundärrohstoffe, die wieder in den Produktionsprozess zurückgeführt werden. Farbenreines Altglas lässt sich z. B. sehr leicht wieder für Glasverpackungen verwerten. Aluminium kann aber z. B. auch als vollwertiger Rohstoff in der Industrie verwendet werden, um daraus Autoteile u. Ä. herzustellen.

18.000 Lizenznehmer nutzen den Grünen Punkt und finanzieren damit die Getrenntsammlung von Verkaufsverpackungen, ihre Sortierung und Verwertung. Lizenznehmer sind (neben den Verpackungsherstellern) vor allem die Hersteller von Konsumgütern. Sie werden auch als Abfüller bezeichnet, die den Grünen Punkt für eine Verkaufsverpackung beantragen und dafür ein Lizenzentgelt zu bezahlen haben.

Beispiel

Beispielrechnung (in Cent)

250 g Joghurtbecher aus Kunststoff mit Aluminiumdeckel	
Kunststoffbecher	
6,62 g x 1,475 €/kg	0,98
Aluminiumdeckel	
0,51 g x 0,75 €/kg	0,04
Summe Gewichtsentgelt	1,02
Volumenskategorie V.6 (200 – 400 ml)	0,35
Gesamtlizenzentgelt	**1,37**
- 9,5 % Kürzung	**1,24**

Die Kosten richten sich nach den verwendeten Materialien und dem Volumen.

Herstellern und Vertreibern, die sich nicht an einem Dualen System beteiligen, deren Verpackungen aber in einem solchen System auftauchen („Trittbrettfahrer"), dürfen die Kosten für die Sortierung und Entsorgung in Rechnung gestellt werden.

Es steht jedem frei, ein Duales System wie das Duale System Deutschland zu betreiben. Mehr Wettbewerb soll die Leistungsfähigkeit solcher Entsorgungsunternehmen fördern.

Verordnung mit Erfolgen

Die erstmals 1991 erlassene Verpackungsverordnung hat dazu geführt, dass Verpackungen kleiner, schlanker und leichter geworden sind.

Durch Materialeinsparung wird weniger Gewicht und damit weniger Verpackungsabfall erreicht.

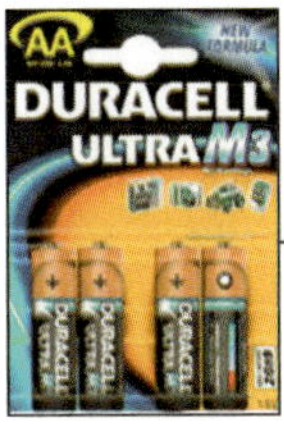

Verpackungen aus einem einzigen Material erleichtern das Recycling (statt Blister aus Pappe und Kunststoff nur Kartonverpackung).

Der Klebestift kommt ohne Verpackung aus. Wegen der Öse an der Kappe kann der Stift ohne Blisterverpackung im Regal aufgehängt werden.

Nachfüllpackungen für Wasch- und Reinigungsmittel oder auch für Schampoo und Duschgel verringern den Verpackungsaufwand.

Seit Einführung des Grünen Punktes verbrauchen die Bundesbürger immer weniger Verkaufsverpackungen: In Deutschland sank der Pro-Kopf-Verbrauch von 94,7 Kilogramm im Jahre 1991 auf 82,0 Kilogramm in 1998. Das entspricht einem Rückgang von rund 13,4 Prozent.

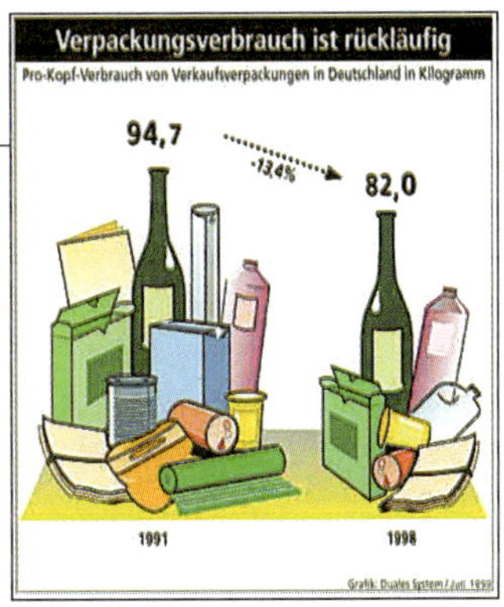

Blister
(engl. Blase) = Sichtverpackung aus Kunststoff und einer flachen Unterlage/Rückwand aus Aluminium oder Karton. Wegen der beiden Materialien ist die Verwertung kostenintensiv.

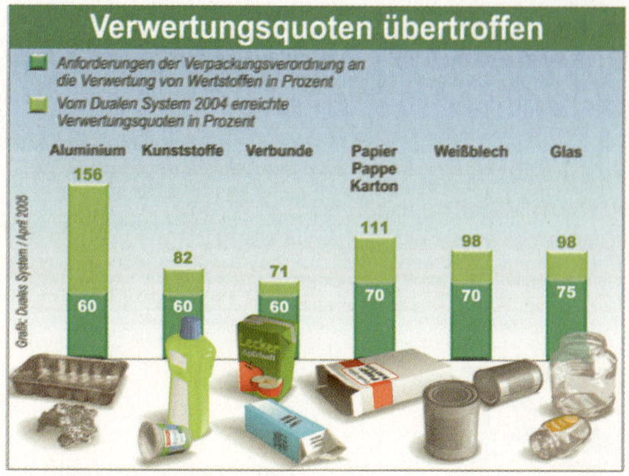

Das Duale System hat die in der Verpackungsverordnung geforderten Verwertungsquoten für alle Materialien deutlich erfüllt.

Verwertungsquoten von über 100 Prozent resultieren daraus, dass nur ein Teil der Verpackungen lizenziert ist, die Bürger aber auch Verpackungen ohne Grünen Punkt in Sammelgefäße des Dualen Systems geben.

9.4 Umweltmanagement im Einzelhandel

Siehe z. B. die Vorschriften zum Vertragsrecht Seite 176 und zum Wettbewerbsrecht Seite 354

Der Handel ist als „Vertreiber" verpflichtet, die Forderungen der Verpackungsverordnung zu erfüllen. Insofern reiht sich die Verordnung ein in eine große Zahl von Vorschriften, die bei der Führung eines Einzelhandelsgeschäftes zu beachten sind.

Die Verpackungsverordnung kann aber auch als ein Beitrag zum Schutz der Umwelt angesehen werden, der von den Menschen aktiv mitgetragen wird, weil sie von der Notwendigkeit überzeugt sind, mit der Natur verantwortungsbewusst umzugehen. Immer mehr Menschen trennen und sammeln Abfälle, sparen Energie, nutzen alternative Energien (z. B. die Solarenergie), wenden sich gegen den Landschaftsverbrauch durch den Bau von Straßen und setzen sich für den Erhalt von Bäumen und naturnahen Landschaften ein.

Es gehört zum Marketing des Einzelhandels – insbesondere im Zeitalter der Kundenorientierung – den Umweltschutzgedanken in die absatzpolitischen Bemühen einzubeziehen. Vielfach wird im Einzelhandel auch schon vom **Umweltmanagement** gesprochen. Damit ist eine umweltorientierte Unternehmensführung gemeint, die alle Bereiche des Unternehmens einbezieht und Entscheidungen auch unter Umweltgesichtspunkten trifft.

Ökologie = Lehre von den Beziehungen der Lebewesen zu ihrer Umwelt

Die nachfolgende Checkliste macht mögliche Fragestellungen für die Unternehmensführung unter ökologischen Gesichtspunkten sichtbar und gibt gleichzeitig Beispiele für die Beantwortung dieser Fragen.

Checkliste für ein Umweltmanagement im Einzelhandel

Fragen[1]	Umsetzung in der Praxis[2] Umweltleitlinie eines Einzelhandelsunternehmens (Auszug)
Organisation • Gibt es ein Umweltkonzept und ist dies allen Mitarbeitern bekannt? • Wird dieses Konzept regelmäßig überprüft? • Sind für den Umweltbereich verantwortliche Personen festgelegt?	• Wir stellen die dauerhafte Umsetzung und Überprüfung unseres Umweltkonzeptes durch ein umfassendes Umweltmanagement innerhalb unserer Unternehmensgruppe sicher. • Wir binden unsere Mitarbeiter durch Information und Schulung in unser Umweltkonzept ein.
Einkauf • Werden umweltbezogene Einkaufskriterien aufgestellt? • Wird Wert auf langlebige und reparaturfreundliche Ware gelegt? • Nimmt der Einkäufer Einfluss auf Art und Menge der Verpackungen? • Werden regionale Gesichtspunkte beim Einkauf berücksichtigt?	Produkte, die besondere Umweltvorteile aufweisen, werden bevorzugt ins Sortiment aufgenommen, z. B.: • Ungebleichte und chlorfrei gebleichte Papierwaren • Wasch- und Reinigungsmittel als Konzentrat • Produkte in Nachfüllpackungen • Produkte in Mehrwegpackungen • Eier, Fleisch und Milchprodukte aus artgerechter Tierhaltung • Lebensmittel aus kontrolliert ökologischem Anbau • regionale Produkte
Verkauf • Gibt es umweltverträgliche Waren im Sortiment und sind den Kundenberatern diese Produkte bekannt? • Sind die Kundenberater über Umweltzeichen ausreichend geschult? • Werden umweltverträgliche Waren übersichtlich und ansprechend präsentiert? • Gibt es Sonderaktionen für den Verkauf von umweltverträglichen Waren? • Gibt es Rücknahmesysteme und wird durch das Personal darauf hingewiesen? • Werden die Kunden regelmäßig auf den Verzicht von Einkaufstüten angesprochen?	Kunden werden freundlich und regelmäßig über folgende Sachverhalte informiert: • den Einkaufskorb nicht zu vergessen, • Obst und Gemüse am besten saisonal und unverpackt zu kaufen. Ein Saisonkalender gibt Auskunft über heimische Ware. • Saft, Wasser oder Bier in der praktischen Mehrwegflasche zu kaufen. Jede Flasche hat „50 Leben" und wird erst dann verwertet. • Eier aus Freilandhaltung, Biokalbfleisch, Biomilch werden regelmäßig werblich herausgestellt. • Joghurt und Sahne nur im Mehrwegglas kaufen, Milch in der Mehrwegflasche oder im Schlauchbeutel. • Hygienepapiere aus Recyclingmaterial schonen die Umwelt.

1 In Anlehnung an das Landesamt für Umweltschutz Baden-Württemberg, Umweltmanagement im Einzelhandel, Karlsruhe 1996.
2 In Anlehnung an das Umweltkonzept der Unternehmensgruppe TENGELMANN.

Checkliste für ein Umweltmanagement im Einzelhandel	
	• Bei Badezusätzen oder Shampoos Nachfüllpackungen verwenden. • Wasch-, Putz- und Reinigungsmittel als Konzentrat kaufen mit dem Zusatzhinweis: „Bitte Dosieranweisung beachten!" • Aktion für Personal und Kunden: „Richtig sortieren und entsorgen!" • Recyclingbox für Umverpackungen und Batterien steht am Ausgang jeder Filiale.
Büro/Verwaltung • Werden Werbeblätter und Kundeninformationen auf Recyclingpapier gedruckt? • Werden im Büro umweltschonende Materialien (z. B. Papier, Pappe, Holz, Textilien, Glas) eingesetzt? • Werden umweltverträgliche Packmittel beschafft? • Werden umweltschonende Putz- und Reinigungsmittel eingesetzt? • Wird in der Kantine/im Pausenraum Mehrweggeschirr verwendet? • Werden bei den Transportverpackungen Mehrwegsysteme benutzt?	• Verwendung von Recyclingpapier für Kopierer und Drucker. • Sparsamer Einsatz von Büromaterial, z. B. doppelseitiges Kopieren. • Verwenden nachfüllbarerSchreibgeräte, Textmarker, Kartuschen für Kopierer usw. • Vermeiden von aufwendigen Verpackungen, z. B. keine Portionsverpackungen für Kaffeesahne. • Verwendung ökologischer Transportverpackungen in Absprache mit den Lieferan ten, z. B. – Mehrweg-Obst-/Gemüsesteige – Mehrwegsteigen für Eier und Joghurt – Umstellung auf Mehrwegpaletten • Einsatz lärm- und schadstoffarmer Zustellfahrzeuge • Verwendung wasserlöslicher Lacke

9.5 Umweltzeichen

Es gibt heute eine Fülle von Zeichen, die mit Umwelt und Ökologie zu tun haben. Zur besseren Unterscheidung soll zunächst eine generelle Unterteilung von Zeichen für Produkte und Dienstleistungen vorgestellt werden.

- **Warenzeichen:** Wort- oder Bildzeichen eines Herstellers zur Kennzeichnung seiner Produkte oder Verpackungen. Im Regelfall ist es der gute Klang des Herstellernamens, der den Wert dieses Zeichens ausmacht. Der Verbraucher verbindet mit dem Namen bestimmte Produkteigenschaften. Hier: Das Gerät enthält einen Originalprozessor von INTEL.
- **Gütezeichen:** Wort- oder Bildzeichen als Garantie für eine bestimmte Produkteigenschaft. Das Zeichen wird von überbetrieblichen Stellen verliehen, die auch die ordnungsgemäße Verwendung überwachen. Gütezeichen haben somit im Vergleich zu einem Warenzeichen eine viel größere Aussagekraft und Glaubwürdigkeit. Hier GS-Zeichen: Es garantiert, dass das Produkt den sicherheitstechnischen Anforderungen entspricht.

- **Bedienungszeichen:** Wort- oder Bildzeichen auf Produkten oder Verpackungen, die dem Kunden Hinweise für den Transport, die Handhabung oder die Pflege des Produktes geben. Hier: Textilkennzeichnung (nicht bügeln)

Umweltzeichen sollen den Käufer auf die Umweltverträglichkeit des Produktes aufmerksam machen. Es geht also darum, eine bestimmte Eigenschaft des Produktes zu garantieren. Demnach ist ein Umweltzeichen ein **Gütezeichen**, vorausgesetzt, es wurde von einer unabhängigen Organisation vergeben und nicht etwa vom Hersteller selber. Firmeneigene Kennzeichen werden von Umsatzüberlegungen begleitet. Sie sind daher mit Vorsicht zu betrachten.

Umweltzeichen im Überblick

- **„Blauer Engel"**: Mit diesem Zeichen sollen Produkte gefördert werden, die über deutlich bessere Umwelteigenschaften verfügen als vergleichbare herkömmliche Waren. Es wird von unabhängigen Stellen vergeben (z. B. vom Umweltbundesamt in Verbindung mit dem RAL – Deutsches Institut für Gütesicherung und Kennzeichnung e.V). Das Zeichen stellt das Umweltemblem der Vereinten Nationen dar. In der Umschrift werden die wichtigsten Umwelteigenschaften des Produktes genannt.
- **Europäisches Umweltzeichen**: Wie mit dem Blauen Engel sollen mit diesem Zeichen umweltfreundliche Produkte gefördert werden – hier allerdings auf europäischer Ebene. Umweltbundesamt und RAL sind in Deutschland an der Vergabe des Zeichens beteiligt. Man erhält das Zeichen, wenn ein vorher festgelegter Kriterienkatalog erfüllt wird. Die Europablume verlangt vom Produkt geringe Boden-, Wasser- und Luftverschmutzung, wenig Abfall und sparsamen Umgang mit Energie und Rohstoffen.
- **Kennzeichen des ökologischen Landbaus**: Es handelt sich um Zeichen, die von Anbauverbänden vergeben werden. Sie sollen dem Verbraucher Hinweise auf Produkte aus ökologischem Landbau geben. Was darunter zu verstehen ist, hat die Arbeitsgemeinschaft Ökologischer Landbau (AGÖL) festgelegt. In dieser Arbeitsgemeinschaft sind alle Anbauverbände zusammengeschlossen.

  Verzicht auf mineralischen Dünger und chemische Pflanzenschutzmittel, tiergerechte Haltung, vielfältige Fruchtfolge und geschlossene Nährstoffkreisläufe – das sind einige Grundsätze der AGÖL.
  Hier: Beispielhaft zwei Zeichen.

- **Textilkennzeichnung**: Mit diesen Zeichen soll dokumentiert werden, dass das Produkt keine gesundheitlich bedenklichen Schadstoffkonzentrationen enthält.
  Hier: Beispielhaft das eco-tex-Zeichen von der internationalen Gemeinschaft für Forschung und Prüfung auf dem Gebiet der Textilökologie (Öko-Tex).
- **Kennzeichen über Materialeigenschaften**: Hersteller bringen auf ihren Produkten z. B. die nebenstehenden Symbole an, um deutlich zu machen,
  - dass das Produkt aus wiederverwertbarem Kunststoff (Polypropylen) besteht (z. B. ein Joghurt-Becher),
  - dass das Produkt generell wiederverwertbar ist.

„Grüner Punkt" siehe Seite 375

Der oben beschriebene **„Grüne Punkt"** des Dualen Systems Deutschland (DSD) ist kein Umweltzeichen im engeren Sinne. Das Zeichen bringt lediglich zum Ausdruck, dass der Hersteller oder Vertreiber des Produktes seine Rücknahmeverpflichtung für die Verkaufsverpackung auf das Duale System Deutschland übertragen hat. Der „Grüne Punkt" weist den Hersteller oder Vertreiber als Lizenznehmer dieser Organisation aus, der dafür ein Entgelt zahlt.

10 Warenzustellung

10.1 Firmeneigene Warenzustellung

Möbel, große Haushaltsgeräte, Fernsehgeräte, Baumaterialien, Teppiche u.Ä. müssen nach dem Kauf zum Kunden befördert werden. Viele Einzelhändler halten für ihre Kunden einen Zustellservice bereit, um es dem Kunden so bequem wie möglich zu machen. Vielfach sind neben dem Transport weitere Serviceleistungen wie Aufstellen von Möbeln, Anschließen von Elektrogeräten notwendig. Für einen Einzelhändler stellt sich die Frage, ob er dieses Leistungspaket in eigener Regie durchführen soll, oder ob er Fremdunternehmer mit diesen Aufgaben betraut. Für eine firmeneigene Zustellung von Waren sprechen viele Vorteile:

Vorteile

- Das Einzugsgebiet wird erweitert, weil auswärtige Kunden wegen möglicher Transportprobleme andernfalls das Geschäft nicht aufsuchen würden.
- Bestimmte Produkte (z. B. Möbel, Elektrogeräte, Teppiche) kaufen viele Kunden nur dort, wo eine Hauszustellung und häufig auch das Aufstellen/Anschließen gesichert sind.
- Der Zustelldienst schafft einen engeren Kontakt zwischen Geschäft und Kunden, sodass die Kundentreue verstärkt wird.

- Der Einzelhändler kann über die Kontrolle des eigenen Personals eine sorgfältige Behandlung der Ware erreichen.
- Das Zustellen mit dem eigenen Fahrzeug kann mit anderen Dienstleistungen (z. B. Reparaturservice) kombiniert werden.
- Der Fahrer kann zusätzliche Aufgaben übernehmen, z. B. Kassieren des Kaufpreises, Entgegennahme von Bestellungen.

Nachteile

Es kostet allerdings auch Geld, ein Firmenfahrzeug einzusetzen. Zunächst sind die **Anschaffungskosten** zu nennen. Über die **Abschreibungen** geht dieser Betrag in die Kostenrechnung des Einzelhändlers ein. Das Fahrzeug erfordert einen Fahrer, dem ein monatliches **Gehalt** zu zahlen ist. Dabei ist nicht nur dessen Bruttogehalt zu berücksichtigen, sondern auch die Lohnnebenkosten müssen in die Berechnung eingehen. Das **Fahrzeug** benötigt Treibstoff für die täglichen Fahrten; Kraftfahrzeugsteuer und -versicherung sind dem Finanzamt bzw. der Versicherung regelmäßig zu überweisen. Auch die Kosten für Wartung und Reparatur sind nicht außer Acht zu lassen.

Lohnnebenkosten, z. B.:
- Urlaubsgeld
- Weihnachtsgeld
- Arbeitgeberanteil zur Sozialversicherung

10.2 Firmenfremde Warenzustellung

Spediteur und Frachtführer

Spediteure organisieren Güterbeförderungen. Mit dem eigentlichen Transport beauftragen sie **Frachtführer**, die die Beförderung durchführen. Vielfach verfügen Spediteure aber über eigene Fahrzeuge. Organisation und Durchführung des Transportes liegen dann in einer Hand.
Spediteure übernehmen auch die Versicherung von Sendungen und lagern Güter ein. Zunehmend werden sie als **logistische Dienstleister** für die Hersteller tätig.
Sie übernehmen dann alle Arbeiten, die von der Fertigstellung des Produktes bis zur Auslieferung an den Einzelhandel anfallen, z. B. Abholen der Güter beim Hersteller, Zwischenlagerung, Zusammenstellung von Sendungen für den Einzelhandel, Verkaufsvorbereitung (Dekoration, Preisauszeichnung), Beförderung zum Einzelhändler, Aufstellen der Ware im Verkaufsraum.

Sendungsarten

Als **Kleingut** bezeichnet man gewöhnlich Güter bis zum Gewicht von etwa 30 kg. Die Bezeichnung ist jedoch nicht einheitlich, insbesondere fehlt eine Abgrenzung zum sogenannten Stückgut.

Stückgut: Güter, die nach Menge, Rauminhalt und Gewicht von geringerem Umfang sind, stückweise befördert werden und von Hand oder mit den übli-

Sammelladungsverkehr siehe unte

chen Fördermitteln (z. B. Gabelstaplern) bewegt werden können. Stückgüter werden im **Sammelladungsverkehr** der Speditionen befördert.
Ladungsgut: Güter größeren Umfangs, die einen kompletten Lkw/Bahnwaggon oder wesentliche Teile davon (Teilladung) beanspruchen.

Anbieter auf dem Transportmarkt

KEP = Kurier-, Express-, Paketdienste

KEP-Dienste

Kurier-, Express- und Paketdienste befördern Kleingut, d. h. vor allem Sendungen bis 30 kg. Die Gewichtsgrenzen liegen bei manchen Anbieter aber höher (bis ca. 70 Kilogramm).

- **Kurierdienste**: Im Kurierdienst werden Dokumente, Wertsendungen und sehr eilige Sendungen (z. B. dringend benötigte Ersatzteile) von einem Kurier befördert. Das Gewicht beträgt oft nur wenige Kilogramm.

Beispiele

DHL, IC-Kurierdienst der Deutschen Bahn AG, die Kleinsendungen mit ihren Intercity-Zügen befördert oder innerstädtische Fahrrad-Kuriere

Kurierdienste

- **Expressdienste:** Schnelle Beförderung von Gütern, gewöhnlich in einem eigens entwickelten Netz

Beispiele

TNT-Express, UPS-Express

- **Paketdienste:** Beförderung von geringgewichtigen Gütern, häufig bis ca. 30 kg. Paketdienste bieten häufig ebenfalls Expressbeförderungen an.

Beispiele

Frachtpost, DPD, German Parcel, UPS

Speditionen

Speditionen befördern Ladungsgut und Stückgut.

Im Stückgutbereich schließen sich Spediteure häufig zu Kooperationen zusammen, die das Abholen und Verteilen von Stückgutsendungen in der gesamten Bundesrepublik sicherstellen.

S.T.a.R., Cargo Line, IDS **Beispiel**

Nabe-Speiche-System

Der Kleingut- und oft auch der Sammelladungsverkehr verlaufen im Regelfall nach dem Nabe-Speiche-System. Die kooperierenden Unternehmen richten in der Mitte Deutschlands ein zentrales Umschlaglager ein. Dorthin transportieren die Beteiligten alle Sendungen, die sie von ihren Kunden zum Transport übernommen haben. Im Zentrallager werden die Güter auf die verschiedenen Gebiete der Spediteure/KEP-Dienstleister verteilt und von diesen zu ihrem Stützpunkt transportiert. Dort werden die Güter den Empfängern zugestellt.

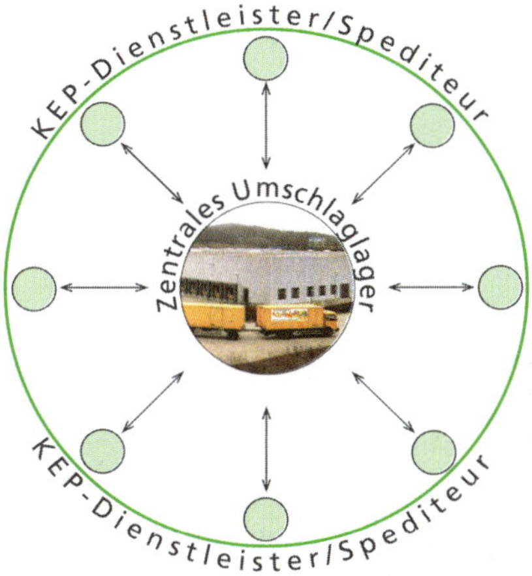

Die Organisation gleicht einem Rad: Das zentrale Umschlaglager ist die Nabe, die Linien zu den beteiligten Spediteuren sind die Speichen.

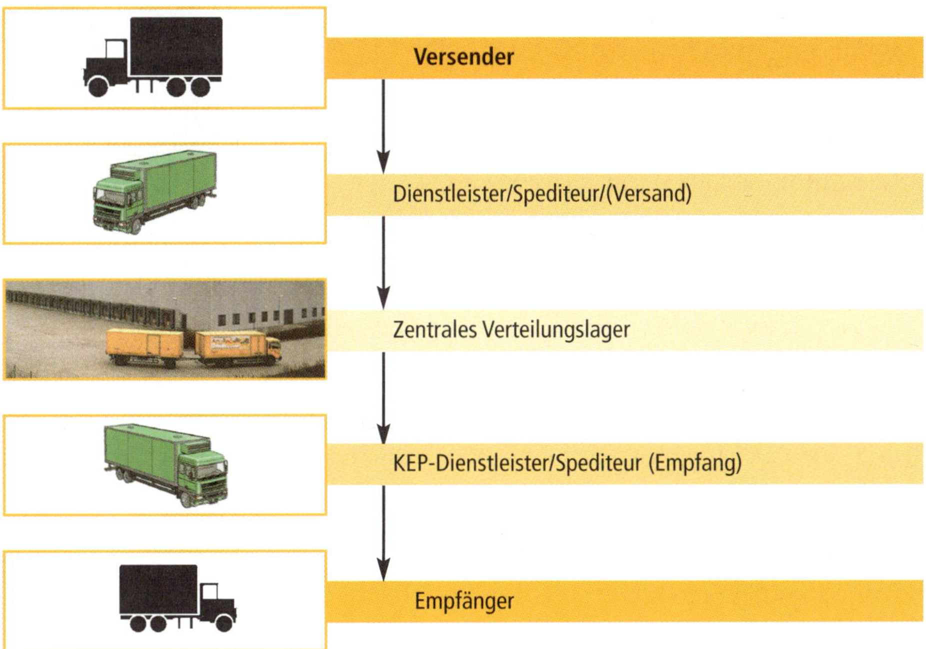

Frachtführer

Die oben beschriebenen KEP-Dienste organisieren Güterversendungen und führen sie auch (zumindest teilweise) selber durch. Sie sind demnach Spediteure und zugleich Frachtführer. Auch Sammelladungsspeditionen sind vielfach gleichzeitig als Frachtführer tätig.
Man kann sich aber als Versender auch direkt an einen Frachtführer wenden und ihm einen Beförderungsauftrag erteilen. Es muss sich dann aber um eine komplette Lkw-Ladung oder zumindest um eine Teilladung handeln, weil ein Frachtführer nicht das Sammeln von kleineren Sendungen übernimmt.

Leistungen ausgewählter Anbieter

Beispielhaft sollen nachfolgend die Leistungen einiger KEP-Dienste und Sammelladungsspediteure vorgestellt werden. Die abgebildeten Preislisten in der Lernsituation machen ein Preisniveau deutlich. Im Einzelfall werden Preise ausgehandelt.

Frachtpost

- **Pakete**

  Versender können bei der Post Sendungen bis 20 kg zum Versand aufgeben, und zwar entweder über die Postfilialen oder – bei größeren Sendungsmengen – über eine Direktabholung beim Absender (Haus-Haus-Service). In einem Netz von 33 Frachtpostzentren wird die Frachtpost verteilt. Die Regellaufzeit beträgt 24 Stunden, höchstens 48 Stunden.

Identcode-Label: Es dient der Identifizierung der Sendung und der Steuerung bis zum Empfänger.

Sogenannte **Selbstbucher**, die ihre umfangreichen Sendungen mit einem Identcode-Label versehen, das Entgelt selber berechnen und die Sendungen eventuell vorsortieren, erhalten einen Preisnachlass und können auch Pakete mit größerem Gewicht (bis 31,5 kg) befördern lassen.

Die Leistungen der Post sind als ehemaliges Staatsunternehmen (zur Zeit noch) von der Umsatzsteuer befreit.

Gehen Paketsendungen der Post verloren oder werden sie beim Transport beschädigt, leistet die Post pro Paket höchstens bis ca. 500,00 € Schadenersatz. Bei Päckchen wird nicht gehaftet. Durch eine **Transportversicherung** der Post kann man den Schadenersatz auf bis zu 25.565,00 € erhöhen.

- **Express-Pakete**

  Express-Sendungen werden am Tag nach der Einlieferung zugestellt. Gegen einen Aufpreis kann auch eine Frühzustellung (bis 9:00 Uhr, 10:00 Uhr, 12:00 Uhr) oder eine Sonn- und Feiertagszustellung vereinbart werden.

United Parcel Service (UPS)

UPS vereinbart mit seinen Kunden gewöhnlich regelmäßige Abholtermine, z. B. tägliches Abholen.

- **UPS Standard:** Die Sendung wird im Regelfall einen Tag nach der Übergabe an den Empfänger ausgeliefert.
- **UPS Express:** Dokumente und Pakete werden am nächsten Tag bis 10:30 Uhr in den wichtigen deutschen Wirtschaftszentren zugestellt; alle anderen Bestimmungsorte werden bis 12:00 Uhr mittags bedient. Express-Plus-Sendungen erreichen den Empfänger über Nacht bis 8:30 Uhr (in über 100 Wirtschaftszentren Deutschlands und Europas).

Gegen eine Gebühr kann eine Samstagzustellung vereinbart werden. UPS haftet pro Sendung bis zu 500,00 €. Eine Haftungserhöhung ist möglich, erfordert aber einen Frachtzuschlag.

Spediteur-Sammelgutverkehr

Spediteure holen Stückgutsendungen bei verschiedenen Versendern ab und stellen die Sendungen zu einer Sammelladung zusammen, die dann von einem fremden Frachtführer oder mit eigenen Fahrzeugen zu einem Empfangsspediteur transportiert wird. Der Empfangsspediteur verteilt die Sammelladung an die einzelnen Endempfänger. Spediteure versichern die Sendungen ihrer Kunden, sodass im Regelfall Versicherungsschutz bis zum Güterwert besteht.

Alternative: Nabe-Speiche-System, siehe oben

IDS-One Day

IDS ist eine Kooperation mittelständischer Speditionsunternehmer. Sie bilden einen bundesweiten Verbund zur Organisation von Sammelgutsendungen.

Leistungsangebot:

- Mit den Kunden können Zeitschranken für das Abholen der Sendungen vereinbart werden. Diese Vereinbarung kann auch ein mehrmaliges Abholen am Tag beinhalten.
- Leistungskern ist die Zusage an den Kunden, eine übernommene Sendung dem Empfänger im Regelfall bis zum nächsten Tag („One Day") zuzustellen.

Das Entgelt setzt sich aus zwei Bestandteilen zusammen:

- **Basispreis** für die Sendung, gestaffelt nach Gewichtsstufen,
- **Kilogrammpreis** in Abhängigkeit von der Entfernung und den Gewichtsstufen.

Frachttabellen/Preislisten

Beim Gebrauch der Frachttabellen und Preislisten ist zu prüfen:

- Aus welchen Bestandteilen setzen sich die gesamten Kosten zusammen (Haus-Haus-Preis, Basispreis, Kilogramm-Preis)?
- Wie viel Kilogramm werden über welche Strecke bzw. in welche Entfernungszone befördert?
- Enthalten die der Tabelle entnommenen Werte bereits die Umsatzsteuer oder ist sie noch hinzuzurechnen?

Nebenleistungen

Die Verkehrsbetriebe (KEP-Dienstleister, Sammelgutspeditionen) bieten – gewöhnlich gegen zusätzliches Entgelt – neben der eigentlichen Beförderung der Sendung zahlreiche Nebenleistungen an, z. B.

- **Avisierung:** Dem Empfänger wird die Ankunft der Sendung mitgeteilt.
- Der Versender wird nach erfolgreicher Zustellung der Sendung telefonisch **benachrichtigt**; auf Wunsch erhält er einen schriftlichen Ablieferungsnachweis.
- **Sendungsverfolgung:** Der Versender kann z. B. über das INTERNET seine Sendung verfolgen und damit jederzeit feststellen, wo sie sich im Augenblick befindet.
- **Zweitzustellung**, wenn der Empfänger nicht angetroffen wird.
- **Samstagzustellung:** Der Versender kann über die Sendung nachträglich verfügen und z. B. die Frankatur verändern oder die Sendung nachträglich mit einer Nachnahme belegen.
- **Transportversicherung:** Die Sendung wird gegen Gefahren, denen das Gut während der Beförderung ausgesetzt ist (z. B. Verlust, Beschädigung), versichert.
- **Nachnahmen:** Der Absender kann das Transportunternehmen beauftragen, dem Empfänger die Sendung nur gegen Zahlung eines bestimmten Betrages (häufig des Kaufpreises) auszuhändigen.

  Sammelüberweisung siehe Seite 207

  Erteilt man z. B. der Post einen Nachnahmeauftrag, zieht sie bei der Übergabe des Paketes/des Päckchens vom Empfänger den Nachnahmebetrag ein. Anschließend überweist sie das Geld per Sammelüberweisung auf ein Konto des Absenders. Damit werden folgende Gebühren fällig:

1. Die Sendungsgebühr für das Paket bzw. Päckchen.
2. Die Nachnahmegebühr für den Geldeinzug (sie ist bei der Aufgabe der Sendung zu zahlen).
3. Die Überweisungsgebühr (sie wird vom Nachnahmebetrag abgesetzt).

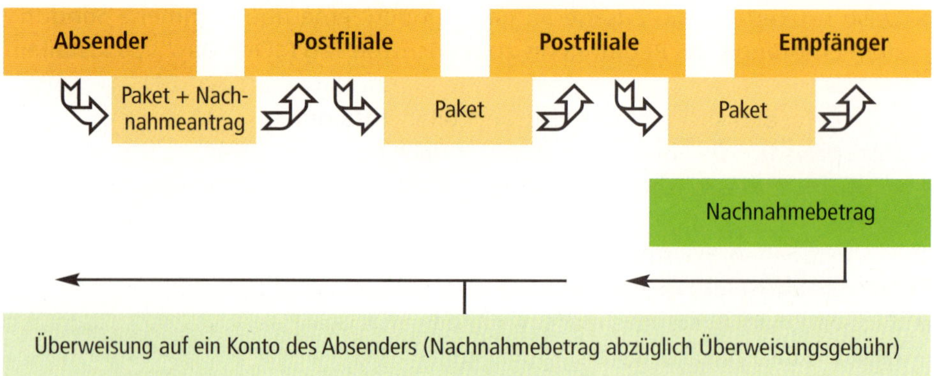

■ Auswahlgesichtspunkte für Verkehrsmittel und Versandarten

Die **Güterart** kann bestimmte Verkehrsmittel von vornherein ausschließen. Besonders kleine, leichte und empfindliche Güter sind z. B. nicht für die Lkw-Sammelladung geeignet, bei der große, häufig palettierte Gütermengen mit Gabelstaplern bewegt werden. Hier wäre ein KEP-Dienst angebrachter.

Eine wesentliche Rolle spielen für Kaufleute die **Transportkosten**. Dabei sind nicht nur reine Frachtkosten entscheidend, sondern auch Nebenkosten, z. B. für Verpackung und Versicherung.

Immer bedeutsamer wird in jüngster Zeit die **Schnelligkeit**, mit der Güter befördert werden. Zum einen sind es leicht verderbliche Güter, die kurze Transportzeiten erfordern. Viel wichtiger ist aber die Tatsache, dass Unternehmen ihre Lagerhaltung reduzieren und ihre Beschaffungspläne so einrichten, dass die erforderlichen Produkte gerade zum richtigen Zeitpunkt („Just-in-time") eintreffen, zu dem sie benötigt werden. Zunehmend bieten Verkehrsbetriebe daher heute eine Beförderungszeit von 24 Stunden an.

Bei besonders wertvollen oder äußerst empfindlichen Gütern spielt die Transport-**Sicherheit** eine wichtige Rolle. Wie groß ist die Gewissheit, dass dringend benötigte Güter auch vollzählig und unversehrt am Bestimmungsort eintreffen? Mit welchen Ersatzleistungen ist zu rechnen, falls Schäden auftreten? Darüber hinaus verlangt sogenanntes Gefahrgut speziell ausgestattete Fahrzeuge und besondere Vorkehrungen beim Transport.

Anhang

Bedienungshinweise zum Warenwirtschaftssystem INTWASYS

Vorbemerkung

Die nachfolgenden Hinweise geben einen kurzen Überblick über die Handhabung des Programms. Auf der Programm-CD befindet sich ein ausführlicheres Bedienerhandbuch.

1 Programmstart

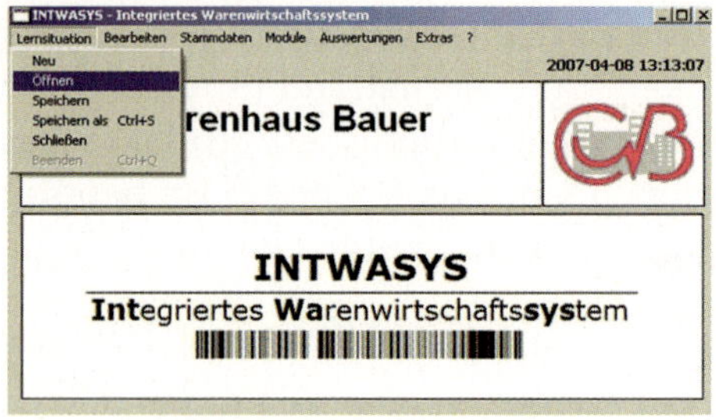

- Kopieren Sie das Verzeichnis „INTWASYS“ in Ihr persönliches Verzeichnis auf dem Computer.
- Öffnen Sie das Verzeichnis und starten Sie das Programm „INTWASYS.EXE“.
- Klicken Sie auf „Lernsituation“, „Öffnen“, wählen Sie „basisEH.lsi“ (= Basis-Lernsituation Einzelhandel) und bestätigen Sie die nachfolgende Meldung mit OK. Sie befinden sich nun im Programm.

2 Menü „Stammdaten“

Die Handhabung der Stammdaten „Sortimentsstruktur“, „Unternehmen“, „Lieferanten“ und „Artikel“ wird auf den Seiten 246 bis 250 dieses Informationshandbuches beschrieben.

Die Sortimentsübersicht des Basisdatensatzes befindet sich weiter unten.

2.1 Stammdaten Kunden

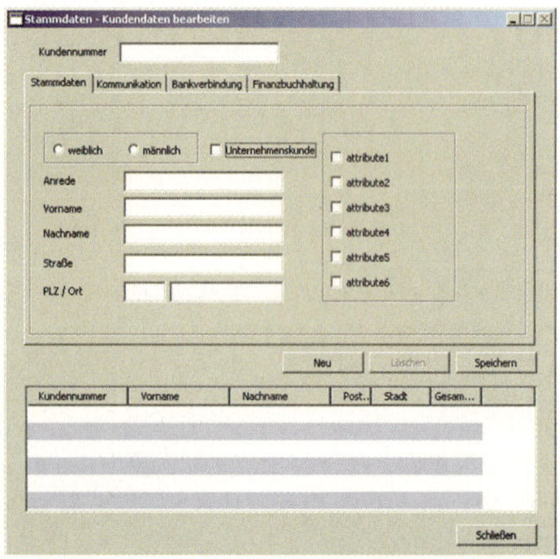

Kundendaten sind in der Basisversion nicht angegeben. Die Lernsituation „Das Warenwirtschaftssystem INTWASYS kennenlernen“ liefert die nötigen Angaben.

Wird in der Maske die Schaltfläche „Neu“ aktiviert, können die weiß unterlegten Felder beschriftet werden. Nach der Speicherung erscheint der Kunde in der untenstehenden Liste.

2.2 Stammdaten Kassen

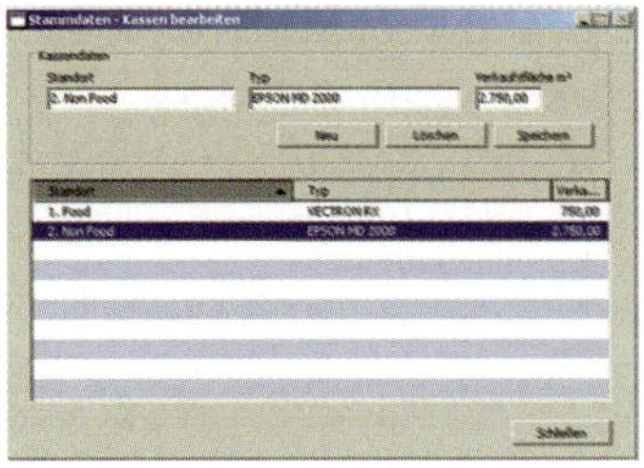

In der Basisversion sind zwei Kassen voreingestellt. Weitere Kassen können über die Schaltfläche „Neu" hinzugefügt werden. Auch hier erscheint eine neu angelegte Kasse nach dem Speichern in der Übersicht.

2.3 Stammdaten Benutzer

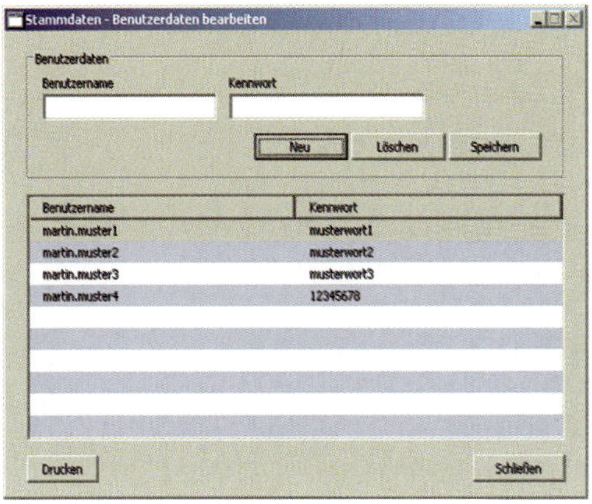

Bevor ein Mitarbeiter/eine Mitarbeiterin kassieren darf, ist die Zugangsberechtigung festzulegen. Dazu muss der Name des Mitarbeiters/der Mitarbeiterin und ein Kennwort (mindestens acht Zeichen) festgelegt werden. Vier (neutrale) Benutzer sind als Platzhalter vorhanden. Sie können mit konkreten Namen überschrieben werden (anschließend abspeichern). Bei einer Neuanlage ist wie folgt vorzugehen:

1. Schaltfläche „Neu" betätigen, 2. Daten eingeben, 3. Angaben speichern (die Liste wird ergänzt)

3 Menü „Module"

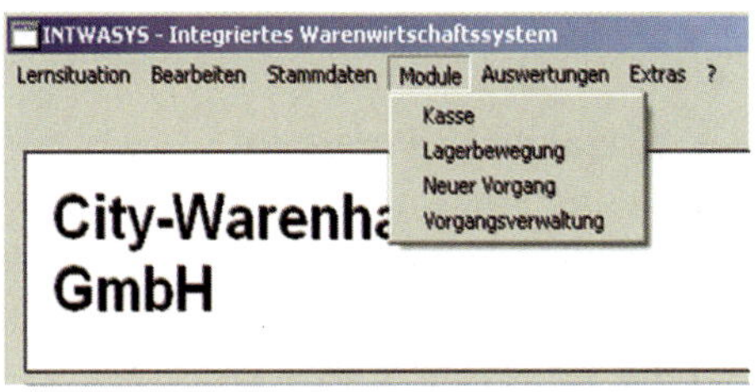

Vier Module stehen zur Verfügung. Das Modul Kasse erfasst die Verkäufe des Unternehmens, die über die Kasse abgewickelt werden. Im Modul „Lagerbewegung" werden Warenzu- und -abgänge erfasst. Unter „Neuer Vorgang" werden die grundlegenden warenwirtschaftlichen Vorgänge einer Einzelhandelsunternehmung zusammengefasst (sie werden im 2. Jahrgangsstufenband näher betrachtet). In der Vorgangsverwaltung können Aufträge bearbeitet und bis zur Rechnungsstellung weitergeführt werden (2. Jahrgangsstufenband).

3.1 Modul Kasse

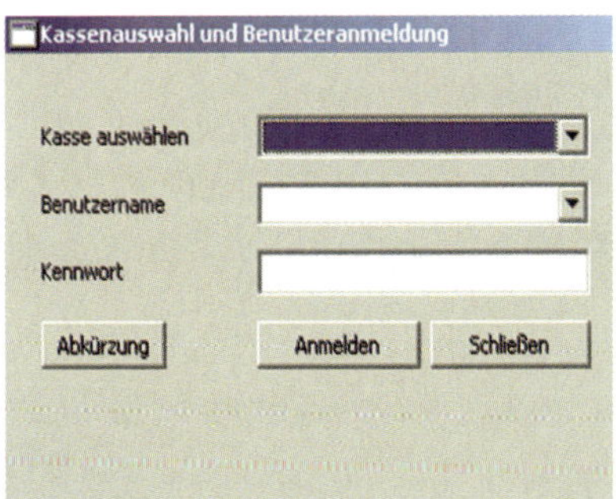

Grundsätzlich muss der Benutzer vorher in den Stammdaten als zugelassener Benutzer erfasst worden sein (siehe oben Stammdaten Benutzer). Nach Eingabe der zu verwendenden Kasse und der Zugangsdaten öffnet sich das Modul. Das Programm lässt es (ausnahmsweise) zu, die Prüfung der Zugangsberechtigung zu umgehen (Taste „Abkürzung").

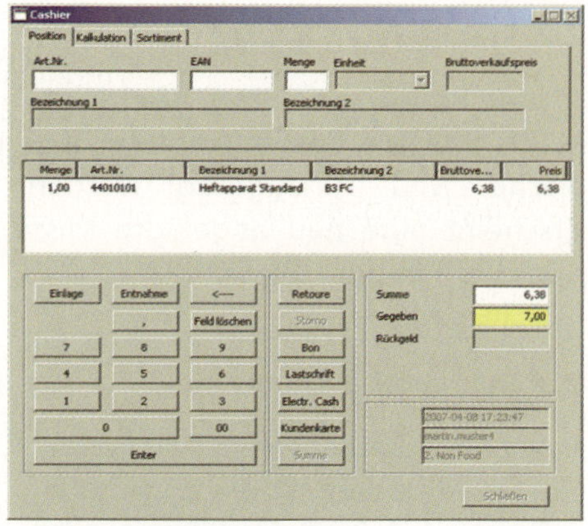

Die aktiven Felder (Eingabefelder) sind jeweils gelb unterlegt. Die Daten können über das Tastaturfeld des **Computers** oder der **Kasse** eingegeben werden. Jeder nächste Arbeitsschritt erfordert aber eine Bestätigung mit **ENTER**, die über die **Kassentastatur** erfolgen muss.

ENTER über die Kassentastatur!

3.2 Barverkäufe

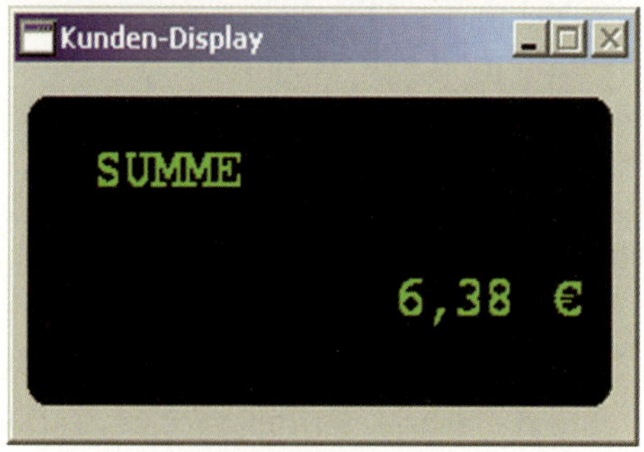

1. Artikelnummer eingeben
2. ENTER (**Kassentastatur**)
3. Menge eingeben
4. ENTER (**Kassentastatur**)
   [Weitere Artikel eingeben]
5. SUMME
6. Geld des Kunden eintragen
7. BON (Ausdruck des Bons, falls Drucker aktiviert)
8. ENTER (**Kassentastatur**)
9. Neuer Kassiervorgang oder SCHLIEßEN

3.3 Bargeldlose Verkäufe

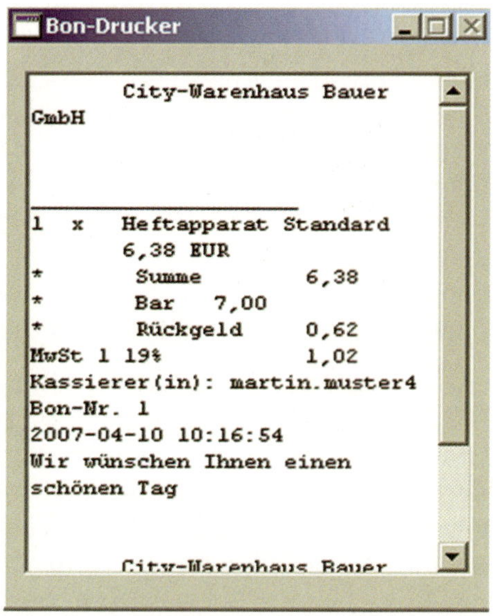

Kassiervorgänge, bei denen der Kunde bargeldlos zahlt, werden mit einer Ausnahme genauso abgewickelt wie der oben beschriebene Barverkauf.

1. Artikelnummer eingeben
2. ENTER (**Kassentastatur**)
3. Menge eingeben
4. ENTER
   [Weitere Artikel eingeben]
5. SUMME
6. LASTSCHRIFT oder ELECTR. CASH oder KUNDENKARTE
7. BON (Ausdruck des Bons, falls Drucker aktiviert)
8. ENTER
9. Neuer Kassiervorgang oder SCHLIEßEN

4 Menü „Auswertungen“

Zurzeit sind fünf Auswertungen möglich:

1. Verkäuferbericht
2. Warengruppenbericht
3. Stundenfrequenz
4. Finanzbericht
5 Bestellvorschläge

Vor der Auswertung der Berichte 1 – 4 ist zunächst der Auswertungszeitraum festzulegen. Bestellvorschläge werden im 2. Jahrgangsstufenband näher betrachtet.

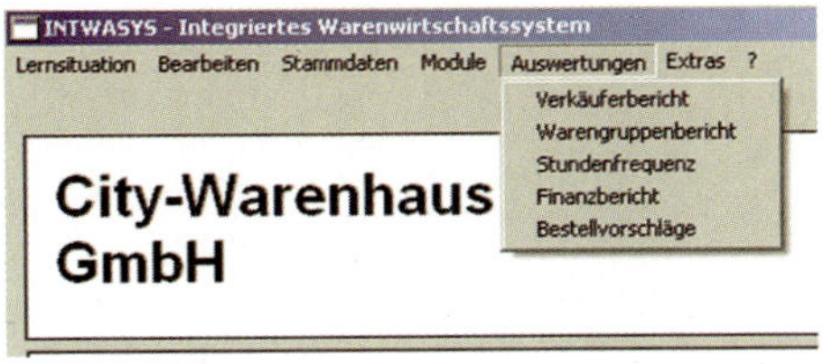

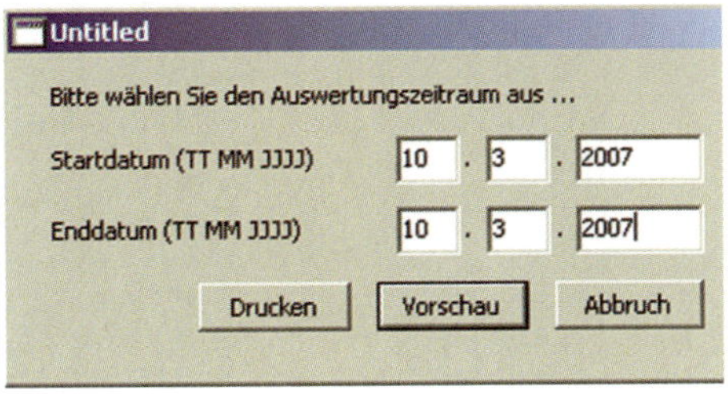

5 Programm beenden

5.1 Daten speichern

Soll ein individueller Datenstand für eine spätere Bearbeitung fixiert werden, ist der Datensatz unter dem Menüpunkt „LERNSITUATION – SPEICHERN ALS“ mit einem eigenen Namen abzulegen (die Endung LSI wird automatisch ergänzt). Dieser Datensatz wird mit „LERNSITUATION – ÖFFNEN“ (siehe Punkte 1) wieder aufgerufen.
Falls als Speicherort die Datei „basisEH.lsi“ ausgewählt wird, ersetzt der aktuelle Datenbestand den Basisdatensatz. Es empfiehlt sich aber, den bearbeiteten Datensatz unter einem eigenen Namen abzulegen.

5.2 Datensatz schließen

Bevor das Programm beendet oder ein anderer Datensatz geöffnet werden kann, muss die Bearbeitung des aktuellen Datensatzes geschlossen werden; dies geschieht über den Menüpunkt LERNSITUATION – SCHLIEßEN.

5.3 Programm beenden

Die Arbeit mit dem Programm wird über den Menüpunkt „LERNSITUATION – BEENDEN“ beendet. Mit BEENDEN kann man das Programm verlassen, sofern der zuletzt bearbeitete Datensatz zuvor geschlossen wurde.

6 Sortiment des Basis-Datensatzes

6.1 Sortimentsbaum

Sortiment	Sortiment des City-Warenhauses Bauer											
Bereich	44 Papier/Schreibwaren											
Warengruppen	01 Kleiner Bürobedarf		02 Papier		03 Schreibgeräte		04 Ordnungsmittel		05 Technik		06 EDV-Zubehör	
Warenarten	01 Heft-klammern	02 Heft-apparate	01 Kopier-papier	02 Brief-papier	01 Füllfeder-halter	02 Bleistifte	01 Register	02 Akten-ordner	01 Kopierer	02 Faxgeräte	01 Toner	02 Drucker-tinten
Artikel	01 Heftklam-mern Zink	01 Heft-apparat Standard	01 Plana Plus	01 Marmor	01 Füllfeder-halter Junior	01 Grip	01 Register 20-teilig	01 ELBA-Ordner	01 Tisch-kopierer	01 Laserfax	01 Kopierer-toner	01 HP-Schwarz
Artikel	02 Heft-klammern Kupfer	02 Heft-apparat Automatik	02 Plana Jet	02 Perga	02 Füllfeder-halter Faktor	02 Noris 120	02 Recycling-Register	02 Kunst-stoff-ordner	02 Büro-kopierer	02 Tinten-strahl-Fax	02 Faxtoner	02 HP-Farbset
Artikel												

6.2 Sortimentsübersicht (Warenbereich, Warengruppe, Warenart, Artikel)

Art.-Nr.	EAN	Artikel Bezeichnung 1	Bereich	Warengruppe	Warenart	Lieferant
44010101	4033475201579	Heftapparat Standard	Schreibwaren	Kleiner Bürobedarf	Heftapparate	NOVUS GmbH, Breslauer Straße 144, 49803 Lingen
44010102	4033475201609	Heftapparat Automatik	Schreibwaren	Kleiner Bürobedarf	Heftapparate	NOVUS GmbH, Breslauer Straße 144, 49803 Lingen
44010201	4033475161491	Heftklammern Zink	Schreibwaren	Kleiner Bürobedarf	Heftklammern	NOVUS GmbH, Breslauer Straße 144, 49803 Lingen
44010202	4033475161545	Heftklammern Kupfer	Schreibwaren	Kleiner Bürobedarf	Heftklammern	NOVUS GmbH, Breslauer Straße 144, 49803 Lingen
44020101	4053784434451	PLANA Plus	Schreibwaren	Papier	Kopierpapier	Schneidersohn KG, Geherstraße 18, 76275 Ettlingen
44020102	4053784434574	PLANA Jet	Schreibwaren	Papier	Kopierpapier	Schneidersohn KG, Geherstraße 18, 76275 Ettlingen
44020201	4062275186656	Briefpapier Marmor	Schreibwaren	Papier	Briefpapier	Siegel GmbH, Bäumenheimer Straße 20, 86690 Mertingen
44020202	4062275186717	Briefpapier Perga	Schreibwaren	Papier	Briefpapier	Siegel GmbH, Bäumenheimer Straße 20, 86690 Mertingen
44030101	4021179327725	Füllfederhalter Junior	Schreibwaren	Schreibgeräte	Füllfederhalter	Pelikan GmbH & Co. KG, Werftstraße 89, 30163 Hannover
44030102	4021179327985	Füllfederhalter Faktor	Schreibwaren	Schreibgeräte	Füllfederhalter	Pelikan GmbH & Co. KG, Werftstraße 89, 30163 Hannover
44030201	4048922734555	Bleistift Grip 2001	Schreibwaren	Schreibgeräte	Bleistifte	Faber-Castell AG, Nürnberger Straße 23, 90546 Stein
44030202	4072214887438	Bleistift Noris 120	Schreibwaren	Schreibgeräte	Bleistifte	Staedtler Mars GmbH & Co. KG, Moosäckerstraße 3, 90427 Nürnberg
44040101	4085633442164	ELBA-Ordner	Schreibwaren	Ordnungsmittel	Aktenordner	ELBA Bürosysteme GmbH, Maybachstraße 44, 45891 Gelsenkirchen
44040102	4085633443161	Kunststoff-Ordner	Schreibwaren	Ordnungsmittel	Aktenordner	ELBA Bürosysteme GmbH, Maybachstraße 44, 45891 Gelsenkirchen
44040201	4093445884959	Ordner-Register A-Z	Schreibwaren	Ordnungsmittel	Register	Esselte Leitz GmbH & Co KG, Siemensstraße 126, 70469 Stuttgart
44040202	4093445884997	Ordner-Register Recycling	Schreibwaren	Ordnungsmittel	Register	Esselte Leitz GmbH & Co KG, Siemensstraße 126, 70469 Stuttgart
44050101	4967333191217	Tischkopierer	Schreibwaren	Technik	Kopierer	Sharp Electronics GmbH; Sonninstraße 30, 20097 Hamburg
44050102	4967333191552	Bürokopierer	Schreibwaren	Technik	Kopierer	Sharp Electronics GmbH; Sonninstraße 30, 20097 Hamburg
44050201	4967333443156	Laser-Faxgerät	Schreibwaren	Technik	Faxgeräte	Sharp Electronics GmbH; Sonninstraße 30, 20097 Hamburg
44050202	4967333444269	Tintenstrahl-Faxgerät	Schreibwaren	Technik	Faxgeräte	Sharp Electronics GmbH; Sonninstraße 30, 20097 Hamburg
44060101	4967333231104	Kopierer-Toner	Schreibwaren	EDV-Zubehör	Toner	Sharp Electronics GmbH; Sonninstraße 30, 20097 Hamburg
44060102	4967333447000	Fax-Toner	Schreibwaren	EDV-Zubehör	Toner	Sharp Electronics GmbH; Sonninstraße 30, 20097 Hamburg
44060201	4021179217651	Tintenpatrone schwarz	Schreibwaren	EDV-Zubehör	Druckertinten	Pelikan GmbH & Co. KG, Werftstraße 89, 30163 Hannover
44060202	4021179218443	Tintenpatrone Farb-Set	Schreibwaren	EDV-Zubehör	Druckertinten	Pelikan GmbH & Co. KG, Werftstraße 89, 30163 Hannover

Schriftverkehr

Musterbrief siehe unten

Die Gestaltung kaufmännischer Briefe richtet sich nach den Schreib- und Gestaltungsregeln für die Textverarbeitung (DIN 5008) und den DIN-Vorschriften über die Aufteilung der Briefseite (DIN 679), die nachfolgend in den Grundzügen erläutert werden.

■ Briefkopf

In der Praxis ist der Absender im Briefkopf vorgedruckt. Im schulischen Schriftverkehr wird der Absender in die Kopfzeile eingetragen.

❶ Anschriftenfeld
Das Anschriftenfeld besteht aus neun Zeilen:
1 ● (Leerzeile)
2 ● (Leerzeile)
3 Postalische Vermerke (Einschreiben, Drucksache)
4 Anrede
5 Empfängerbezeichnung
6 Straße, Hausnummer bzw. Postfach
7 Postleitzahl mit Bestimmungsort
8 Bestimmungsland
9 ● (Leerzeile)

Gewöhnlich beginnt die Anschrift in Zeile 4. In Firmenanschriften verzichtet man auf das Wort „Firma“, wenn aus der Empfängerbezeichnung zu erkennen ist, dass es sich um eine Firma handelt (hier BEE-Verlag).

Oberhalb des Anschriftenfeldes ist die Postanschrift des Absenders noch einmal aufgeführt (in vorgedruckter Form). Im schulischen Schriftverkehr bleibt die Zeile gewöhnlich leer, weil der Platz für einen Eintrag nicht ausreicht.

❷ – ❺ Bezugszeichenzeile
Durch die Bezugszeichenzeile soll der Schriftverkehr erleichtert werden. Daher enthält die Bezugszeichenzeile:

- eventuell das Kurzzeichen des Sachbearbeiters/der Sachbearbeiterin und das Datum eines Briefes des Empfängers, der dem heutigen Brief vorausgegangen ist („Ihr Zeichen, Ihre Nachricht vom“). Die Zeichen werden klein geschrieben und mit einem Bindestrich verbunden (ks-mo). ❷
- Bearbeiterzeichen und Datum eines eigenen vorausgegangenen Briefes („Unser Zeichen, unsere Nachricht vom“), (de-th). ❸
- eine Telefondurchwahl und eventuell den Namen des Sachbearbeiters/der Sachbearbeiterin (21 Frau Dehn). ❹

- Außerdem enthält die Zeile das aktuelle Datum ❺. Zwei Schreibweisen sind möglich:
  - nummerisch: Jahr-Monat-Tag, verbunden durch einen Bindestrich (z. B. 2006-12-15) oder Tag.Monat.Jahr, gegliedert durch Punkte (z.B. 15.12.2006)
  - alphanummerisch: Tag Monat Jahr, ohne Bindestrich oder Komma (z. B. 15. Dezember 2006)

Das Jahr kann zwei- oder vierstellig geschrieben werden

❻ Kurzfassung des Briefinhalts
In der ersten Textzeile wird der Inhalt des Briefes in Kurzform wiedergegeben. Die nachfolgende Anrede wird (als Ausnahme) mit zwei Leerzeilen abgesetzt.

❼ Anrede
Die – möglichst persönliche – Anrede wird mit einem Komma oder einem Rufzeichen abgeschlossen. Auf die Anrede kann man aber auch verzichten.

❽ Brieftext
Wird die Anrede mit einem Komma abgeschlossen, schreibt man klein weiter. Der Text wird durch Absätze gegliedert, die durch Leerzeilen voneinander getrennt sind. Auch Einrückungen werden durch Leerzeilen vom übrigen Text abgesetzt.

Daher bestellen wir zur sofortigen Lieferung:
- 20 Funktions-Shirts „Kodiak light", Bestellnummer 282086, zum Preis von 98,50 € pro Stück
- Die Lieferungs- und Zahlungsbedingungen richten sich nach Ihrem Angebot von 15. März 20(0).

❾ Briefschluss
Nach einer Leerzeile wird der Brief durch einen Gruß abgeschlossen. Üblich sind die Grußformeln „Mit freundlichen Grüßen" oder „Hochachtungsvoll". Danach werden 3 Zeilen Platz für die Unterschrift gelassen. In der Schule sind unterschriftsreife Briefe anzufertigen, die keine Unterschrift enthalten. Der Absender kann nach der Grußformel (und einer Leerzeile) noch einmal wiederholt werden.

❿ Anlagevermerk
Er weist auf beigefügte Anlagen hin, die unter dem Vermerk aufgeführt werden. Der Anlagevermerk kann aus Platzgründen auch rechts neben dem Gruß stehen.

City-Warenhaus Bauer

City-Warenhaus Bauer, Oberstraße 17, 40878 Ratingen

●
●
Einschreiben
BEE Verlag
Abonnentenverwaltung
Liebigstraße 72
10234 Berlin
●
●

Anschriftenfeld ❶

Oberstraße 17
40878 Ratingen

Telefon: 02102 56742-0
Fax: 02102 56733
E-Mail: City-Warenhaus@t-online.de

Bezugszeichenzeile

❷ Ihr Zeichen, Ihre Nachricht vom	❸ Unser Zeichen, unsere Nachricht vom	❹ Telefon, Name 02102 56742-	❺ Datum
ks-mo 10.02.20(0)	de-th 15.01.20(0)	21 Frau Dehn	15.04.20(0)

●
●
Kündigung unseres Abonnements der Zeitschrift „Der Handel" — **Kurzfassung des Briefinhalts** ❻
●
●
Sehr geehrter Herr Kaiser, — **Anrede** ❼
●
wir kündigen mit Wirkung zum Jahresende unser Abonnement der Zeitschrift „Der Handel". Seit nunmehr drei Jahren haben wir diese Zeitschrift bezogen. In dieser Zeit hat sie sich immer weiter davon entfernt, einem Praktiker Anregungen und Informationen zu geben. Sie hat sich vielmehr zu einer theorielastigen Publikation entwickelt, die nicht mehr unseren Bedürfnissen entspricht. Dementsprechend mussten wir feststellen, dass sie in unserem Hause immer weniger gelesen wurde.
●
In Zeiten, in denen die Gewinnmargen von Einzelhandelsunternehmen am Markt immer schwieriger durchzusetzen sind, stehen alle Ausgabenpositionen eines Unternehmens auf dem Prüfstand. Daher haben wir uns entschieden, Ihre Zeitschrift nicht weiter zu beziehen.
●

Brieftext ❽

Mit freundlichen Grüßen — **Briefschluss** ❾
●
City-Warenhaus Bauer
●
●
●
Britta Dehn
●
Anlage — **Anlagenvermerk** ❿
Kopie der Bestellung

Inhaber
Sven Bauer e.K.

Bankkonto
Sparkasse Ratingen, BLZ 30151660, Konto-Nr. 4 565 051 000

Handelsregister Düsseldorf
HR A 124477

Sachwortverzeichnis

1. Kraft 38
5 Sinne 136
5-Schritt-Methode 90

A

A-, B-, C-Zone 295
Abbuchungsauftrag 210
Abfall-Dreischritt 371
Ablauf eines Verkaufsgesprächs 171
Abmahnung 360
Absatzfunktion 371
Abschlussfreiheit 184
Abschlussprüfung 30, 34, 36
Abschlusszeugnisse 30
Adressdatei 348
After-Sale-Service 192
AGB 185
AIDA-Formel 328
aktive Lernpflicht 26
aktives Wahlrecht 78
Allgemeine Geschäftsbedingungen 185
Allgemeine Gestaltungsregeln 280
Allgemeinverbindlichkeit 72
ältere Kunden 120
Alternativangebote 167
Alterspyramide 79
Altersstruktur 79
ambulanter Handel 62
Anfechtbarkeit 178
Anforderungen an Mitarbeiter(innen) 37
Anfrage 179
Angebot 48, 55,180
Angebotsmodell 55
Angebotsüberhang 56
Anpreisungen 181
Anschriftenfeld 396
Ansprüche 117, 128
Anspruchsermittlung 129
Anspruchskunde 117
Anzahlung 189
Anzeige 329
Anzeigenblatt A 335
Arbeitgeberverbände 70
Arbeitslosengeld I 81
Arbeitslosengeld II 82
Arbeitslosenversicherung 81
Arenaprinzip 298
Argumentieren 136
Artikel 64
Artikelnummer 234
ärztliche Untersuchung 25
Aufbau von Einzelhandelsbetrieben 41
Aufbauprinzipien 42
Auflauffläche 294
Auflaufzone 286
Aufmerksamkeit 115
Aufrichtigkeit 40
Ausbildender 25
Ausbilder 25
Ausbildung in Bausteinen 32
Ausbildungsberufsbild 32
Ausbildungsdauer 31
Ausbildungsmittel 31
Ausbildungsordnung 31
Ausbildungspflicht 26
Ausbildungsplan 34
Ausbildungsrahmenplan 32,198
Ausbildungsvertrag 26, 34
Ausbildungszeugnis 28
Ausgangsrechnungen 239
Außenwerbung 323
Aussperrung 74
Auswahlschein 240
Auswertungen 393
Auszubildender 26
Avisierung 388

B

Balkendiagramm 100
Bankkarte 211
bargeldlose Verkäufe 392
bargeldloser Zahlungsverkehr 205
Barkauf 190
Barscheck 202
Barverkäufe 227, 392
Barverkäufe des Tages 228
Barzahlung 197
Basis-Datensatz 394
Bedarf 47
Bedienung 63 ,307
Bedienungsgeschäft 285
Bedienungshinweise 390
Bedienungszeichen 381
Bedienungszone 286
Bedürfnisse 46
Begrüßung des Kunden 106
Beilage 329
Beiträge für die Sozialversicherungen 83
Belege 236
Beleuchtung 282, 347
Beobachtungsbogen 174
Beratungskompetenz 39
Beratungszone 286

Berichtsheft 34
Berufsausbildung 21
Berufsbildungsgesetz 25
Berufsgenossenschaften 82
Berufsschulpflicht 23
Berufsschulzeit 22
Berufsunfähigkeitszusatzversicherung 85
Beschäftigungsverbote 21
beschränkt geschäftsfähig 176
Besitz 182
besondere Sortimentsteile 287
Bestehensregelung 36
Bestellung 180
Bestellungsannahme 181
Bestellvorschläge 393
Betriebsformen 59
Betriebsmittel 46
Betriebsrat 76
Betriebsvereinbarungen 77
Betriebsverfassungsrecht 75
betriebswirtschaftliche Produktionsfaktoren 45
BetrVG 75
Bevorratung von Werbeware 356
Bewegungsdaten 251
Bewegungsrhythmus 284
Bezugszeichenzeile 396
Blauer Engel 381
Blickfang 346
Blickkontakt 103
Blickverhalten 314
Blister 377
Blockbildung 311
Blockbreite 310
Bon-Auswertung 232
Boutique 62
Bremszone 286
Briefkopf 396
Bringschuld 188
Bruttoinlandsproduktes 53

C

Category Management 303
Computergestützte Regaloptimierung 317
Concessions 302
Convenience Store (Nachbarschaftsladen) 60
Convenience-Einrichtungen 284
Corner 302
Corporate Behaviour 19
Corporate Communications 18
Corporate Design 19
Corporate Identity 18

D

Darlehensvertrag 179
Datenbank 234
Datenbanktabelle 246
Datenfluss 234
Datenkassen 233
Dauerauftrag 209
Dauerwerbung 323
Diagramme 98
diebstahlgefährdete Produkte 287
Dienstleistungen 48
Dienstleistungspolitik 366
Dienstvertrag 179
Direktwerbung 348
Discounter 61
Dosenpfand 375
Dreisatzrechnen 258
duale Ausbildung 36
Duales System Deutschland 375
Durchschnittsbon 354
Durchschnittsrechnen 253

E

EAN-Code 235
ec-Geldautomat 212
ec-Karte 211
edc-Verfahren 213
Eigenschaften 144
Eigentum 182
einfache Vergleichbarkeit 304
einfaches Zeugnis 28
Eingangsbereich 281
Eingangsrechnungen 239
Eingangszone 286
Einkaufserlebnisse 283
Einkaufszentrum 61
Einliniensystem 43
Einlösung eines Schecks 204
Einwandbehandlung 162
einzelhandelsinteressante Produkte 279
Einzelkassen 226
Einzelwerbung 322
Einzugsermächtigung 209
electronic cash 212
elektronischer Zahlungsverkehr 211
elektronisches Lastschriftverfahren 215
ELV 215
empfindliche Produkte 287
Endverbraucher 242
Entlastungsansprüche 277
Erfolgsmessung 353
Erfüllungsort 187
Ergänzungsangebote 165
erklärungsbedürftige Produkte 287
Erlebnisansprüche 277
Erlebniskäufe 58
Erlebnisorientierung 69
Eröffnungsfragen 107
Erscheinungsbild 39
Erstkunde 115
Erwachsene 120
Erziehungspflicht 26
Euro-Banknoten 198
Europäische-Artikel-Nummerierung 235

Europäisches Umweltzeichen 381
Existenzbedürfnisse 47
Expressdienste 384
Express-Pakete 386
Eye-Catcher 330

F

Fachgeschäft 59
Fachkenntnis 39
Fachkompetenz 37
Fachmarkt 60
Facings 318
Factory Outlet Center (FOC) 62
Fassade 281
Fehlstreuung 336
Filialleiter(in) 38
Filialunternehmen 61
Finanzbericht 230, 393
firmeneigene Warenzustellung 382, 383
Firmenwerbung 322
fixes Sortiment 67
Flächenkonzepte 299
Flächenplanung 295
Flyer 333
Formfreiheit 184
Frachtführer 386
Frachtpost 386
Frachttabellen 387
Franchising 302
Freistellungen 23
Freistellungspflicht 26
Friedenspflicht 74
Frischegürtel 293
fristlose Kündigung 27
Frontstückzahl 318
Funktionsflächen 278
Funktionsprinzip 42

G

Gangbreite 282
Gebrauchsfunktion 371
Gebrauchsgüter 48
Gehaltsgruppe 73
Gehaltsgruppen 71
Gehaltstarifverträge 71
Geldkarte 216
Geldschulden 188
Gelegenheitswerbung 323
Gemeinschaftswerbung 322
gemischten Platzierung 290
Generationenvertrag 79
Gerichtsstand 189
geringer Suchaufwand 304
Geschäftsfähigkeit 176
geschäftsunfähig 176
Gesetz gegen den unlauteren Wettbewerb 354
gesetzlicher Erfüllungsort 187
Gestaltungselemente 96
Gestaltungsfreiheit 184
Gestik 105
Gewährleistungsfrist 187
Gewerkschaften 69
Gewinnspiele 352
Glaubwürdigkeit 38
google 148
Grenzen der Werbung 364
Grifflücke 306
Grundpreis 307
Grundwert 267
Grüner Punkt 375
Gütebezeichnung 307
Güterarten 48
Gütezeichen 380
gutgläubiger Eigentumserwerb 183
Gutscheine 222, 352

H

halbbare Zahlung 201
Händler-Verkaufsförderung 351
Hand-Scanner 225
Handzettel 333
HDE 70
Herstellerblock 311
Herstellerwerbung 322
Herstellung 155
Hintergrundmusik 282
Hochbetrieb 115

I

IDS-One Day 387
Impulskauf 277
Impulskaufprodukte 287
Individualbedürfnisse 47
Informationsfunktion 370
Informationsquellen 147
informativ argumentieren 141
Innenwerbung 323
Intensivvorwahl 63
Internethandel 62
INTWASYS 390
irreführende Werbung 355
Ist-Barverkäufe 229

J

Ja-aber-Methode 162
JAV 78
Jugend- und Auszubildendenvertretung 78
Jugendarbeitsschutzgesetz 21
Jugendliche 120
juristische Personen 176

K

Kapitalsammelstellen 52
Kassenabschöpfung 229
Kassenarten 226
Kassenauswertungen 227
Kassenbericht 227
Kassenbon 232
Kassendifferenzen 229
Kassenschlussbestand 228
Kassensysteme 224
Kassenverhalten 200
Kassenzone 286
Katalogsprache 140
Kaufanregung 276, 305
Kaufbeschleunigung 169
Kaufbestätigung 170

Käufer-Entscheidungsbaum 309
Käufermarkt 57
Kauffrau/Kaufmann im Einzelhandel 31
Kaufhaus 61
Kaufverhalten 54
Kaufvertrag 178, 179
KEP-Dienste 384
Kernsortiment 67
K-Fragen 107
Killer-Fragen 107
Kinder 119
Kleingut 383
Koalitionsfreiheit 71
Kollektivbedürfnisse 47
Kommissionkauf 190
Kommunikationspolitik 321
Komplementärgüter 49
Konditionenpolitik 367
Konsumgüter 48
Kontaktaufnahme 113
Körpersprache 105
Krankenversicherung 80
Kreditkarte 220
Kreditkartenabrechnung 221
Kreisdiagramm 99
Kreuzblock 312
Kulanz 172
Kulturbedürfnisse 47
Kunden wahrnehmen 103
Kundenansprüche 276, 304
Kundenberater 38
Kundenbeschwerden 195
Kundenbezogen argumentieren 143
Kundendatenerfassung 348
Kundendienstleistungen 368
Kundendienstpolitik 367
Kundeneinwände 160
Kundenfläche 278
Kundenfrequenz 354
kundenfreundliches Telefonieren 193
Kundenfreundlichkeit 108
Kundengruppen 117
kundeninteressante Produkte 279
Kundenkarten 218
Kundenleitsystem 280
Kundennamen 109
kundenorientierte Warenplatzierung 277
Kundenorientierung 16
Kunden-Suchlogik 296
Kundentypen 122
Kundenverwaltung 348
Kundenwegplanung 288
Kündigung 27
Kündigungsfrist 28
Kurierdienste 384
Kurvendiagramm 100
Kurzarbeitergeld 82

L

Ladenkauf 188
Ladungsgut 384
Lageplan 280
Lastschriftverfahren 209
Laufgewohnheiten 284
Laufkunde 121
Laufrichtung 279
Lebensmittelrecht 307
Lebensversicherung 84
Lehrpläne 30
Leihvertrag 179
Leistungen (Funktionen) des Einzelhandels 58
Leistungsprozess 50
Leistungstermin 188
Leitungssystem 42
Lernfelder 30
Lerntechniken 88
Liberalisierung 358
Lieferanten-Stammdaten 248
Lieferschein 238
Linkslauf 284
Luxusbedürfnisse 47

M

Maestro-System 213
Magnetangebote 287
Manteltarifverträge 71
Markenartikelfenster 346
Markenblock 312
Markt 48
Massenwerbung 327
Material 153
Maximalprinzip 50
Mehrliniensystem 44
menschliche Arbeitsleistung 45
Methodenkompetenz 37
Mietvertrag 178
Milimeterpreis 336
Mimik 105
Mind-Map 92
Minimalprinzip 50
Mitarbeiter 37
Mitbestimmungsrecht 77
Mittenregal 278
Modellunternehmen 13
Modul Kasse 391
Module 391
Mondpreise 356
Motive 117
Motivirrtum 178
Mussartikel 277

N

Nabe-Speiche-System 385
Nachbarschaftskäufer 127
Nachfrage 48, 54
Nachfrageüberhang 57
Nachhaltigkeit 17
Nachnahmen 388
nachträgliche Preiserhöhungen 186
Nachtruhe 24
Nachuntersuchung 25
natürliche Personen 176
Neuheiten 287

Nichtigkeit 177
nichtökonomische Werbeziele 325
Nutzen 144

O

ökologischer Landbau 381
ökonomische Werbeziele 325
ökonomisches Prinzip 50
optisches Erscheinungsbild 276
Ordnungsregeln 306
Organigramm 14
Orientierungshilfen 294
Orientierungspunkte 281

P

Paketdienste 384
Pakete 386
passives Wahlrecht 78
Personaleinsatz 232
Pflegeversicherung 80
Pflichtbausteine 32 ,198
PIN-Pad 225
Plakate 331
Plankauf 277
Plankaufprodukte 287
Planogramme 318
positiv argumentieren 137
Postscriptum 349
POS-Zahlungen 212
Präferenzen 57
Präsentationsfehler 306
Präsentationsregeln 313
Präsentationstechniken 94
Preis im Verkaufsgespräch 158
Preisangabenverordnung 307, 359
Preisbewusstsein 126, 158
Preisbildung 54
Preis-Einwandbehandlung 160
Preisempfehlungen 359
Preiskäufer 127
Preisklarheit 360
Preislage 135
Preisnennung 159
Preisvergleiche 151
Preisverhandlungen 194
Preiswahrheit 360
Pre-Sale-Service 192
Price-Look-Up-Verfahren 234
private Krankenversicherung 85
private Rentenversicherung 86
private Unfallversicherung 86
private Vorsorge 84
Privatentnahmen 228
Probezeit 27
Produktbeschriftung 306
Produktblock 312
Produkteigenschaften 137
Produkterlebnis 346
Produktinformationen 157
Produktionsfaktoren 46
Produktionsgüter 48
Produktkontakte 283
Produktmerkmale 146
Produktniveau 68
Produktvergleich 139
Produktwerbung 322
Programmstart 390
Prominenten-Aktionen 352
Propagandisten 351
Prospekte 329
Prozentrechnen 266
Prozentsatz 267
Prozentwert 267
Prüfungen 34
Prüfungsanforderungen 32, 198
Publicrelations 321

Q

qualifiziertes Zeugnis 28
Qualitätsfenster 346
Queranordnung 294
Quittung 237

R

Radiospot/Fernsehspot 332
Rahmentarifverträge 71
Randsortiment 67
Ratenkauf 190
Raumtemperatur 282
Rechenverfahren 251
Rechnung 238
Rechtsfähigkeit 176
Regalbelegung 313
Regaletiketten 318
Regalhöhe 282
Regalmanagement 278
Regalwertigkeiten 311
Regalzonen 310
Renten 79
Rentenversicherung 79
Riester-Rente 86
Rollenspiel 173
Rücknahmepflicht 373
Ruhepausen 23
Runden von Nachkommastellen 251

S

Sachgüter 48
Sales Promotion 351
Sammelladungsverkehr 384
Sammelüberweisung 207
Sammelwerbung 322
Sandwich-Methode 159
Säulendiagramm 100
SB-Warenhaus 60
Schaufenster 281
Schaufenstergestaltung 345
Schauseite 306
Scheck 202
Schickschuld 188
schlüssiges Handeln 180
Schriftverkehr 396
Schütte 278
Schutzfunktion 370
Schweigepflicht 27
Sehgewohnheiten 310
Sehkunde 121
Selbstbewusstsein 39

Selbstbucher 386
Selbstwahl 63, 309
Sendungsarten 383
Sendungsverfolgung 388
senkrechte Blöcke 310
Servicearten 192
Serviceleistungen 164, 190
Shop-in-Shop 301
Sicherheitsmerkmale 198
Sie-Stil 145
Sonderangebote 287, 358
Sonderfenster 346
Sonderformen der Überweisung 207
Sondertarife 71
Sonderveranstaltungen 358
Sorgfaltspflicht 26
Sortiment 64
Sortimentsbaum 65, 394
Sortimentsbreite 66
Sortimentsgliederung 64
Sortimentspolitik 68
Sortimentspolitische Richtung 68
Sortimentstiefe 66
Sortimentsübersicht 395
Sortimentsveränderungen 68
Sortimentswerbung 322
Sozialkompetenz 37
Sozialpartner 69
Sozialversicherung 79
Space Management 317
Sparverhalten 52
Spediteure 383
Spediteur-Sammelgutverkehr 387
Speditionen 384
Spezialgeschäft 60
Staatsquote 53
Stab-Linien-System 44
Stammdaten 246, 390
Stammdaten Artikel 248
Stammdaten Benutzer 391
Stammdaten Kassen 391
Stammdaten Kunden 390
Stammkunde 121
Stammplätze 290
Ständer 278
Standort 45
Stapelfenster 345
Steckkartenleser 225
steuerliche Förderung 87
Stopper 288
Streik 74
Streugebiet 341
Streuzeit 342
Struktur des Einzelhandels 58
Stückgut 383
Stundenfrequenz 230, 393
Substitut(in) 38
Substitutionsgüter 49
Subventionen 53
Suchaufwand 276
Suchblick 104
Suchkaufprodukte 277, 287
Suchlogik 281
Suchmaschinen 148
Supermarkt 61
Sympathie 40

T

Tabellen 98
Tabellenkalkulationsprogramm 252
Tagesumsatz 231
Tarifautonomie 71
Tarifrecht 71
Tarifregister 72
Tarifverhandlungen 74
Tarifvertragsparteien 69
Taschengeld 177
Tausend-Leser-Preis 335
Teilnahmepflicht 27
Telefongespräche 111
Teleshopping 63
Textilkennzeichnung 382
Themenfenster 346
„tote“ Raumzonen 289
Trading-down 68
Trading-up 68
Transferzahlungen 53
Transportgefahr 188
Transportkosten 389
Transportverpackungen 372
Transportversicherung 388

U

überraschende Klauseln 186
Übersichtsfenster 345
Überweisung 205
Umgangston 195
Umsatz pro Kunde 231
Umsatzsteuer 241
umschreibendes Zuhören 116
Umtausch 172
Umverpackungen 373
Umweltmanagement 378
Umweltzeichen 380
Unfallversicherung 82
United Parcel Service 387
unlautere Handlungen 354
Unterlassungserklärung 361
Unternehmensidentität 18
Unternehmensleitbild 15
Unternehmensziele 15
unverbindliche Preisempfehlungen 359
unzumutbare Belästigungen 357
UPS 387
Urlaub 24
UWG 354

V

variables Sortiment 67
Verabschiedung 108, 170
Verabschiedung des Kunden 223
Verbraucher 354
Verbrauchermarkt 61
Verbraucher-Verkaufsförderung 351

Verbrauchsgüter 48
Verbrauchsgüterkauf 186
Verbundkassen 226
Verbundplatzierung 284, 290
Verbundverpackungen 375
Vergleichbarkeit 276
vergleichende Werbung 356
Vergütungspflicht 26
Verkäufer/in 31
Verkäuferbericht 230, 393
Verkäufermarkt 57
Verkaufsargumentation 136
Verkaufsatmosphäre 281
Verkaufseinheit 307
Verkaufsförderung 351
Verkaufsformen 63
Verkaufsgespräch unterbrechen 112
Verkaufsraumgestaltung 278, 279, 285
verkaufsschwache Zone 286
verkaufsstarke Zone 286
Verkaufsverpackungen 373
Verkaufswirksamkeiten 311
Verkaufszonen 286
Verkehrsmittelwerbung 334
Verkostung 351
Vermehrter Grundwert 272, 274
Verpackung 370
Verpackungsverordnung 371
Verrechnungsscheck 203
Versandhandel 62
Versendungskauf 188
Versorgungskäufe 58
verständlich argumentieren 143
vertraglicher Erfüllungsort 189
Vertragsarten 178
Vertragsflächen 299
Vertragsfreiheit 184
Vertragswesen 176
Verwertungspflicht 374
Verwertungsquote 375
Visual Merchandising 283
Vorauszahlung 189
Vorlegefristen 204
Vorsteuer 242
Vorwahl 308

W

Wahlbausteine 32, 198
Wahlrecht 75
Wandflächen 291
Wandregal 278
Warenarten 64
Warenbereiche 64
Warenfläche 278
Warengruppen 64
Warengruppenbericht 230, 393
Warengruppenplatzierung 290
Warenhaus 60
Warenplatzierung 276
Warenpräsentation 278, 303
Warenschulden 187
Warenträger 278
Warenvorlage 134
Warenwirtschaftssystem 244, 390
Warenzeichen 380
Warenzustellung 382
Wechselgeld 228
Weisungsgebundenheit 27
weite Fragen 107
Werbearten 322
Werbebotschaft 328
Werbebrief 349
Werbedurchführung 337
Werbeerfolgskontrolle 342
Werbeetat 326
Werbekostenzuschüsse 351
Werbemittel 329
Werbemittelgestaltung 337
Werbemittelstreuung 341
Werbeobjekt 322, 326
Werbeplan 336
Werbeplanung 323
Werberat 364
Werberendite 343
Werbesubjekt 322, 326
Werbeträger 329
Werbeziele 325
Werbung 320
Werkvertrag 179
Wettbewerbsrecht 358
Wettbewerbsverstöße 360
Wettbewerbszentralen 360
W-Fragen 107
Willenserklärung 180
Wirkungsmodell 340
Wirtschaftskreislauf 46, 51

Z

Zahllast 243
Zahlschein 201
Zahlungsrisiko 188
Zeugnisformulierung 29
Zeugnispflicht 26
Zielkauf 190
Zugaben 352
zuhören können 115
Zusatzangebote 196
Zweitplatzierung 290
Zweitzustellung 388
Zwischenprüfung 34